溧水地方志丛书

溧水县国土资源志

1996—2013

南京市国土资源局溧水分局 编

方志出版社

图书在版编目（CIP）数据

溧水县国土资源志. 1996-2013 / 南京市国土资源局溧水分局编. —北京：方志出版社，2018. 4

ISBN 978-7-5144-3055-4

Ⅰ. ①溧… Ⅱ. ①南… Ⅲ. ①国土资源—概况—溧水县—1996-2013 Ⅳ. ①F129.953.4

中国版本图书馆CIP数据核字（2018）第084936号

溧水县国土资源志（1996—2013）

编　　者：南京市国土资源局溧水分局

责任编辑：王　俊

出 版 人：冀祥德

出 版 者：方志出版社

地址　北京市朝阳区潘家园东里9号（国家方志馆4层）

邮编　100021

网址　http://www.fzph.org

发　　行：方志出版社发行中心

电话（010）67110500

经　　销：各地新华书店

印　　刷：南京顺和印刷有限责任公司

开　　本：787×1092　1/16

印　　张：31.5

字　　数：524千字

版　　次：2018年4月第1版　2018年4月第1次印刷

印　　数：001～800册

ISBN 978-7-5144-3055-4　定价：180.00元

2013年3月，溧水撤县设区，原溧水县国土资源局更名为南京市国土资源局溧水分局（南京市溧水区中山西路17号）

2011年7月1日，溧水县国土资源服务中心挂牌。中心设立土地利用、土地登记、规费收缴3个窗口，实行一站式服务

永阳镇国土资源所　（2008 年 12 月摄）

东屏镇国土资源所　（2010 年 12 月摄）

2006 年 11 月 15 日，县国土资源局组织局机关、各镇国土资源所相关人员参观晶桥、洪蓝、石湫、永阳等镇“占补平衡”项目实施成果 （局档案室提供）

2007 年 2 月 6 日，县政府在县国土资源局召开全县国土资源工作会议 （局档案室提供）

2008 年 5 月 15 日，县委书记项雪龙（右三）视察白马镇万顷良田开发工作　（局办公室提供）

2008 年 6 月 25 日，洪蓝镇国土资源所召开"6·25"土地日座谈会，局机关科室和镇国土资源所负责人参加　（局档案室提供）

2008 年 7 月 21 日，市国土资源局土地整理中心和规划处负责人到晶桥镇杭村检查指导土地整理工作 （局档案室提供）

2011 年 6 月 14 日，市人社局副局长江萍等一行到县国土资源局调研被征地农民保障工作，县委书记项雪龙陪同调研 （杨树 摄）

2012 年 1 月 12 日，县国土资源局局长石明生与局机关科室、中心和各镇国土资源所负责人签订 2012 年度党风廉政建设责任书　（局档案室提供）

2012 年 3 月 6 日，市国土资源局副局长王海龙（左五）到东屏镇调研露采矿山宕口恢复治理工作　（张应昌 摄）

2012 年 7 月 17 日，副县长洪礼来（右三）到晶桥镇检查苏宜轧石厂关停实施情况　（黄瑛 摄）

2012 年 12 月 7 日，省国土资源厅在约翰温泉酒店会议室召开溧水县创建“土地执法模范县”工作验收会议。省国土资源厅执法局副局长张伟（中）出席会议并讲话　（武兆虎 摄）

2012 年 12 月 20 日，县矿管所检查晶桥镇枫香岭轧石厂治理现场　（局档案室提供）

2013 年 1 月 4 日，县国土资源局在县行政服务中心召开年度“占补平衡”项目 1-4 标段招标现场会　（张尧　摄）

2013 年 1 月 21 日，市纪委、市国土资源局领导到溧水县检查验收关停露天采矿山实施工作

（局档案室提供）

2013 年 1 月 25 日，县政府在溧水经济开发区召开闲置土地处置现场会，并组织与会人员现场观摩该区闲置土地处置公示牌

（局办公室提供）

2013年2月28日，市国土资源局局长陈光到溧水县督查国土资源执法工作，并听取县国土资源局工作汇报 （局档案室提供）

2013年3月22日，县政府召开全县2013年“土地执法模范县”暨“节约集约模范县”创建工作会议。省国土资源厅副厅长李闽（左五）出席会议并讲话 （吴小格 摄）

2006 年 5 月 8 日，白马镇浮山村复垦开发的茶园　　（吴胜利 摄）

2008 年 10 月 20 日，永阳镇沙河村周家圩村民小组基本农田，村民在收割水稻

2009 年 5 月 2 日，白马镇东上村兵马塘自然村基本农田种植的油菜

2009 年 10 月，永阳镇高塘村土地整理后农业开发项目一角

2009 年 12 月，白马镇万顷良田整治项目一角

2010 年，东屏镇群力村基本农田保护公示牌

2012 年 10 月，和凤镇毛公铺村 200 公顷水稻丰产区

2013 年 3 月，洪蓝镇蒲塘村基本农田保护区公示牌

2012 年 8 月，南京创维平面显示科技有限公司一角　　（陈勇 摄）

2012 年 9 月，比亚迪汽车工业有限公司南京分公司

2012 年 11 月，航天晨光股份有限公司

2012 年 11 月，南京金鑫传动设备有限公司

2012 年 12 月,南京金龙客车制造有限公司

2012 年 12 月,南京长安汽车有限公司

2000 年 7 月 29 日，宁杭高速公路溧水段一期工程开工典礼在溧水县十里牌举行

溧水经济开发区滨淮大道一角 （2013 年 3 月摄）

2012年12月31日，宁杭高铁溧水站建成

县城天生桥大道 （2012年12月摄）

县城珍珠南路　（2012 年 12 月摄）

县道蒲杜线——傅家边段　（2012 年 12 月摄）

江苏省农业科学院白马基地　　（2012 年 12 月摄）

南京农业大学白马基地　　（2012 年 12 月摄）

傅家边集团　　（2012 年 12 月摄）

南京农业大学白马基地产业试验区　　（2012 年 12 月摄）

江苏省溧水高级中学　（2012 年 12 月摄）

县实验小学崇文路校区　（2013 年 3 月摄）

县体育公园 （2012 年 12 月摄）

县人民医院 （2012 年 12 月摄）

县城弯子口广场 （2012 年 12 月摄）

县城通济街 （2005 年 5 月摄）

永阳镇拆迁安置小区——幸福佳苑 （2013年1月摄）

石湫镇建设拆迁安置小区，2012年12月竣工

白马镇拆迁安置小区——金谷佳苑　（2013 年 3 月摄）

县城城南新区拆迁安置小区——幸庄佳苑　（2013 年 3 月摄）

溧水经济开发区机场路商品房建设一角　（2013年3月摄）

溧水凤麟水苑小区和荣昌花园小区　（2013年3月摄）

溧水亚东同城印象小区一角　　（2013年3月摄）

溧水商品房万科小区一角　　（2013年3月摄）

石湫镇光明村王家庄自然村 （2013 年 3 月摄）

白马镇石头寨村一角 （2013 年 3 月摄）

永阳镇中山村一角　　（2013 年 3 月摄）

石湫镇东泉村焦赞石自然村一角　　（2013 年 3 月摄）

2006 年 6 月 25 日，县国土资源局在南门广场开展土地法律、法规知识咨询活动

（局档案室提供）

2009 年 6 月 23 日，县国土资源局与市容局执法大队联合拆除非法占地建筑物

（局档案室提供）

2012年6月24日，永阳镇国土资源所与县锡剧团联合在板桥社区文化中心演出锡剧《万顷良田结良缘》小戏

2012年12月16日，市、县国土资源局联合在大金山举行国土资源系统职工登山比赛，300多人参加

（局档案室提供）

2011 年 6 月 25 日，县国土资源局在县城南门广场举办第 21 个全国土地日文艺演唱会

（局档案室提供）

2017 年 7 月 12 日，《溧水县国土资源志（1996—2013）》终审稿通过评审

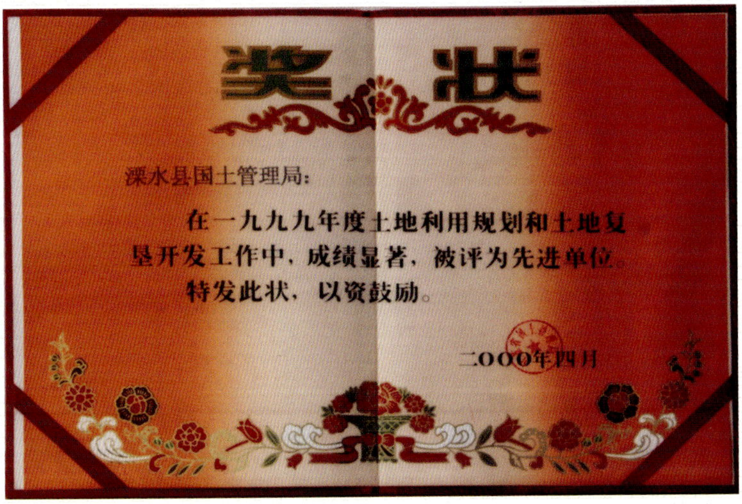
奖状
溧水县国土管理局：
在一九九九年度土地利用规划和土地复垦开发工作中，成绩显著，被评为先进单位。
特发此状，以资鼓励。
二〇〇〇年四月

全省开发区清理整顿工作
先进集体
江苏省国土资源厅
二〇〇七年一月

二〇〇七年度全省地籍管理
双强单位
江苏省国土资源厅
二〇〇八年四月

奖 状
溧 水 县
在江苏省土地执法模范县创建工作中成绩显著，被评为先进单位。
江苏省国土资源厅
二○一一年一月

2011年度全省国土资源信访工作
先进集体
江苏省国土资源厅
二○一二年三月

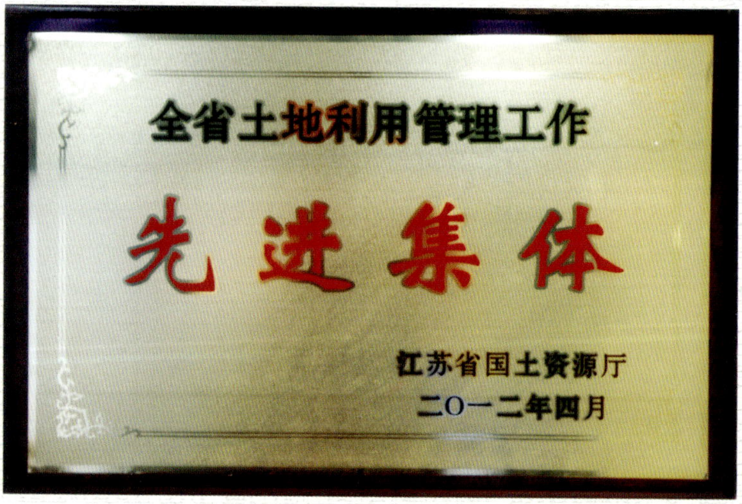
全省土地利用管理工作
先进集体
江苏省国土资源厅
二○一二年四月

档案工作一级单位
First - class Record Office
★★★
江苏省档案局颁发

江苏省档案工作
Jiangsu Provincial Archives Work
★★★★★
江苏省档案局
Jiangsu Provincial Archives Administration

2008年度国土资源工作目标考评
优秀单位
南京市国土资源局
二OO九年二月

2006—2010年全市法制宣传教育
先进集体
中共南京市委
南京市人民政府
二〇一一年九月

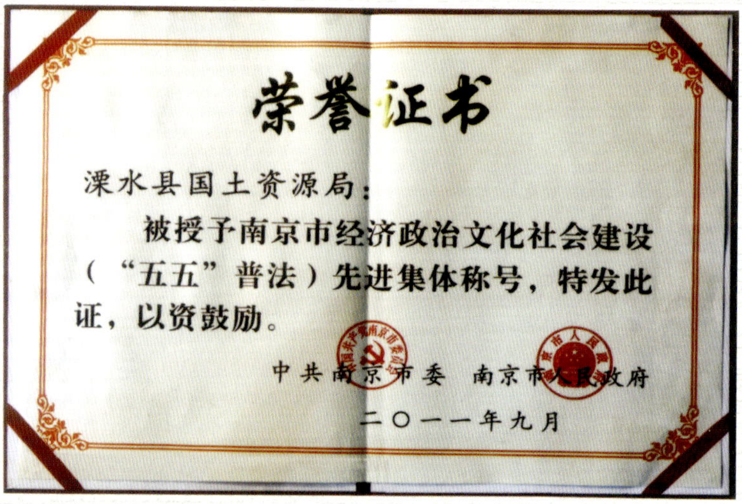
荣誉证书
溧水县国土资源局：
被授予南京市经济政治文化社会建设（“五五”普法）先进集体称号，特发此证，以资鼓励。
中共南京市委 南京市人民政府
二〇一一年九月

2010-2011年度
文明单位
中共溧水县委
溧水县人民政府
二〇一二年一月

冠军

赠：县国土资源局
创卫改变环境
修路造福百姓
永阳镇中大街居委会
西苑小区居民代表
二〇〇九年九月十日

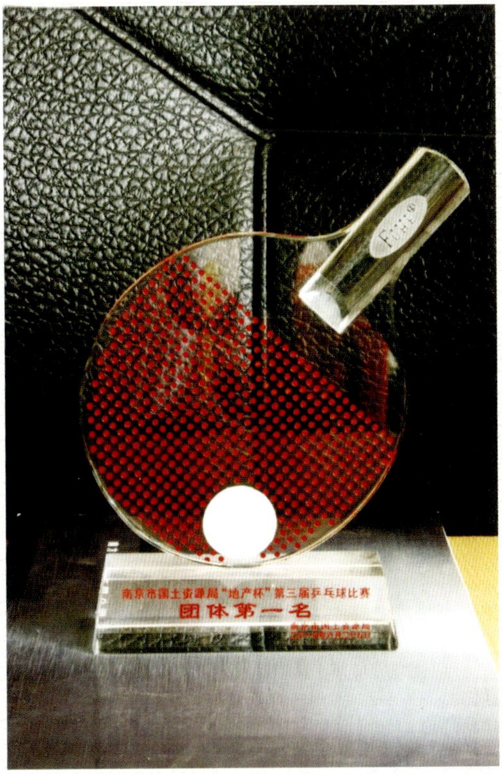
南京市国土资源局"地产杯"第三届乒乓球比赛
团体第一名

溧水县地图

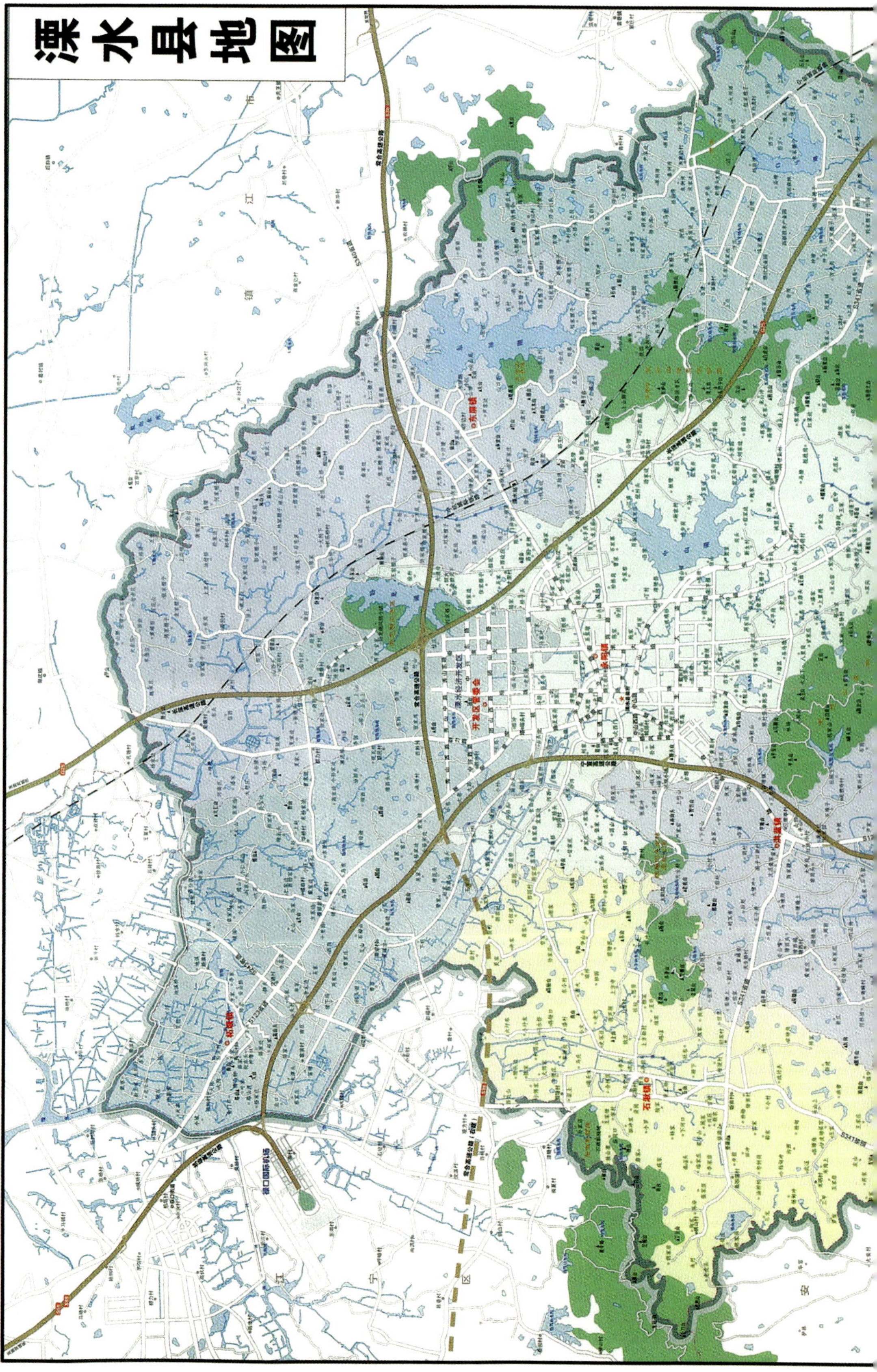

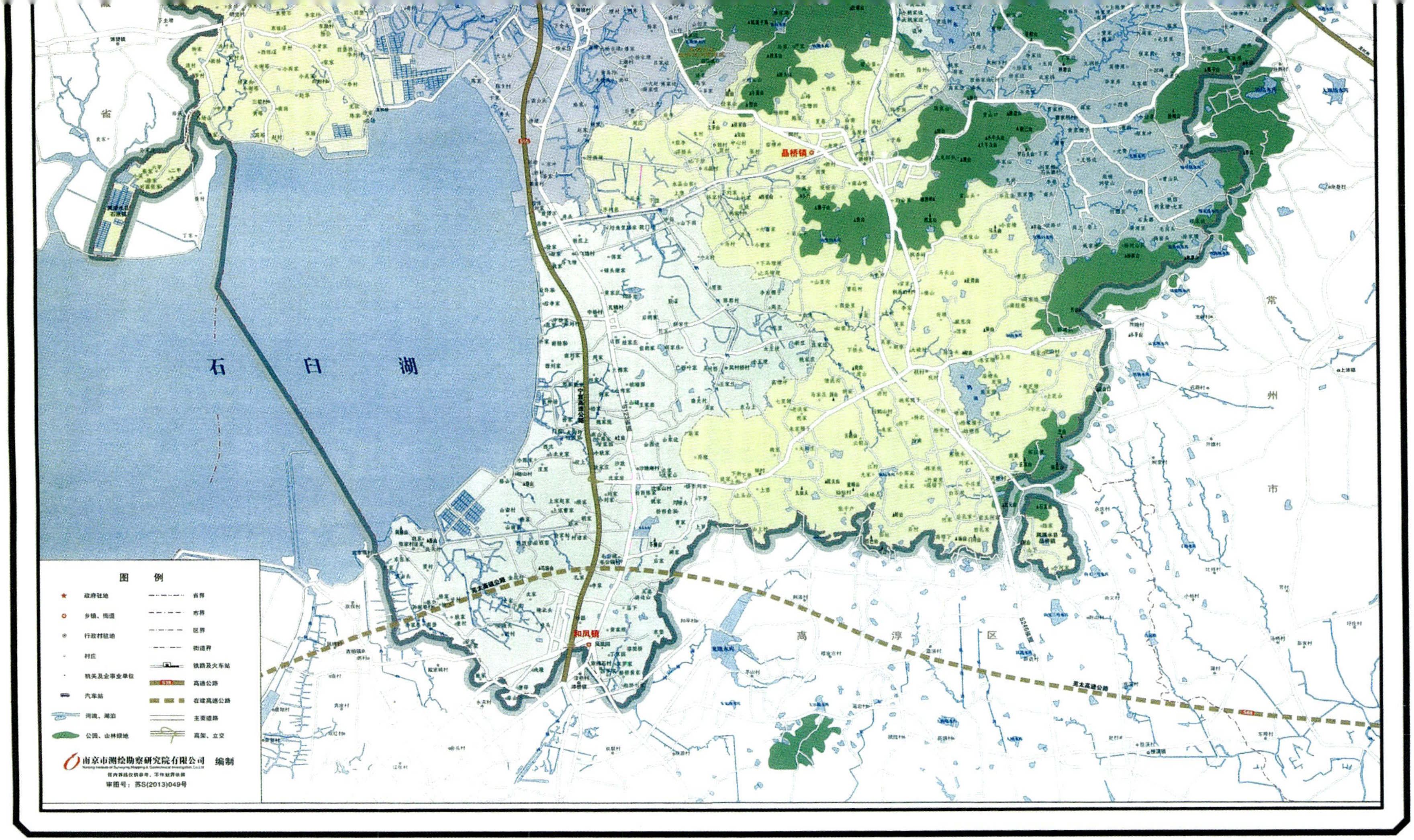
石臼湖
常州市
高淳区
省
晶桥镇
和凤镇
宁高高速公路
芜太高速公路
S246省道
图例
政府驻地
乡镇、街道
行政村驻地
村庄
机关及企事业单位
汽车站
河流、湖泊
公园、山林绿地
省界
市界
区界
街道界
铁路及火车站
高速公路
在建高速公路
主要道路
高架、立交
南京市测绘勘察研究院有限公司 编制
图内界线仅供参考，不作划界依据
审图号：苏S(2013)049号

二〇一二年度制

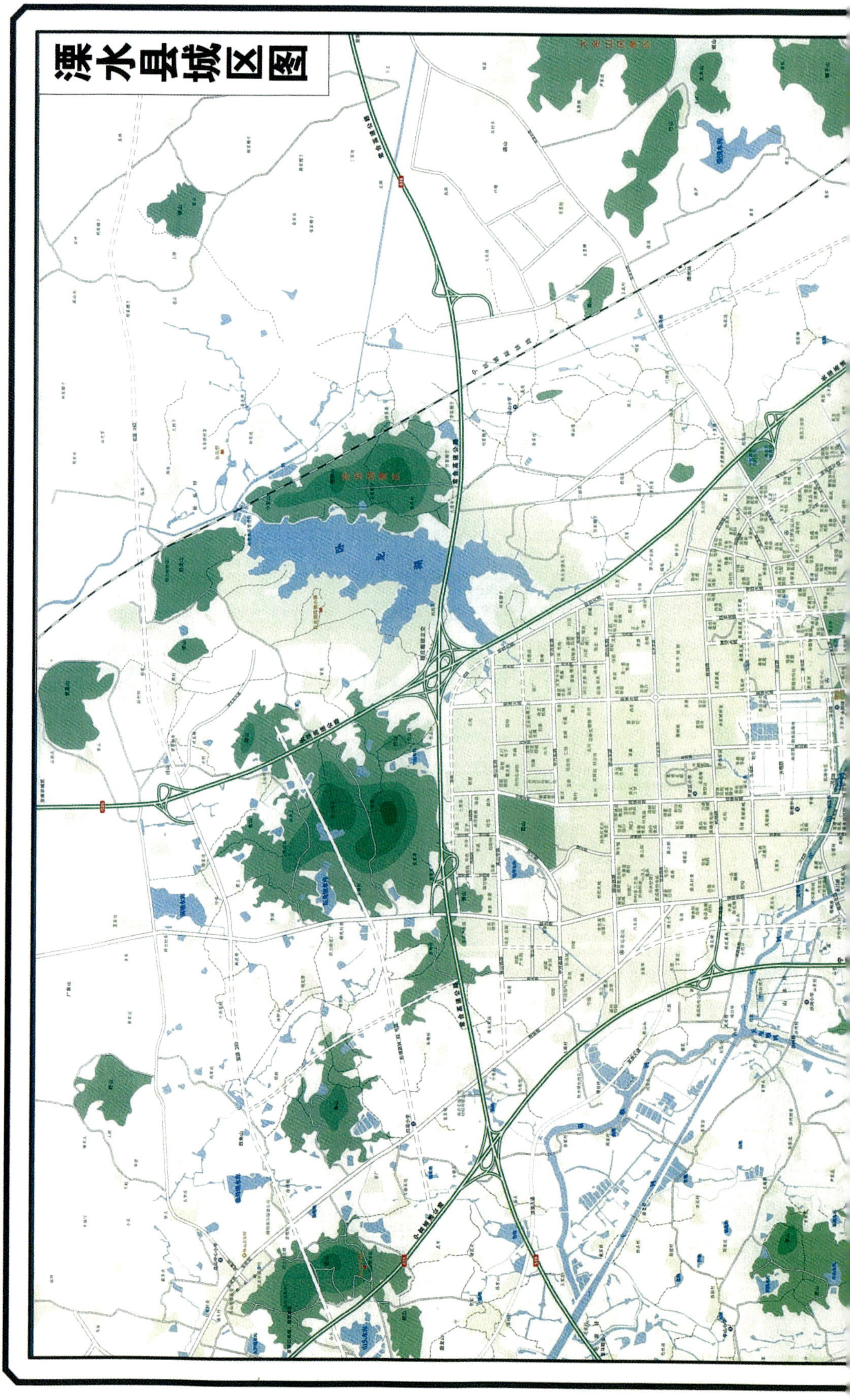
溧水县城区图

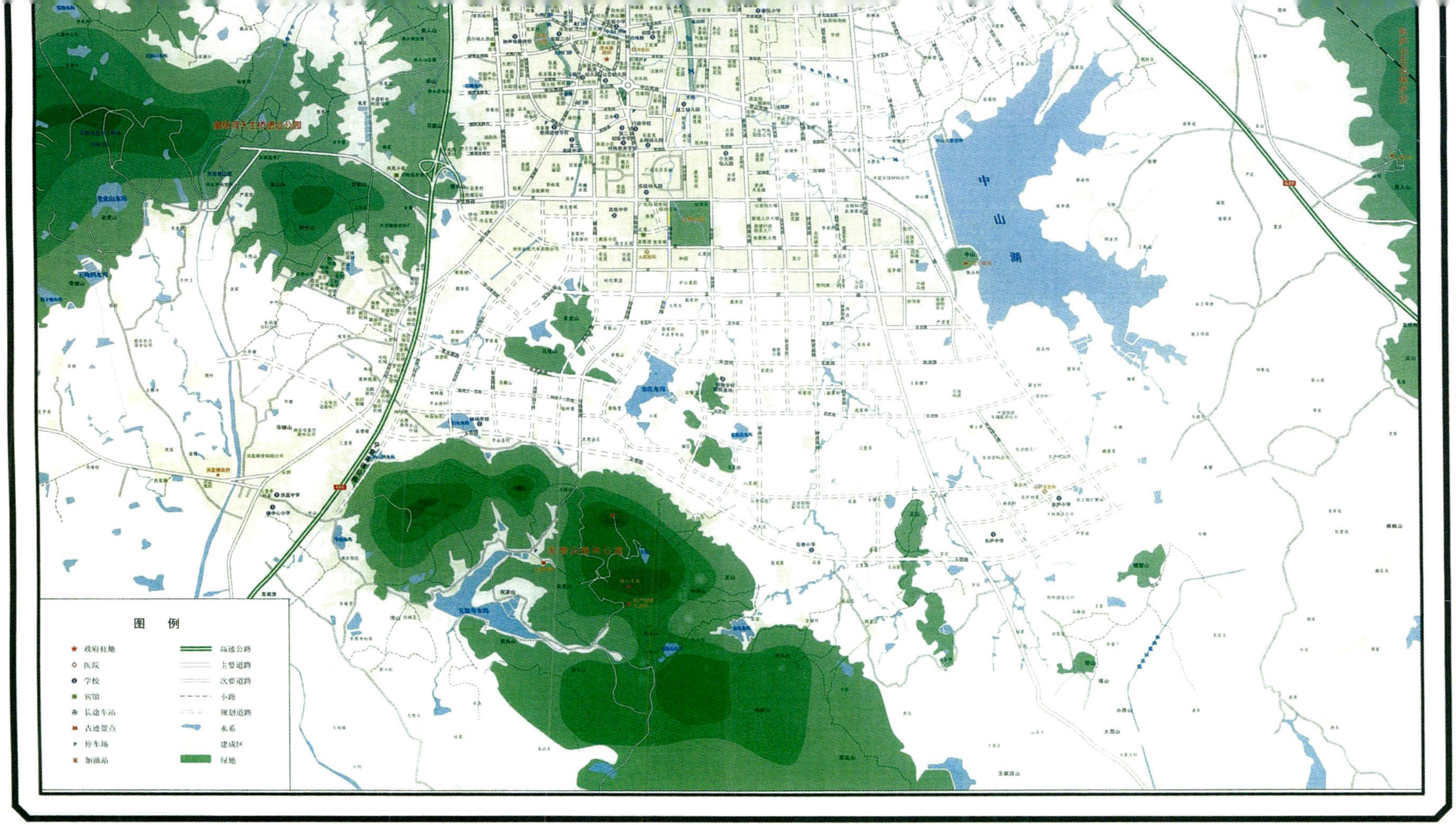
中山湖
图例
政府驻地
医院
学校
宾馆
长途车站
古迹景点
停车场
加油站
高速公路
主要道路
次要道路
小路
规划道路
水系
建成区
绿地

二〇一二年度制

溧水县土地利用总体规划图
（1997–2010 年）

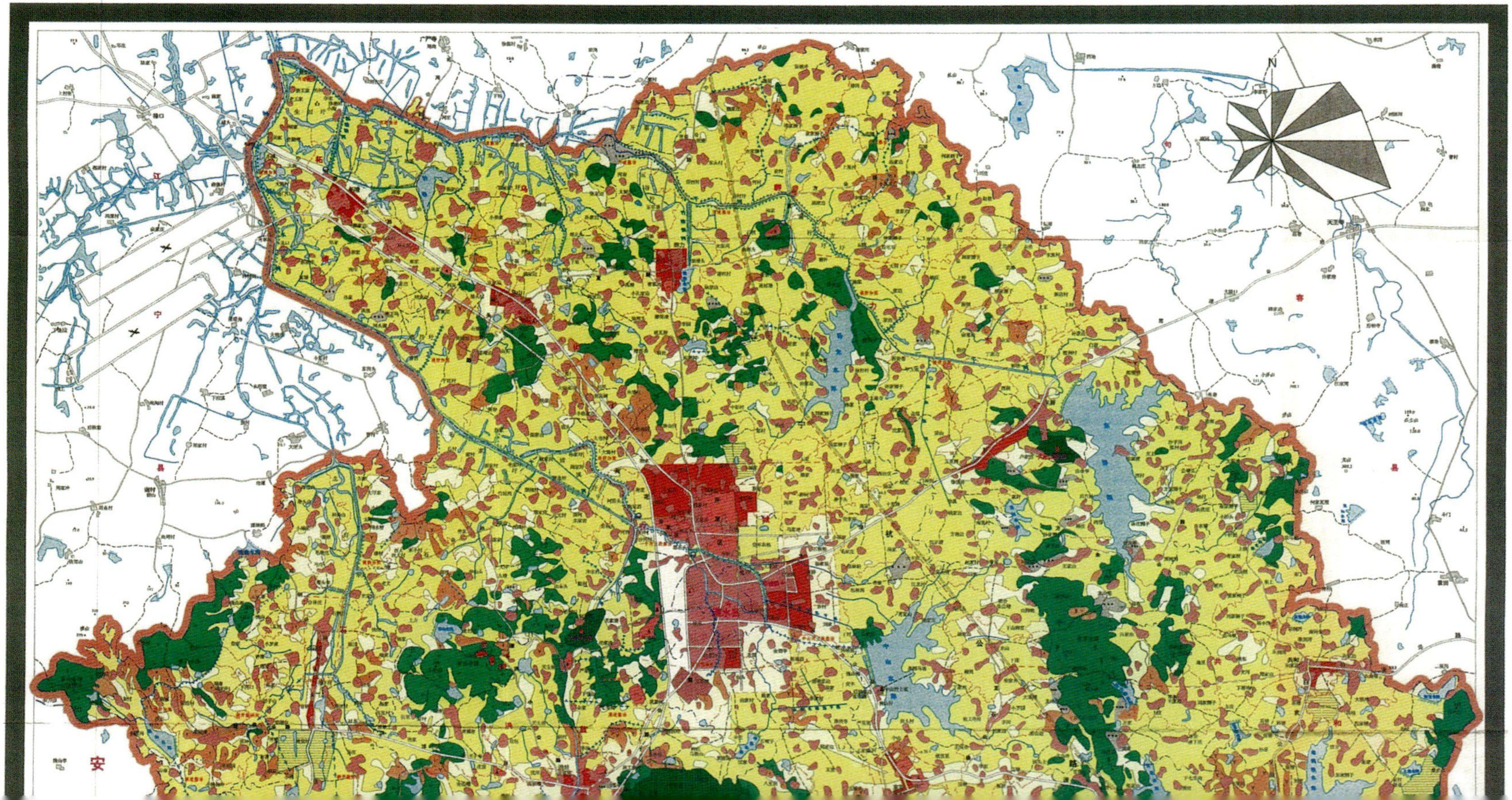

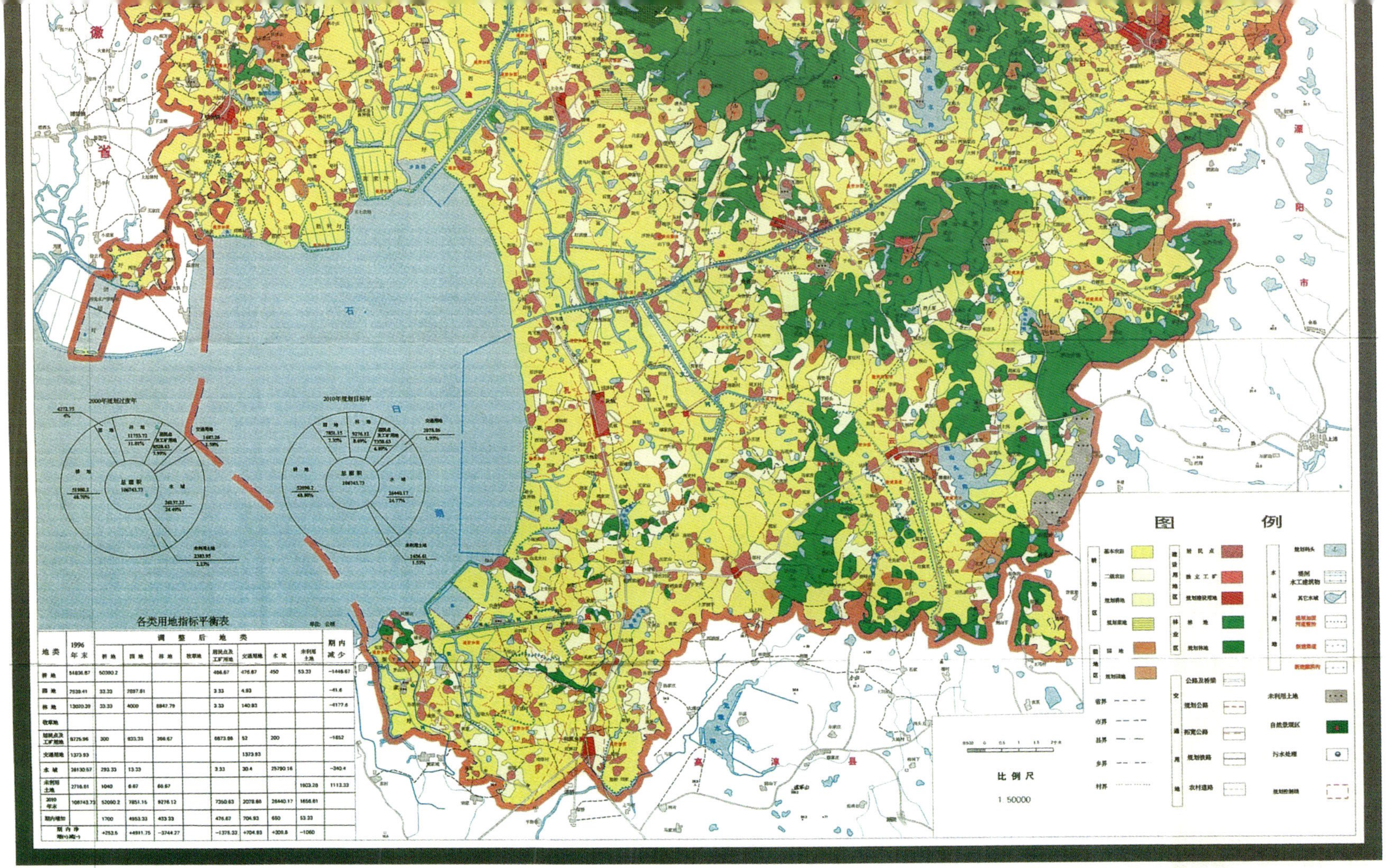

各类用地指标平衡表

单位：公顷

地类	1996年末	调整后地类：耕地	园地	林地	牧草地	居民点及工矿用地	交通用地	水域	未利用土地	期内减少
耕地	54836.87	50380.2				486.67	476.67	450	53.33	−1446.67
园地	7539.41	33.33	7897.81			3.33	4.93			−41.6
林地	13020.39	33.33	4000	8847.79		3.33	140.93			−4177.6
牧草地										
居民点及工矿用地	8725.96	300	833.33	366.67		6873.96	52	200		−1852
交通用地	1373.93						1373.93			
水域	26130.57	293.33	13.33			3.33	30.4	25790.16		−340.4
未利用土地	2716.61	1040	6.67	66.67					1603.28	1113.33
2010年末	108743.73	52080.2	7851.16	9276.12		7350.63	2078.86	26440.17	1656.61	
期内增加		1700	4953.33	433.33		476.67	704.93	650	53.33	
期内净增(+)减(−)		+253.5	+4911.75	−3744.27		−1375.33	+704.93	+309.8	−1060	

溧水县人民政府编制　一九九八年五月

南京星光测绘科技有限公司承制

溧水县土地利用总体规划图
（2006–2020 年）

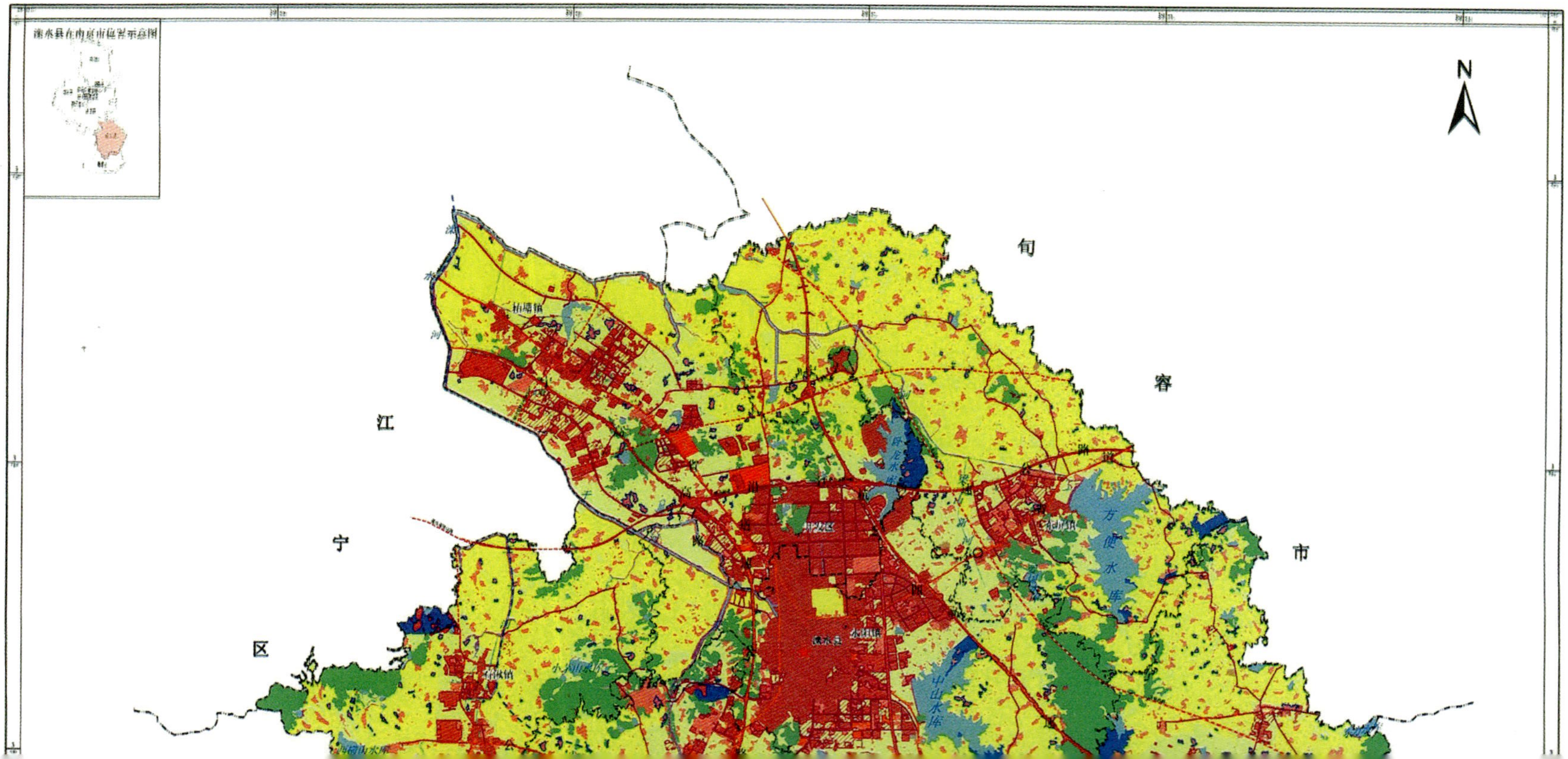

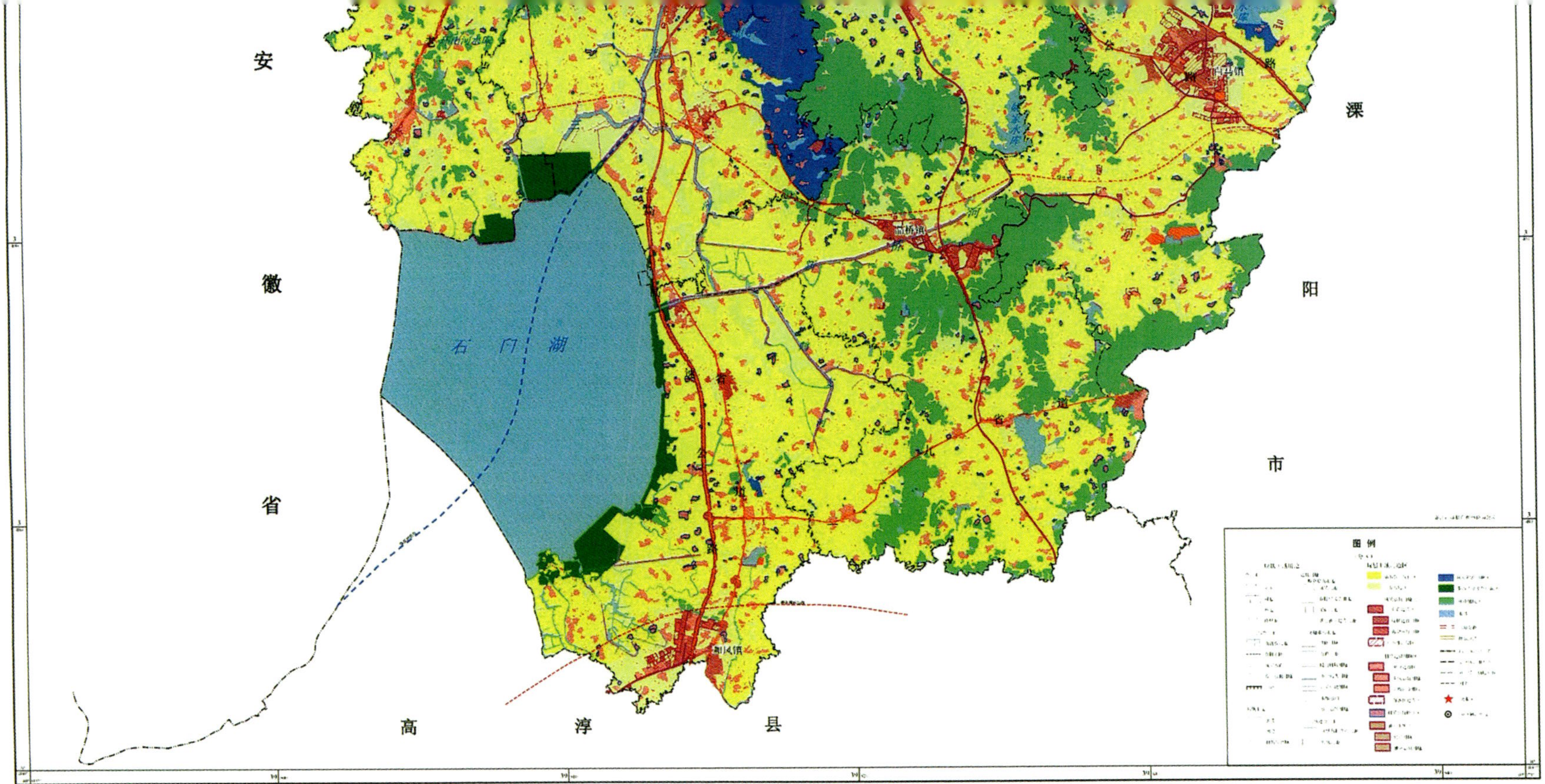

南京市溧水县人民政府　　编制
二〇一二年十二月

1:50,000

南京市溧水县国土资源局
江苏省东图城乡规划设计有限公司　制图

《溧水县国土资源志(1996—2013)》编纂委员会及编纂机构人员

(2016年7月12日成立)

主　　任　裴　敬　黄忠山　石明生　邱祖坤　严克利

副 主 任　尹昭根　唐祥春

委　　员(以姓氏笔画为序)

王日明　方金根　尹昭根　石明生　孙　艺　孙玮玉

邱祖坤　吴宇驰　吴荣琴　严令国　严克利　李岭辉

张英姿　范荣生　范菊华　周晓明　唐祥春　黄忠山

韩明忠　焦湘凌　裴　敬　管卫星

编志办公室主任兼执行主编　尹　伟

审 稿 人　尹昭根　唐祥春　韩明忠

工作人员　薛　军　吴小格　王　佳　杨造林

《溧水县国土资源志(1996—2013)》编纂委员会

(2017 年 5 月 18 日调整)

主　　任　裴　敬

副 主 任　尹昭根　唐祥春　孙　艺　陈　建　韩明忠

委　　员(以姓氏笔画为序)

王日明　方金根　尹　伟　尹昭根　孙　艺　孙玮玉

陈　龙　陈　建　杨　树　吴宇驰　吴荣琴　严令国

张英姿　周晓明　周德红　唐祥春　韩明忠　裴　敬

管卫星

《溧水县国土资源志(1996—2013)》初稿撰写及修改人员

(以姓氏笔画为序)

王日明	王　阳	方金根	韦梦颖	尹　伟	尹　杉	尹昭根
田福红	孙　艺	孙玮玉	刘咏秋	朱志斌	何　伟	陈　龙
陈　建	杨　树	杨造林	张存千	张英姿	吴小格	吴宇驰
吴荣琴	李　杰	李岭辉	严令国	范荣生	范菊华	周祥华
周晓明	周德红	徐义仟	徐梅青	唐祥春	栾兆亮	章百花
傅义忠	韩明忠	焦湘凌	裴　敬	管卫星	薛　军	

《溧水县国土资源志(1996—2013)》编辑部

主　　编　裴　敬

副 主 编　尹昭根　唐祥春　孙　艺　陈　建　韩明忠

执行主编　尹　伟

编　　辑　吴宇驰　薛　军　吴小格

特约编辑　杨造林　彭开燕

《溧水县国土资源志(1996—2013)》终审验收单位

南京市溧水区地方志编纂委员会办公室

《溧水县国土资源志(1996—2013)》终审验收人员

卞新宏　陈家荣　巫永发　刘迎春　刘春兰　韦　静

凡 例

一、本志以马克思列宁主义、毛泽东思想、邓小平理论、“三个代表”重要思想、科学发展观、习近平新时代中国特色社会主义思想为指导，坚持辩证唯物主义和历史唯物主义的立场、观点和方法。遵循实事求是原则，客观、全面、系统、真实地记述1996年至2013年3月溧水县国土资源管理利用的历史与现状，反映改革开放成绩，力求思想性、科学性、资料性相统一。

二、本志系1999版《溧水县土地管理志》续志，上限为1996年，下限断至2013年3月底(溧水撤县设区)。为与前志保持衔接，反映事物发生、发展全过程，部分内容适当上溯、下延。

三、本志部分采用章、节、目，采取述、记、志、图、表、录诸体，以志为主体。部分内容设子目，反映全县总貌图照置于志首，有关章节目图表则随文设置。

四、本志采用规范语体文。地理名称及政府机构、会议、文件、官职名称均以不同历史时期实际称谓记述。未用全称的“省”“市”“县”分别指江苏省、南京市、溧水县；未冠属地的乡镇，均指境内乡镇；文表中县开发区指溧水经济开发区。

五、本志收录的国土资源管理工作获奖项目、先进人物均为市以上(含市级)机关评定、授予。

六、大事记记事以编年体为主，一些联系较紧、时间相近的事件，适当采用纪事本末体。

七、本志所用数据，以县统计局资料和县国土资源局、镇国土资源所调查核实资料为准。用阿拉伯数字书写。文字、标点、图表数字和计量单位，按照国家统一规定和要求书写使用。

八、本志运用简称，在首次出现时用全称(括注简称)，下文用简称。如"中华人民共和国成立前后"，简称"建国前后"；《中华人民共和国土地管理法》，简称《土地管理法》；江苏省国土资源厅、南京市国土资源局、中国共产党溧水县委员会、溧水县人民政府、溧水县国土资源局等，简称省厅、市局、县委、县政府、县局。

九、本志卷首及文中照片凡未标注摄影者的，均为李传金拍摄。

十、本志资料主要来自县国土资源局综合档案管理室、局机关相关科室和各镇国土资源所，以及《溧水县土地管理志》《溧水县志(1986—2005)》、2006—2013年《溧水年鉴》等。亦有少量亲历口碑资料，除特殊情况外，为节省篇幅，不注明出处。

序

《溧水县国土资源志(1996—2013)》编纂工作历经3载,数易其稿,终成卷册。这是继1999年《溧水县土地管理志》的续志。2014年9月,《溧水县国土资源志(1996—2013)》编纂工作启动,省国土资源厅、市国土资源局十分重视,区地方志办公室给予关心支持,各位专家、评委倾注心智心血,全区国土资源管理系统大力支持与配合,编纂人员辛苦劳作,终于付梓出版。这是全区国土资源管理系统的一件大事,也是系统文化又一硕果。

《溧水县国土资源志(1996—2013)》全书53万字,纵贯全区17年国土资源管理改革开放历史,横载自然、土地使用制度改革发展变迁,书写改革开放带来的生活环境、社会结构、产业结构、思想观念、生活状态等变化,彰显全区国土资源管理战线干部、职工奋斗足迹和精神风貌。新修订的《中华人民共和国土地管理法》施行后,全区逐步完善国土资源城乡统一管理新体制,实施依法、全面、统一、科学管理。实施通过全区国土资源管理工作者艰苦努力,扎实工作,使"十分珍惜、合理利用土地和切实保护耕地,这一基本国策日益深入人心,土地使用制度改革不断深入,各项基础业务工作规范有序,耕地急剧减少势头得以遏制,基本实现耕地动态平衡。多项工作获得国家、省、市奖。

《溧水县国土资源志(1996—2013)》是在局党组领导下,由全区国土资源管理系统干部职工倾力打造的一项文化建设工程，是一部体例完备、信息丰富、装帧精美、图文并茂的专业性部门志书。志书编纂过程中得到全区社会各界广泛关注和热忱支持，区地方志办公室方志科多次莅临指导，全体修编人员苦耕不辍，倾注心血，付出汗水，在此一并表示诚挚的谢意！

编志为用志，资政存史，服务现代。《溧水县国土资源志(1996—2013)》是了解、认识溧水国土系统的窗口，是宣传、推介溧水国土系统的载体。阅志用志，有助于系统上下借鉴历史，把握规律，吸取经验，发展未来，激励国土人奋发图强，锐利进取，勇于创新，谱写更加辉煌的新篇章。

南京市国土资源局溧水分局党组书记、局长

2017年12月31日

目　　录

第一章　地域环境

第二章　土地利用规划

第三章 土地资源利用

第四章　建设用地管理

第五章　耕地保护

第六章　矿产资源管理

第七章　地质灾害防治

第八章　地籍管理

第九章 土地使用制度改革

第十章 地价、税费与管理

第十一章　法规监察

第十二章　机构队伍

附　　录

总　述

溧水县地处江苏省西南部，秦淮河发源地，山环水绕，风光旖旎。东临溧阳市，南连高淳县，西与安徽省当涂县毗邻，西北同江宁区交界，东北和句容市接壤，距南京主城区42公里。溧水是重要的交通枢纽，宁高、宁杭、沿江、溧马4条高速公路和常溧、宁溧、老明3条高等级公路以及宁杭高铁、城际宁溧地铁(2013年规划启动)贯穿全境，直达南京、上海、北京、杭州、苏州、无锡、常州、镇江、芜湖、马鞍山等大中城市。水路经秦淮河、石臼湖可直达长江。县城距南京禄口国际机场18公里。2013年3月，全县有8个镇，1个省级经济开发区，92个村民委员会，12个居民委员会。全县土地总面积1067.26平方公里，其中耕地面积423平方公里、水域面积42.58平方公里。总人口41.87万人，人口密度393人/平方公里。境内气候宜人，属北亚热带季风气候区，寒暑显著，四季分明，雨量充沛，日照充足，无霜期长。1996—2012年，年平均气温16.5℃，年平均降雨量1136.8毫米，日照时数1902.4小时，无霜期224天。境内山水天然组合，生态环境优良，空气质量常年达国家二级标准。

一

溧水历史悠久。早在1万年前就有人类生存。隋开皇十一年(591)析溧阳西北境及丹阳(今江宁小丹阳)故地东部置溧水县，此为建县之始。元元贞元年(1295)升溧水为州，明洪武二年(1369)复改为县。明弘治四年(1491)析西南境置高淳县。中华民国元年(1912)至3年(1915)，溧水先后属南京府、金陵道，中华民国18—38年(1919—1949)，分别属江宁区、溧阳区、江苏省第一行政督察区。1938年6月，新四军到达溧水，溧水成为苏南抗日根据地的战略要地。1941年，中国共产党在县境分别建立溧水(后改为溧高)、江溧句(后改为江宁)、江当溧(后改为横山)抗日民主政府,组织领导群众投入抗日运动。1949年4月25日,溧水解放,属镇江专区,1958年属常州专区,1959年9月9日复属镇江专区,1983年1月,划属南京市。至2013年,建县1423年。

1996—2012年,全县国民经济持续、快速、健康发展,地区生产总值由27.86亿元增加到366亿元,年均增长75.86%;工农业总产值由70.91亿元增加到794.8亿元,年均增长60.05%;财政收入由1.6亿元增加到45.05亿元, 年均增长159.74%。2012年实现税收收入49.89亿元, 为1996年的36.12倍;粮食总产量24.46万吨,比1996年26.69万吨略减;油料总产量2.11万吨,比1996年2.46万吨略减。

随着全县社会经济快速发展,建设用地需求量不断增加,耕地逐年减少,加上人口自然增长,人地矛盾日益突出。1996—2012年,全县耕地减少9533.33公顷,年均减少560.8公顷,人均耕地由0.125公顷降至0.101公顷(统计数)。2012年,全县常住总户数144456户,总人口418769人,其中男性212847人, 女性205922人; 非农业人口170370人, 农业人口248399人;人口出生率11.16‰,死亡率9.15‰,自然增长率2.01‰。县内人口绝大多数为汉族,占99.7%;有少数民族31个,占0.3%。

二

历届政府均十分重视国土资源。20世纪80年代,县政府土地管理部门负责全县农村土地征用,审查报批工作开展土地调查、登记、统计工作,研究制定土地管理政策,办理土地征用划拨手续。1996年始,全县土地管理由单纯的征拨用地管理,转变为土地利用、开发、整治的全面管理。随着改革开放深入和经济、社会、生态文明建设发展需要,土地和矿产资源管理职能发生变化,1997年8月19日,县委、县政府下发《关于〈溧水县土地管理职能配置、内设机构和人员编制方案〉的通知》,县土地管理局更名为“溧水县国土管理局”。1999年县政府发布《关于进一步加强全县土地统一管理的决定》、2000年县委、县政府下发《关于进一步加强全县土地统一管理的意见》,规定全县各类建设项目供地扎口管理,由县政府授权县国土管理局统一征地、统一程序、统一地价、统一审批、统一供地、统一登记发证。

2002年3月5日，县国土管理局更名为溧水县国土资源局，原由县计经委管辖的县矿产资源开发管理办公室划归县国土资源局管理。2003年4月21日，县矿产资源开发管理办公室更名为溧水县矿产资源管理所（以下简称“县矿管所”）。县国土资源局下辖8个镇国土资源所，全县92个村民委员会和县城区12个居民委员会配有兼职国土资源信息员，县、镇、村三级形成国土资源管理网络。2012年，县国土资源局内设机构有办公室、耕保科、规划科、土地利用科、法规监察科、财务（审计）科、土地储备中心、地籍管理所、土地整理中心、矿产资源管理所、执法监察大队11个科室和政务大厅、信息中心、信访办公室、评估事务所、测绘事务所5个职能服务机构。

三

加强国土资源宣传。县国土资源局与宣传、司法、教育、新闻媒体等单位合作，运用广播、电视、报刊等舆论工具，采用橱窗、墙报、宣传栏、征文竞赛、文艺演出、悬挂横幅、张贴标语等形式，广泛宣传；通过以会代训、巡回演讲和普法讲座等方式，向各级干部、开发商和用地大户、工商企业重点宣传。自2002年“6·25”第12个“土地日”始，每年一个主题，开展多层次、全方位、多形式集中宣传，增强全民国土观念，提高依法用地、依法采矿、依法管理意识，取得社会理解、支持和重视。强化土地、矿产执法监察力度，在原有法规监察股基础上，成立溧水县国土资源执法监察大队，制定执法监察人员工作规范，明确职权、职责和义务。坚持预防为主、巡查与查处相结合方针，按照规定程序和方式，监督检查土地使用和矿山开采情况。开展非农业建设用地清查和专项执法监察，查处违章违法用地和采矿，典型案例在广播电台、电视台曝光。2005年4月，县国土资源局制定《溧水县国土资源局动态巡查制度》。执法大队每半月巡查一次全县一级区域、每月一次巡查二级区域，三级区域不定期抽查。各镇国土资源所配备专职或兼职巡查员。每周巡查一次一级区域，每半月巡查一次二级区域，每月巡查一次三级区域，并建立巡查台账。动态巡查中，发现违法案件及时处理，发现一起查处一起，不留“死角”。快速受理人民来信来访，一般来信来访当日调查，次日答复；较为严重涉及民生的信访，5日内办结；涉及重大严重违法信访案件，7日内结案。2003年至2013年3月，县国土资源局办理信访371件，办结率98%以上，满意率100%。

四

加强土地利用规划管理。1992年至1994年8月,县政府编制完成《溧水县土地利用总体规划(1991—2000年)》,并于1995年6月26日经市政府批准实施。此《规划》实施后,为全县合理利用土地起到一定作用。随着全县经济社会快速发展,建设用地需求与规划矛盾日益突出。1998年2月,县政府组织实施县土地利用总体规划修编工作。此次修编以《溧水县土地利用总体规划(1991—2000年)》为基础,依据基本农田保护区、建设用地区划定成果和1996年农村土地变更调查成果,合理确定土地利用方向、结构布局、实施土地用途管制和耕地总量动态平衡目标,当年12月完成《溧水县土地利用总体规划 (1997—2000年近期规划和2001—2010年远期规划)》修编。此规划实施过程中,注重县、镇两级土地利用总体规划调整和完善。2007年8月,县政府修改永阳、洪蓝、白马、东屏、柘塘、石湫、和凤7个镇部分规划建设用地布局,并得到省国土资源厅批准。第三轮《溧水县土地利用总体规划(2006—2020年)》修编从2006年12月始,经过资料收集、资料核实、专题研究、乡镇调研、规划大纲编制、规划成果审查报批等环节,2010年12月, 形成规划成果送审稿,2011年6月组织听证,2012年1月,《溧水县土地利用总体规划(2006—2020年)》获省政府批准。

强化地籍管理。2004年始,县国土资源局加大地籍管理软硬件投入,应用全球卫星定位系统开展地籍调查工作。通过年度日常变更调查、土地利用现状更新调查、第二次土地调查、城镇地籍更新调查、村庄地籍调查,建立土地登记数据库、土地利用现状信息系统、更新地籍调查地理信息系统、城镇地籍信息管理系统、农村地籍信息系统,实行"对内以图管地,对外以证管地",各项基础业务工作得到省、市国土部门认可。

五

服务全县经济建设。1996年始,县国土资源局坚持"保经济发展、保耕地并举"方针,在控制土地供应总量,保护耕地前提下,加强建设用地计划管理,确保重点工程项目用地,提供优质服务。县城区相继启动“六路四桥三场”(珍珠路、中山东路、金蛙路、宝塔路、交通路、方塘路,珍珠桥、小东门桥、二里桥、明珠桥,弯子口广场、城北转盘广场、南门休闲广场)建设工程和宁杭高速、溧马高速、溧芜高速、沿江高速公路,340、246、341、243省道等国家、省重点工程,以及县城珍珠南路南延、中山东路、龙山路、青年路东延和常溧路、宁溧路、老明路拓宽改造工程,实施县城新区建设和老城区内江南动力配件厂、电机厂、麻纺厂、轮胎厂、磁性材料厂、制药厂等企业逐步向县经济开发区、永阳镇私营经济园搬迁,涉及大量征地、房屋搬迁补偿、劳动力安置等。县国土资源局科学决策、统筹兼顾,现场办公,简化办事程序,提高办事效率,及时协商解决用地矛盾。至2013年3月,三项建设用地(国家、集体、农民建房)总面积3622.36公顷(其中耕地1235.86公顷),上报撤销村民小组146个,转移农业人口23330人。

强化土地后备资源开发复垦工作。1996年起,耕地管理坚持“占多少垦多少”原则,确保耕地“占补平衡”。至2013年3月,全县土地开发复垦总投资1.8亿元(含县、乡镇配套资金),复垦土地6513.16公顷,其中耕地2537.5公顷,基本实现总量动态平衡。2012年,县国土资源局被省国土资源厅表彰为“全省土地利用管理工作先进集体”。

六

创新管理体制。2000年后,全县国土资源管理实施统一扎口管理新体制。境内国有土地使用权出让、转让,由县国土管理部门代表县政府扎口统一管理、统一程序、统一地价、统一审批、统一收取出让金、统一登记发证。2002年始,县国土资源局在全县土地统一管理基础上,又从用地管理到全面管理,从资源管理到资源和资产并重管理,以单一行政管理到行政、经济、法律、科普综合管理,大胆探索土地利用方式改革思路和采矿权出让管理新路径,走创新驱动、内生增长、绿色发展道路,发挥国土资源保障和保护功能,广开渠道扩大增量,挖掘潜力,盘活存量,节约集约提高效率,保护耕地修复生态,打造“节地提效”“土地综合整治”两个平台,以土地利用方式转变促进经济发展方式转型,为全县率先基本实现现代化提供资源支撑和保障。是年7月1日,国土资源部《招标拍卖挂牌出让国有土地使用权规定》正式施行后,县政府深化土地使用制度改革,国有土地使用由原来长期“无偿、无期、无流动”向有偿、有期、有流动转变,逐步形成土地市场化管理,规范国有土地使用权出让、转让行为。工业和商业、旅游、文化娱乐等经营性用地实行招拍挂方式供地。同时建立公开、公平、公正竞争机制,优化土地资源配置,提供土地交易信息和代理土地交易功能,逐步培育和健全土地市场,以适应改革开放市场经济体制。至2013年3月,全县出让国有土地总面积3765.4公顷,出让金134.4亿元,给全县经济和社会建设带来勃勃生机。

加强基础设施建设,提高队伍素质。2005年始,县国土资源局组织国土系统干部职工学习政策、理论,有计划选送年轻骨干到国土资源部、省国土资源厅、市国土资源局、县委党校参加政策理论、业务学习培训,跟班、挂职锻炼。局科室中层干部先后3次竞争上岗,通过自荐、资格审查、现场面试、民主测评,从德、能、勤、绩4个方面综合评定,无记名投票等方式选拔任用,一批中青年走上中层干部岗位。2005—2007年,县国土资源局除投入1000多万元加强局科室办公自动化设备和信息网络建设外,投入830余万元,陆续装修东屏、石湫、晶桥、永阳、柘塘、白马6个基层国土资源所办公楼,新建洪蓝、和凤镇国土资源所办公楼。在全市率先完成基层国土资源所“四个一”(一幢办公楼、一辆执法车、一个标准档案室、每人一台电脑)规范化建设工程。2006年3月,全县8个镇和县国土资源局执法监察大队原事业性质编制54人,参与全市《中华人民共和国公务员法》《公务员职业道德》《公务员公文写作》考试,纳入县“参公”管理行列。2011年12月,县国土资源综合档案室达省五星级标准,为全市国土资源系统首家。至2012年,县国土资源系统156名干部职工中,有中共党员101名,研究生以上学历9人,本科56人。全系统集体受到国土资源部表彰2个(次),省国土资源厅表彰24个(次);个人受到国土资源部表彰1人,省国土资源厅表彰30人次,市级表彰93人次。每年度县机关考核保持领先,多次受到县委、县政府表彰和奖励。

展望未来,任重道远。全县国土资源系统将一如既往,贯彻落实党中央、国务院关于加强土地管理,切实保护耕地大政方针与治本之策,围绕“珍惜土地资源,集约节约用地”主线,严守保耕地红线,控制非农业建设占用耕地,加大土地执法监管力度,确保耕地总量动态平衡,不断提升国土管理队伍素质,坚持创新、可持续发展,推进各项工作再上新台阶,再创新辉煌。

大事记

1996 年

2 月 29 日，县政府下发《溧水县出售公有住房土地登记的若干规定》。

4 月 8 日，县政府下发《关于调整基本农田保护区指标的通知》，白马、渔歌、明觉、云鹤、晶桥 5 个乡(镇)增加一级基本农田保护面积 80 公顷。

5 月 8 日，县政府转发县土地管理局《关于开展创建土地管理“三无”乡(镇)活动的意见》。

6 月 11 日，成立溧水县地价所，为股级全民事业单位，与县地籍管理所合署办公。

6 月 25 日，县委、县政府召开《中华人民共和国土地管理法》颁布 10 周年庆祝大会和土地管理工作座谈会。

7 月 1 日，县土地管理局开展全县土地变更调查工作。此次调查数据截止时间为 10 月 31 日。历时一年半完成全县 16 个乡(镇)213 个村计 988 个变更图斑野外调查与勘测丈量，登记建账图斑 88486 个。

同日，县土地管理局和县城乡建设局联合下发《关于对珍珠北路部分商住楼楼层高度、尺寸调整和部分个人未经县设计部门设计擅自建造商住楼的处罚决定》，拆除不符合要求擅自建造商住楼 4 户，建筑面积 350 平方米。

8 月 10 日，县政府下发《关于加强全县基本建设管理的意见》，严格控制新开工项目，停缓建一批项目，整顿建设秩序，加强项目审批管理。

10 月 4 日，县土地管理局被县委、县政府授予“溧水县 1996 年度市政道路工程建设功勋单位”。

10 月 8 日，在 1996 年南京金秋恳谈会暨商品交易会上，溧水县首次拍卖“四荒”土地使用权3块,面积31.47公顷,成交价格最低7500元/公顷、最高16500元/公顷。

11月,县土地管理局获国家土地管理局“土地调查优秀成果奖”。

12月,《溧水县土地管理志》初稿编纂完成。1997年,修改完善,形成送审稿。1998年11月,通过市土地管理局终审,1999年4月出版发行。

1997年

2月3日,县土地管理局制定《溧水县破产企业土地使用权处理暂行办法》。

2月23日,县政府批转县土地管理局《关于进一步加强城乡建设用地管理意见的报告》。

2月28日,县政府下发《溧水县国家建设征用土地补偿标准和安置办法》。

3月1日,县政府下发《进一步加强县城规划区内住宅建设管理的若干规定》。

3月10日,县地籍管理所在白马镇开展乡镇土地登记发证工作试点,10月完成。

3月12日,在县首届梅花节上,县土地管理局推出白马、东屏、在城、群力、洪蓝、石湫等乡镇“四荒”地8块,公开拍卖土地使用权,成交面积113.3公顷。

4月15日,全县冻结非农建设占用耕地,包括农民建房占用耕地审批。

5月10日,县土地管理局与南京农业大学土地管理学院合作,开展县内建制镇、乡集镇土地分等定级估价工作。

7月7日,县政府召开全县加强土地管理切实保护耕地会议,县、乡两级党委、政府主要负责人参加。

同日,县政府成立由分管副县长任组长,县土地、监察、城管、农业、水利等部门为成员的“非农业建设用地清查工作领导小组”,下设办公室(设在县土地管理局),由土地管理局局长兼任办公室主任。

8月19日,县委、县政府下发《关于〈溧水县国土管理局职能配置、内设机构和人员编制方案〉的通知》。溧水县土地管理局更名为溧水县国土管理局。

9月6日,县政府下发《关于进一步加强城镇规划管理工作的决定》。

1998年

2月12日，县政府成立由分管副县长任组长，相关单位部门主要负责人为成员的溧水县土地利用总体规划编制和修订工作领导小组，并下设办公室(设在县国土局)负责日常工作。

2月18日，县政府召开全县土地利用总体规划编制和修订工作会议。

2月23日，县国土管理局实施“鱼水工程”，结对帮扶晶桥镇仙坛村，并制定帮扶工作目标和计划。

3月，县国土管理局评估县运输公司、胶木厂、二轻供销公司等35家破产企业53宗国有土地，面积53公顷，土地价值1.35亿元。

3月2日，县国土管理局培训全县土地利用总体规划修编人员，规定技术规程和操作要求，明确岗位职责。

3月10日，县国土管理局组织全县土地利用总体规划修编人员到规划试点镇——洪蓝镇，集中开展规划修编工作。

3月15日，县政府办公室转发《溧水县国土管理局关于规范“四荒”地资源管理意见的通知》，规定“四荒”地使用权出让可采用拍卖、招标、出租和参股联营等方式。

3月23日，县改制工作指挥部批转县国土管理局《关于我县改制企业土地使用权处置管理意见》。

3月30日，县政府转发县国土管理局《关于深入开展创建土地管理“三无”乡(镇)活动的工作意见》。

4月14日，县国土管理局、建设局召开联席会议，研究县城规划区域内规划管理、国有土地使用权出让、农(居)民建房审批手续办理等有关事宜，并形成会议纪要。

4月17日，县政府下发《关于分解下达全县土地利用总体规划三项控制指标的通知》。

4月23日，县国土管理局、计经委联合下发《关于省、市、县重点工程项目用地控制指标分解的通知》。

6月24—26日，县国土管理局在县实验小学、第二小学和第三小学五年级学生中举办土地国情国策宣传讲座和征文比赛，评选出优秀征文25

篇,并报市国土管理局参加全市评选。

8月28日,县政府任命芮小马为县国土管理局副局长(由市级机关到溧水县挂职,时间一年)。

9月15日,县境第一条全封闭高速公路——宁高高速公路建成通车。溧水段38.5公里,用地面积95公顷。

11月13日,《溧水县土地利用总体规划(1997—2010年)》通过市级验收。

11月19日,县十二届人大七次会议通过,县政府任命严克利为县国土管理局局长。

12月10日,县国土管理局下属企业——县地产开发公司更名为溧水县土地开发复垦公司。

1999年

1月1日,县国土管理局在县城弯子口广场、金蛙广场、长途车站举行新《中华人民共和国土地管理法》宣传咨询活动,发放宣传材料3800份,在16个乡镇主干道旁张贴、悬挂宣传标语和横幅。

3月,县国土管理局启动荣昌花园小区征地、拆队及"农转非"工作,至7月中旬完成。

5月13日,县国土管理局举行新《中华人民共和国土地管理法》学习考试,全县国土管理系统135名干部职工参加。

7月12日,县国土管理局会同县关工委、教委开展以"依法行政、合理用地"为主题的全县中学生代表夏令营活动。

12月6日,县政府下发《关于进一步加强全县城乡土地出让统一管理的决定》。

2000年

1月8日,省政府批复《溧水县土地利用总体规划(1997—2010年)》。

2月24日,县政府任命褚海明为县国土管理局副局长(县正局级)。

4月7日,省国土管理局批复《溧水县乡镇土地利用总体规划(1997—2010年)》。

4月13日,副县长张开昊召集县政府办、计经委、国土局、建设局、财政局、地税局、永阳镇、开发区等相关单位负责人,专题研究城区居民补办国有土地使用证、房屋所有权证等遗留问题,明确办证方法、期限、条件及税费政策。

5月16日,县委、县政府下发《关于进一步加强全县土地统一管理的意见》。

7月29日,县政府在在城镇十里牌村举行宁杭高速公路溧水段一期工程开工典礼。2003年10月建成通车。该道路用地面积51.2公顷。

8月2日,县成立土地储备中心,由县国土管理局代管,人员由县国土管理局内部调剂。

9月12日,县国土管理局制定《溧水县城镇国有土地使用权招标拍卖暂行办法》。

9月26日,宁高高速公路二期工程建成通车。县境内长45.7公里,用地面积112公顷。

11月13日,县土地储备中心举行原在城商场和酒厂2块土地拍卖会。其中,在城商场(商住用地)面积2566平方米,底价215万元,以455万元成交;酒厂面积6195平方米,底价323万元,以393万元成交。

11月22日,县土地储备中心推出分龙岗、农贸市场内门面房、外贸酒楼门面房3块国有土地公开拍卖,总面积1.5万平方米,拍卖收益1000万元。

2001年

5月28日,县政府召开全县土地利用现状更新调查工作动员大会。

6月20日,县国土管理局完成全县勘界工作,县境行政区域界线总长279.62公里。

8月26日,县国土管理局根据国土资源部2000年卫星遥感监测结果,查处晶桥观山塑料编织有限公司、柘塘镇政府、南京联强集团、洪蓝中心小学、县交通局、白马八幸化工有限公司等8起未批先用违法用地案件。

11月9日,县政府召开“县城市政改造新闻发布会”,开发改造“两场一街”(通济街商业广场、中大街商贸文化广场、大东门美食步行街),建设荣昌花园、广城东方名城等住宅小区,规划用地总面积63公顷。

2002年

3月5日,县委、县政府下发《关于溧水县县级党政机关机构改革的实施意见》,县国土管理局更名为溧水县国土资源局。

4月1—30日,县人大代表评议县国土资源局国土管理工作。

4月21日,县矿产资源开发管理办公室划归县国土资源局管理。

4月26日,全县8个镇国土管理所更名为“××镇国土资源所”。

5月20日,县政府下发《关于溧水县土地交易市场管理暂行规定的通知》,县建立土地交易中心,明确其功能与职责、土地交易方式、土地交易监督查处等。

同日,县政府下发《关于下达我县禁止和限制开山采石关停矿山企业计划的通知》。

5月30日,宁高公路溧水段和县城区6个地块旧城改造工作全面启动,拆迁各类房屋建筑总面积18万平方米。

6月21日,县政府批准《溧水县国土资源局职能配置、内设机构和人员编制方案》,并将原县计经委矿产管理行政管理职能(县矿产资源开发管理办公室)和原县计经委制定国土规划和土地利用总体规划有关职能划入县国土资源局。

同日,溧水县土地监察大队更名为溧水县国土资源执法监察大队。

8月2日,上午7时30分左右,白马镇上洋采石场排险工张某某(男,50岁)在塘口排险石时从15米处摔下,头部、腿部严重受伤,在送往医院途中死亡。

8月28日,县国土资源局向社会发出《关于白马镇上洋采石场死亡事故的通报》。

12月2日,县政府办公室下发《关于对我县砖窑企业实行专项整治工作的通知》。

2003 年

2 月 12 日，市国土资源局、审计局到溧水县国土资源局开展 1999—2002 年土地复垦资金专项审计调查，3 月底结束。

3 月 6 日，县政府下发《溧水县农村房屋自拆自建暂行办法》和《溧水县农村房屋统拆统建补偿安置暂行办法》。

3 月 31 日，县国土资源局与县水务局、建设局联合印发《关于加强水利工程管理范围内建设项目管理工作的通知》。

4 月 14 日，县政府成立由常务副县长任组长，县国土局、计经局、建设局、财政局、监察局、物价局、审计局主要负责人为成员的县土地出让领导小组，规定全县各类建设项目供地扎口管理，由县政府授权县国土资源局统一征地、统一程序、统一地价、统一审批、统一供地。

4 月 21 日，溧水县矿产资源开发管理办公室更名为溧水县矿产资源管理所。

5 月 13 日，县企业改制领导小组办公室批复溧水县土地开发复垦公司改制，采取公开竞价转让产权，另行组建新的民营企业。原公司债权债务以及遗留问题由县国土资源局依法清理和处置。

6 月 11 日，县政府下发《溧水县国有土地使用权出让金管理办法》。

7 月 1 日，南京金焰锶业有限公司向县国土资源局申请购买爱景山锶矿采矿权，评估价 348.92 万元。同年 11 月，该公司与省国土资源厅签订采矿权出让合同。

7 月 5 日，县政府成立由分管副县长任组长，县国土资源局局长任副组长，县政府办、计经局等 9 个部门为成员的溧水县城镇土地分等定级估价更新工作领导小组。

7 月 6 日，县政府下发《溧水县采矿权出让管理暂行办法的通知》，改革全县矿产开采制度，改采矿权行政审批、无偿使用为公开出让、有偿使用。

7 月 7 日，县国土资源局和财政局联合下发《关于贯彻执行〈江苏省矿山环境恢复治理保证金收缴及使用管理暂行办法〉的通知》。

7 月 24 日，县政府办公室批转县国土资源局《关于溧水县农村集体土地所有权登记发证工作实施方案》,开展农村集体土地所有权登记发证工作。

9月,宁杭高速公路一期工程建成通车。境内长4.71公里,路面宽20米,用地面积10.8公顷。

9月29日,县政府下发《关于进一步加强土地管理规范土地市场秩序的意见》。

10月13日,县委、县政府成立以县委书记、县长任组长,县委副书记任副组长的溧水县土地清理整改工作领导小组,抽调县国土资源局、监察局、计经局、建设局等单位负责人和业务骨干设立"土地招拍挂""土地发证""土地项目申报"等专门工作小组,集中办公。

10月14日,县财政局下发《关于委托县国土资源局协征耕地占用税及围垦造地专项资金保证金的通知》。

11月4日,省监察厅、国土资源厅检查溧水经营性土地使用权招标拍卖、挂牌出让执法监察工作,并对溧水县2001年5月1日以后经营性土地使用权出让情况提出意见。

12月24日,县矿产资源所首次举行东屏爱景、石湫草山、白马大山(丁家边)、白马浮山4个矿区采矿权拍卖会,出让建筑用安山岩481.51万吨、建筑用玄武岩226.55万吨,出让年限5年。

12月31日,县政府下发《关于认真做好全县工业园区清理工作的通知》,撤销东屏镇轻工产业园等7个园区。同时行文废止县委常委会、书记办公会、党政联席会关于园区、旅游休闲度假开发和太阳岛体育休闲俱乐部等项目建设前期工作会议纪要24个。

2004年

2月14日,县政府召开专题会议,部署全县土地利用总体规划建设预留地调整工作。

3月17日,县政府召开全县采矿权出让工作专题会议,部分乡镇主要负责人和采矿业主参加。

3月31日,县政府办公室下发《关于全县砖瓦窑业整治与规划建设的意见》。

4月18日,县政府批复柘塘、石湫、洪蓝、和凤、晶桥镇调整完善后土地利用总体规划。

4月28日，县国土资源局举行晶桥镇枫香岭矿区和东山矿区采矿权公开拍卖会,两个矿区出让建筑用安山岩和建筑石料用灰岩资源量410.91万吨。

5月20日,县政府下发《关于印发溧水县国有土地使用权出让金管理办法的通知》。

6月7日,县政府成立溧水县基本农田保护工作检查领导小组,部署开展全县基本农田保护检查工作,投入专项经费120万元。

同日,县政府办公室转发县国土资源局《关于进一步加强全县土地管理,切实保护耕地的意见》。

6月22日,县国土资源局设立信访接待室,抽调2名工作人员负责接待群众来信来访,重点管理信访数量较多镇。

7月14日,县政府成立溧水县矿产资源总体规划工作领导小组,开始编制《溧水县矿产资源总体规划(2005—2015年)》。2005年12月15日完成规划编制。

10月16日,县政府任命尹昭根为县国土资源局副局长。

10月20日,县第十三届人大十二次会议通过,任命邱祖坤为县国土资源局局长。

10月29日,县国土资源局与市国土资源局签订《基本农田保护责任书》。

12月30日,县国土资源局与物价局联合印发《关于溧水县土地市场交易服务费管理的通知》。

2005年

1月14日,县国土资源局召开2004年度全县国土资源系统先进单位、先进工作者和优秀个人表彰大会。县土地储备中心等3个单位和范荣生等29名个人受到表彰奖励。

3月19日,县委批准建立中共溧水县国土资源局党组。

3月25日，市国土资源局党组任命邱祖坤为县国土资源局党组书记、县国土资源局局长；褚海明为县国土资源局党组成员、县国土资源局副局长(县正局级)；尹昭根为县国土资源局党组成员、县国土资源局副局长；吕维喜为县国土资源局局长助理；王大全为县国土资源局检查员(县副局级)。

4月13日，县政府下发《关于进一步加强全县土地管理工作的意见》。

同日，县政府印发《溧水县征地拆迁补偿安置办法》和《关于对1992年以来征地农转非人员养老生活实行补助的若干意见》。

4月16日，县政府办公室下发《关于实施溧水县征地拆迁补偿安置办法有关政策衔接问题的通知》。

4月21日，县国土资源局和物价局联合下发《溧水县征地拆迁补偿安置标准》。

5月13日，县政府下发《关于关闭柘塘红星砖瓦厂等4家砖瓦企业的决定》。

6月10日，县政府办公室转发县国土资源局《溧水县2005年度地质灾害防治工作意见》，成立地质灾害防治工作领导小组。

6月24日，全县上半年34个土地开发复垦整理项目完成，新增耕地226.67公顷。

7月12日，县政府成立"溧水县集体建设用地使用权登记工作领导小组"，启动全县集体建设用地使用权登记工作。

8月23日，县国土资源局与县水务局、发改局、建设局联合印发《关于加强我县水土保持工作的通知》。

9月28日，县政府下发《关于将部分土地出让金用于农业开发的意见》。

10月，宁杭高速公路二期工程开工建设。境内长10.59公里，路面宽30.5米，用地面积37公顷。

10月12日，珍珠南路南延工程开工建设，该工程起点省溧中广场，终止于无想山脚下，全长3.3公里，用地面积76公顷。

11月30日，县政府成立"溧水县土地利用总体规划修编工作领导小组"，启动《溧水县土地利用总体规划(2006—2020年)》编制工作。

12月15日，《溧水县矿产资源总体规划(2005—2015年)》通过省国土资源厅专家预审。

2006年

1月4日，县政府下发《〈溧水县征地拆迁补偿安置办法〉补充规定》。

2月5日，县国土资源局被县委、县政府评为“2005年度县级机关作风建设综合评价‘人民满意’单位”。

2月10日，县国土资源局召开2005年度国土资源系统先进单位、先进工作者和优秀个人表彰大会。东屏镇国土资源所等6个单位和周祥华、孔德星等30名个人受到表彰。

2月23日，县国土资源局被县委、县政府评为“2005年度全县结对帮扶工作先进单位”。

2月24日，县政府下发《关于〈溧水县被征地农民基本生活保障试行办法〉的通知》。

3月3日，市国土资源局党组任命唐祥春为县国土资源局党组成员、县国土资源局副局长。

3月15日，县政府办公室下发《关于开展城镇地籍更新调查登记的通知》，成立溧水县城镇地籍更新调查领导小组。至12月，在永阳镇建成区(包括开发区部分及永阳镇私营经济园)开展1:500城镇地籍更新调查登记工作。

3月17日，县政府下发《关于全面整顿和规范矿产资源开发秩序的通知》。

5月9日，县国土资源局编写《江苏省溧水县地质灾害调查与区划报告》，当年12月底完成。

5月17日，县政府下发《关于加快县经济开发区及镇工业集中区建设的实施意见》。

5月29日，县政府办公室转发县国土资源局《溧水县2006年度地质灾害防治工作意见》。

5月31日，县政府下发《溧水县国有土地使用权出让管理办法》和《溧水县国有土地储备办法》。

7月8日，县政府成立县国有土地储备管理委员会，下设办公室(设在国土资源局)，县国土资源局局长兼任办公室主任。

7月18日,县政府成立溧水县矿产地质管理工作领导小组,下设办公室(设在县国土资源局),具体负责全县矿产地质管理工作。原县采矿权出让管理工作领导小组、县矿产资源总体规划工作领导小组、县露采矿山环境整治工作领导小组撤销,相关工作统一由县矿产地质管理工作领导小组负责。

12月11日,县政府办公室下发《关于村发展留用地的实施意见》。全县涉及被征、转用地村委会可以提出发展留用地申请,上报县政府批准核定用地指标。

12月27日,省国土资源厅批复《溧水县矿产资源总体规划(2005—2015年)》于2007年1月起实施。

2007年

1月26日,县国土资源局召开行风评议工作先进单位、先进个人表彰大会。土地利用科、矿产资源所、柘塘镇国土资源所、石湫镇国土资源所4个单位和严令国、葛和平等9名个人受到表彰。

1月29日,县政府下发《关于组织实施溧水县矿产资源总体规划(2005—2015年)的通知》。

2月5日,县国土资源局召开2006年度国土资源系统工作先进单位、先进工作者和优秀个人表彰大会。地籍科等7个单位和孙艺、王日明等30名个人受到表彰。

3月,《江苏省溧水县地质灾害调查与区划报告》通过市国土资源局专家组审查。

4月,县国土资源局在全市率先开展矿产资源储量动态监测管理工作。

4月6日,县政府办公室下发《关于开展溧水县建制镇地籍更新调查和村庄初始地籍调查工作的通知》,成立溧水县建制镇地籍更新调查和村庄初始地籍调查工作领导小组,在全县开展建制镇地籍更新调查和村庄初始地籍调查工作。

4月26日,县国土资源局挂牌出让县林场芳山矿区采矿权,出让建筑石料用灰岩资源量151.7万吨。

5月24日,县政府任命邱祖坤为县土地储备中心主任。

6月29日,《溧水县地质灾害防治规划(2007—2020年)》完成。9月19日,县政府批准实施。

7月6日,县政府办公室转发县国土资源局《溧水县2007年度地质灾害防治工作方案》。

7月23日,县政府下发《关于开展第二次溧水县土地调查的通知》。

7月26日,县政府成立县第二次土地调查领导小组,下设办公室(在国土资源局)。全县启动第二次土地调查工作。

8月6日,县政府授权县国土资源局统一操作工业用地挂牌事宜,地价由局地价审核小组审核商定后按程序实施挂牌,不再呈报县政府审批。

8月14日,县编委批复设立县经济技术开发区国土资源管理办公室,核定事业编制4名。主要职责:为进区企业提供土地预征及流转、办证服务。

10月15日,县政府办公室转发县国土资源局《关于全县国有土地使用权出让情况专项清理工作实施方案》。

12月17日,县政府下发《关于溧水县突发性地质灾害应急预案的通知》。

2008年

1月15日,全县第二批土地开发复垦项目招投标会在县行政服务中心会议室举行,13个土地复垦项目,38家建设单位参与竞标。

1月21日,县国土资源局召开2007年度国土资源系统工作先进单位、先进工作者和优秀个人表彰大会。永阳镇国土资源所等7个单位和吴宇驰、何伟等34名个人受到表彰。

2月14日,县国土资源局被县委、县政府评为“2007年度县级机关作风建设综合评价‘人民满意单位’”和“2006—2007年度文明行业”。

2月22日,县国土资源局被县委、县政府评为“2007年度全县结对帮促工作先进集体”;县国土资源局和白马镇国土资源所被县委、县政府评为“2007年度全县‘平安溧水’建设先进集体”。

3月10日,县编委批复成立溧水县土地整理中心。

5月21日,县国土资源局成立溧水县三农土地复垦发展有限公司,负责辖区内土地开发、复垦、整理工作。

5月23日,县政府办公室印发《溧水县自然灾害救助应急预案》。

同日,县政府办公室转发县国土资源局《溧水县2008年度地质灾害防治工作意见》。

6月9日,县政府召开全县地质灾害防治工作会议。

6月11日,县政府召开全县土地管理工作会议,贯彻市政府土地管理工作会议精神,明确在全县推行土地问责制。

7月11日,县国土资源局新办公楼改造工程结束。当月,科室安排搬迁全部到位。建设项目供地、土地评估价格结果备案、居民宅基地和土地登记发证等职能调整到窗口,并从地籍、利用等科室抽调人员充实窗口。

8月5日,县国土资源局制定《关于支持和保障全县现代化农业科学有序发展的若干国土资源政策措施》。

9月9日,市城乡建设用地增减挂钩工作推进会在溧水召开,副市长陈维健出席。

10月25日,县国土资源局在政府多功能会议厅召开建局20周年报告会。全系统干部职工160余人欢聚一堂,共同回顾20年县国土系统发展历程。

11月6日,小西门片区改造工程开工,改造面积5万平方米。

12月27日,宁杭城际铁路开工建设。该铁路境内长29公里,占地面积113.33公顷,且设有溧水站(东屏镇)。

12月29日,县新汽车客运总站正式开工建设。该站坐落于县城秦淮路和常溧路交汇处,建筑面积1.75万平方米,总投资4500万元,占地5.93公顷。

2009年

2月4日,县国土资源局召开2008年度国土资源系统工作先进单位、先进工作者和优秀个人表彰大会。白马镇国土资源所等7个单位及杨树、尹伟等46名个人受到表彰。

3月,县政府启动《溧水县土地利用总体规划(2006—2020)(大纲)》修编工作。

3月25日,县城乡建设用地增减挂钩项目方案获市国土资源局"2008

年度全市国土资源系统管理创新奖”。

4月21日,县国土资源局与物价局联合下发《关于〈溧水县征地拆迁补偿安置标准〉补充和调整意见的通知》,规定被拆迁人拆迁安置房基准价格为:县城规划区(含开发区)1100元/平方米,其他镇区1050元/平方米。

5月1日,县国土资源局局长邱祖坤被市政府授予“2006—2008年度南京市劳动模范”。

5月12日,县政府批转县国土资源局《溧水县2009年度地质灾害防治工作方案》。

6月1日, 国土资源部检查组到溧水县检查耕地保护责任目标履行及“双保”(保增长、保红线)专项行动落实情况。检查组随机抽查石湫镇塘头村土地复垦占补平衡项目、永阳镇高塘村基本农田保护项目两个现场。

6月8日,县矿业商会成立,为全省第一家矿业商会。罗火木当选第一任矿业商会会长。

9月4日,县政府召开第14次常务会议,专题研究永阳镇草鞋山3幢违法建筑处理意见,决定依法拆除。

9月9日,县委、县政府成立“溧水县土地执法监管工作领导小组”,下设办公室(设在国土资源局)。

9月10日,白马镇启动万顷良田建设工程。

9月15日,副县长郃伦浩带领县安监、环保、消防、质监、监察、国土等部门负责人,开展全县化工、矿山、机械等重点高危行业安全生产专项检查。

10月16日,县国土资源局开展全县违法用地整改专项工作,此次查处违法用地案件11起,整改11件。

10月31日,全县第二次土地调查完成,投入资金200.9万元。调查成果通过国土资源部和省国土资源厅验收。此次调查变更后,全县农用地面积7.54万公顷(其中耕地4.07万公顷),建设用地面积2.05万公顷,未利用土地面积1.07万公顷。

11月1日,县国土资源局选定东屏丽山、晶桥云鹤山、和凤沙塘庵村和白马石头寨4处为全县黏土资源储备基地,总面积41.67公顷。

11月2日,市国土资源局任命石明生为县国土资源局党组书记、县国土资源局局长。

11月25日,县政府成立溧水县土地出让与储备工作领导小组,下设办公室(设在国土资源局),局长石明生兼任办公室主任。原“溧水县国有土地储备管理委员会”“溧水县土地招标拍卖挂牌出让领导小组”两机构撤销。

12月14日，县委成立“溧水县万顷良田建设工程领导小组”。

12月23日，县政府任命石明生为县土地储备中心主任。

2010年

2月23日，县政府召开全县国土资源工作会议。

2月24日，县国土资源局召开2009年度国土资源系统工作先进单位、先进工作者和优秀个人表彰大会。局机关财务科、晶桥镇国土资源所等6个单位和刘峰、董静声等44名个人受到表彰。

4月14日，《溧水县土地利用总体规划(2006—2020年)大纲》通过省国土资源厅审查。

4月29日，县政府下发《关于扎实推进城乡建设用地增减挂钩工作的通知》。4月30日，县政府下发《溧水县征地拆迁补偿安置办法补充意见》，调整具体操作办法和补偿标准，按基准价格提供拆迁安置房，让老百姓得实惠。

5月6日，国家土地督察组到溧水开展土地例行督察。

5月11日，县政府办公室转发县国土资源局《溧水县2010年度地质灾害防治工作方案》。

5月27日，县政府批准“溧水县三农土地发展有限公司”为全县高标准农田建设和土地整理复垦开发项目建设以及土地资源利用融资平台，并行使土地储备职能，授权为土地收储二级平台。

6月10日，县国土资源局、财政局联合制定《溧水县城乡建设用地增减挂钩工作实施细则》。

7月15日，县政府办公室下发《关于印发溧水县汛期地质灾害隐患再排查紧急行动实施方案的通知》。

7月26日，县政府在白马镇召开全县城乡建设用地增减挂钩项目推进会。

8月8日，洪蓝镇陈卞村发生地面塌陷，为原国营南京718厂开采锗矿后遗留井口和采空区塌陷坑、塌陷条带。

8月11日，白马镇浮山村发生山体滑坡地质灾害，滑坡区南北长90

米，东西宽 50 米，垂直错距最大 2.3 米，水平位移 2 米，滑动面深度 3~7 米，滑坡面积约 5000 平方米，滑坡体积约 2 万立方米。

9 月 20 日，县委、县政府下发《关于加快推进城乡统筹协调发展的实施意见》，明确综合运用集体建设用地管理、城乡建设用地增减挂钩、万顷良田建设、宅基地置换等政策。

12 月 2 日，全县 30 个城乡建设用地增减挂钩项目全部通过市国土资源局验收。

2011 年

1 月，县国土资源局委托地质灾害危险性评估单位核查辖区内地质灾害工作完成。全县有洪蓝镇陈卞村地面塌陷和白马镇浮山村山体滑坡等地质灾害隐患点 11 处。

1 月 5 日，溧水县被省国土资源厅授予"2010 年度江苏省土地执法模范县创建工作先进县"，并获奖励农用地转用指标 10 公顷。

3 月 11 日，县国土资源局党总支换届，选举许丰、周晓明、章庆、范菊华、张友兴 5 人组成新一届党总支委员会，许丰为书记。

3 月 31 日，县国土资源局召开 2010 年度国土资源系统工作先进个人表彰大会。焦湘凌、周德红等 20 名个人受到表彰。

4 月 13 日，全县重点交通工程建设推进会在县交运局二楼会议室召开。专题研究省道 246、宁杭城际铁路溧水站站前广场和溧白公路等项目建设用地有关事宜。

4 月 16 日，市国土资源局在溧水县国土资源局召开一季度工作汇报会。

4 月 22 日，县国土资源局开展第 42 个"世界地球日"宣传活动，主题是"珍惜地球资源，转变发展方式"。

4 月 27 日，县政府召开全县矿山企业规范化管理工作会议。天山水泥、金焰锶业等 7 家矿山企业和中国建筑材料工业地质勘查中心江苏总队等 3 家监理单位出席，市国土资源局矿管处处长李光平到会并讲话。

5 月 3 日，市国土资源局党组任命韩明忠、章庆为县国土资源局党组成员；任命尹昭根为县国土资源局副局长（县正局级），孙艺为县国土资源局副局长,许丰为县国土资源局检查员(县副局级)。

5月11日,县政府召开2011年度地质灾害防治工作会议。

5月18日,县国土资源局邀请市国土资源局、江苏华东建设基础工程有限公司专家、原718厂4位老职工一同到洪蓝镇陈下村地面塌陷现场踏勘论证,编制应急消险治理方案。

5月30日,县人大常委会副主任沈银保、邱训成带领有关部门负责人到县国土资源局,调研城乡建设用地增减挂钩实施情况。

6月3日,县政府办公室下发《关于印发溧水县国土资源局主要职责、内设机构和人员编制规定的通知》。

6月7日,《溧水县土地利用总体规划(2006—2020年)》通过省国土资源厅专家组评审。

7月4日,县政府办公室下发《关于切实加强建设项目用地预审工作的通知》。

9月,县国土资源局与省地质调查研究院成立《溧水县地质灾害防治规划(2011—2020年)》编制工作领导小组,启动《规划》编制工作。

9月5日,县政府发布《溧水县征地补偿安置办法》《溧水县征地区片范围及补偿标准》和《溧水县被征地人员社会保障办法》。

9月20日,县政府举行永阳镇被征地人员社会保障养老金发放仪式,市委常委、常务副市长沈健应邀出席并讲话。

10月13日,县政府发布《溧水县征地房屋拆迁补偿安置办法》和《溧水县征地房屋拆迁补偿安置标准》。

11月2日,县政府转发县国土资源局《关于淘汰落后产能关闭砖瓦窑企业实施方案的通知》。

12月18—20日,省国土资源厅副厅长李闽、市国土资源局副局长丁和庚带领省、市国土、档案联合验收小组到溧水,验收县局、部分镇国土资源所档案室星级创建工作。县局档案室通过省五星级评审验收;白马、晶桥镇国土资源所档案室通过省四星级评审验收全县第一批,其中白马镇国土资源所验收得分全省第一。

12月31日,溧水县被国土资源部评为"第三批地质灾害群测群防'十有县'"。

2012年

1月9日,溧水县被省国土资源厅评为"2011年江苏省土地执法模范县创建工作先进县"。

1月30日,县国土资源局被县委、县政府评为"2010—2011年度文明单位"。

2月3日,县国土资源局被县委、县政府评为"2011年度县级文明机关创建工作先进单位"。

2月10日,县国土资源局召开全县国土资源管理转型创新暨廉政风险防范机制建设动员大会。

2月28日,县国土资源局制订《溧水县集体土地所有权变更登记发证工作实施方案》,启动全县集体土地所有权变更登记发证工作。

3月5日,市国土资源局副局长王海龙一行到溧水调研国土资源管理工作。

3月27日,县政府在县国土资源局召开全县国土资源管理转型创新工作推进会,县长谢元、常务副县长洪礼来出席并讲话。

5月17日,县委、县政府下发《关于进一步加强全县征地拆迁工作的意见》。成立县征地拆迁工作指挥部,下设办公室和征地、拆迁、监督审计、信访稳定、宣传教育、政策法规、督查考核7个组,城区设立8个拆迁项目组。至12月,完成动迁2588户、工企单位74家,动迁面积71.64万平方米。

6月8日,《溧水县地质灾害防治规划(2011—2020年)》通过省国土资源厅专家组审查。

7月18日,县政府办公室印发《溧水县2012年度地质灾害防治方案》,建立县、镇、村三级防灾体系和汛前监测预报网络。

同日,县政府办公室下发《溧水县关停露采矿山实施方案的通知》,关停2012年到期的苏宜轧石厂、廻峰山采石场和常驰采石场3家矿山企业,注销采矿许可证。

8月1日,县委、县政府下发《全县土地利用方式改革方案》《关于印发溧水县低效利用、闲置土地盘活工作方案的通知》;成立溧水县土地利用方式改革工作领导小组,下设办公室以及项目准入审查与考核,低效利用、闲置土地处置,废弃露采矿山环境治理3个专门工作小组。

同日,省交通运输厅监察室主任胡苏醒带领省行风评议“回头看”工作督察组一行7人,到溧水晶桥镇国土资源所开展“回头看”督察。

8月8日,县委、县政府下发《关于进一步完善县处理信访突出问题及群体性事件联席会议制度的通知》,明确主要职责、工作原则、组成人员、工作机构等。

8月13日,县政府第4次常务会议研究通过,设立县经济开发区土地储备分中心,负责域内土地储备、出让工作。

8月27日,新城区一批市政重点道路项目竣工,包括板桥路南延、幸庄一号路东延、天生桥大道向东拓宽改造工程,占地面积40公顷。

9月4日,南京长安汽车有限公司发动机项目落户县经济开发区,项目总投资14亿元,占地20公顷。

9月29日,县政府批复《溧水县地质灾害防治规划(2011—2020年)》。

10月15日,县政府成立“土地整治规划编制工作领导小组”,启动全县土地整治规划编制工作。

11月21日,县国土资源局局长黄忠山率局班子成员及相关科室负责人到县经济开发区,围绕推进土地利用方式改革创新、强化重点项目土地保供、做好土地管理服务等工作进行对接。

11月27日,县政府办公室下发《溧水县征地拆迁村组征地补偿新项目人员进保工作流程》,规范征地拆迁后人员进保工作。

11月29日,市国土资源局副局长王海龙等一行5人,到溧水县调研重大项目用地保障工作。副县长臧正满、国土资源局局长黄忠山、县经济开发区管委会常务副主任石明生、白马镇党委书记,以及县住建局、交通局、文广局、石湫镇政府主要负责人等参加调研。

12月6日,永阳镇、和凤镇国土资源所和县经济开发区国土资源办档案室通过市档案局、市国土资源局组织的省三星级标准检查验收。

12月7日,溧水县“土地执法模范县”创建工作通过省国土资源厅验收。

12月16日,县政府启动省道123、243、246、340、341、蒲杜线两侧50米内,宁高高速、宁杭高速、沿江高速可视范围内土地综合整治。

同日,市国土资源局和县国土资源局干部职工近300人到东屏镇大金山风景区举办登山比赛。

12月28日,市国土资源局副局长王晓庆、矿管处处长卞盛、市纪委高红岩等一行9人组成露采矿山关停工作检查组，到溧水县检查验收全县关停露采矿山工作。

同日，县政府任命黄忠山为县土地储备中心主任。

12月31日，市国土资源局任命黄忠山为县国土资源局党组书记、局长（副处级）。

2013年

1月21日，市纪委高红岩、市国土资源局矿管处卞盛等到溧水，复查验收关停露采矿山工作。

1月25日，县政府在县经济开发区召开全县低效闲置土地处置推进会。

2月17日，县长谢元、常务副县长洪礼来到县国土资源局调研国土资源管理工作。

2月18日，县国土资源局召开2012年度国土资源系统工作先进单位、先进工作者和优秀个人表彰大会。法规监察科等6个单位和张友兴、王佳等34名个人受到表彰。

2月20日，县国土资源局召开全县国土资源工作暨党风廉政建设会议，市国土资源局副局长宋雅建出席并讲话。

2月28日，市国土资源局局长陈光到溧水县督察国土管理工作。

3月12日，县国土资源局被县政府评为“2012年度人大代表建议和政协提案办理工作先进单位”。

3月18日，四川大学经济学院党委书记、副教授陶宏一行3人到溧水县国土资源局调研土地综合整治工作。

3月20日，省国土资源厅地环处王祝、河海大学教授张发明、省核工业二七二地质大队高级工程师史天骄、市局地环处周荣根、刘国恩，到溧水县东屏镇山口采石场废弃矿山地质环境治理工程现场察看，评审项目变更设计。

3月21日，市国土资源局副局长潘文辉到县国土资源局调研国土资源管理转型创新工作。

3月22日，县政府召开全县“土地执法模范县暨节约集约模范县”创建工作会议，成立溧水县“土地执法模范县”创建工作领导小组。

同日，洪蓝镇无想水库旁沿山道路内侧毛周路段发生山体滑坡地质灾害。

第一章 地域环境

溧水县位于江苏省西南部,南京市南部。县境北部与江宁区、句容市交界,东部与溧阳市为邻,南部和高淳县毗连,西南与安徽省当涂县接壤。地理坐标为北纬 31°23′~31°48′, 东经 118°51′~119°14′。县境南北长 45.7 公里,东西最大宽度 37.9 公里。全县总面积 1067.26 平方公里。

溧水县是长三角重要交通枢纽,也是苏、浙、皖、沪三省一市重要交通节点。公路、铁路、水路四通八达,交通便捷,社会运力充足。宁高、宁杭、沿江、机场 4 条高速公路和宁杭城际铁路贯穿全境以及 243、246、340、341、123 省道等高等级公路与南京绕城高速、沪宁高速、104 国道连接,是全国拥有高速公路最多县份之一。县城距与南京主城区 42 公里,距南京禄口机场 18 公里,是南京南大门、秦淮河南源头。溧水周围 100 公里范围内,有镇江、常州、无锡、苏州、马鞍山、芜湖等一批新兴中等城市群。水路经秦淮河、石臼湖可直达长江。

溧水属宁镇扬丘陵地区,总地势东部稍高,西南、西北部较低,低山丘陵面积占土地面积 72.5%,山体均较低缓。境内资源丰富。至 2013 年 3 月,全县耕地总面积 4.23 万公顷,人均耕地面积 0.1 公顷;园林总面积 1.67 万公顷,其中林地 1.46 万公顷。有秦淮河及石臼湖两大水系。秦淮河水系有溧水河及其分支一干河、二干河、三干河等;石臼湖水系有新桥河、云鹤支河、天生桥河等,过境长 118.62 公里。境内有中小型水库 79 座,其中东屏湖(方边水库)、中山湖(中山水库)分别为市第二、第三大水库。境内矿产资源种类甚多,已探明矿藏有 49 个矿点 18 个矿种,其中金属矿产有金、铜、铁、锗、铀、铅、锶和银 8 种;非金属矿产有水泥用灰岩、建筑石料用火山岩等 10 种,其中青天石属中低温热液填充型锶矿,位于群力爱景山,为大型富锶矿,矿石平均品位 54.38%,是电子等工业重要原材料。境内兼具丘陵山区与江南水乡双重特色,1996 年前著名古老景点有胭脂河·天生桥、永寿寺塔等，至2013年3月，开发形成无想山·无想寺、东庐山·观音寺、东屏湖·国防园和白马周园以及石湫镇江苏(国家)未来影视文化创意产业园等8个旅游景区，占地2000公顷。

溧水属北亚热带季风气候，四季分明，春秋气候宜人，夏天湿热多雨，冬天寒冷干燥，雨量充沛，日照充足，无霜期长。1996—2012年，年平均气温16.5℃、降雨量1136.8毫米、日照时数1902.4小时、无霜期224天。全县生态环境优良，空气质量常年达国家二级标准。

第一节　境　　域

1996年4月26日，县政府根据省市统一部署，成立县勘界工作领导小组，下设办公室，抽调工作人员进行勘界工作。2001年6月全部完成。县境行政区域界线总长279.62公里，其中位于安徽省当涂县和江苏省高淳县境内两块飞地行政区域界线19公里，边界线设界桩20个。全县有10个乡镇、30个村委会、4个县属场圃分别与省内外5个县(市)的乡镇、村、场圃接壤，按规定程序确定1条省界、2条市界、2条县界。县境东南部与溧阳市接壤，行政区域界线31.49公里，北起雷公塘北埂，为南京、镇江、常州市(溧水县、句容市、溧阳市)交汇点，南至锅底山东南250米山顶，为溧水县、高淳县、溧阳市交汇点。沿界线地势为丘陵山区，大部分界线以山顶分水为界。边界线上设界桩2个。县境东北部与句容市接壤，行政区域界线77.07公里，其中陆地界线72.47公里，河流界线4.6公里。界线西起二干河中心，为溧水县、江宁区、句容市交汇点，东至溧水县、句容市、溧阳市交界点的雷公塘北埂。沿界线地势为圩区、丘旱地、山区。边界线设界桩4个。县境南部与高淳县相邻，行政区域界线62.98公里，其中陆地55.08公里(含晶桥镇孔家村委会3个自然村飞地行政区域界线7公里)，石臼湖水面界线7.9公里。界线西北起溧水、高淳、当涂县石臼湖中三交点直线往东南至高山圩东埂湖港口中心线，沿港口中心线分界至武家嘴村东小庙东侧转向西南至溧高藕丝闸，沿水闸中心线分界往南内河流中心线分界。东南至溧水县、高淳县、溧阳市交汇点。沿界线地势为湖泊、圩区、山地、丘陵。边界线设界桩6个。县境西部与安徽省当涂县毗邻，行政区域界线47.21公里，其中陆地界线40.17公里(含石湫镇同心村几个自然村飞地行政区域界线12公里)，以花溪中心线划界0.84公里。石臼湖水面界线6.2公里。界线北起西横山的尖刀山顶，为溧水、江宁、当涂县交汇点。南至石臼湖中溧水、高淳、当涂县交汇点。沿界线地势为山区、水旱地、湖泊。边界线设界桩1个。县境西北部与江宁区相连，行政区域界线60.87公里，其中陆地界线11.3公里，河流界线49.74公里。河流界线以一干河、溧水河、二干河航道中心线分界，西起西横山尖刀山顶省界，为溧水、江宁、当涂县交汇点，东至溧水县、江宁区、句容市二干河中心线交汇点。沿界线地势为山区、丘陵、圩区、河流。边界线设界桩8个。

第二节 行政区划

1994年5月26日，城郊乡撤销并入在城镇。1995年年底，县辖6个镇、10个乡（12个居委会、212个村委会、2855个村民小组）、1个省级开发区和8个国营场圃。

1995年溧水县乡(镇)、村(居)委会一览表

表1-1

乡镇	村数(个)	村民委员会名称	居民委员会名称	村民小组数(个)
在城镇	17	城郊、戴家、花园、庆丰、东郊、板桥、曹家、十里牌、大通、薛岗、前进、胜水、工农兵、沙河、清河、胜利、蔬菜村	东门街居民委员会 中山路居民委员会 状元坊居民委员会 望京街居民委员会 通济街居民委员会 南中街居民委员会 城郊居民委员会	232
白马镇	12	上洋、洞屋、陈笪、白马、杜巷、花山、尤赘、石头寨、李巷、曹家桥、大树下、张家山	—	178
东庐乡	14	东庐、琴音、王笪、石巷、秋湖、洞壁、郑巷、中山、高塘、茅园、东山、果园、联合、鲁家	—	179
共和乡	11	方庄、革新、交河、新塘、朱家边、洪嘴、白龙、袁村、南丁、东上、浮山	—	143

续表 1–1

乡镇	村数(个)	村民委员会名称	居民委员会名称	村民小组数(个)
东屏镇	14	杨祥、张村、白鹿、上王、麻山、上桥、丰安、西湖、余定、方边、梁山、徐溪、山口、王家山	方边居民委员会	194
柘塘镇	9	梅山、艾园、大陈、共和、新淮、安山、交通、滨淮、富塘	柘塘居民委员会	134
乌山乡	10	秦淮、新春、乌山、红星、桥头、幸福、秧田、蟾山、东璜、新华	—	123
群力乡	16	群力、石坝、爱景、蒲杆、夏家边、凉蓬、西塘、上店铺、李家、爱民、堡星、爱廉、河南、高潮、联民、长征	—	222
洪蓝镇	12	芮家塘、三里亭、无想寺、七里甸、西旺、凤凰井、天生桥、小茅山、塘西、鼓楼庵、何林坊、东山头	洪蓝居民委员会	120
石湫乡	17	汤庄、社东、官塘、桑园蒲、山南、横山、陆家、独山、石湫、蟹塘、太平、前村、亭山、九塘、西大、上方、端秦	—	225
明觉镇	10	西庄、同心、三星、向阳、东泉、明觉、锦华、光明、武墙	明觉寺居民委员会	150
渔歌乡	14	蒲塘、傅家边、涧东、港口、上庄、路赵、薛家、毛家、仓口、青圩、陈家、卞家、塘埂、姜家	—	195
孔镇乡	13	沙岗、陈郭村、大王埂、吴村桥、前胡、孔镇、陡门圩、乌飞塘、中杨、南刘、土山铺、大沟圩、骆山	—	205
晶桥乡	12	环步岗、陶村、孙家、笪村、于巷、新桥、石山下、芮家、水晶、下堡、枣树巷、周庄	—	136
和凤乡	15	毛公铺、下狮山、沈家山、嘴头、松园、船桥、唐邵、刘家、诸家、张家、孙家巷、黄家、金坑圩、红旗、俞家	双牌石居民委员会	209
云鹤乡	14	云鹤山、杭村、下桥头、枫香岭、里佳山、曹庄、芝山、甘戴、陈里杭、孔家、仙坛、徒家、魏家、郁村	—	199

续表 1-1

乡镇	村数(个)	村民委员会名称	居民委员会名称	村民小组数(个)
县经济开发区	2	庙头、荷花	—	—
合计	212		12	2855

1999年6月8日,石湫乡、乌山乡撤乡设镇,实行镇管村体制。是年12月22日,撤销明觉镇、乌山镇,明觉镇并入石湫镇,镇政府驻石湫镇;乌山镇并入柘塘镇,镇政府驻柘塘镇。

2000年2月29日,撤销共和乡,并入白马镇,镇政府驻白马桥集镇;撤销群力乡,并入东屏镇,镇政府驻方边集镇;撤销渔歌乡,并入洪蓝镇,镇政府驻洪蓝埠集镇;撤销云鹤乡、晶桥乡,合并设立晶桥镇,镇政府驻新桥集镇;撤销孔镇乡、和凤乡,合并设立和凤镇,镇政府驻双牌石集镇;撤销东庐乡、在城镇,合并设立永阳镇,镇政府驻县城。全县完成乡镇行政区划调整,实行镇管村体制,设永阳、白马、东屏、柘塘、洪蓝、石湫、和凤、晶桥8个镇和1个省级开发区,居委会26个、村委会144个(其中增挂居委会30个)、村民小组2853个。

2000年5月,永阳镇胜水、薛岗、前进3个村委会整建制划归县开发区。

2001年3月9日,县开发区撤销薛岗、前进、胜水、荷花、庙头5个村委会56个村民小组,设立薛岗、前进、胜水、荷花4个居委会,庙头村12个自然村12个居民小组(计1586人,121.67公顷耕地)划归机场路居委会管辖,实行居委会管辖自然村体制。7月14日,县果树实验场划归县开发区管理。7月18日,县东庐林场、秋湖林场、芳山林场撤销,并入县林场,场部设在县林场。11月26日,县开发区撤销胜水居委会,其5个自然村11个居民小组划归荷花居委会管辖。

2002年5月28日,县开发区撤销薛岗居委会,10个自然村11个居民小组(计1519人,土地面积230公顷)并入机场路居委会。

2004年9月,县良种场(原属县农业局管辖)划归洪蓝镇政府管辖。

2006年4月5日,县茶叶实验场整建制划归白马镇政府管辖。4月15

日，柘塘镇秦淮、红星村委会和东屏镇联民村委会划归县开发区管辖。

2008年4月20日，柘塘镇以“整体合并，保留建制”方式并入县开发区，人财物及经济发展、社会管理全部纳入开发区管委会管辖。

2009年11月24日，永阳镇机场路、荷花、前进3个居委会和东屏镇联民、爱景2个村委会划归柘塘镇政府管辖。

2012年2月9日，县林场划为县农业局管理。

至2013年3月，全县辖永阳、白马、东屏、柘塘、洪蓝、石湫、和凤、晶桥8个建制镇，其中永阳镇为县城镇。全县设29个居民委员会(单独办公17个，12个村民委员会增挂居民委员会牌子)，92个村民委员会，1980个村民小组，全县总人口41.87万人。

2012年溧水县镇、村(居)委会一览表

表1-2

镇(区)	面积(平方公里)	村委员会名称	城镇居委会名称	备注
永阳镇	144	戴家、工农兵、城郊、沙河、十里牌、中山、东庐、石巷、东山、高塘、秋湖	中山东路、庆丰路、毓秀路、中大街、东门街、通济街、状元坊、宝塔路、财贸新村、交通路、板桥、秦淮路	—
白马镇	146	白马、朱家边、白龙、曹家桥、石头寨、大树下、上洋、革新、浮山	金谷佳苑	白马村委会增挂白马桥居委会牌子
东屏镇	116	方边、徐溪、群力、景山、爱廉、爱民、和平、长乐、丽山、定湖、白鹿、金湖	—	方边村委会增挂居委会牌子，群力村委会增挂夏家边居委会牌子
柘塘镇(县开发区)	107	梅山、交山、红星、秦淮、富滨、共和、新淮、福田、华侨、联民、爱景	前进、荷花、机场路	梅山村委会增挂柘塘居委会牌子，红星村委会增挂乌山居委会牌子

续表 1-2

镇(区)	面积(平方公里)	村委员会名称	城镇居委会名称	备注
洪蓝镇	109	三里亭、天生桥、西旺、无想寺、傅家边、蒲塘、塘西、青锋、陈下、上港、姜家、仓口	洪蓝	蒲塘村委会增挂居委会牌子
石湫镇	116	石湫、塘窦村、明觉、东泉、向阳、三星、同心、光明、桑园蒲、横山、蟹塘、九塘、上方、社东	—	明觉村委会增挂明觉寺居委会牌子，石湫村委会增挂石湫坝居委会牌子
和凤镇	190	毛公铺、沈家山、双牌石、张家、孙家巷、沙塘庵、吴村桥、孔镇、乌飞塘、中杨、骆山	—	双牌石、孔镇村委会增挂居委会牌子
晶桥镇	135	陶村、枫香岭、杭村、新桥、芮家、水晶、笪村、芝山、云鹤山、孔家、仙坛、邰村	—	陶村村委会增挂新桥居委会牌子，杭村村委会增挂居委会牌子
合计	1063	92	17	12

第三节　地理环境

溧水县属宁镇丘陵山区。地质构造上具有断裂发育被断裂带分割的断块差异升降明显、火山岩分布广泛的特点。地层由于中生代燕山运动后期断裂作用,溧高背斜西北翼下沉,形成以低山丘陵为主的地貌特征。全县多山多水,山地体薄谷浅,低岭山峦高差不大,海拔一般在 20~50 米。山峰较高的有东庐山、廻峰山等,以西横山尖刀峰最高,海拔 368.5 米。河流有秦淮河、石臼湖两大水系。6 条主要河流一干河、二干河、三干河、天生桥河(胭脂河)、新桥河及其主支流云鹤河条条相通。北可达秦淮河入长江,南可通石臼湖抵达安徽省境内。石臼湖圩田地势最低海拔 6 米左右。主要湖泊有石臼湖、中山湖(中山水库)、卧龙湖(卧龙水库)、姚家水库、东屏湖(方边水库)、云鹤湖(赭山头水库)等。河流、湖泊之间有渠道相通,水量季节性变化明显,受长江控制,洪水季节可相互调节水量。

【气候】

县域气候属北亚热带季风气候,寒暑显著,四季分明,雨量充沛,日照充足,无霜期长。温、光、水资源适宜多种动植物生长发育繁衍。1996—2012年,年平均气温16.5℃、降雨量1136.8毫米、日照时数1902.4小时、蒸发量1520.8毫米,无霜期224天。由于兼受西风带、副热带和热带辐合带天气系统影响,气候复杂,灾害性天气频繁,不仅有洪涝、干旱、冻害、台风,还有春秋季连阴雨、夏季高温、局部地区龙卷风、冰雹和冬春季雪灾等。受季风环流影响,每年都有不同程度旱涝灾害出现,一般"小涝则年丰"。

1996—2012年溧水县逐月气象基本要素平均值表

表1-3

月份	平均气温(℃)	平均降水量(毫米)	平均日照时数(小时)	平均蒸发量(毫米)	平均风速(米/秒)	平均相对湿度(%)
1月	3	61.8	121.4	44	1.9	74
2月	5.7	63.8	117.5	60.4	2.1	73
3月	10.1	85.8	145.3	104	2.4	71
4月	16.4	85	174.3	147.8	2.4	69
5月	21.7	88.2	189.3	194.4	2.3	69
6月	25.3	183.1	157.8	179.8	2.3	75
7月	28.7	190.8	203.1	210.1	2.3	77
8月	27.8	157.5	188.8	188.3	2.3	79
9月	23.7	72	169.2	150.7	2	77
10月	18.4	49.7	160.7	117.2	1.8	74
11月	11.8	57.8	141.3	73	1.8	74
12月	5.6	41.3	133.7	51.1	1.9	73
年平均值	16.5	1136.8	1902.4	1520.8	2.1	74

1996—2012 年溧水县气象要素极值表

表 1-4

项目	数　　值	出现时间
极端最高气温(℃)	40.2℃	2003 年 8 月 2 日
极端最低气温(℃)	-8.3℃	2011 年 1 月 16 日
最高气温≥35℃的最多日数	27 天	2003 年
最低气温≤-5℃的最多日数	17 天	2007 年、2008 年、2009 年
最多年降水量(毫米)	1570.7 毫米	2009 年
最少年降水量(毫米)876 毫米	2001 年	1 日最大降水量(毫米)
129.7 毫米	2009 年 7 月 28 日	1 小时最大降水量(毫米)
86.5 毫米	2009 年 7 月 21 日 19 时	最长连续降水日数
9 天	2006 年 11 月、2011 年 8 月	最多梅雨量
493.3 毫米	1999 年 6 月	最少梅雨量
61 毫米	2001 年	最长梅雨日数
37 天	2011 年	最多降雪日数
17 天	2008 年	最大积雪深度(厘米)
40 厘米	2008 年 1 月	最大风速(10 分钟平均)
14.1 米/秒	2000 年 7 月 19 日	极大风速(2 分钟平均)
19.5 米/秒	2006 年 5 月 27 日	最长无霜期
245 天	2008 年	最短无霜期
194 天	2010 年	

1996—2012 年溧水县主要气象灾害记事表

表 1-5

年份	灾害种类	发生时间	灾　害　情　况
1996	暴雪	2 月 17 日	一场暴雪,气温陡降,积雪深度达 8 厘米,雨雪量 13.2 毫米。最低气温达-0.2℃,越冬作物油菜冻害较重
	早春连续低温	2—3 月	立春后,气温偏低,春季作物出苗迟,小麦穗期比常年推迟 7~10 天,春茶开采期也相应推迟,造成小麦、茶叶产量锐减

续表 1-5

年份	灾害种类	发生时间	灾害情况
1996	连续阴雨	6 月上旬	光照只有 16.6 小时,致使农作物减产 500 吨
	飑线大风	7 月 18 日	15 时 57 分出现飑线大风,最大风速达 13.0 米/秒。全县倒树 24 棵,毁屋 57 间,造成损失 80 万元
1997	伏旱	6 月 30 日—7 月 19 日	6 月 30 日入梅,7 月 19 日出梅。历时 21 天,降水量仅 78 毫米,约为常年梅雨量的三分之一,丘陵山区出现旱情,造成损失 490 万元
	11 号台风	8 月 18 日—19 日	受 11 号台风影响,偏东大风 7~8 级,阵风 9~10 级,降水量 69.6 毫米,全县倒房 272 间,倒断电线杆 63 根,吹倒大树 5000 余棵,直接经济损失 1000 余万元
1998	雷暴大雪	3 月 20 日	出现历史上少见的雷暴大雪,雨雪量 33.8 毫米,积雪深度 8~10 厘米,严重危害油菜等农作物生长,农业损失 2000 万元
1999	早春低温冻害	2月4—20日	4 日最低气温-3.3℃,20 日最低气温-1.8℃,全县部分早播小麦主茎遭受冻害,造成农业减产 1000 吨
	早梅洪涝	6 月	6 月 7 日入梅后,降水量达 493.3 毫米,全县 1.3 万公顷农田成灾,3400 公顷农田绝收,倒房 500 间,经济损失 3500 万元
2000	飑线大风	7 月 19 日	出现飑线大风和强对流天气,最大风速 14.1 米/秒。全县死亡 4 人,房屋倒损 386 间,直接经济损失 1000 余万元
2001	春夏连旱	3—7 月	3—5 月,降水量偏少,不足常年同期降水量的 40%。6—7 月,雨量持续偏少,梅雨量仅 61 毫米,不足常年梅雨量的三分之一,造成严重旱情。全县 1.63 万公顷农田受旱,大面积水稻田因缺水不能及时栽插秧, 山丘地区人畜饮水困难
2002	暴雨内涝	6 月中旬、下旬	6 月 19—21 日,连续 3 天出现暴雨,其中 21 日的降水量达 146 毫米,24 日又降暴雨,6 月内降 4 场雨, 总雨量达 343.2 毫米, 造成全县大面积内涝,2.84 万公顷农作物受灾,200 余家企事业单位受淹,220 户民房倒损,直接经济损失 3800 万元
	冰雹	10 月 5 日 16 时 30 分	冰雹在永阳镇东庐、秋湖、石巷等村。直径小的似黄豆,大的如鸡蛋,历时 15 分钟左右。1733 公顷农作物受灾,其中 300 公顷受灾较重,水稻倒伏,籽粒脱落,被大油菜苗一片狼藉,直接经济损失 300 万元

续表 1-5

年份	灾害种类	发生时间	灾害情况
2002	龙卷风	10月17日18时35分	东屏镇上桥村出现龙卷风,全县普降大雨。上桥村小学24间教室倒塌,屋顶被掀,水泥桁条被抛出10余米,28米长的围墙被刮倒,53间民房受损
2003	暴雨内涝	7月	5—11日,降暴雨3次,总雨量达309.1毫米,湖、库水位猛涨,1.6万公顷农田受灾,其中8000公顷成灾、2000公顷绝收,倒损房屋1477间,直接经济损失3490万元
	雷雹大风	7月22日下午	出现强对流空气,狂风急雨,电闪雷鸣,最高风速达19米/秒,洪蓝、晶桥、和凤等镇出现冰雹大风。刮倒民房52间,损坏227间,击伤1人,倒、断电杆96根,树2万棵,直接经济损失43万元
2004	秋旱	9月上旬至11月上旬	降水量11.2毫米,不足常年同期降水量的10%。其中10月降水量仅1.4毫米,空气干燥,干旱严重,山丘地区塘坝50%~60%。其中10月降水量仅1.4毫米,空气干燥,干旱严重,山丘地区塘坝50%~60%干涸。全县1.33万公顷农田受灾,其中成灾面积5000公顷,800公顷绝收。全县5万人和2万头牲畜饮水发生困难
2005	初夏旱	6月	3—5月,降水量比常年同期偏少40%。6月,气温比常年偏高3.0℃,降水量比常年偏少60%,造成严重干旱,旱谷作物受灾,水稻不能及时栽插。受灾面积1.07万公顷,其中3500公顷成灾,丘陵山区5万人、8000头牲畜饮水困难,直接经济损失1100万元
2006	强雷电	4月4日	4月4日19时40分,晶桥镇华晶化工厂内甲苯贮罐遭雷击起火,消防部门全力抢险,于20时30分将火扑灭,直接经济损失4万元
	龙卷风	8月6日	8月6日,白马镇上渡村开始出现龙卷风,其周边花山村、长冲村均受到影响,和凤镇、晶桥镇也相继出现。受害人口1100人,转移安置4人,房屋损坏712间,倒塌36间,直接经济损失230万元,农作物受灾面积67公顷,农业经济损失100万元
2007	旱灾	6月	旱灾严重,石臼湖水位达历史最低,许多塘、坝干涸,农村许多地区出现饮水困难,秧苗因缺水无法插栽。受灾人口25万人,农作物受灾面积1.6万公顷,直接经济损失1000万元,农业直接经济损失700万元

续表 1–5

年份	灾害种类	发生时间	灾　害　情　况
2007	洪涝	7 月 3 日—26 日	入梅正常，出梅迟，梅期长达 36 天，梅雨量北多南少分布不均，县城北部造成涝灾。7 月 8—9 日县北部地区出现暴雨，造成东屏镇和柘塘镇出现涝灾。其中东屏镇 5 个村受淹，受淹农田 34 公顷，受淹住户 12 户，房屋倒塌 12 间，道路积水 3 千米，直接经济损失 200 万元。柘塘 8 个圩区受淹，受淹农田 667 公顷，受淹住户 35 户，房屋倒塌 6 间，道路积水 0.49 千米，直接经济损失 2120 万元
	台风	9 月 19 日—20 日	9 月 19 日—20 日“韦帕”台风，白马镇、东屏镇、经济开发区受灾最重，受灾人口 2000 多人，农作物受灾面积 950 公顷，倒塌居民住房 6 户 13 间，直接经济损失 100 万元，农业直接经济损失 80 万元
2008	雪灾	1 月 25 日—2 月 4 日	1 月 26—28 日溧水县连续 3 天出现暴雪天气，29 日累积雪深 40 厘米，是 1961 年以来最高值，严重影响溧水人民生活和工农业生产。暴雪和低温造成道路结冰，严重影响交通，高速公路全部封闭，交通几近瘫痪，春运受阻，人们出行困难。暴雪压垮房屋、厂房、蔬菜大棚、车棚、畜禽舍，及大量树木。全县受灾人口 20 万人，紧急转移安置人口 425 人，损坏房屋 242 间，倒塌房屋 317 间，其中居民住房 218 间，2.4 万公顷麦油菜受渍害，大量蔬菜、经济作物、林木和畜禽受损失，农业直接经济损失累计 6352 万元，直接经济损失 1 亿多元
	暴雨	4 月 8 日	4 月 8 日受江淮气旋影响，大范围地区出现大风、暴雨、强雷电天气，其中南部乡镇出现大暴雨，和风镇遭受较大灾害；180 公顷麦油受淹，减产 1267 公顷；冲毁塘坝 5 座、精养鱼池 6.67 公顷、高架大棚 3.33 公顷、苗木 33.33 公顷、自来水管道 500 米，102 省道及部分镇村道路交通出现临时中断，路面积水 1 米，高速通道积水 1.5 米；倒塌房屋 7 间、围墙 450 米，在建工程 1500 平方米全浇板下沉；有 1 人遭雷击身亡。直接经济损失 400 多万元，直接损失 1050 万元
2009	强对流天气	6 月 14 日、21 日	强对流天气影响以 6 月 14 日和 21 日的最大。14 日出现 17.4 米/秒的大风，白马镇吹断树木 500 棵，低压线 1000 米；吹倒树木 10 棵、围墙 60 米、玉米 3.33 公顷、鸭棚 210 平方米、大棚 650 平方米；掀倒蔬菜大棚棚顶 6 个；造成东屏长乐村 600 多平方米鸡场倒塌。21 日 17~18 时溧水县北部地区出现强对流天气，伴有强雷电，东屏镇 2 位村民户外遭雷击身亡

续表 1–5

年份	灾害种类	发生时间	灾害情况
2009	暴雨	6月30日、7月7日、21—22日、28日、30日	暴雨主要出现在6月30日、7月7日、21—22日、28日和30日。其中7月7日造成1763公顷农作物受灾,30公顷绝收,毁坏耕地8公顷,损坏房屋30间,倒塌房屋14间,受灾人口20000人,因灾受伤1人,紧急转移安置16人,直接经济损失400万元。7月21—22日造成300公顷农作物受灾,倒塌房屋1间,损失3间,受灾人口5000人,直接经济损失200万元
	台风	8月10—11日	8月10—11日受"莫拉克"台风外围影响,出现明显降水和6~8级大风,大风导致部分在田玉米和芝麻倒伏
	阴雨寡照天气	2月15日—2月底、7月下旬—8月上旬	出现2次较长时间阴雨寡照天气;一是2月15日起至2月底,2月降水量异常偏多,日照异常偏少,为1960年以来同期降水、日照记录之最,影响作物春发,导致圩区和低洼地区作物出现渍灾;二是7月下旬至8月上旬,期间强降水频发,气温异常偏低、日照异常偏少,盛夏季节出现凉爽天气,影响在田作物生长,导致水稻、棉花、葡萄等病害加重
2010	多雨	2月份;7月份	2月份降水量147.9毫米,创1971年以来历史同期新高。7月10—16日,连降暴雨和大暴雨,累计降雨180毫米~260毫米。7月19日,石臼湖水位达到11.56米,超警戒水位1.56米,沿湖堤防先后发生34处渗漏和护坡损坏险情
	干旱	6月份	6月份降水异常偏少,仅35.9毫米,刷新1961年以来历史同期最少记录
2011	干旱	1月—5月	降水量与常年同期相比,偏少六成,为历史同期最少值,干旱等级一度达到重旱。全县除中型库蓄水较好外,其他库塘蓄水严重不足,9座小水库到死库水位以下,石臼湖、部分塘坝干涸,石臼湖地区水源严重不足。全县3.67万公顷农作物受旱,其中严重受旱1万公顷,3300多公顷水产养殖受影响,农业经济损失3.83亿元
	多雨	8月22—31日	持续降水、多雨、低温、少日照天气,对水稻生长发育影响较大,导致水稻总体长势偏弱,病虫害发病较为普遍
	降温	9月17—19日	受强冷空气影响,全县大幅降温,水稻遭受寒露风影响,不利灌浆

续表 1-5

年份	灾害种类	发生时间	灾害情况
2012	多雨	2—3 月；5 月下旬	2—3 月，连续阴雨，造成田间土壤过湿，大部分田块产生积水渍害，影响春发，农作物生育期明显推迟；5 月下旬，阴雨偏多，气温偏低，田间相对湿度大，小麦赤霉病病穗率较高，影响小麦产量和品质
	台风	8 月	3 次受台风外围影响，其中 8—9 日受台风"海葵"影响最重。大部分地区出现大暴雨，局部特大暴雨(东屏爱民村降水量 334.2 毫米)，同时伴有 7~8 级阵风、10~11 级偏东大风(白马镇极大风速达 11 级)。大风和持续强降水天气造成全县 3746.67 公顷农作物受涝，损坏房屋 330 间，转移人员 617 人
	低温多雨	9 月上旬	多阴雨天气，气温偏低，日照偏少，影响晚熟粳稻抽穗扬花，且多雨高湿使水稻病虫害蔓延

2001 年全县出现严重旱情，先后进行 7 次人工增雨作业，发射人工降雨炮弹 15 发。2005 年出现几十年未遇旱情，当年 6—7 月 3 次在县经济开发区、明觉集镇、中山水库实施人工增雨作业，发射炮弹 12 发，其中增雨最多一次降水量 50 毫米。2011 年 5 月 23 日，实施人工增雨作业降水。2012 年和 2013 年 3 月前，风调雨顺。

【地质】

基岩地质　县域土地地层属于扬子地层区下扬子地层分区南缘，区内地层自

下古生界志留系至第四系发育较全，前第四纪地层主要有古生界志留系、泥盆系、石炭系、二叠系及中生界三叠系、侏罗系、白垩系等。第四系分布较广泛，可分为中更新统、上更新统及全新统，中更新统在低山丘陵区零星出露，上更新统主要出露于山麓和岗地地带，组成不同高程的阶地或埋藏阶地，全新统分布于广阔的平原，由湖积、冲积的含淤泥质的亚黏土、粉质亚黏土、亚砂土、及砂、砾石层等松散堆积物组成，一般厚度在几米到几十米，广泛分布在山间河谷和山间平原。

2007年溧水县地层岩性特征简表

表 1-6

界	系	统	地层名称	厚度(米)	主要岩性
新生界	第四系	全新统		<20	淤泥质粉质黏土、粉土及砂砾石
		上更新统	下蜀组	<40	以粉质黏土为主
		中更新统			粉质黏土、黏土,下部砾石、泥砾层
	第三系	上新统	方山组		暗紫、灰黑色橄榄玄武岩及少量同成分熔角砾岩、熔集块岩
		始-古新统	阜宁群		棕红色含钙质细砂岩、含钙泥质粉砂岩、黄褐色粉砂质灰岩、砂砾岩
中生界	白垩系	上统	赤山组	530	砖红色粉砂岩、泥岩
			浦口组	206~1874	砾岩、砂岩、泥岩夹粗安岩
		下统	葛村组	21~821	砂岩、泥岩、砾岩互层,同期不同地段尚喷发火山岩
	侏罗系	上统	大王山组	>576	以粗面岩、安山岩、凝灰岩及火山角砾岩等各类火山岩为主,夹砂岩、页岩等
			龙王山组		—
			西横山组		—
		中、下统	象山群	350	砾岩、砂岩及页岩夹煤层
	三叠系	中下统	青龙群	1000±	灰岩、局部夹白云岩或石膏
古生界	二叠系	下统	栖霞组	60	燧石结核灰岩、沥青质灰岩夹硅质岩
	石炭系	中统	黄龙组	60±	灰白色厚岩灰岩、底部为白云岩
	泥盆系	上统	五通组	24~193	砂岩、含砾石英砂岩、泥质粉砂岩
	志留系	上统	象山群	115~714	中厚层石英砂岩夹泥质粉砂岩、粉砂质泥岩
		中统	坟头组	600	砂质页岩为主
		下统	高家边组	450	泥岩夹薄层状粉砂岩、砂岩

断裂构造　县域位于扬子板块下扬子构造岩浆活动带东段，由于华南板块与华北板块碰撞及古太平洋板块侧向挤压、俯冲作用影响，产生强烈构造变形及岩浆活动。自印支期以来，断裂构造十分发育，并以北东—北东东向及北西向两组断裂发育为特征，组成控制区内不同期次火山岩浆活动断裂构造格架。其中北东—北东东向断裂多属压扭性逆断层，具左行平移特征，北西向断裂多属张扭性正断层，亦具左行平移特征。它们主要形成于燕山运动早期，主要活动于燕山运动中期，并在以后的构造活动中多数有继承性活动，属于同一构造应力场产物。

北北东向：发育不多，形成时间较长，对各类建造具明显控制作用，主要有下坝—上兴断裂、博望—虬山断裂、茅西断裂、方山林场断裂、洪蓝—溧水断裂、刘夏山断裂等；北东向：发育较差，主要有芳山—曹山断裂、上洋断裂等；北东东向：广塘—乌刹桥断裂、横溪—大魏庄断裂、板桥—凤凰山—溧水断裂等；北西向断裂：是区内最为发育的一组断裂，不仅数量多，规模较大区域性断裂也极发育，控岩控矿作用明显，活动时间长，性质复杂。主要有博望—娅溪断裂、横溪—芝山断裂、陶吴—上沛断裂、西阳—上兴断裂、秣陵—东岳庙断裂、开太—白马山断裂、虬山—斗门断裂、湫湖山—南槽断裂等；北北西断裂：不太发育，规模一般较小，数量也少，主要有马场—东韩村断裂、爱景山断裂等；南北向断裂：是特定构造变动期和特定地质条件下产物，集中分布在湫湖山、浮山北北东向—线之南东侧广大地区，形成时间晚，数量多，呈北北东向左行式排列。主要断裂有浮山—芳山断裂等；北西西断裂：比较发育，断裂迹象多见，形迹比较清楚，但规模一般较小。主要有葛山断裂、小东山断裂、新农村—东宋断裂等；东西向断裂：狮子山—禁山断裂、横山断裂等。

境内以断裂变动为主，褶皱构造不太发育，火山岩层中极少褶皱构造，基底地层中发育一些褶皱构造，由于后期改造已大多面目全非。区内主压应力场为北西西—南东东向，受其影响在喜马拉雅期有一些宽缓型褶皱形成外，其他燕山期褶皱构造成因较复杂，它们大多是区域应力场的产物。主要的褶皱有瓦屋山向斜、曹山—茅山向斜、溧水—石滩头背斜、杨树山—曹山背斜、云鹤山向斜和东山—爱景山单斜。

岩浆岩　县境处于下扬子构造—岩浆带东段及中国东南沿海构造—岩浆带西缘集合部分，岩浆岩分布广泛，以大规模中基性—中酸性—碱(酸)性火山(次火山)岩浆活动为主，构成一定规模火山岩盆地。境内火山活动以中生代晚侏罗世—早白垩世最为强烈，火山岩种类繁多，分为3个火山喷发旋回。

龙王山旋回：主要分布在县境中、北部，呈北西向带状分布，上部岩性为辉石安山岩、安山质含集块角砾岩、角砾凝灰岩夹沉凝灰岩，下部岩性为安山质角砾凝灰岩、火山角砾岩、角闪安山岩。

大王山旋回：沿夏家边—东庐山—观山—双尖山呈环带状分布，上部岩性为石英粗面岩、粗面质(集块)火山角砾岩和沉凝灰岩，中部岩性为粗安岩、粗安质熔结凝灰岩、凝灰岩，下部岩性为沉凝灰岩、凝灰质砂岩、泥岩。

葛村旋回：伴有两次较大规模由中偏碱性至酸性火山喷发活动。早期的上部岩性为粗安岩、粗面质集块角砾岩、火山角砾岩、熔结角砾凝灰岩、凝灰岩，下部岩性为玄武岩、玄武质火山角砾岩。晚期的岩性为流纹岩、流纹质熔结凝灰岩、火山角砾岩，底部见凝灰质砾岩、沉火山角砾岩，含集块，产钙基、钙钠基膨润土矿。

【地貌】

县境地质构造属江南古陆下扬子沿河凹陷带。由于溧高背斜和湖泊沉积作用以及岩性影响结果，地域形成以剥蚀低山丘陵为主、河谷平原及湖滨河口三角洲平原为次的地形地貌。全县低山丘陵面积773.42平方公里(含水面积)，占总面积72.5%。

河谷平原　由河谷、河漫滩发育形成，系河漫滩和河三角洲混合型河谷平原。河谷平原介于两丘之间，谷底滨河延伸，形态狭长多曲，遗有河曲和轭湖等微地貌痕迹。全县河谷地带分一干河、二干河、三干河河谷平原和新桥河河谷平原，经垦殖均已变为圩田平原，圩堤亦替代原有河岸。

滨湖平原　境西地层下沉构成湖盆，外围广布一级阶地向湖底倾斜，形成一大片地势平坦的三角洲，构成滨湖平原。湖滩地逐步围垦成圩田，人工修建的大堤代替天然湖岸。

低山丘陵　由低山、丘陵、岗塝地、谷底冲地组成，走向不一，支破散布，遍及全县。山麓前坡地势平缓，入湖河的披流顺坡向长期冲蚀切割，形成岗、塝、冲高低层次排列，呈爪型地貌。诸多较高山迤逦环列于境之东、南、西三面，拱卫俨若藩篱，幽阻深邃。全县大小山丘237座，海拔50米以下45座，51~100米124座，101~200米54座，200米以上14座，其中以西横山尖刀峰为最，龙官山次之。境内山脉可以分为5大山区和8片山地。5

大山区：芳山、东庐山、湫湖山、卧龙山、西横山区。8 片山地：东庐山山地，由狮子山、禁山、尖山、白虎山、张古山、百亩山、陈山、马占山、笠帽山组成；湫湖山山地，由双尖山、陈流子顶、顶公山、乌王山、马鞍山、平安山组成；廻峰山山地，由廻峰山、曹山、芳山、芝山、锦山组成；观山山地，由观山、磨盘山、南山组成；小茅山山地，由小茅山组成；西横山山地，由独山、两山组成；卧龙山山地，由卧龙山、爱景山组成；浮山山地，由溧山、荆山、赵古山组成。

东庐山位于县城东部 5 公里，跨永阳、东屏、白马 3 个镇。南北走向，逶迤 5 公里，峰峦起伏，林木苍翠。主峰海拔 289.7 米，山周围 10 余公里，面积约 12 平方公里。山脚处缓坡，渐上趋陡。东庐山古名庐山，清光绪《溧水县志》载，山“以形似庐，故名”。新中国成立后，山上多植松、杉、竹林。

秋湖山位于县城东南 13 公里，横卧永阳、晶桥两镇交界处。全山峰峦起伏，绵延 3 公里，主峰海拔 279.8 米，山脊为秦淮河水系和石臼湖水系分水岭，山上多植松、杉、竹、栎，沿山建有 7 座中小型水库。清光绪《溧水县志》载，秋湖山原名清洪山，以后音转为秋湖山。据当地人追忆，明代建筑溧水城墙时采此山石。

廻峰山位于白马镇南部，与溧阳市交界。其东一峰，俗称狮子嘴，与溧阳东山以一深壑相隔。山上林木苍翠，周围约 7 公里，主峰海拔 229 米。山北麓有一神仙洞，1977 年曾发掘古脊椎动物及古人类颞骨等化石。廻峰山灰岩裸露，山下建有采石场、石灰窑和水泥厂。抗日战争时期，这里是新四军活动根据地。1985 年，在山西北麓建苏南反顽战役阵亡将士纪念塔。

芳山位于晶桥镇东部，依山脊与溧阳分界。山上多植松、杉、竹，主峰海拔 292.5 米。

芝山位于县境东南，为晶桥镇与溧阳市界山，周围约 15 公里，主峰海拔 117 米。宋《景定·建康志》云，“山尝产芝草，故名”。全山石灰岩裸露，色质黝黑，多洞穴。

观山位于晶桥、白马两镇交界处。主峰海拔 192.3 米。山形四面陡峭险峻，怪石嶙峋，遥望似螺痕叠翠，向有“观峰叠翠”之名。山巅有池，四季不涸，古称“邑之灵境也”。观山以蕴藏铜矿闻名。史志载梁大同二年(536)，即在此采铜，遗址尚存。

小茅山位于县城西部 8 公里，跨洪蓝、石湫两镇，主峰海拔 183 米，周围约 10 公里。山上植松、竹林，林相整齐。据清光绪《溧水县志》载，小茅山古名琛山，以山尝产玉得名。明嘉靖年间(1522—1566)，山巅建有三茅行宫

(1964年拆除),乃呼小茅山,与句容县大茅山相对称谓。1985年南京电视台在山巅庙宇旧址建造微波中继站。至2013年3月仍使用。

西横山位于县城西部,横跨苏皖两省江宁区、溧水县、当涂县,山势横列若屏障,由62条大小山岭组成。境内山地面积667公顷,主峰尖刀峰海拔368.5米。据清光绪《溧水县志》载,“横山有十五峰,四面观之皆横,又名横望山”。乡人却以山在境西,习称西横山。山上多林木,主要有松、栎、油茶等。

爱景山位于东屏镇夏家边集镇东3公里处二干河南岸,西北—东南走向,周围4公里。主峰海拔124米,爱景山以蕴藏锶、铁等矿闻名。

【土壤】

全县土壤分为4个土类、8个亚类、19个土属、33个土种,53.7%为黄棕壤,45.5%为水稻土。土壤垂直地带性和水平地带性分布均不明显,地域性主要因地形起伏呈现一定演替规律,山丘地多为黄棕壤分布区;黄土岗坡地,常是旱耕熟化的黄岗土分布区;平原、低洼圩区和丘陵塝、冲田等处,则为大面积水稻土分布区;城镇附近有部分菜园土分布。

境内土壤分布可划为低山丘陵、秦淮河圩区和石臼湖沿岸3大区。低山丘陵区,土壤以水稻土和黄棕壤分布为主,另有少量石灰岩土和紫色土分布;秦淮河圩区,土壤以水稻土分布为主,其次为黄棕壤。石臼湖沿岸(北岸及东岸),土壤以水稻土分布为主,水稻土土种为河淤土、青泥土、少量竖眼土,其中青泥土所占比例比秦淮河圩区大,其余低岗均分布黄刚土,整个地区有红土深藏不露,被下蜀黄土所覆盖。黄刚土大多质地黏重僵硬,通气透水性较差,pH值一般在5.5~6.4之间,有机质和氮素含量中等,普遍缺磷,部分缺钾。土壤养分含量总趋势为圩区高于山区,水田高于旱地。

黄棕壤 面积3.71万公顷,占总面积53.7%。其中,中层栗色土、厚层栗色土2个土种面积5933公顷,分布于平山、秋湖山等山地,为安山岩、粗面岩等中性岩风化发育的土壤,全剖面栗色,质地中壤到重壤,土壤有机质含量较高,但变异幅度大,氮钾含量也较高,尤以钾素含量最为突出。林地土壤中磷含量低。薄层黄砂土、中层黄砂土、厚层黄砂土等土种,面积4200公顷,砂岩坡积残积物母质,剖面土体显淡黄色,一般土体疏松深厚,养分含量较高,质地中壤,多分布于茅山、芳山、廻峰山等山体,多为林地;黄土,下蜀黄土母质,面积4600公顷,分布于丘陵岗地,质地重壤,有机质、氮、钾等元素含量一般，但磷素极缺，多为茶园；耕作黄土分布范围较广，系黄土经人工开垦种植发育而成，面积7953公顷，土体表层疏松，深厚，颜色灰黄，多为经济作物；死黄土，分布于低山与低山丘陵交界处的岗地，下蜀黄土母质，一般表土层较薄，含铁锰结核，质地黏重，浅棕色，面积4800公顷，多为林地；耕作死黄土，系死黄土经耕种发育而来，面积4033公顷，表层疏松，淡黄色，有机质含量低；泥顶老红土，零星分布于白马、城郊低山山脚，面积147公顷，为第四纪古红土母质，土质黄红或紫红色，质地黏重，尤以下层更为显著，表层为下蜀黄土覆盖，土层深厚；薄层粗骨栗色土，分布面积较大，面积1667公顷，土壤发育差，多砾石，层次较浅，林木生长差而稀少，土壤养分含量低；中层粗骨栗色土，面积2580公顷，分布位置较薄层粗骨栗色土低，中壤；粗骨黄砂土，主要分布于迴峰山、芳山，面积11467公顷，土体中砾石含量高，层次发育差，林木生长一般。

紫色土 境内白马镇浮山有少量分布，它异于全国地带性紫色土，含有碳酸钙，呈碱性，称石灰性紫色土，在全县分类系统中有较重要地位。

水稻土 面积30927公顷，占土壤面积45.5%。其中板浆白土，全剖面质地轻，面积640公顷，颜色淡，质地多为中壤；小粉白土，分布于丘陵农业区，面积1880公顷，位置比板浆白土略低，表层有轻微淀板现象，重壤；黄白土，多分布于丘陵上冲田，面积6873公顷，质地介于中壤与重壤之间，颜色黄白色，在分布地形部位上较马肝土种为高；马肝土，分布于丘陵冲田中部，下蜀黄土次生母质，面积13993公顷，土壤耕层深厚，疏松，有机质含量高，有松紧适度的犁底层；河淤土，分布于秦淮河冲积物的头进田，面积1700公顷，土壤耕层疏松、色暗，土壤养分含量高，保肥、供肥能力强，耕性良好；乌底河淤土，面积193公顷，处于圩区较低地形部位，河流冲积物母质；河白土，分布在秦淮河圩区地形部位较高处，面积287公顷，质地重壤；黄泥土，分布于丘陵岗塝地，面积1420公顷，下蜀黄土风化物经旱改水后演变而来；砂黄土，分布于丘陵狭冲，下蜀黄土母质，面积520公顷；竖眼土，河湖相沉积物，面积180公顷，易漏水漏肥，稻季黏重紧实，通透性差；青泥条，面积547公顷，分布在丘陵冲田下部，潜育层灰黄色，黏重；青泥土，面积160公顷，灰黄色，轻黏；乌底青泥土，仅在柘塘、渔歌、孔镇有少量分布，面积513公顷；黄底青泥土，面积213公顷；青泥黏土，分布于石臼湖畔围湖造田的新垦圩区，面积173公顷，湖相沉积物母质，通体轻黏，有机质含量丰富。

第四节 自然资源

溧水县境内自然资源丰富。至2013年3月，全县耕地面积4.23万公顷，林地1.46万公顷，园地2127.48公顷。西南临湖，河渠纵横，塘坝星市，水资源丰富。矿产种类甚多，已探明金、铁、铜、锗、铀、铅、锶和磷、硫、石灰石、重晶石等49个矿点18个矿种。至2012年开采矿藏有10种，主要为锶矿和石灰岩矿；动物资源较多，林区野生鸟类61种，野生兽类13种，水生动物60余种，爬行类、甲壳类、软体类、两栖类等有21种。境内自然植被属北亚热带常绿阔叶与落叶阔叶混交林带，以壳斗科落叶树种为主，并含有少量常绿阔叶树的混交林，外貌上接近于落叶阔叶林。山区为林业生产基地，造林2万余公顷，占宜林面积80%左右；丘陵为山区和圩区过渡地带，兼有两区植被特色，木本植物有68种、164属、357种，草本植物有96种；药材植物和水生植物有545种。境内有山有水，具有江南风貌特色，旅游资源丰富。至2012年开发形成天生桥·胭脂河、无想山·无想寺、东庐山·观音寺、周园、大金山国防园、傅家边农业园旅游观光风景区。

【土地资源】

1996年，全县耕地面积5.18万公顷，人均耕地0.125公顷。1997年始，县国土管理局开展基本农田保护区划定工作，有计划组织土地复垦开发。1999—2009年，开展建设用地"占补平衡"和"增减挂钩"工作、实行农用地转用指标计划控制以及强化土地整理，弥补建设占用耕地缺口，保持基本农田面积稳定。随着改革开放，全县工业、交通、教育、卫生事业发展，城市规模扩大、城乡住宅建设，占用耕地现象比较严重，土地人口承载加重，地减人增矛盾突出，人均占有耕地逐年减少。至2013年3月，各类建设占用耕地9529.89公顷，人均耕地由1996年0.125公顷减少到0.101公顷。

1996—2013年溧水县土地人口承载状况统计表

表 1-7

年份	人口总数(人)	人均土地(公顷/人)	耕地数(公顷)	人均耕地(公顷/人)
1996	414876	0.2573	51836.87	0.1249
1997	416257	0.2564	51740.82	0.1243
1998	414562	0.2575	51700.81	0.1247
1999	411722	0.2593	51700.81	0.1256
2000	411723	0.2593	51464.4	0.125
2001	410112	0.2603	51464.4	0.1255
2002	404104	0.2645	44162.22	0.1093
2003	403012	0.2648	43742.69	0.1085
2004	407317	0.262	43599.65	0.107
2005	416619	0.2562	43529.21	0.1045
2006	405926	0.2629	43474.01	0.1071
2007	407282	0.262	43529.82	0.1069
2008	410471	0.26	43454.38	0.1059
2009	413690	0.2571	42628.31	0.103
2010	413326	0.2573	42405.3	0.1026
2011	417051	0.255	42384.75	0.1016
2012	418769	0.254	42306.98	0.101
2013年3月	418769	0.254	42306.98	0.101

说明:耕地数引用全县土地详查数

【水资源】

河流 溧水河长7.73公里。河道起于一干河、三干河交汇口(柘塘镇蔡家庄),止于江宁区西北村,集一、二、三干河和江宁区横溪河、句容河之水汇合,流向偏西北,归入秦淮河。

一干河长20.58公里。河道走向呈西偏北,自中山水库起,由二里桥向北到王家冲,向西偏北从宝塔桥下流向西北,经柘塘镇直泻石湫镇东北,至蔡家庄附近入溧水河;二干河长25.6公里。河道走向呈西偏北,自方边水库起,横穿东屏镇,北奔柘塘镇,至戴家渡入溧水河;三干河长11.19公里。河道走向呈南北,自西横山水库起,穿石湫坝,由方家村经江宁区境入溧水河。

新桥河由老新桥河截直拓宽而成,河道走向呈西略偏南,全长26.28公里,起于老鸦坝水库、姚家水库,横贯白马、晶桥两镇,流向和凤镇北部,于昌塘村泻入石臼湖。新桥河是秋湖提水站取水河道,担负两岸农田灌溉任务,除干旱水枯外,一般年景能满足灌溉要求。云鹤支河属新桥河分支,长11.99公里,流向呈西北走向,由赭山头水库流经晶桥、和凤两镇,至沙岗村入新桥河。

天生桥河又名胭脂河,明代人工开凿的一条运河。明代永乐年间,因迁都北京,河运废弃,渐淤塞断流。1966年始,经6年整治,沟通秦淮河与石臼湖两大水系,全长7.5公里。河道走向呈南北,北端在永阳镇沙河接一干河,南端在陈家村入石臼湖。1972年建成天生桥套闸,至2013年3月仍为引水、分洪、航运重要水道。

湖泊 石臼湖位于县境西南部苏皖交界线上,湖区分属江苏省溧水、高淳和安徽省当涂3县。境内有石湫、洪蓝、和凤3镇临湖,湖岸线长31.2公里。20世纪40年代,石臼湖面积264平方公里。70年代,临湖各县围垦,湖面缩小。至2013年3月湖纵长22公里,横宽14公里,面积207.65平方公里,境内水面90.4平方公里。湖水平均深度1.67米,最大深度2.42米。丰水期蓄水量2.3亿立方米,枯水期0.4亿立方米,因与圩区河道连通长江,水量易受长江水位制约。

水库 至2013年3月全县有中小型水库79座,总库容1.82亿立方米,灌溉面积15113公顷。其中,中型水库6座,分别为方边水库、中山水库、卧龙水库、老鸦坝水库、赭山头水库、姚家水库。

方边水库(东屏湖)位于县境东部二干河上游。1958年9月兴建,1959年11月合拢蓄水,集水面积77.1平方公里,总库容5070万立方米,校核水位29.26米,设计水位28.1米,汛期水位26.2米。

中山水库(中山湖)位于县境东南部一干河上游。1957年11月兴建,1959年5月合拢蓄水,集水面积32.28平方公里,总库容2731万立方米,校核水位28.51米,设计水位27.58米,汛期水位26米。1991年6月13日,最高水位26.22米。

卧龙水库(卧龙湖)位于县境北部二干河中游。1959年3月兴建,1960

年 3 月合拢蓄水，集水面积 18.2 平方公里，总库容 1339 万立方米，校核水位 20.29 米，设计水位 19.59 米，汛期水位 18.5 米。

老鸦坝水库位于县境东部新桥河上游。1958 年 11 月兴建，1959 年 11 月合拢蓄水，集水面积 17.5 平方公里，总库容 1167 万立方米，校核水位 37.61 米，设计水位 36.55 米，汛期水位 34.8 米。

姚家水库位于县境南部新桥河上游。1958 年 11 月兴建，1959 年 11 月合拢蓄水，集水面积 17.3 平方公里，总库容 1140 万立方米，校核水位 22.7 米，设计水位 21.73 米，汛期水位 20.6 米。1998 年 6 月 28 日，最高水位 21.02 米。

赭山头水库位于县境南部新桥河云鹤支河上游。1958 年 10 月兴建，1959 年 10 月合拢蓄水，集水面积 16.8 平方公里，总库容 1138 万立方米，校核水位 28.06 米，设计水位 27.04 米，汛期水位 25.5 米。1998 年 6 月 28 日，最高水位 26.01 米。

【矿产资源】

天青石 属中低温热液填充型锶矿，矿体赋存于侏罗系龙王山组晶屑凝灰岩中，受西北向断裂构造控制，东屏镇群力村爱景山出露较全，为大型富锶矿，矿石平均品位 54.38%，是电子等工业的重要原料，1971 年开始开采。

石灰岩 主要分布在晶桥镇云鹤村芝山和白马镇迴峰山一带，属浅海相沉积石灰石矿，矿体为石灰系黄龙、船山灰岩及二迭系栖霞灰岩，储量在 1 万余吨以上。石灰岩质优，含氧化钙 55%左右，是生产水泥、石灰、石材的重要原料。

铁矿 矿体呈脉状，产于灰质砾岩的构造裂隙中，主要矿石为镜铁矿，共生黄铁矿、赤铁矿，属小型矿床，大多分布在洪蓝镇小茅山，储量 50 万吨。铁矿因品位较低，仅用于造漆、颜料等工业。

铜矿 属火山岩型铜矿，主要分布在晶桥镇观山，储量达 177 万吨。矿体主要赋存于侏罗系大王山组流纹岩之构造裂隙中，呈不规则脉状、囊状、扁豆状，伴生锌、银、镉、锗、镓。该铜矿始采于 1953 年，后因企业亏损，1986 年停采。

金矿 晶桥镇云鹤村枫香岭一带出露较多，初步勘探有 19 条矿脉，储量丰富，至 2013 年 3 月仍继续勘探，并小量试采。

铀矿 属中低温热液裂隙充填型，平均品位 0.053%，最高含量 0.20%。

矿体赋存于粗安斑岩期后北西向裂隙之中,由35个大小矿体组成,呈扁豆透镜状,雁行排列,主要分布在洪蓝镇三里亭和金牛山一带。铀矿始勘于1956年,1970年7月1日正式开采,后因品位低,矿源减少,1983年停采。

石英砂矿 储量约10亿吨,品质较好,主要分布在石湫镇西山及群力乡卧龙山一带,可露天开采。石英砂是生产玻璃、陶瓷的主要原料,还可以用于冶炼硅铁等。

辉绿岩 东庐村王家店附近出网山出露较全,储量为500万吨,适宜露天开采。辉绿岩矿石色黑质硬,磨制后细密珵亮,可作建筑装饰材料,国际市场颇为畅销。

玄武岩 主要分布在白马镇共和村和东屏镇浮山,储量约5亿吨,质量好,可作建筑材料,亦是生产岩棉、矿棉的主要原料。

红色黏土矿 适宜烧制建筑用红色地面砖,和凤镇、洪蓝镇地表出露较多,储量约1亿吨,易开采。

【植物资源】

境内自然植被属北亚热带常绿阔叶与落叶阔叶混交林带,以壳斗科落叶树种为主,并含有少量常绿阔叶树混交林,外貌上接近于落叶阔叶林。常绿树种通常零散分布,居于乔木亚层及灌木层,乔、灌杂交丛生,种类繁多。境内无高山,植被垂直地带性不明显,山坡下部和沟谷以阔叶林见多,山坡中部以针叶林为主,丘陵山地多属黄背草或白茅草占优势的草木植被。由于受自然因素制约和人类活动影响,加之县境内开发较早,长期农林业生产以人工种植为主要手段,典型的原生自然植被几乎不复存在,大多为次生植被和人造林及农田植被。

全县呈山区、丘陵、圩区3种不同植被景观。

山区为主要林业生产基地,造林2万余公顷,占宜林面积80%左右。以马尾松、火炬松、杉木等松、杉针叶树居多;其次为阔叶杂木林,一般有山槐、黄檀、榔榆等树木。

丘陵为山区和圩区过渡地带,兼有两区植被特色。这一地区大多被垦殖,原植被所存无几。部分岗坡地上除有少量树木零散分布外,主要是人工栽培的经济林,如茶、桑、梨、桃、柿、枣、青梅、柑橘、葡萄等,岗丘塝冲大多辟为农田,种植薯类、豆类、花生、芝麻等农作物。

圩区多为围垦地,河渠纵横,地势平洼,一般为湿生水生植被,构成绿色地带。河湖深水处一般有湖尾藻、马来眼子菜等深水水生植被，浅水(3米以内)处主要有睡莲、芡实、野菱等浮生水生植被，湖、河、沟边多系人工栽培的芦苇、荸荠、茨菇、藕莲等挺生植被。圩区主要种植稻麦油类及一些小宗经济作物。房前屋后和圩埂道旁常见杨柳、槐等。

境内木本植物有68科、164属、357种。

乔木类主要有马尾松、黑松、火炬松、湿地松、杉木、侧柏、麻栎、小叶栎、樟树、毛白杨、杨树、河柳、垂柳、乌柏、枫杨、白榆、榔榆、朴树、梧桐、悬铃木、苦楝、泡桐、臭椿、黄连木、三角枫、刺槐、黄檀、榉树、枫香等。

灌木类主要有羊蹲蠋(闹羊花)、六月雪、乌饮树、卫矛、山莓、白鹃梅、胡枝子、算盘子、山胡椒、胡颓子、牛奶子、菝葜等。

木质藤本类主要有葛藤、紫藤、常春藤、白蔹、蛇葡萄、盘珊瑚、络石等。

草本类植物主要有白茅、假俭草、野古草、黄背草、香茅、小飞蓬、苠草、裂桴草、狗尾草、马唐、一年蓬、小蓟、大蓟、小连翘、山豆根、土牛膝、土茯苓、马兰头、马齿苋、马蹄香、马鞭草、野鸡尾、乌蔹莓、天胡荽、毛茛、辣蓼、席草、石蒜、菊芋、野花椒、薄荷、紫苏、野豌豆、野胡萝卜、荠菜等。野生菌主要有松乳菌、红菇、橙盖伞、托柄菇、双环林地菇、褐环粘盖牛肝、隐花青褐伞、黑木耳、毒伞、地星、蘑菇等。

蕨类主要有槐叶萍、满江红等。

药材类植物有500余种，蕴藏量在570万公斤以上，主要药材有茅苍术、明党参、茵陈、太子参、丹参、桔梗、夏枯草等；大宗药材有南沙参、漏芦、百部、射干、何首乌、威灵仙、茜草、天冬、玉竹等；小品种草药有鹅儿不食草、半边莲、垂盆草、络石藤、鱼腥草、一枝黄花等。

水生类植物主要有狐尾藻、黑藻、金鱼藻、马来眼子菜、芦苇、水芹、茭草、节节草、慈姑、荸荠、菖蒲、菰、芡实、野菱、睡莲、苦草、菹草、蓝藻、绿藻、硅藻等。

【动物资源】

陆生动物　境内独特地理环境衍生出特有野生动物资源。林区有野生鸟类61种，分属11目28个科与亚科，主要有夜鹭、赤腹鹰、松雀鹰、环颈雉、灰头麦鸡、白腰草鹬、银鸥、灰斑鸠、珠颈斑鸠、山斑鸠、翠鸟、灰山椒鸟、大杜鹃、家燕、金腰燕、云雀、麻雀、白鹡鸰、红尾伯劳、喜鹊、黑枕黄鹂、蓝尾鸲、乌鸲、黑脸噪眉、棕头鸦雀、黄梅流莺、寿带鸟、暗绿绣眼鸟、大山雀、小鸥、白眉鸫等。野生兽类有13种,分属5目7科,主要有狼、豺、野猪、狗獾、猪獾、水獭、灵猫、黄鼬、刺猬、野兔、蝙蝠、小家鼠等。

水生动物 有60余种,主要有鲤鱼、鲫鱼、草鱼、刀鲚、大银鱼、尖头鳡、赤眼鳟、达氏鲴、白鲦、见氏鲦条、锯刺鲌、翘嘴红、鳊鱼、三角鲂、黄氏鳑鲏、大鳍刺鳑鲏、白鲢、鳙鱼、华鳈、黑鳍唇鮈杜氏船钉鱼、花鱼骨、鲶鱼、中间黄颡鱼、鲀吻鮠、鳗鲫、斑鳜、河鲀、黄鳝、泥鳅等;爬行类水生动物主要有蟹、龟、鳖、蛇等;甲壳类主要有虾等;软体类主要有螺、蚌、蛤等;两栖类有青蛙、蟾蜍等。

【旅游资源】

无想山 位于县城南4公里处,总面积8.8平方公里,由乌王、白虎、丁公、双尖、平安诸山组成。山峦之中有一条长约3公里小溪,名曰蝴蝶谷。两侧是原始森林,山谷植被丰富,隐蔽幽静,成为蝴蝶、鸟类及其他动物的天堂。1958年,洪蓝乡利用此地三面环山地理优势,在群山口修筑拦水大堤,建成无想寺水库。至2013年3月仍承担洪蓝集镇居民饮用水源和灌溉下游农田功能。

无想寺原址,位于县城南无想山凹。初建于六朝,是佛教传入中国后较早建立的一座庙宇。唐武德时重建无想禅院,此后逐渐废弃,南唐时再次重建。北宋治平年间(1064—1067)改名为禅寂寺,至南宋咸淳年间(1265—1274),僧人道甄在此复兴大刹,朝廷赐名为禅寂禅寺,明清时又复名无想禅寺。古寺庙经几度修建,规模日渐宏大,颇负盛名。古寺在清朝末年战乱中被毁。根据庙基范围和柱石大小判断,此庙前后两进,坐北朝南,后有大山为屏障,前有空谷作广场,极目望去,视野开阔,空旷幽静,是修禅极佳场所。1996

无想山水库一角 (2013年3月摄)

年，于无想山西麓建无想寺大雄宝殿。2001 年 6 月，无想山森林公园通过省农林厅专家评审，被认定为省级森林公园。同年，在无想禅寺原址开工重建无想禅寺一期工程毗卢宝殿。2005 年 12 月，毗卢宝殿主体工程竣工。2007 年 8 月，全长 3.3 公里的县城至无想山景区景观大道(珍珠南路南延工程)建成通车。2008 年 3 月 1 日，无想山被宁杭生态旅游带合作发展委员会授予“精品生态旅游景区”。2008 年 5 月至 2009 年底，无想山—无想水库—天池—傅家边梅园 15 公里景区道路建成。2012 年 10 月，省道 246—傅家边秋湖竹海大道开工建设，三级公路标准设计，全长 7.62 公里。2013 年 3 月，宁溧城际地铁在无想山设置终点站。

观音寺 元代始建观音庵，太平天国年间被毁。清光绪八年(1882)复建庵堂三间一院，两侧有厢舍。1999 年，县城分龙岗观音庵因城市建设需要拆迁，迁址东庐山观音庵遗址复建，定名为南京溧水东庐观音禅寺。2000 年 10 月，东庐山观音寺成为鸡鸣寺下院，被省、市政府批准列为重点建设寺庙。2005 年，兴建天王殿、鼓楼、钟楼、斋房、寮房等一系列配套建筑，2007 年完工，两侧斋房、寮房及天王殿为一连体建筑，地上 5 层，地下 1 层，建筑总面积 6000 多平方米，占地面积 20 公顷。

东庐观音禅寺 (2013 年 3 月摄)

胭脂河·天生桥 位于县城西 2 公里处，是明洪武二十六年(1393)开凿沟通秦淮河与石臼湖的人工运河。至 2012 年有 600 多年历史。开凿胭脂河时，工匠们巧妙地将两处石质最硬、地势最高的山石留作东西两岸通道，中凿石孔，构成两处“长虹卧波”石桥。这两座石桥看上去仿佛天然生成，鬼斧神工。南桥于明嘉靖七年(1528)倒塌，仅存北边一座，被称之为天生桥。该桥长 34 米、宽 9 米，厚 8.9 米，石面距水面 36 米。胭脂河全长 7.5 公里，素有“江南小三峡”之美称。

1983 年 8 月,胭脂河·天生桥被评为“金陵新四十景”之一。1995 年,天生桥被批准为省级文物保护单位。1997 年 12 月,在胭脂河·天生桥景区建立天生桥公园。1997 年 12 月—1998 年 10 月,先后修建县城至天生桥黑色道路 2.5 公里,疏通胭脂河道,建造公园设施。2000 年 10 月,县旅游局与南京市园林规划设计院合作编制天生桥公园详细规划,实施第二期工程。2001 年 3 月,成立南京市天生桥旅游观光有限公司。2002—2005 年,在天生桥东架起铁索桥,增设景点设施,并大面积改造景区林相,形成以胭脂河·天生桥明代人文景观为依托,秀丽田园自然风光为背景的观光旅游产品。2004 年 4 月,南京市天生桥旅游观光有限公司取得水路运输许可证,成为境内唯一拥有水路旅游资质的企业。8 月,天生桥公园被省旅游局批准为国家 AAA 级景区。12 月,由南京日报社和市园林局联合评出“南京新 55 景”,该景区榜上有名。2005 年 7 月,南京自驾游溧水基地落户天生桥公园。是年,天生桥景区接待中外游客近 20 万人。2008 年 3 月 1 日,天生桥景区被宁杭生态旅游带合作发展委员会授予“精品生态旅游景区”称号。4 月,该景区将胭脂河·天生桥段,长 2.1 公里,河西侧 50~100 米,东侧 200~500 米空间地域,面积 1.3 平方公里,申报南京天生桥河水利风景区。2009 年 3 月 19 日和 6 月 22 日,分别通过省级和国家级验收。2011 年,景区被市旅游园林局确定为市自驾游基地。

南京太阳岛高尔夫球场 位于县城西侧,紧邻天生桥旅游风景区,距县城 3.5 公里。球场始建于 2002 年,占地 180 公顷,设球洞 18 个,集会所、餐饮、度假、休闲、酒店于一体,年接待量 3 万人。

大金山·国防园 位于县城东北 10 公里处,是全国最大的民营国防园和省全民国防教育基地,占地 26.7 公顷,建筑面积 9800 平方米。1996 年,购置高速游览船 2 艘,带动东屏湖水上观光旅游。1998 年 2 月始,大金山国防园定为溧水“一日游”主要景点之一。2006 年以后,先后建有革命战争史展览馆、炮台、堑壕、封闭靶场等,陈列大炮、坦克、飞机等多种武器实物;自采百果园 3.3 公顷,有银杏、石榴、枇杷、杨梅、樱桃、柑橘、冬枣、杏、桃、梨等。2007 年 4 月,景区在原有基础上重新规划,至 2008 年底,全面改造 66 公顷景区林相,建成国防教育区、景点观光区、生态园林区、会务商住区。2008 年 12 月,成为境内第 3 个国家 AAA 级旅游景区。2009 年被市农委列入首批市级休闲农业示范园。

傅家边现代农业园 1999年,傅家边农业科技园梅园被列为市国际梅花节分会场,开始将农业科技资源转化为旅游资源。2001年始,县委、县政府每年在此设梅花节主会场,以梅为媒,汇聚四海宾朋。2001年2月,傅家边农业科技园核心区按照旅游景区要求实行封闭式管理,设景区门票。2002年9月,建成1800平方米科技展览馆兼游客接待中心、5000平方米日月广场、300平方米农家乐景观亭。2003年3月,建成蒲塘集镇到傅家边农业科技园的5公里梅花景观大道。2004年3月,建成1万平方米农家乐园。同年6月,傅家边村山凹自然村以家庭为单位,改建农家餐厅、农家旅馆,形成别具风情的"农家乐"专业村。是年12月,该园被评为"全国农业旅游示范点",山凹村被确定为市首批旅游农业专业村。2005年,实施神山湖北岸护坡美化工程,新建园区水泥路12公里,铺设梅园鹅卵石游步路1.2公里,改造建设参观景点23处。是年3月,被市旅游事业指导委员会授予"2004年度发展南京旅游业突出贡献奖"。同年11月15日,通过全国旅游景区质量等级评定委员会验收,成为国家AAA级旅游景区。园区以"梅花节"和"采摘节"两大旅游节庆活动为平台,与旅游部门、农业部门联手推出春季赏梅花采草莓踏青游、秋季采葡萄吃农家饭亲子游和农业嘉年华活动,吸引南京及周边地区市民前来旅游观光。2008年3月9日,在市休闲农业"家家游"首发仪式上,傅家边农业科技园获"全市三星级休闲农庄"称号。2010年被评为市自驾游基地、省自驾游基地、精品乡村旅游区点、省四星级乡村旅游区(点)。2011年2月,被农业部、国家旅游局认定为首批"全国休闲农业与乡村旅游示范点"。2012年1月9日,傅家边现代农业园被评为市首批四星级休闲农业景区。至2012年底,有31家农业企业落户园区,其中10家为省、市、县重点农业龙头企业、14家农民专业合作社,年接待游客50余万人次。园区产业基地建成面积2067公顷,其中草莓园330公顷、海棠园100公顷、优质茶园100公顷、其他经济林果130公顷,高效农业基地670公顷,农家乐园2.5万平方米,珍禽园10万平方米。2001年至2013年3月,傅家边农业园举办南京·溧水梅花节13届,每届历时40天。

周园(白马如意文化艺术中心) 位于白马镇朱家边集镇南侧,距县城18公里,占地7公顷。2006年5月开工建设,整体建筑布局呈"如意"形。2010年10月,建成周园四合院和文化艺术中心,并正式对外展出,主要有佛像、石雕、根雕、古代家具、玉器、古玩、名人字画等藏品1.5万余件。2011年12月,建成徽文化精品体验中心、文化艺术中心室内和室外两部分。展

周园 (2013年3月摄)

出120张各式床具、50多件根雕、30多件茶海。室内工笔壁画，线条飘逸、色彩艳丽，其中《朝元图》画有天神286身。室外有4000多座不同宗派、风格迥异的石佛像、佛塔、石碑，其中1000尊佛像供奉在长318米的千佛廊。徽文化精品体验中心由周园御厨、周氏宗祠、两座茶楼4座明清风格建筑组成，是周贺桐先生早期收藏的明清徽派建筑，搬迁至周园整体复建(改建)而成，获"江苏省旅游项目建设优秀奖"，成为溧水旅游名片。

江苏(国家)未来影视文化创意产业园(江苏广电石湫影视基地) 位于石湫镇横山水库、桃花水库、独山水库和溧塘水库一带。2007年4月，由江苏广电集团、江苏新华报业集团和溧水石湫机场科技工业园共同出资成立江苏广电石湫影视基地有限公司。3月，江苏未来影视文化创意产业园立项，项目规划总面积666.67公顷，总投资50亿元。2007年10月至2009年，该园民国城项目室内摄影棚、夫子庙复制景观、民国风格建筑景观等基本建成。2011年5月25日，经国家广电总局批准该产业园升级为国家级创意产业园。同年6月，由著名导演张艺谋执导的战争史诗大片《金陵十三钗》在该基地拍摄完成。至2012年，累计开发面积近100公顷，累计企业81家，以动漫设计、软件等企业为主，从业总人数1200人，摄制影视剧3部。

第二章　土地利用规划

1992年至1994年8月,县编制完成《溧水县土地利用总体规划(1991—2000年)》,并于1995年6月26日,由市政府批准实施。此《规划》偏重土地保护,执行中建设用地需求与规划矛盾突出。1998年2月,县政府实施县土地利用总体规划修编工作,当年12月完成县土地利用总体规划(1997—2000年近期规划和2001—2010年远期规划)修编,合理确定土地利用方向、结构布局,实施土地用途管制,确保耕地总量动态平衡。1999年12月,该项成果被省国土资源厅评为土地利用总体规划优秀成果二等奖。同时注重县、镇两级土地利用总体规划调整和完善。2007年8月17日,县政府就洪蓝、永阳、白马、东屏、柘塘、石湫、和凤7镇部分建设用地规划进行修改,并于9月14日通过省国土资源厅批准。2008年7月23日,省国土资源厅同意永阳、和凤、柘塘、东屏、晶桥5个镇土地利用总体规划再次修改。5镇调增规划建设用地指标589.81公顷,在新一轮土地利用总体规划中衔接。

《溧水县土地利用总体规划(2006—2020年)》修编从2006年12月始,历时5年,经过资料收集、资料核实、专题研究、乡镇调研、规划大纲编制、规划成果编制、规划成果审查报批等程序,2012年1月获省政府批准。

《县城总体规划(1982—2000年)》1983年12月编制完成,1984年3月2日批准实施。《县城总体规划(1992—2010年)》,1992年5月在第一轮总体规划基础上重新修改,1993年7月3日完成,1996年10月,由市政府批准实施。《县城总体规划(2001—2020年)》,2001年4月,由县政府委托省城乡规划设计研究院编制,2002年12月,通过专家评审。2004年9月,市委、市政府颁布《关于加快郊县重点城镇发展的意见》,确定郊县城镇重点发展"三城九镇",永阳镇被列入"三城"之一。同年12月完成重新修编工作。2005年12月获市政府批准。重新修编的第三轮《溧水县(永阳新城)总体规划》确定近期规划期限至2010年,用地规模23.31平方公里;远期规划期限2020年，建设用地规模36.59平方公里，城区规划控制面积87.29平方公里。2004年，各镇集镇规划和各镇镇域专项规划、村庄规划编制启动，2005年结束。至2013年3月，各项规划正在实施中。

第一节　溧水县土地利用总体规划

1998年2月始，以1994年编制的《溧水县土地利用总体规划(1991—2000年)》为基础，修编《溧水县土地利用总体规划(1997—2010年)》，历时2年，于2000年1月8日，获省政府批准实施。2005年11月30日，县政府成立《溧水县土地利用总体规划(2006—2020年)》修编工作领导小组，2006年3月始修编。历时5年，2011年6月7日，规划成果通过省国土资源厅专家组评审。2012年1月，获省政府批准。两次修编县土地利用总体规划时，把基本农田保护区面积作为强制性保护。至2012年，全县基本农田保护区面积4.04万公顷。

【溧水县土地利用总体规划(1997—2010年)】

规划修编　1998年2月，县政府启动全县土地利用总体规划(1997—2010年)修编，以《溧水县土地利用总体规划(1991—2000年)》为基础，结合基本农田保护区、建设用地区划成果和1996年农村土地变更调查成果。2月12日，县政府成立由分管副县长任组长，县相关部门主要负责人为成员的“溧水县土地利用总体规划编制和修订工作领导小组”，下设办公室(设在县国土局)，由县国土局分管领导兼任办公室主任。在国土、环保、水利、建设、计经委、农业、多管、交通8个部门抽调业务骨干参加修编，分成文字组、表格组、图件组和技术指导组。2月18日，县政府召开专项会议，部署并根据市政府下达溧水县1996—2010年土地利用总体规划三项控制指标，即建设占用耕地指标533.33公顷、补充耕地指标1700公顷、净增耕地总量380公顷，下发《关于分解下达全县土地利用总体规划三项控制指标的通知》。3月2日，县国土管理局组织修编人员业务培训，举办专题讲座，规定技术规程和操作要求，明确岗位职责。3月10日，选择洪蓝镇做试点，以点带面，全县推广。是年7月20日，编制完成《溧水县土地利用总体规划(1997—2010)》。11月13日，通过市土地利用总体规划修编工作领导小组专家评审。1999年12月29日,《溧水县土地利用总体规划(1997—2010)》获省国土管理局优秀成果二等奖。2000年1月8日,省政府批复《溧水县土地利用总体规划(1997—2010)》实施。

规划内容 土地利用目标:到2010年全县确保耕地总量稳定在5.21万公顷,在1997年基础上净增253.33公顷,保证全县粮食和农副产品自给有余;2001—2010年,基本农田保护量4.13万公顷,一般农田1996—2000年保护量8266.7公顷,2001—2010年保护量1.08万公顷;建设用地规模总量控制在1726.7公顷,其中占用耕地1326.67公顷;存量土地挖潜133.23公顷,其它266.67公顷;城镇建设用地控制在533.33公顷;复垦开发土地后备资源866.67公顷,土地整理833.23公顷,合计增加耕地1700公顷。三大控制指标近、远期安排:全县1997—2000年补充耕地540公顷,其中土地整理253.33公顷,开发复垦286.67公顷;减少耕地396.67公顷,其中建设占用330公顷,退耕灾毁66.67公顷,净增耕地143.33公顷。2001—2005年补充耕地546.67公顷,其中土地整理260公顷,开发复垦286.67公顷;减少耕地506.67公顷,其中建设占用466.67公顷,退耕灾毁40公顷,净增耕地40公顷。2006—2010年补充耕地613.33公顷,其中土地整理320公顷,开发复垦293.33公顷,减少耕地543.33公顷,其中建设占用530公顷,退耕灾毁13.33公顷,净增耕地70公顷。

耕地总量动态平衡目标:全县1996年耕地基数5.18万公顷,规划到2000年耕地总量5.2万公顷、2010年耕地总量5.21万公顷。规划到2000年补充耕地540公顷、2010年补充耕地1160公顷。规划到2000年减少耕地396.67公顷、2010年减少耕地1050公顷。到2010年净增耕地253.33公顷,确保全县耕地总量动态平衡。

近、远期土地利用结构:全县到2000年有土地总面积10.67万公顷,其中耕地5.2万公顷,占土地总面积48.7%;园地4272.75公顷,占土地总面积4%;林地1.18万公顷,占土地总面积11.01%;居民点及工矿用地8528.63公顷,占土地总面积7.99%;交通用地1687.26公顷,占土地总面积1.58%;水域26137.23公顷,占土地总面积24.49%;未利用土地2383.95公顷,占土地总面积2.23%。到2010年有土地总面积10.67万公顷,其中耕地5.21万公顷,占土地总面积48.8%;园地7851.15公顷,占土地总面积7.35%;林地9276.12公顷,占土地总面积8.69%;居民点及工矿用地7350.63公顷,占土地总面积6.89%;交通用地2078.86公顷,占土地总面积1.95%;水域2.64万公顷，占土地总面积 24.77%；未利用土地 1656.61 公顷，占土地总面积 1.55%。详见《1997—2010 年溧水县土地利用总体规划指标体系一览表》。

1997—2010 年溧水县土地利用总体规划指标体系一览表

表 2-1　　　　单位:公顷

	耕地面积	耕地减少量			补充耕地量			净增减耕地	规划期末耕地面积	基本农田保护面积
		合计	建设占用	退耕灾毁	合计	土地整理	复垦开发			
全　县	51836.87	1446.67	1326.67	120	1700	833.33	866.67	253.33	52090.2	41306.67
白马镇	4019.88	64.53	59.6	4.93	159.33	74.2	85.13	94.8	4114.68	3280.88
东庐乡	3164.14	48.47	45.2	3.27	122.67	70.67	52	74.2	3238.34	2526.67
共和乡	2950.53	29.8	26.33	3.47	159.33	45.67	113.67	129.53	3080.06	2333.33
东屏镇	3687.93	112.6	108.33	4.27	118	68.33	49.67	5.4	3693.33	2980
柘塘镇	1657.67	113.67	112.67	1	52	34	18	-61.67	1596	1313.33
乌山乡	2160.66	71.26	68.33	2.93	84.67	50	34.67	13.4	2174.06	1746.67
群力乡	3792.76	181.87	180	1.87	164	82.47	81.53	-17.87	3774.89	3020
在城镇	4386.18	403.13	334.8	68.33	122.67	57.53	65.13	-280.47	4105.71	3546.67
洪蓝镇	2631.3	42.26	39.13	3.13	74.67	53.33	21.33	32.4	2663.7	2066.67
石湫乡	3912.89	108.2	104	4.2	119.33	68	51.33	11.13	3924.02	3146.67
明觉镇	2790.54	23.2	20	3.2	46.67	14	32.67	23.47	2814.01	2053.33
渔歌乡	3161.85	72.47	69	3.47	84	52	32	11.53	3173.38	2533.33
孔镇乡	3638.22	63.87	61	2.87	74.67	9.4	65.27	10.8	3649.02	2833.33
和凤乡	2867.51	54.33	52.67	1.67	96.67	33.67	63	42.33	2909.84	2226.67
晶桥乡	2538.63	31.26	27.93	3.33	96.67	49.07	47.6	65.4	2604.03	2086.67
云鹤乡	4179.7	23	17.67	5.33	124.67	71	53.67	101.67	4281.37	3386.67
场　圃	296.49	2.73		2.73				-2.73	293.76	225.6

该规划将全县分为 3 个用地区:农业用地区、建设用地区、未利用土地区。

农业用地区有土地面积 6.92 万公顷,主要发展农业生产,又分为耕地区、园地区、林地区 3 大类。耕地区主要发展粮油作物,全县划定 5.21 万公顷,其中 4.13 万公顷为基本农田区,1.08 万公顷为一般农田区;园地区主要用于发展青梅、板栗、黑莓、桃、梨等果树生产基地，面积 7851.15 公顷；林地区主要用于发展松、杉、竹等林业生产基地，面积 9276.12 公顷。

建设用地区包括城镇建设区 1482.60 公顷、村镇建设区 4070.53 公顷、独立工矿区 1127.36 公顷和其他建设用地区 6016.11 公顷 4 大类，总面积 1.27 万公顷。

未利用土地区包括陆地水域、可利用区、暂难利用区 3 大类。陆地水域面积 2.28 万公顷，可利用区、暂难利用区面积 1987.58 公顷。

此次规划特别增加基本农田保护区规划和土地整理、复垦开发专题规划。

基本农田保护区，全县划定基本农田保护区面积 4.13 万公顷，一般农田保护区面积 2000 年前 8266.7 公顷，2010 年达 1.08 万公顷。

土地整理和土地复垦开发，全县到 2010 年复垦开发总量 1640 公顷，其中可建成耕地 866.67 公顷。土地整理总量 2.83 万公顷，其中可建成耕地 833.33 公顷。合计可建成耕地 1700 公顷。土地复垦开发分荒地开发、废弃地复垦、滩涂开发和其他 4 类，开发总量 1640 公顷，主要用于发展粮食作物和经济作物，部分地用于发展园林和多种经营。到 2010 年净增耕地 866.67 公顷。分期实施计划：1996—2000 年土地整理、复垦开发总量 9293.33 公顷，建成耕地 540 公顷；2001—2005 年土地整理、复垦开发总量 1090 公顷，建成耕地 546.67 公顷；2006—2010 年土地整理、复垦开发总量 9916.67 公顷，建成耕地 613.33 公顷。

规划调整　新《中华人民共和国土地管理法》于 1998 年 8 月 29 日第九届全国人民代表大会常务委员会第四次会议修订，并向社会公布。11—12 月，县国土管理局依据新《土地管理法》精神和省、市统一布置，在《溧水县土地利用总体规划(1997—2010 年)》基础上，重新审核调整建设用地规划，将中心村规划与复垦规划挂钩审核，调节部分乡镇中心村占用耕地；协商调整暂不符合规划要求的部分用地。1999 年 10 月 13 日，溧水县中学新建国家级示范性高中，建设项目选址在在城镇戴家村(金蛙路南侧)。在城镇政府及时进行土地利用总体规划局部调整，由农业用地(一般农田)调整为建设用地。2000 年 9 月 28 日，宁杭高速公路一期工程改线，涉及永阳镇土地利用总体规划调整，将 67.65 公顷农业用地调整为建设用地。

2001 年 12 月始，各镇在原土地利用总体规划基础上，结合乡镇撤并后城镇基础设施以及其他各项建设用地需要，科学、合理地调整完善镇土地利用总体规划，至 2002 年 3 月份结束。全县完成建设用地指标置换、折抵以及汇总与分解，土地利用功能分区与定位，以及规划文本调整修改，并形成1:10000镇级土地利用总体规划图以及一系列成果表、说明表等数据、文本、图件资料成果。此次土地利用规划调整侧重建设用地区位调整，即在原修编土地利用总体规划规定3项建设用地指标基础上，通过适当规划部分建设用地置换指标和农用地调整折抵指标，增加城镇建设规划用地指标，同时本着“盘活存量，集约利用”原则，利用存量用地，适当调整原下达建设占用指标，压缩被撤并镇镇区建成区规模，为新确定小城镇建设以及开发区、镇工业园区发展预留充足建设用地指标。在调整建设用地置换指标和农用地整理指标同时，确保全县基本农田保护面积不变实现土地利用功能分区科学定位。规划调整成果汇总后，全县基本农田指标为4.13万公顷，建设用地总量3745.15公顷，与原修编时指标一致。原下达建设占用耕地指标为1326.63公顷，此次规划调整通过建设用地置换和农用地整理折抵增加建设占用耕地指标982.83公顷，其中置换指标963.80公顷，折抵指标19.03公顷，扣除市级调剂指标133.33公顷，调整后全县建设占用指标2176.18公顷。按照县委、县政府关于大力发展外向型经济，促进和加强县经济开发区建设战略要求，并根据其范围内实际耕地数，落实规划年内建设占用耕地指标233.3公顷；各镇工业集中区建设，根据各镇工业集中区土地利用现状图图斑，核实地籍台账，汇总出范围内实际耕地数，并依此落实建设占用耕地指标。全县8个工业集中区总面积1168.69公顷，落实分解建设占用耕地指标320.4公顷。旅游风景区规划，结合县委、县政府关于加强旅游资源开发构想和部署，将风景旅游区进行科学定位，规划风景旅游区9块，包括东屏湖、卧龙山庄、中山水库、王家店水库、天生桥、新庄水库、无想寺、傅家边科技园等计1343.1公顷，落实建设占用耕地指标43.96公顷；城镇、中心村建设规划，涉及重点建制镇3个，分别是永阳、东屏、白马镇，其余为一般建制镇。重点建制镇建设发展规划，在建设占用耕地指标安排和落实上，给予侧重优先永阳镇和中心村建设，落实建设占用耕地指标710.19公顷。其余镇规划建设中心村108个，落实建设占用耕地指标135.44公顷。

此次规划调整图件成果，包括各镇1:10000土地利用总体规划图、土地利用现状图，其中土地利用总体规划图是集镇土地利用总体规划、基本农田保护规划、土地开发复垦规划为一体，并按照上述3项规划基本要求，采用微型工作站DGN格式，进行数字化成图。图件成果形成电子数据档案并作拷贝，方便使用。

2001年溧水县乡镇土地利用总体规划指标体系核准表

表 2-2　　　　单位：公顷

原乡镇名称	原规划指标情况：原下达的建设占用耕地指标：指标总量：小计	其中县以上重点	已使用	结余	开发整理复垦新增耕地指标	净增耕地指标	基本农田指标	现乡镇名称	调整后规划指标情况：调整后的建设占用耕地指标	现指标使用情况：已使用	结余	开发整理复垦新增耕地指标	开发	复垦	整理	净增耕地指标	置换指标	折抵指标	基本农田指标	调整后自用建设占用耕地指标	调入调出建设占用耕地调剂指标	备注(调入市内)
在城	234.8	303.46	188.4	146.4	122.67	-280.47	3546.67	永阳	380	229.73	150.27	245.34	56.02	134.87	164.63	-426.27	110.19	—	6073.34	710.19	220	
东庐	45.2	29.86	41.33	3.87	122.67	74.2	2526.67															
白马	59.6	31.6	34.8	24.8	159.33	94.8	3280	白马	85.93	44.8	41.13	318.66	198.8	133.33	98.53	244.3	112	—	5613.33	177.93	-20	
共和	26.33	11	10	16.33	159.33	129.53	2333.33															
东屏	108.33	79.66	83.67	24.66	118	5.4	2980	东屏	288.33	128.34	159.99	282	131.2	136.73	166.93	54.2	136.73	9.69	6000	368.09	-66.67	
群力	180	164.66	44.67	135.33	164	-17.87	3020															
柘塘	112.66	84	53.02	59.64	52	-61.67	1313.33	柘塘	180.99	79.69	101.3	136.67	52.67	120.06	99.57	18.4	120.07	9.34	3060	243.74	—	-66.67
乌山	68.33	48.33	26.67	41.66	84.67	13.4	1746.67															
石湫	104	88	21.33	82.67	119.33	11.13	3146.67	石湫	124	41.33	82.67	166	54.47	157.23	105.1	118.73	150.8	—	5200	190.67	-17.46	-66.67
明觉	20	4.66	20	0	46.67	23.47	2053.33															
洪蓝	39.13	10.46	27.33	11.8	74.67	32.4	2066.67	洪蓝	108.13	40.66	67.47	158.67	63.73	120.87	92.27	43.93	118.2	—	4600	226.33	—	
渔歌	69	53.66	13.33	55.67	84	11.53	2533.33															
和凤	52.66	30	43.2	9.46	96.67	42.33	2226.67	和凤	113.66	93.2	20.46	171.34	40	112.63	128.9	139.8	110.2	—	5600	137.2	-86.67	
孔镇	61	45.66	50	11	74.67	10.8	2833.33															
晶桥	27.93	5.93	20	7.93	96.67	65.4	2086.67	晶桥	45.59	23.33	22.26	221.34	64.3	129.94	132.72	213.73	105.63	—	5473.34	104.57	-46.67	
云鹤	17.66	2.33	3.33	14.33	124.67	101.67	3386.67															
县属	—	—	—	—	—	-2.73	226.67	县属	—	—	—	—	—	—	—	-20.19	—	—	226.67	17.46	17.46	
合计	1326.63	993.27	681.08	645.55	1700.02	253.32	41306.68		1326.63	681.03	645.55	1700.02	661.19	1045.66	988.65	386.63	963.82	19.03	41306.68	2176.18	0	

2002年8月26日，因建设项目用地与部分镇土地利用总体规划有出入而作局部调整，涉及石湫镇基本农田0.14公顷、和凤镇一般农田7.92公顷、东屏镇一般农田0.32公顷、永阳镇基本农田1.09公顷。12月，结合乡镇撤并，调整全县土地利用总体规划，在原来建设预留地基础上，通过土地开发复垦整理指标折抵和置换，增加建设预留地275.91公顷。2004年2月，县政府调整土地利用总体规划建设预留地，召开专题会议部署。4月18日，柘塘、石湫、洪蓝、和凤、晶桥镇土地利用总体规划调整完善后，通过省国土资源厅验收，由市政府批复。4月19日，永阳、白马、东屏镇土地利用总体规划调整完善成果获省国土资源厅批准。

2005年，市政府批准县开发区规划建设用地面积1233公顷。县国土资源局修改完成县开发区和各镇土地利用总体规划，把各镇建设预留地指标调至县开发区，调整建设用地966.2公顷(其中涉及有关镇220公顷建设用地存量)，保证县开发区项目建设用地。同时根据永阳、东屏、洪蓝、晶桥、石湫、和凤6镇城镇化建设和经济发展具体特点，以及产业布局和空间布局优化调整后带来城镇建设用地需求与现行土地利用总体规划不适应，2005年9月—2006年11月，6镇分别局部修改《土地利用总体规划(1997—2010年)》。白马镇作为市委、市政府确定重点发展“三城九镇”和市首个人居森林示范区，在确保建设用地总量不增，基本农田保护面积不少、质量不降低前提下，镇进行规划修改。2005年11月7日和2006年11月17日，省国土资源厅分别批准白马、永阳等上述6镇修改方案。

2006年12月，建设永阳镇城市污水处理厂，项目选址不符合永阳镇土地利用总体规划，需局部修改规划。即在永阳镇沙河村增加规划建设用地5.76公顷(耕地4.73公顷，且全部为基本农田)，方案将东山村4.73公顷一般农田补划为基本农田。此规划修改方案于2007年5月31日通过省国土资源厅批准。2007年8月17日，衔接全县新一轮镇村布局规划，适应重点基础设施建设和行政区划调整需要，修改洪蓝、永阳、白马、东屏、柘塘、石湫、和凤7个镇部分规划建设用地布局，即调入规划建设用地366.27公顷，涉及农用地358.42公顷(其中耕地312.33公顷，基本农田236.29公顷)、未利用地7.85公顷；调出规划建设用地366.27公顷，改为农用地358.42公顷(耕地312.33公顷，其中159.88公顷补划为基本农田)、未利用地7.85公顷，并将76.41公顷一般农田补划为基本农田。此规划修改方案于9月14日通过省国土资源厅批准。2008年7月23日，经省国土资源厅批复同意，永阳、和凤、柘塘、东屏、晶桥5个镇局部修改土地利用总体规划。5个镇调增规划建设用地589.81公顷，涉及农用地589.81公顷(耕地515.97公顷、园地7.06公顷、林地18.89公顷)，其中基本农田446.89公顷；调减规划建设用地423.15公顷，其中退出耕地384.65公顷、林地18.89公顷，并将东屏镇规划建设用地调减补划基本农田14.07公顷和晶桥镇432.82公顷一般农田补划为基本农田。规划修改后县建设用地面积增加166.67公顷，规划增加建设用地指标在新一轮土地利用总体规划中衔接。

【溧水县土地利用总体规划(2006—2020年)】

规划修编 2005年11月30日，县政府成立由县长为组长，常务副县长、分管副县长、县国土资源局局长为副组长，县旅游、发改、建设、交通、计生、环保、科技、农林、水务、统计、国土等相关部门负责人为成员的“县土地利用总体规划(2006—2020年)修编工作领导小组”，下设办公室(设在县国土资源局)，由县国土资源局局长兼任办公室主任。12月31日，在永阳、白马、东屏、柘塘、石湫、洪蓝、晶桥、和凤8个镇和局机关规划、耕保、地籍、土地整理4个科室抽调业务骨干12人，组成专门工作班子，负责《溧水县土地利用总体规划(2006—2020年)》修编工作。2006年3月8日，县政府在县国土资源局召开由各镇、区党委书记、镇长、分管镇长及各村委会书记、主任和县级机关相关部门负责人参加的县土地利用总体规划(2006—2020年)修编工作动员会。5月18日，聘请省、市国土资源厅局相关部门专业人士为培训班业务骨干成员辅导规划修编业务知识。6月11日，县国土资源局就《溧水县土地利用总体规划(2006—2020年)》修编与《县城总体规划》《县交通道路

2012年7月11日，溧水县举行国土资源规划业务知识培训 (局办公室提供)

总体规划》《县旅游发展总体规划》《集镇总体规划》《县经济开发区总体规划》和其他专项规划深层次衔接,组织修编工作班子成员,分成4个组,到县建设、交通、旅游局和各镇区调研,为修编提供建设用地规模和占用耕地总量依据。同年12月,鉴于历次土地利用总体规划修编过程中,因土地管理隶属关系以及修编数据等诸多原因,没有把县林场范围列入土地利用总体规划编制,使该场圃226.67公顷基本农田指标和17.46公顷建设占用耕地指标一直空挂在规划文本中没有落实,县国土资源局经与县林场、洪蓝镇政府协调,报请市国土资源局批准,将该场圃管辖的无想山、小茅山等一带土地归并至洪蓝镇土地利用总体规划图中,其基本农田、建设占用耕地指标在此次规划中得以落实。

2007年7月,在收集相关资料并核实基础上,进行《溧水县土地利用总体规划(1997—2010年)实施评价》《溧水县耕地和基本农田保护研究》《溧水县城乡建设用地结构和布局优化研究》《溧水县建设用地节约和集约利用研究》《溧水县土地利用战略研究》《溧水县协调土地利用与生态环境建设研究》《溧水县土地利用规划实施保障措施研究》7个专题编写和汇总专题研究成果,形成专题研究综合报告和前期工作报告。同年9月,着手收集核实资料。

2008年6月,市政府和市国土资源局分解下达全市耕地保有量和基本农田保护面积指标。其中溧水县2010年末耕地保有量4.41万公顷(可调整耕地666.67公顷;基本农田保护面积3.72万公顷,其中耕地3.08万公顷)。是年8月至2009年3月,开展《溧水县土地利用总体规划(2006—2020年)大纲》修编工作。5—8月开展各镇调研。县国土资源局规划修编工作组会同规划编制单位逐镇开展各类用地布局、数量及土地供需状况调研,充分吸纳公众意见。9—12月,在综合考虑用地状况及各部门用地需求基础上,结合市下达规划用地指标,提出未来15年土地利用主要目标、任务和政策措施,并形成规划初稿和说明。2010年3月,就形成规划成果初稿与各部门、镇协商,与相关规划衔接,征询部门和社会公众意见,并进行论证和听证。4月14日通过省国土资源厅审查,完成规划大纲成果修改。12月,形成成果送审稿。2011年6月7日,规划成果通过省国土资源厅组织的专家评审。2012年1月,《溧水县土地利用总体规划(2006—2020年)》获得省政府批准。

此次规划修编土地利用现状数据采用2005年土地利用变更调查数

据；历年土地利用数据采用1996—2005年土地变更调查数据和综合统计数据,闲置低效用地数据采用县“四查清、四对照”成果；有关社会经济发展基础数据均采用统计部门公布法定数据。此次规划修编历时5年,经过资料收集、资料核实、专题研究、镇区调研、规划大纲编制、规划成果编制、规划成果审查报批7个环节。

规划内容 此次规划修编主要内容为规划范围和规划期限,以及有关指标的调整和管理措施。

规划范围:县行政辖区土地总面积1067.26平方公里。

规划期限:2006—2020年,基期年为2005年,近期目标年为2010年,规划目标年为2020年。

社会经济发展主要规划目标 2020年,地区生产总值809亿元,产业结构调整为4:59:37;总人口控制在40.9万人,城镇人口控制在28.9万人,城镇化水平68%;全县生态环境进一步改善,森林覆盖率达到20%。

土地利用规划目标 环境友好型土地利用模式得到推广,土地资源供给能力随经济建设和社会发展进一步提高;农村居民点和废弃工矿用地整理数量和质量均有提升,生态环境得到明显改善;土地利用结构、规模与布局更趋合理;城乡统筹土地利用水平达到较高层次;耕地实现保有量指标、质量明显提高;基本农

农田保护面积不减少,质量有提高。土地资源可持续利用能力大大增强,土地集约利用程度明显提高。

总量调控指标 至2020年,耕地和基本农田保护义务量、任务量分别为4.38万公顷、4.37万公顷。规划期内基本农田保护面积不低于3.68万公顷;建设用地总规模控制在1.88万公顷内,其中城乡建设用地规模控制在1.21万公顷内,城镇工矿用地规模控制在5015公顷内;园地规模预期不低于2906.7公顷,林地规模预期不低于1.57万公顷。

增量指标 规划期内,新增建设用地总量控制在2156.8公顷内,占用农用地控制在2031.1公顷内,占用耕地控制在1379.6公顷内。其中:2011—2020年新增建设用地总量控制在1317.3公顷内,占用农用地控制在1289公顷内,占用耕地控制在922.1公顷内。2006—2010年,通过土地整治补充耕地403.1公顷;2006—2020年,通过土地整治补充耕地1315.5公顷。

效率指标 建立和完善节约集约用地的利益约束和激励机制,提高单位土地利用效益,加大存量建设用地挖潜力度,盘活城镇工矿等存量建设

用地。到 2020 年,人均城镇工矿用地面积控制在 145 平方米/人以内。

土地利用结构调整　到 2020 年,农用地 7.6 万公顷,建设用地 1.88 万公顷,其他用地 1.19 万公顷,分别占土地总面积的 71.3%、17.6%、11.1%。其中农用地调整为耕地 4.37 万公顷、园地 2906.7 公顷、林地 1.57 万公顷、其他农用地 1.37 万公顷,分别占土地总面积的 41%、2.7%、14.8%、12.8%。

2006—2020 年溧水县土地利用主要调控指标表

表 2-3　　单位:公顷

指标名称	规划基期年	规划近期目标年	规划目标年	指标属性
总量指标				
耕地保有量(任务量)	43835.8	43754.6	43738	约束性
基本农田保护面积	36779.5	36779.2	36779.2	约束性
园地总规模	2929.2	2908.1	2906.7	预期性
林地总规模	13504.6	14213	15743.5	预期性
建设用地总规模	17076.7	17867	18816.3	预期性
城乡建设用地规模	11082.1	11628.9	12058.5	约束性
城镇工矿用地规模	3778.3	4583.8	5015	预期性
交通水利及其他用地规模	5276.4	5517.2	6031.8	预期性
增量指标				
新增建设用地规模		839.5	2156.8	预期性
新增建设占用农用地规模		742.1	2031.1	预期性
新增建设占用耕地规模		457.5	1379.6	约束性
土地整治补充耕地规模		457.5	1315.5	约束性
效率指标(单位:平方米/人)				
人均城镇工矿用地	320	<145	<145	约束性

耕地,特别是基本农田保护与管理:规划期内,基本农田保护面积 3.68 万公顷,实际划定面积 3.69 万公顷,多划 132.1 公顷。基本农田在规划期内调入 431.3 公顷,调出 299.5 公顷。将大面积、集中连片、高质量等级的耕地优先划入基本农田,土地整治新增优质耕地补划为基本农田,保护任务落

实到地块和农户。确保图、数、地一致，建立标志，登记造册、建立档案、建章立制、落实责任。按照“基本农田总量不减少、质量有提高、布局总体稳定”要求，加强不同类型基本农田分类建设指导。结合农用地分等定级成果，建立基本农田地力与施肥效益监测网点，加强地球化学环境监测与评价，定期提出地力变化状况报告以及相应保护措施。结合省万顷良田建设工程实施，开展县基本农田示范区建设，以建设促保护，发挥典型示范作用，全面提升各地基本农田保护管理和建设水平。

保护与合理利用其他农用地：规划期内，林地规模大幅增加。至2020年林地面积达到1.57万公顷。结合生态县建设目标，利用河堤、村庄造林，加强生态公园以及生态防护林建设，将部分低产耕地退为林地，同时整治退化的生态景观，多途径增加有林地面积，发展混交林、阔叶林和竹林，构筑沿河防护林带和交通防护林体系。按照严格保护、积极发展、科学经营、持续利用原则，严格林地征占用管理，禁止毁林开垦和非法占用林地，严格控制各项建设工程征占生态脆弱地区林地。加强低效林地改造，加快迹地更新及受损林地恢复和重建；规划期内园地规模基本保持稳定，至2020年2906.7公顷。重点发展优质果园，建立优势农产品基地，促进品种结构调整和产品质量提高。调整园地布局，引导园地规模经营、集中发展。加强中低产园地改造和管理，提高园地单产和效益；至2020年，设施农用地、农村道路、坑塘水面、农田水利用地、田坎等其他农用地面积预期为1.37万公顷。控制畜禽养殖等农业面源污染排放，合理引导其空间布局，优化利用结构。

建设用地调控与优化布局：至2020年，建设用地总规模控制在1.88万公顷内。划定建设用地规模边界、扩展边界和禁止边界，划分允许建设区、有条件建设区、限制建设区和禁止建设区，保障必要的交通水利设施用地及风景名胜设施用地、特殊用地等其他建设用地。至2020年，全县交通水利和其他建设用地总规模分别控制在6031.8公顷和726公顷内，分别比2005年净增755.4公顷和7.8公顷。引导新建工矿企业、原有零散分布企业向县城、开发区和镇域工业集中区集中。合理安排农村宅基地，新建住宅优先使用村内空闲地、闲置宅基地和其他用地。做好新农村发展用地选址和规划，促进农村居民点用地适度集中，按照统筹规划、分步实施、政府引导、群众自愿、因地制宜、注重实效要求，结合城乡建设用地增减挂钩工作和万顷良田工程建设，稳步推进农村居民点治理和整合。2020年，农村人均居民点用地控制在150平方米/人以内;规划期内,优先保障国家及省重大基础建设和重点工程项目,涉及节能减排、产业结构优化升级重点项目所需用地;全县2020年交通水利基础设施用地控制在6031.8公顷。统筹安排公路用地。按照节地优先、建设新路与整修、复垦老路相结合要求,加强公路选线节地引导,防止盲目重复建设,优先保障溧马高速公路、溧芜高速公路、340省道、246省道、341省道、243省道等重点工程用地,兼顾淳溧公路、溧东大道、白明芝沙公路等乡县级公路新建或改扩建工程用地,并适度发展农村公路,合理安排地方公路站点项目,到2020年基本形成比较完善并与农村经济社会发展相适应、与镇村规划相协调、与区域干线公路网相衔接农村公路网络体系。规划期内,重点安排秦淮河航道规划工程、石臼湖灌区改造等项目用地,满足天生桥河、溧水河、一干河、二干河、三干河整治工程、中山水库、象山水库、新尤嘴水库、丁塘水库、环山河水库除险加固工程等水利设施项目用地需求;保障溧水无想山生态旅游风景区、溧水傅家边现代农业旅游度假区、卧龙湖休闲旅游风景区等旅游建设项目用地,打造生态环境优良、人居环境最佳旅游休闲度假县城。

土地利用与生态环境建设:以建设生态城镇、生态乡村和生态农业等为基础,形成功能分区合理,城镇、农村及农业用地布局科学,城乡协调,生态良性循环生态县。继续扩大都市型农业优势,主动承接南京等周边大城市环境友好型产业空间转移,调整和提升产业结构,建立具有溧水特色生态经济发展模式;通过生态功能区划与生态功能管制手段,构建人与自然和谐生态安全格局;通过区域循环经济和生态工程建设,逐步恢复良好区域生态环境,实现资源高效、合理配置和持续利用;加大科教力度,逐步提高全县人民综合素质,增强全社会环保意识。通过10年左右时间,将全县建设成为经济生态高效、资源集约利用、生态环境友好、社会文明和谐,经济、社会、资源、环境高度协调统一现代化生态县。加强县域宏观尺度“两横两纵”生态网架(中部一横:从朱家边,沿袁白公路到县茶场、贺家山、官塘、路子山,穿秋湖山、平安山,到天生桥、燕子口入小茅山,再经马上山、王家店,折而向西北到西横山;南部一横:从老鸦坝水库,沿新桥河至石臼湖;东部一纵:沿二干河,经云鹤山,至芝山;西部一纵:一干河,经天生桥支河,到石臼湖)。

环境友好型土地利用模式创建:农业环境友好型土地利用模式:打响有机品牌,形成“有机就是溧水,溧水就是有机”效应。以建立都市型生态农业产业结构和优化产业布局为方向，以规模化、产业化和不断提高生态农业比重为目标，以加快建设无公害、绿色和有机农业生产基地为龙头，以产业化和规模化为发展路径，以生态工程和生态技术为手段，以基本农田保护和农田基础设施配套建设为平台，合理开发与保护农业资源，有效控制农业面源污染，全面改善农业生态环境和生产环境，实现生产过程清洁化，生产产品无害化和优质化，努力为社会提供生态产品；工业环境友好型土地利用模式：发展“南京新兴制造业基地”，增强工业集聚水平，把推动产业集群作为做大工业的突破口，以开发区、经济园区、各镇特色工业园为载体，增强开发区的龙头效应；形成宁高高速沿线，省道102和常溧路沿线以房地产业、制造业为主的新兴产业带。从企业(点)、行业(线)、开发园区(面)层面，通过做大产业集中区、加快工业结构调整、提升企业内在活力、以信息化带动工业化等措施，促进工业生态转型，最终实现从生态工业向高效、循环经济过渡的目标；生态服务业环境友好型土地利用模式：依托禄口国际机场区位优势，大力发展仓储物流业，努力建成区域性物流中心。全面启动市场建设，引进新型商业型态，形成以商贸圈、市场群、特色街为支撑新经营格局。优化配置和充实社区服务设施，开发健康有益大众化的娱乐、健身项目，发展文化和体育产业。加快推进五大景区为重点的休闲旅游项目建设，沟通景区道路，把景区山水、人文、景观整合成一体，大力发展生态为特色“农家乐”“渔家乐”等农业旅游。

土地用途分区及空间管制：全县土地分为基本农田保护、一般农地、林业用地、城镇村建设用地、独立工矿用地、生态环境安全控制和风景旅游用地等7个土地用途区。

基本农田保护区主要分布在白马、晶桥、东屏、和凤、石湫5个镇。管制规则为：区内土地主要用作基本农田和直接为基本农田服务的农田道路、水利、农田防护林及其他农业设施；一般耕地，按照基本农田管制政策进行管护；现有非农建设用地和其他零星农用地整理、复垦或调整为基本农田，规划期间不能复垦或调整的，可保留现状用途，不得扩大面积；禁止占用基本农田建房、建窑、建坟、挖砂、采矿、取土、堆放固体废弃物或者进行其他破坏基本农田活动和占用基本农田发展林果业和挖塘养鱼。

一般农地区分布在各镇镇区、中心村周边扩展边界内外。管制规则为：区内土地主要为耕地、园地、畜禽水产养殖地和直接为农业生产服务的农村道路、农田水利、农田防护林及其他农业设施用地和非农建设用地及其他零星农用地优先整理、复垦或调整为耕地,规划期间不能整理、复垦或调整的,可保留现状用途,不得扩大面积或非农建设,破坏、污染、荒芜土地。

林业用地区集中成片分布在晶桥、永阳、白马、石湫、东屏、洪蓝6个镇境内。管制规则为:土地主要用于林业生产及直接为林业生产和生态建设服务的营林设施;非农建设用地,按其适宜性调整为林地或其他类型的营林设施用地。规划期间不能调整的,保留现状用途,不得扩大面积;零星耕地因生态建设和环境保护需要转为林地;未经批准,不得占用土地进行非农建设或毁林开垦、采石、挖沙、取土等。

城镇村建设用地区分布于县城区、县经济开发区、各建制镇、居住和工业集中区。管制规则为:土地主要用于城镇、农村居民点建设,与县城、建制镇、村庄和集镇规划相衔接;区内城镇村建设优先利用低效建设用地、闲置地和废弃地,农用地在批准改变用途之前,按原用途使用,不得荒芜。

独立工矿用地区分布零散,范围广。管制规则为:土地主要用于采矿业以及其他不宜在居民点内安排的用地;土地使用符合经批准的工矿建设规划及相关规划;因生产建设挖损、塌陷、压占土地及时复垦;建设优先利用低效建设用地、闲置地和废弃地;农用地在批准改变用途前,按原用途使用,不得荒芜。

风景旅游用地区集中分布在洪蓝镇傅家边风景区、东屏镇东屏湖旅游风景区和卧龙湖休闲旅游风景区。管制规则为:土地主要用于旅游、休憩及相关文化活动;土地使用符合风景旅游区规划;影响景观保护和游览土地,在规划期间调整适宜用途;在不破坏景观资源前提下,允许进行农业生产活动和适度旅游设施建设;不得破坏景观、污染环境。

生态环境安全控制区集中分布在和凤、石湫、洪蓝3个镇境内。管制规则为:土地以生态环境保护为主导用途;土地使用符合规划;影响生态环境安全土地,在规划期间调整适宜用途;不得进行与生态环境保护无关开发建设活动,原有各种生产、开发活动逐步退出。

建设用地空间管制分区:分为允许建设、有条件建设、限制建设和禁止建设4个区。

允许建设区:县境内面积1.21万公顷,主要分布在县城、县经济开发区、白马镇、东屏镇以及各个镇区及周边。管制规则:土地主导用途为城、镇、村或工矿建设发展空间;新增城乡建设用地受规划指标和年度计划指标约束,统筹增量与存量用地,促进土地节约集约利用。规划实施过程中,在允许建设区面积不改变前提下，其空间布局形态依程序进行调整，不得突破建设用地扩展边界。允许建设区边界（规模边界）调整，报同级国土资源管理部门规划审批机关审查批准。

有条件建设区：面积1442.6公顷，主要分布在县城、县经济开发区、各个镇区及周边以及新农村规划布点所在地。管制规则：土地只要符合规定，依程序办理建设用地审批手续，相应核减允许建设区用地规模。《土地利用总体规划》确定农村土地整治规模，须评估确认拆旧建设用地复垦到位，存量建设用地达到集约用地要求，其土地安排新增城乡建设用地增减挂钩项目。规划期内建设用地扩展边界原则上不调整。如需调整按规划修改处理，严格论证，报规划审批机关批准。

限制建设区：面积9.2万公顷，主要为基本农田、一般农田、林业用地区、村镇建设控制区、风景旅游用地区，分布在全县8镇1区。管制规则：土地主导用途为农业生产空间，开展土地整治和基本农田建设主要区域；区内限制县城、各镇、村建设，控制基础设施和独立建设项目用地。

禁止建设区：面积1180.3公顷，石臼湖等湖区周边范围内。管制规则：区内土地的主导用途为生态与环境保护空间，禁止与主导功能不相符的各项建设，除法律法规另有规定外，规划期内禁止建设用地边界不调整。

土地整治安排：分为农用地整理、农村居民点用地整理、工矿废弃地复垦和其他宜农用地开发。

农用地整理：开展万顷良田建设工程，开展田、水、路、林、村综合整治，建设高标准基本农田，增加有效耕地面积，提高耕地质量，改善农村生产生活条件和生态环境。2006—2020年农地整理2.17万公顷，新增耕地1020.9公顷，其中近期320公顷，远期700.9公顷。

农村居民点用地整理：落实镇村布局规划，坚持城乡统筹，按照依法依规、因地制宜、循序渐进要求，进行农村建设用地整理，加大农村废弃土地和闲置宅基地整理力度，开展迁村并点、退宅还田。2006—2020年，安排农村居民点整理71.7公顷，补充耕地42.7公顷。其中近期安排农村居民点整理新增耕地14.7公顷；2011—2020年，安排50.2公顷，新增耕地28公顷。

工矿废弃地复垦：按照统筹规划、突出重点、用途适宜、经济可行要求，立足优先农业利用、鼓励多用途使用和改善生态环境，加快挖损压占、砖瓦窑场等废弃土地复垦，合理安排复垦土地利用方向、规模和时序。2006—

2020 年复垦面积 172 公顷，补充耕地 120.4 公顷，其中近期复垦面积 44.3 公顷、补充耕地 31.0 公顷，2011—2020 年复垦面积 127.7 公顷、补充耕地 89.4 公顷。

其他宜农用地开发：在保护生态环境前提下，合理确定土地开发用途和规模，有计划有步骤地推进后备土地资源开发利用。依据“占补平衡”要求，2006-2020 年安排其他用地开发 219.2 公顷，新增耕地 131.5 公顷。其中：2006—2010 年，开发其他土地 62.3 公顷，新增耕地 37.4 公顷；2011—2020 年，开发其他土地 156.9 公顷，新增耕地 94.1 公顷。

【基本农田保护区规划】

1995 年 5 月，在全县 16 个乡镇完成基本农田保护区划定工作基础上，县土地管理局完成《溧水县基本农田保护区规划》(简称《规划》)编制。该《规划》划定一级基本农田 1249 块，保护面积 4.13 万公顷，保护率 82.5%；二级农田 1324 块，保护面积 1.71 万公顷，其中耕地 8266.7 公顷，占保护耕地总面积 16.6%。《规划》明确 2000 年前全县建设用地预留 666.7 公顷，其中耕地 466.7 公顷。1996 年 4 月，该《规划》获市政府批准实施。1998 年，修编《溧水县土地利用总体规划(1997—2010 年)》时，将全县基本农田保护区面积 4.13 万公顷作为强制性保护指标，2000 年前一般农田保护区面积 8266.7 公顷，2010 年 1.07 万公顷。在编制《溧水县土地利用总体规划(2006—2020 年)》时，县国土资源局结合 2008 年 6 月市政府和市国土资源局分解下达全市耕地保有量和基本农田保护面积指标，确定全县 2010 年末耕地保有量 4.4 万公顷，其中可调整耕地 666.7 公顷；基本农田保护面积 3.7 万公顷(其中耕地 3.07 万公顷)，进行强制性保护。至 2012 年，全县基本农田保护区总面积 4.04 万公顷，其中水田 2.1 万公顷、旱地 9564.65 公顷，共划定 8 个保护区片，保护率 83.9%。

第二节　溧水县乡镇土地利用总体规划

1996 年 4 月，县政府组织发改、国土、农林、水利、交通、建设、财政等相关部门成立工作班子，编制《溧水县乡镇土地利用总体规划(1997—2010 年)》，历时 1 年半，完成 16 个乡镇土地利用总体规划，以及基本农田和土地开发、复垦、整理专项规划。2000 年县内乡镇撤并区划调整，设立 8 个镇，原 16 个乡镇土地利用总体规划调整为 8 个镇规划。2002 年 8 月，县国土资源局调整、完善镇土地利用总体规划。2004 年 10 月，修改镇土地利用总体规划。2005 年，市政府批准县开发区规划建设用地面积 12.33 平方公里。县国土资源局修改完成县开发区和各镇土地利用总体规划，将各镇建设预留地指标调至县开发区，调整建设用地 966.2 公顷(其中涉及有关镇 220 公顷建设用地存量)，保证县开发区项目建设用地。

2006 年 12 月，《溧水县土地利用总体规划(2006—2020 年)》修编工作启动后，全县 8 个镇土地利用总体规划修编工作同步开展。各镇成立由镇长为组长的土地利用总体规划修编工作领导小组。各镇国土资源所具体负责此项工作。历时 5 年。2011 年 12 月，各镇土地利用总体规划获市政府批准。2013 年 1 月，为衔接县城市总体规划和白马、东屏、洪蓝、和凤、晶桥等 5 个新市镇规划，县政府修改部分镇土地利用总体规划(2006—2020 年)。2 月 6 日，修改方案获市政府批准。

【永阳镇】

《永阳镇土地利用总体规划(2006—2020 年)》，至 2020 年，永阳镇发展成为全县政治、经济、文化中心，南京南北发展轴上的新城，重点发展旅游服务等第三产业，建设成为新兴现代化中等城市。人口控制在 30 万人，城镇化率 85%；确保耕地保有量不低于 4485.6 公顷，规划期内全镇基本农田保护面积不低于 3320 公顷；全镇建设用地控制在 2973.6 公顷，其中县城镇工矿用地规模 2017.5 公顷、农村居民点规模 956.1 公顷；新增建设用地控制在 733.8 公顷，占用农用地控制在 692 公顷，其中占用耕地控制在469.4 公顷，通过土地整理复垦和开发补充耕地不少于 19.7 公顷。

【白马镇】

《白马镇土地利用总体规划(2006—2020 年)》，至 2020 年，白马镇打造成南京市集生态型和工业型为一体的新型城镇。规划期内重点发展有机农业、绿茶和黑莓 3 个“万亩农业产业基地”，发展成为县农业产业化示范基地。全镇人口控制在 4.7 万人，城镇人口 3 万人，城镇化率 63.8%；确保耕地保有量 6680.5 公顷，基本农田保护面积 5803 公顷；建设用地控制在 1248.6 公顷，其中镇工矿用地规模 318.8 公顷，农村居民点规模 929.8 公顷；新增建设用地控制在116公顷,占用农用地控制在110.2公顷,其中占用耕地控制在74.2公顷,通过土地整治补充耕地118.4公顷。

【柘塘镇】

《柘塘镇土地利用总体规划(2006—2020年)》,至2020年,柘塘镇发挥地域、生态优势,发展特色产业,成为全县经济新增长点,通过发展航空等特色产业,成为南京新的经济增长极。依据南京主城区,面向长三角区域有利地理位置以及紧靠宁杭、沿江高速,紧邻禄口国际机场等便捷交通条件,成为南京向外扩张发展一个有力支点。到规划期末发展成为南京空港地区核心组成部分和南京航空产业重要积聚区以及南京都市区南部新兴生态宜居新城。人口发展控制在6.5万人,城镇化率70%;工业产值126亿元,财政收入6亿元,工业增加值40亿元,合同外资3.3亿美元;规划期内,确保耕地保有量4171.7公顷,基本农田保护面积1880公顷;建设用地控制在2352.2公顷,其中镇工矿用地规模1566.5公顷、农村居民点规模785.7公顷;新增建设用地控制在952.4公顷,占用农用地控制在898.2公顷,其中占用耕地控制在609.2公顷,通过推进土地整治补充耕地32.9公顷。

【东屏镇】

《东屏镇土地利用总体规划(2006—2020年)》,至2020年,东屏镇依托宁杭铁路溧水站重点发展商业、物流等,将东屏镇打造成全县发展重要一翼。2010年全镇总人口控制在4.53万人,城镇化率63%,到2020年,人口控制在4.6万人,城镇化率达70%;规划期内,确保耕地保有量6033.7公顷,基本农田保护面积5448.4公顷;建设用地规模控制在1235.7公顷,其中镇工矿用地规模为266.5公顷、农村居民点规模为969.2公顷;新增建设用地控制在90.8公顷,占用农用地控制在85.6公顷,其中占用耕地控制在58.1公顷,通过土地整治补充耕地144.7公顷。

【洪蓝镇】

《洪蓝镇土地利用总体规划(2006—2020年)》,依托无想寺、天生桥旅游片区和傅家边、青锋特色农业发展经济,带动镇工业经济。到2020年,人口控制在4.8万人,城镇化率63%;规划期内,确保耕地保有量4450.9公顷,基本农田保护面积3636公顷;建设用地规模1166.5公顷,其中工矿用地规模 279.8 公顷、农村居民点规模 886.7 公顷；新增建设用地控制在 94 公顷,占用农用地控制在 87.8 公顷,其中占用耕地控制在 60.1 公顷,通过土地整理和开发补充耕地 210.2 公顷。

【石湫镇】

《石湫镇土地利用总体规划(2006—2020 年)》,至 2020 年,石湫镇在优化结构和提高经济效益基础上,做大做强石湫镇影视基地,发展文化、教育和第三产业,带动镇工业经济发展。规划期内,人口控制在 4.8 万人,城镇化率 65%;确保耕地保有量 6044.9 公顷,基本农田保护面积 5563.2 公顷;建设用地规模控制在 1023.3 公顷,其中工矿用地规模 196.3 公顷、农村居民点规模 827 公顷;新增建设用地控制在 66.2 公顷,占用农用地控制在 58.1 公顷,其中占用耕地控制在 35.9 公顷,通过土地复垦和开发补充耕地 276.3 公顷。

【晶桥镇】

《晶桥镇土地利用总体规划(2006—2020 年)》,至 2020 年,晶桥镇利用省道 246、341 和白风公路交通优势发展第三产业，以观山工业集中区、枫香岭水晶现代农业发展经济和产业区。规划期内人口控制在 4 万人,城镇化率达 62%；确保耕地保有量 6221.5 公顷，基本农田保护面积 5915.3 公顷;建设用地规模控制在 1067 公顷,其中工矿用地规模 171.4 公顷、农村居民点规模 895.6 公顷;新增建设用地控制在 51.6 公顷,占用农用地控制在 44.6 公顷,其中占用耕地控制在 33 公顷,通过土地整理复垦和开发补充耕地 249.9 公顷。

【和凤镇】

《和凤镇土地利用总体规划(2006—2020 年)》,至 2020 年,和凤镇利用宁高高速交通和地处与高淳交界发展商贸交易市场经济，带动镇工业经济,发展成为现代生态农业示范区和工业型为一体的新型城镇。规划期内确保耕地保有量 5649.2 公顷,基本农田保护面积 5213.3 公顷;建设用地控制在 991 公顷,其中工矿用地规模为 198.2 公顷、农村居民点规模 793.4 公顷;新增建设用地控制在 62 公顷,占用农用地控制在 54.6 公顷,其中占用耕地控制在 39.7 公顷,通过土地整理复垦补充耕地 289 公顷。

第三节 溧水县城规划

【县城总体规划】

县城所在地永阳镇(原名在城镇),于2000年2月29日撤销东庐乡、在城镇合并设立,属县政府所在地。第一轮《溧水县城总体规划(1982—2000年)》,1983年12月编制完成。1984年3月2日批准实施。规划近期限1982—1990年,远期限1991—2000年,人口规模5万人。规划建成区范围:东起城郊2号路,西至美人山,南起新煤球厂,北至南空溧水农场,面积约5.6平方公里。县城布局:宁杭国道、宁杭铁路、宁望线平行从城西通过,火车站设于南门岗西,2个汽车站迁建于火车站附近。城东至城北新开一干河(中山河)1条,城西北黑石头附近河道辟为六级航道,岸边设客、货运码头,与城北、城南、城西3条货运道路相串通。城西北为有污染的工业企业片,西南为纺织、机械加工工业片,东片为无污染的社队工业片。火车站南设中转仓库,站北设仓库。货运码头南及东南开辟货运堆放场。以大西门街、中山路、宝塔路沟通城北与城南。

《溧水县城总体规划(1992—2010年)》于1992年5月在第一轮总体规划基础上修改。1993年7月完成正式方案编制。1996年10月由市政府批准实施。规划突出以经济建设为中心,优化生态环境,保护古城特色。近期建设规划年限为1992—2000年,城市人口规模9万~10万人,用地规模12.5~13.4平方公里;远期建设规划年限为1992—2010年,城区人口规模14万~16万人,用地规模24.8~26.8平方公里;远景规划期限至下世纪中叶,城区人口规模20万~22万人,用地规模36.2平方公里。远景目标:逐步建成社会、经济、环境和谐发展的花园式现代城市。县城布局:以珍珠路为南北中心轴线,以中山路为东西方向中心轴线,形成以弯子口广场为中心,东西向中山路全长3700米、南北向珍珠路全长5000米的十字形长街布局。划分出以县经济开发区为主的北片区,以机械制造、配套加工工业为主的南片区,以化工、冶炼、电子器材等工业为主的西片区和以老城区、在城新区为主的中部生活区4个功能区。

《溧水县城总体规划(2001—2020年)》,2001年4月,由县政府委托省城乡规划设计研究院编制。2002年12月，通过专家评审。确定近期规划期限至2005年，用地规模14.4平方公里，人口规模12万人；远期规划期限至2020年，用地规模22.7平方公里，人口规模20万人。2004年9月，市委、市政府颁布《关于加快郊县重点镇发展的意见》，确定全市近期郊县城镇重点发展"三城九镇"，永阳镇被列入"三城"之一。10月，县委、县政府委托南京市城市规划编研中心、省城乡规划设计研究院在2001年规划工作成果基础上重新编修第三轮县城总体规划，12月完成编修。2005年12月获市政府批准。重新修编的第三轮《溧水县(永阳新城)总体规划》，确定近期规划期限至2010年，用地规模23.31平方公里，人口规模17万人；远期规划期限至2020年，建设用地规模36.59平方公里，人口规模30万人，城区规划控制面积87.29平方公里，建设用地规模控制在4481.5公顷。县城市规划区范围：东起宁杭高速公路，西至城西干道，南至金龙路，北至城北5号路。城市功能定位：南京南部重要节点城市，南京市二级中心城市；南京都市圈重要生态示范区域，南京郊区观光、休闲、旅游度假基地；市重要的机械制造业基地，南京外向型经济新的集聚区；市域城镇次发展轴上的综合型城镇，以秦淮河之源风光旅游为特色的中等城市。新城总体规划布局："一城四区五景"("一城"即县城；"四区"为老城区、城东新区、城北工业区、城南片区；"五景"为无想山风景区、天生桥风景区、卧龙休闲度假区、中山湖风景区、东屏湖休闲度假区)，形成以县城为核心的内圈，以周边各风景区为外圈(旅游圈)的城市格局。

【城区专项规划】

随着县城总体规划修编和完善，县政府组织相关部门开展与县城总体规划配套的专项规划编制工作。2006—2012年，编制完成《溧水城南新区控制性详细规划》《溧水县城区道路专项规划》《老城区控制性详细规划》《城东片区城市设计及控制性详细规划》《城南核心区概念性城市设计及控制性详细规划》。

溧水城南新区控制性详细规划 2006年，县政府委托市规划设计研究院有限责任公司负责编制，2007年4月3日，县政府批准实施。规划范围：北至金蛙路，南至辛源路、外环路，西至金龙山沿线，东至老明线，用地面积1000公顷。城南新区规划建设以优化新城布局结构，合理组织交通，提升城市整体品质，保护自然山水资源，保留新区内生态绿色特色为原则，完善商业设施体系,打造城市新中心,完善居住区配套设施,打造高品质居住新城,利用交通优势,打造都市产业区。将城南新区规划为以行政及商业服务、体育健身、文化休闲、现代居住等功能为基础的现代服务之城,成为溧水城市会客厅。新区内规划2处特色意图区:珍珠南路、金龙北路、金蛙路、秦淮南路围合范围,是未来新城区中心,建设塑造形象、展现城市特色和活力的新城现代化综合中心区;辛庄水库、金龙山及周边地区围合成范围,建设以山水自然为特色的运动健身、文化休闲区。

2011年,委托深圳市蕾奥城市规划设计咨询有限公司进行城南新区重新规划设计。12月,形成初步成果。该规划将城南新区划分成城南核心区和周边发展区两大片区。城南核心区是由珍珠南路、天生桥大道、薛李南路及无想山围合的区域,内分精品购物休闲区、游憩服务集散区、创智商务综合区、文化水岸绿廊、湖景生态公园、绿意养生社区、城市花园社区7大功能片区,用地面积600公顷。周边发展区为珍珠南路西侧以金龙山为核心区域以及薛李南路东侧区域,用地面积580公顷。城南新区发展宗旨为“动感之城、引力之心”,规划建设成为集行政服务、体育健身、文化休闲、现代居住、商务商业等功能为一体的现代服务之城,打造成为溧水城市会客厅。

溧水县城区道路专项规划 2006年10月,县城区道路专项规划由市规划设计研究院有限责任公司负责编制,2007年10月完成。规划范围:东至宁杭高速公路、中山水库及老明线,南至无想山,西至宁高高速,北至沿江高速公路(联三高速公路),面积6200公顷。其中老城区范围:东至秦淮路、南至金蛙路、西至城西干道、北至中山河,面积约760公顷。该规划完善城区路网结构,合理设置道路断面及交叉,优化停车设施布置,建设高水平、高质量、高效率、协调配套的基础设施。

老城区控制性详细规划 2010年6月,县启动老城区控制性详细规划编制工作,指导老城区建设管理,促进旧城改建和新区开发协同发展。规划范围:东至秦淮路,南临金蛙路,西至栖凤路,北到中山河,面积1060公顷。

城东片区城市设计及控制性详细规划 2012年3月,由南京长江都市建筑设计股份有限公司编制。同年12月,形成初步成果。规划依据《溧水县城乡总体规划(2010—2030)》,城东片区土地利用、空间形态、建筑风貌、道路交通、市政设施提出强制性要求和指导性意见,整体达到控制性详细规划阶段城市设计深度要求。规划总面积1100公顷。

城南核心区概念性城市设计及控制性详细规划 2012年5月,由中国工程院院士、华南理工大学建筑学院院长何镜堂主持编制。规划设计范围北至天生桥大道，南至外环路，西至珍珠南路，东至板桥路和秦淮路，东西方向各再外扩一个街区，规划面积750公顷。核心区约140公顷，城市设计范围以行政中心、商务中心与文化艺术中心地块为中心，向南延伸至水系绿廊，向东延伸至陈沛桥河水系绿廊，向西扩充半个街区。规划设计理念秉承“两观三性”(整体观、可持续发展观，地域性、文化性、时代性)，构建独具城市中心与山水融合特色，以政务服务、休闲商业、创意研发、生态居住为主要功能的中小城市公共活动中心区。规划整合城南新区山水自然特征要素，融合城市中心区发展需求，综合考虑生态保护、文化繁荣、经济发展、社会进步等城市发展目标，达到“山水城心、幸福溧水、府园共融、儒道互补”整体规划目标。

2012年，以县城总体规划为指导，编制完成天生桥大道、珍珠南路夜景规划，城区水系专项规划，胭脂河·天生桥遗址公园规划和小西门片区城市设计。

第四节　镇村规划

1983—1985年，全县编制第一轮集镇建设规划。1992年进行调整与修改，修改后的集镇规划平均人口规模在1万人左右，约占该乡镇人口1/3，用地规模平均为1平方公里，人均用地100平方米。1995年12月，全县16个乡镇分别聘请省市规划设计院、南京大学、东南大学、南京建工学院等院校专家、教授参与，重新修编集镇总体规划以及乡镇区域规划，编制工作于1996年上半年结束。2000年，结合乡镇撤并和区划调整，编制东屏、白马、晶桥、石湫4个镇集镇规划及镇域规划。2001年后，相继完成洪蓝、柘塘、和凤镇总体规划修编和明觉集镇总体规划编制。2004年10月始，全县开展白马、和凤、东屏、洪蓝、晶桥、石湫镇集镇总体规划(2000—2020年)修编工作，到2005年12月结束。2010年12月，以各镇集镇总体规划(2000—2020年)为基础，修编各镇集镇总体规划(2011—2030年)和工业、农业、建设专项规划以及部分村庄规划，于2012年年底完成。

【镇域总体规划】

白马镇　2004年12月，市规划局、县建设局和白马镇政府委托市规划设计研究院有限公司编修《白马镇总体规划(2000—2020)》。2005年8月完成规划报批稿。该规划将镇域划分为镇村建设区、休闲旅游区和生态农业区3大类发展空间,呈现"一心两翼两轴"空间结构,即以白马中心镇区为镇域发展核心,贯庄水库和龙王庙水库资源开发休闲旅游区为左翼,白马湖人居森林发展休闲旅游业为右翼,以北部农林用地和万亩有机农田、茶园为镇域景观生态北轴,以白马湖、东方水库两个水源涵养地为生态保护南轴。规划期末,镇域人口规模4.7万人,集镇人口规模3万人,构建1个中心镇、3个一级农村居民点、15个二级农村居民点、30个三级农村居民点的镇村体系。

2011年,白马镇被市列入全市11个统筹城乡镇先导试点镇街之一。是年3月,县建设局和镇政府委托市规划设计研究院有限责任公司编制《白马镇总体规划(2011—2030)》。同年6月2日,通过市规划委员会组织的专家评审。2012年1月,由市政府批准实施。规划定位白马镇为全国现代农业科技示范基地、市特色生态旅游休闲基地、县域东部中心。规划总面积1.46万公顷,镇核心区面积1152公顷。规划期内2015年、2030年总人口规模分别为6万人、8.5万人。到2030年,规划建设用地面积1326.22公顷,城镇建设用地874.07公顷,村庄建设用地300公顷,其他建设用地74.53公顷。

和凤新市镇 2012年3月,由县政府批准实施。规划期限2011—2030年,规划总面积1.9万公顷,形成"一心、一轴、多片"空间格局。"一心"是以集镇作为服务镇域发展核心,带动全镇政治、经济、社会全面发展;"一轴"是依托宁高公路,向南连接高淳县,向北沟通县城区;"多片"是镇域内形成多个经济功能片区。总体规划定位为工贸发达综合性新市镇,到2030年实现地区生产总值200亿元。该规划由省住房和城乡建设厅城市规划技术咨询中心编制,2011年12月通过专家评审。

东屏新市镇 2012年5月,由海南雅克设计有限公司编制,12月通过专家评审。规划期限2011—2030年,规划总面积1.2万公顷,形成"一心、一轴、五片区"空间格局。"一心"是位于常溧路南侧的公共服务中心;"一轴"是沿常溧路的东西向城镇主轴线;"五片区"是东部生活片区、北部工业功能区、西部物流园区、南部旅游度假片区和商业片区。总体规划定位以现代服务业、先进制造业为主导,建设山水特色鲜明、城乡协调发展的生态宜居新市镇。到2030年实现地区总值130亿元。

洪蓝新市镇 2012年10月,由市规划设计研究院有限责任公司编制,12月通过专家评审。规划期限2011—2030年,规划总面积1.09万公顷。按照"城镇一体、城乡融合"总体思路,形成"一心、三轴、五片"空间格局。"一心"由集镇、工业集中区配套科技研发园(胭脂河以西)和永阳新城洪蓝部分组成,是镇域发展核心,带动全镇社会经济发展;"三轴"(宁高发展轴、洪明路发展轴、老明线发展轴)镇域交通轴线,串联镇域特色资源片区,形成镇域空间发展主要骨架;"五片"即天生桥旅游片区、无想山旅游片区、石臼湖滨湖片区、傅家边农业片区、青峰特色农业区。总体规划以生态农业和休闲旅游为特色,兼顾开发区配套产业功能。到2030年实现地区生产总值115亿元。

晶桥新市镇 2011年6月,由市城市与交通规划设计研究院有限责任公司编制,2012年11月,通过专家评审。规划期限2011—2030年,规划总面积1.5万公顷,形成"一心、三轴、三片、多点"空间格局。"一心"以集镇作为服务发展核心;"三轴"是省道246镇域发展轴、省道341、白凤公路交通景观轴;"三片"是镇域东南部以赭山头水库为主的生态保护区,中部以观山工业集中区和枫香岭、水晶现代农业为主的产业区,北部以西瓜山为主的休闲旅游区;"多点"即分布全镇的44个新社区。至2030年实现地区生产总值130亿元。

石湫镇 2011年,由省住房和城乡建设厅编制。规划期限2011—2030年,规划总面积1.43万公顷,建设用地1596公顷(其中集镇765公顷,农村居民点156公顷,道路等其他675公顷)。规划形成"一带、三点、三圈、多区"总体空间结构。"一带",依托宁高新通道,在西横山与小茅山两个重要生态板块之间形成南北向发展带,串联镇区、影视基地、地铁小镇等多个城镇经济功能片区;"三点",中心镇区综合服务节点、影视配套服务节点、地铁小镇服务节点;"三圈",横山生态圈、天生桥生态圈、环山河水库生态圈;"多区",城镇发展核心区、影视基地及配套服务区、工业集中区、滨湖发展区等。至2030年,人均国内生产总值20万元以上;经济结构趋于合理,第二、三产业比重95%以上,其中第三产业增加值占生产总值比重50%以上;人口总规模8.5万人,其中城镇人口7万人,城镇化水平82.35%。

【镇域专项规划】

航空产业园规划 航空产业园地处柘塘镇境内。2008年8月,委托上海同济城市规划设计研究院编制,2009年7月完成,规划期至2020年。规划范围:东至秦淮二干河、汉河、柘塘镇与东屏镇界一线,南至秦淮一干河、曹吕村、乌山镇、东里庄一线,西抵秦淮河,北至秦淮二干河。规划面积4100公顷。功能定位:南京市城南现代化产业集群、南京空港经济区重要功能组团与支撑性产业片区、溧水县面向空港经济区的桥头堡;以高端服务业和航空制造业为核心产业,兼具仓储物流功能,融合开发区即有优势产业的临空综合性产业园区。规划片区空间整体结构为:“一核、五轴、九心、八片”,其中一核为地区服务功能核;五轴为4条交通发展轴(宁杭城际铁路机场连接线发展轴、宁高高速公路发展轴、243省道发展轴、宁溧公路发展轴)及秦淮河城市景观轴(规划区西、北、南三面紧邻秦淮河,其特殊地理位置,使秦淮河成为园区景观轴线);九心为预留片区服务中心、柘塘综合服务中心、总部经济服务中心、沂塘综合居住服务中心、乌山综合居住服务中心、高新技术产业服务中心、仓储物流服务中心、航空制造业服务中心;八片分别为预留用地片区、总部经济片区、柘塘综合服务片区、沂塘综合居住片区、乌山综合居住片区、仓储物流片区、高新技术产业片区、航空制造业片区。

傅家边现代农业园规划 2007年12月,委托北京中景园旅游规划设计研究院编制,规划期限2008—2020年,规划总面积3596公顷。园区内旅游规划项目依托地形地域及规划道路体系布局,形成“特色鲜明、功能相济、主题突出”的组团格局。按照资源整合、生态开发强度、合理布局原则,分为3大片区,即高新农业产业区、无想文化旅游区和秋湖森林生态区。园区定位为科技农业、乡村休闲、生态旅游的“高科技农业产业园”,至2020年,实现中国休闲农业国家级示范区、国家AAAAA级旅游区等目标。2007年12月,规划成果通过市级专家评审。

南京石湫影视文化产业配套区发展规划 2008年6月,委托南京市交通规划研究所有限责任公司编制,2009年4月完成。规划范围:243省道、江苏广电未来影视创意产业园以东、石湫中学以北、蟹塘路以西、虎山路北500米以南,总面积209公顷。功能定位:建成以文化创意产业、旅游服务业为主,以生态休闲居住、影视文化教育为辅,以原生态自然田园环境为特色的创意产业园。

江苏南京白马现代农业高新技术产业园规划 2010年5月编制完成。该规划以建设农业生态绿色开放空间为主体,以“绿色、生态、科技、人文”为核心,功能区合理,经济、生态和社会效益“三效合一”生态型“农业硅谷”。规划范围:东至六步山,南至宁杭高速公路,北至朱家边村,西至白马镇区边界,总面积40平方公里。规划期限2009—2020年,规划期末人口规模6.5万人,总用地面积3906公顷,其中农业产业用地2495.61公顷,城镇建设用地 1410.39 公顷。

洪蓝镇城镇集中建设区控制性详细规划 2012 年 6 月，由市规划设计研究院有限责任公司编制，是年 12 月通过专家评审。规划期限 2011—2030 年，规划范围包括东西两片，总面积 530 公顷。规划以综合居住和旅游服务为特色、兼顾溧水县科创产业功能，形成"一核、两带、三轴、多组团"空间格局。"一核"是城镇综合服务集核；"两带"是胭脂河文化景观带、宁高高速交通景观带；"三轴"是南北向凤凰井路发展轴、东西向五峰山路发展轴、金牛北路发展轴；"多组团"是北部工业组团、南部居住组团、胭脂河以西科技研发组团。

和凤新市镇近期建设控制性详细规划 2012 年 6 月，由东南大学城市规划设计研究院编制，11 月通过专家评审。规划期限 2011—2030 年，规划面积 183 公顷。规划形成"三核、两区、三轴"空间格局。"三核"是镇区依托交通站点发展形成公共服务核心，结合老镇区与漆桥共同发展形成商业服务核，产业协作配套区依托市场、物流形成综合服务核；"两区"是宁高高速西侧工业为主产业协作配套区，宁高高速东侧居住为主生活区；"三轴"是和凤北路、生态路、和高路形成三条城镇发展轴。

东屏新市镇镇区及工业功能区控制性详细规划 2012 年 10 月，由海南雅克设计有限公司编制，12 月通过专家评审。规划期限 2012—2030 年，规划面积 903 公顷。新市镇镇区定位为东屏新市镇重要核心生活服务组团和商旅服务组团，工业功能区定位为新市镇重要产业组团，同时作为开发区产业配套协作区。规划区分为 5 个主要功能区：集镇生活片区、北部工业功能区、西部仓储物流区、南部旅游度假片区、站前商业片区。

县经济开发区南区三期控制性详细规划 由雅克设计有限公司编制，2011 年 11 月 21 日，通过市级专家评审。该规划用地位于永阳镇镇区，东至规划路，西至 246 省道，南至规划路，北至天生桥大道，规划面积 541 公顷。功能定位：省级开发区和特色园区的重要产业聚集区，中心区范围内重要产业基地。依托原有优势资源，加强配套完善，适度向南拓展，推进产业结构优化升级，重点发展清洁型、无污染、低能耗、新技术、高附加值的高新技术产业。远期建设成为开发区高新技术产业基地之一。北部和南部为工业区，中部为生活区。北部工业区依托现有园区向南侧扩展，发展先进制造业，省道 246 东侧发展工业研发产业。中部生活区设置 1 个居住社区、2 个基层社区。清水路南侧布置中心服务区，包括文化娱乐、体育设施等公共服务设施。公共设施配套布局以东庐集镇为基础,保护和利用片区内水系等生态资源,集中布置公共绿地,美化环境。

【村级规划】

1996年,各乡镇完成集镇总体规划后,开始编制中心村建设规划,合理确定城镇体系,形成集镇—中心村—基层村三级结构,将全县1318个自然村调整为160个中心村、547个基层村。自然村人均用地由原来177.3平方米缩小到83.4平方米,解决村庄分散、布局凌乱状况。1998年,沙河、戴家中心村建设规划通过县级论证。至2000年,全县累计完成115个中心村规划。2001年起,开始高标准编制村级规划。至2005年,由甲级设计单位编制完成乌飞塘、水晶、王家边、红星、西旺、杨祥、桑园蒲、沙河、曹家桥、上方10个中心村及村庄规划。2012年,12个新社区规划和2个重要古村落保护规划完成中间成果;东屏镇长乐村、和凤镇魏家垅村等25个省级三星级康居示范村村庄规划编制完成。

【村镇布局规划】

2005年6月,由县政府委托市规划设计院编制的《溧水县镇村布局规划》完成。规划倡导农民集中居住,工业向镇以上工业片区集中,促进村庄适度积聚,促进农村基础设施和公共设施集约配套,集约利用土地等各类资源,整合农业生产和生态空间,提高镇村城市化程度。规划范围:除县城规划区行政区范围,含8个镇。规划任务:确定各个镇村庄规模和布点,统筹安排各类基础设施和公共设施,整理农业用地,优化空间布局,保护生态。规划成果:2000—2020年,全县1260个自然村规划积聚为169个居民点;建设用地由5064.29公顷下降为1235.41公顷,人均用地面积由161.28平方米下降到88.2平方米;规划实施后复垦土地390.79公顷;县级公路达国家二级公路标准,乡镇道路达三级公路标准。

第五节 规划执行

1996年始,全县先后完成《溧水县土地利用总体规划(1997—2010年)》《溧水县土地利用总体规划 (2006—2020年)》《溧水县乡镇土地利用总体规划(1997—2010年)》《溧水县镇级土地利用总体规划(2006—2020年)》和《溧水县县城总体规划(2001—2020年)》《溧水县各镇集镇总体规划》以及《溧水县基本农田保护区规划》《溧水县土地开发复垦规划》和《村庄规划》等编制任务。为确保各项规划实施与执行,县、镇、村层层签订基本农田保护责任状,并制定村镇建设管理责任制,推动耕地保护措施落实。同时就县城区用地规模、农村集镇建设规模、县开发区建设规模等,依据规划进行宏观控制,优化土地利用结构和土地资源合理配置,保障国民经济和社会事业发展土地需求。

【总体规划执行】

《溧水县土地利用总体规划(1997—2010年)》《溧水县土地利用总体规划(2006—2020年)》实施后,县政府和县国土资源局每年根据县土地利用总体规划,将各项用地指标下达到各镇和县开发区以及县属各部门,严格控制,不得突破。在具体审批征地手续时,坚持建设项目、征地面积、土地用途、选址地点与土地利用总体规划相符合方可报批。2002年3月,南京长安汽车生产线项目由县政府通过招商引资落户溧水后,需征用土地200公顷,项目选址在县开发区。年度建设用地计划指标远远不能满足该项目用地需求,县国土资源局从内挖潜,盘活存量,向县政府提出建议,将2000年倒闭的南京金蛙集团企业土地、厂房转让给南京长安汽车公司,其土地面积200多公顷一次性划拨,作为该公司长安汽车生产线用地。这一举措既保障南京长安汽车生产线用地, 又较好地保证县土地利用总体规划实施与执行。1997—2012年,县开发区落户新建重点企业有金龙电动汽车、创维电器、喜之郎食品公司等500多家,以及全县8个镇工业企业、商业服务业用地,涉及面积1.75万公顷(含存量土地),经县国土资源局审核,报经市政府、省国土资源厅批准,先后征用永阳、柘塘、白马、洪蓝、石湫、晶桥、和凤、东屏8个镇146个村民小组集体土地面积3622.36公顷(其中耕地面积1235.86公顷),确保项目用地及镇级土地利用总体规划执行。永阳、晶桥和石湫镇政府,按照镇土地利用总体规划办理用地手续。位于永阳镇晨光大道东侧的南京航天晨光股份有限公司于2002年8月建成投产运行,用地面积10公顷。2004年后,随着企业发展,需要扩建征用土地。镇国土资源所主动与镇企业服务中心配合, 帮助企业整理组装征地报批材料上报, 做到建设需要多少征用多少。该公司先后办起晨光化工、晨光机械、晨光水山、晨光三井三池、晨光艺术制像、晨光低温6个支公司。至2012年,该公司用地面积47公顷;位于晶桥镇的江苏汉天水泥有限公司和位于石湫镇江苏广电石湫影视基地有限公司,通过挂牌出让方式竞得土地面积分别为26.97公顷和20公顷,经县国土资源局审核,均符合土地利用总体规划执行。

【镇、村建设规划执行】

1996年始,全县各项建设用地按照县城、集镇、村庄规划确定范围、用途执行,做到有规划“红线”、有用地指标后才开工建设。县建设局、县国土资源局在编制《溧水县县城总体规划》《乡镇集镇总体规划》和《溧水县土地利用总体规划》《乡镇土地利用总体规划》时,做到相互衔接。1997年2月23日,县政府批转县土地管理局《关于进一步加强城乡建设用地管理意见的报告》,规定:凡在县城规划区域内建设用地,必须服从《县城总体规划》;凡在乡(镇)村建设用地,必须服从《乡(镇)村规划》《乡(镇)土地利用总体规划》和《基本农田保护区规划》。任何单位建设用地,必须由县建设局颁发建设用地规划红线图和规划选址意见书,在取得规划批准文件后,再由县土地管理局下达建设用地指标。县城规划区内农(居)民建房用地,由原在城镇政府审核批准,改为统一由县建设局和县土地管理局联合审批管理,在县城规划区内各项建设用地,需符合县城总体规划功能分区方可审核报批,不符合规划不予审批。1998年后,县属工业企业除南京金蛙集团工业区外,县轮胎厂、制药厂、麻纺厂、江南动力配件厂、电机厂、皮毛厂、中试厂、化工厂等12家企业,至2001年全部搬迁到县经济技术开发区和县经济开发区南区(永阳镇私营经济园区)。企业搬迁后,腾出土地面积28.5公顷,按规划用于商品房开发和城市公共设施建设。2004年后,全县8个镇集镇总体规划编制完成实施,执行情况较好。位于晶桥镇南京云海特种金属有限公司,2003年,在集镇规划范围用地面积26.08公顷。随着企业发展,2006年该公司需要扩建征用土地,但与镇规划不符,没予报批。经县、镇协调,将该公司扩建项目用地调整至县经济技术开发区。该镇在编制集镇建设规划时,将镇工业区规划在原有观山废弃矿山区一带,规划面积404公顷,其中A区规划面积338公顷,北至新桥河,西至云晶路,东南各至山脚;B区规划面积66公顷,位于晶桥镇南部,杭村社区北部,距晶桥集镇5公里。但在实施过程中,基础设施、项目建设周期长、成本高,曾一度少数人想改变原集镇建设规划,将工业区建在比较平坦地方,但要多占耕地,但镇党委、政府领导和镇国土资源所反复向广大干部群众宣传保护耕地重要性,坚持按规划执行。

村庄建设规划执行。2004—2012年,8个镇相继编制完成村庄规划,各镇基本能按村庄建设规划逐步实施。2000—2003年,因农村行政区划调整,永阳镇工农兵、曹家、东郊、板桥4个村合并为1个工农兵村,农户由原来400户增加到4020户,人口由原来1201人,增加到4308人。2004年,全村60多个自然村全部纳入县城近期规划建设范围管理。随着人口逐年增加和经济社会建设发展以及农民生活水平提高改善,要求新建、扩建、翻建房农户越来越多。根据这一情况,工农兵村委会与镇国土资源所、村镇建设规划服务所制定《工农兵村农(居)民建房用地、规划管理办法》,并按照县城总体规划、永阳镇土地利用总体规划和工农兵村村庄建设规划要求,在该村石板桥、深塘、许村3个自然村设立中心村,规划建设用地总面积12公顷,村里筹措资金80多万元,平整土地、修建道路、安装水电设施。2006年,县城中山东路、青年路、龙山路东延项目建设和镇私营经济园项目建设拆迁28户农民房屋,安置32户进入许村中心村建房。2004—2012年,该村3个中心村建房农户142户,建设用地面积3.1公顷,建筑面积2.84万平方米。全村没有发生因农居民建房违反县城总体规划和土地利用总体规划以及违法用地。白马镇石头寨村地处低丘山陵,人均占有耕地面积比较少。2006年7月,该村竹蓬里村增减挂钩项目拆迁45户农房,自拆自建,需要安置房建设用地。村干部按照《白马镇土地利用总体规划》《白马镇石头寨村庄规划》具体要求,向镇政府提出申请,利用村集体一块荒山地,面积3.5公顷,建设石头寨新社区。镇国土资源所通过调查核实,该村申请建石头寨新社区地块不影响白马镇土地利用总体规划, 也符合村庄建设规划要求,得到镇政府同意。村统一建设水、电、路"三通一平"基础设施和设计建房图纸。2007年7月始建,至2013年3月,45户拆迁户进区建房。

【基本农田保护区规划执行】

1997—1998年,在修编《溧水县土地利用总体规划(1997—2010年)》时,全县基本农田保护区规划重新制定。1999年起,境内所有项目建设需要占用基本农田保护区耕地,均按照《江苏省基本农田保护条例》规定,按批准权限办理用地手续。2001—2004年,各镇镇属8家砖瓦窑厂和9家村办砖瓦窑厂,携带县、镇有关部门批准计划项目向县国土资源局申请扩建取土场征地,其总面积51公顷。县国土资源局耕保、矿产等职能部门到现场勘查调查后发现,大部分砖瓦厂申请征用土地都是耕地,有3家砖瓦厂选址征用荒坡地,不占耕地,但在基本农田保护区范围,严重影响基本农田保护区规划执行。申请取土场征地项目未能批准。2005年8月18日,县国土资源局根据国务院《关于全面整顿和规范矿产资源开发秩序的通知》,从实际出发,突出重点,标本兼治,集中力量开展关闭镇、村小砖瓦厂、整治砖瓦黏土矿和矿产资源整合3项工作。至年底,永阳、洪蓝、石湫、和凤、县经济开发区相继关停各类小土窑、小立窑、小轮窑等50家(小土窑和部分小立窑为无证开采黏土),复垦耕地100公顷。2005—2012年6月,全县35家镇、村砖瓦轮窑厂关闭28家。在抓好整治黏土矿和关闭砖瓦(窑)厂同时,县国土资源局采取“增减挂钩”“占补平衡”双项并举措施,制定复垦方案,实行“谁破坏,谁复垦”原则,把关闭砖瓦厂黏土矿区复垦计划任务分解到各镇政府,签订包干责任状。至2012年年底,全县关闭砖瓦窑厂黏土矿区复垦面积330公顷,其中耕地300公顷,复垦率达90%。2012年7月18日,县政府下发《关于印发溧水县关停露采矿山实施方案的通知》,将原保留的9家大型砖瓦生产企业全部列入2013年度关停计划。

在基本农田保护区规划执行中,妥善处理农民建房问题。2006年2月18日,永阳镇政府制定《关于进一步加强全镇企事业单位、个人建设规划、用地管理的实施意见》,明确规定,凡在基本农田保护区内,居住分散棚子户(小村),逐步搬迁到村庄建设规划区内,向大村、中心村集中。2007年10月,该镇东庐村龙中自然村村民张某一家3户8口人,居住该自然村南侧150米处,独家独院,处于该村基本农田保护区中间。随着生活水平提高,张氏父子向村里申请原址翻建楼房。但原址翻建不符合农田保护区规划,镇国土资源所将张氏父子居住房搬迁列入2008年增减挂钩项目。经过深入细致思想工作,张氏父子一家3户在龙中大村空闲地上建起楼房,原宅基地复垦耕地1.5公顷。永阳镇沙河村周家圩自然村地处圩区,除村基地外,连家门口鸡啄田都是基本农田保护区耕地,土地紧缺。2012年10月,村民周某因家庭住房困难,向村委会申请在个人自留地上建2间平房。经永阳镇国土资源所、村建所调查核实后,与沙河村委会协调,由村委会按照村庄规划要求,动员6户村民把村前9个粪坑、12个小灰坑迁移,腾出120平方米村基地让给周某建起2间平房和1间厨房,得到镇政府批准。2004—2012年,全县在基本农田保护区内实施小村并大村(向中心村集中)项目,拆迁农户527户,拆迁楼房建筑面积4.53万平方米,平房7.39万平方米,拆迁地块308块,复垦村庄地块面积517.45公顷,新增耕地550公顷。

第三章　土地资源利用

1996年前，全县土地资源利用，均以农业为主。1997年始，随着改革开放深入和经济社会发展，土地利用类型渐趋多样。全县农业用地利用由粮油等农副产品生产为主逐步向开发经营转变过渡。1998—1999年，按照“绿色南京”建设要求，县政府邀请南京农业大学协同制定《溧水县生态农业建设规划》将生态农业建设与创建国家级生态示范区相结合，立足全县自然资源和环境状况，发展休闲观光农业、无公害(绿色、有机)农业，以农业增效、农民增收为中心，抓住新农村建设和城市统筹发展机遇，调整农业结构，拓展农业服务功能，推进农业特色化、产业化、品牌化、外向化和市场化建设，有机蔬菜、特色林果、特种水产、优质畜禽等重点产业得到迅速发展，建成全省有一定影响力的农业基地，全市山栀、茶叶、花卉苗木、应时鲜果、獭兔、蜂蜜、特种水产基地。培育一批农业龙头企业，并初步形成以大棚草莓、西瓜、有机蔬菜为主的瓜果、蔬菜产业；以大棚、工厂化为主的食用菌产业；以河蟹、加州鲈鱼、南美白对虾为主的高效渔业；以规模养鸡(鸭、鹅)、獭兔、生猪为主的高效优质畜禽业；以茶叶、花卉苗木、3莓(黑莓、蓝莓、青莓)、葡萄为主的经济林果业等5大高效设施农业。21世纪后，县政府突出农业农民收入倍增和村级能力建设两个重点，推进农民合作经济组织建设和土地规模流转。至2010年年底，集体经济百万元以上村70个。2011年累计土地流转1.22万公顷，其中规模流转面积占全县耕地面积25%，至2012年年底，全县高效农业面积1.91万公顷(含渔业)，占全县耕地面积44.6%，设施农业面积7607公顷(不含渔业)，占全县耕地面积17.8%；高效渔业面积5153.67公顷，其中设施渔业面积1779公顷。全县农业由单一传统模式向特色、高效、设施、生态、休闲、观光旅游等多文化农业迈进。

在抓好生态农业建设的同时，2002年始，县政府建设用地重点是经济建设为中心，节约集约土地，提高土地利用率，新增建设优先安排生态环境、城市、交通、能源、水利等基础设施和高新技术产业建设项目,适度安排住宅商品房开发、旅游、文化休闲用地;推动土地利用方式由外延扩张向内涵挖潜,由粗放型低效向集约高效转变,倡导土地紧凑利用适当混合利用,优化城镇内部土地利用结构,严格控制外延扩张。2013年,全县农业用地5.9万公顷,占总面积55.51%;非农业用地1.9万公顷,占总面积17.86%;水域1.66万公顷,占总面积15.57%;未利用土地1673.81公顷,占总面积1.57%;其他用地1.01万公顷,占总面积9.49%。全县各类建设用地总面积1.75万公顷(2013年3月统计数),比1996年增加8819.45公顷。因非农业用地需求急剧增长,人均占有耕地数量减少,耕地保护面临严峻挑战。

第一节　农业用地

【耕地】

1996—1999年,全县土地耕作制度皆为一年两熟制,夏熟以油料、三麦居多;秋熟以水稻、豆类为主,水稻生产占主导地位。2000年始,全县粮食市场全面放开,粮食价格持续低落,农民种粮积极性不高,耕地抛荒严重。县委、县政府提出"因地制宜、适当集中、扬长避短、发挥优势"新思路,引导农民调整农业结构,提高土地产出率,将部分耕地改为园地、菜地,水田蓄水养鱼,旱地开挖当家塘等。2002年,全县耕地面积4.42万公顷,占总面积41.3%,与1993年土地详查数相比,耕地面积减少6720公顷;人均耕地0.109公顷,比1993年人均0.126公顷减少0.017公顷;灌溉水田减少量突出,主要集中在石湫、和凤等圩区低洼田较多的镇(低洼田开挖成鱼池)。根据2008年完成的《溧水县土地利用总体规划(1997—2010年)实施评价》,全县耕地面积整体呈减少变化趋势,从1996年年末5.18万公顷减少到2005年年末4.38万公顷,9年净减耕地8001.1公顷。减少因素主要有建设占用耕地、农业结构调整、生态退耕、违法占用以及自然灾毁。2009年第二次土地调查,全县耕地面积4.26万公顷,比1996年减少9208.59公顷。至2013年3月,全县实有耕地面积4.23万公顷。

水田　2001年调查显示,2002年全县水田面积3.09万公顷,比1993年减少5321.21公顷。2001—2005年("十五"期间),全县粮油种植面积计

13.35 万公顷，比“九五”期间减少 6.2 万公顷。2010 年，全县粮食种植面积 4.1 万公顷，油菜种植面积 1.06 万公顷；全县实有水田面积 2.8 万公顷。至 2013 年 3 月，全县实有水田面积 2.78 万公顷。

旱地 2002 年，全县旱地面积 1.31 万公顷，比 1993 年减少 1552.14 公顷，部分旱地改成园地或林地。2010 年，全县旱地面积 1.45 万公顷。至 2013 年 3 月，全县旱地面积 1.44 万公顷。

【园地】

1996 年前，境内园地规模不大，县城区仅有原在城镇蔬菜村 68 公顷种植蔬菜供应城镇居民，大多从外地进口，其他乡镇农民每户少量自留地作园地种植蔬菜自给，除县果园、林场、茶场外，全县园地面积不足 600 公顷，随着改革开放和经济社会发展，全县园地面积逐年增加。2002 年，全县园地面积 2937.87 公顷，占总面积 2.7%，其中果园 1152.43 公顷、桑园 252.82 公顷、茶园 1251.47 公顷、其他 281.14 公顷。2005 年年末，全县园地面积 2871.53 公顷，其中桑园 370 公顷、茶园 1320 公顷、果园 1132 公顷、其他 49.53 公顷。2010 年，全县园地面积 2274.6 公顷，其中果园 946.91 公顷、茶园 814.48 公顷、其他 513.21 公顷。至 2013 年 3 月，全县园地面积 2127.48 公顷，其中果园 880.59 公顷、茶园 790.53 公顷、其他 456.36 公顷。

【科技园】

2001—2004 年，全县扶持建设 4 个省级重点农业示范基地（柘塘镇中药材基地、白马镇有机蔬菜示范基地、东屏镇优质蔬菜示范基地和永阳镇农业综合开发科技园），总面积 766 公顷。2006—2009 年，全县重点实施傅家边省级农业科技园、江苏南京白马现代农业高新技术产业园、永阳农业资源综合开发科技园和白马有机农业科技园建设，实施 28 个省级丘陵山区农业项目，整理土地 580 公顷，改良土地 947 公顷。2010 年 6 月，县政府发布《溧水县推进现代农业示范园区建设方案（试行）》，明确现代农业示范园区建设规划设计、产业特色、连片规模、基础设施、科技水平、运行机制、标准品牌、带动效应 8 个标准。同月，经考评认定，洪蓝镇傅家边现代农业示范园（草莓）等 5 个园区被命名为县首批现代农业示范园区。至该年底，全县有 10 个园区被认定为现代农业示范园区。2011 年，全县 3 大园区（江苏南京白马国家农业科技园、南京傅家边现代农业园、和凤现代农业示范园)流转土地1333公顷,承担高效设施农业项目16个,总投资1.35亿元。至2012年年底,全县有国家级农业园区1个、省级2个、市级3个、县级10个;省级农业龙头企业11家、市级14家、市级后备9家、县级39家。全年农业龙头企业主营业务收入69亿元、利税7亿元、利润7.5亿元。

江苏南京白马国家农业科技园 位于白马镇(宁杭高速公路和宁杭城际铁路之间,南起老明路,北抵革新村朱家边路,东沿茅山余脉,西至东庐山,距宁杭城际铁路溧水站15.88公里)。2009年2月始规划建设,初始名称为江苏南京白马现代农业高新技术产业园,规划面积4000公顷,由农业科技创新核心区(1500公顷)、高效生态农业示范区(1000公顷)、农业高新技术企业集聚区(500公顷)和综合配套服务区(1000公顷)4部分组成。园区功能定位为农业科技创新、农业科技成果转化、农业科技成果展示和推广、农业科技培训与科普教育、农业休闲观光等5大功能。4月12日,《江苏南京白马现代农业高新技术产业园概念性规划》通过省级专家论证。6月,省科技厅批准将该园区列为省级现代农业科技园区。7月30日,省政府正式批复建立江苏南京白马现代农业高新技术产业园区。2010年12月2日,该园区被科技部批准为国家级农业科技园区。2011年2月,该园被誉为“农业硅谷”。是年底,签约入园高校科研单位5家(南京农业大学、南京林业大学、南京农业机械化研究所、江苏省农机局、江苏省农科院),用地480公顷;签约入园企业3家(南京沃德食品有限公司、南京常力食品有限公司、南京脆而爽食品有限公司)。2012年,征用土地87公顷、土地流转1333公顷, 园区内建立市级以上研发机构11个, 取得各类农业科技成果100多项,承担市以上科研项目96项,实施国家星火计划项目2个,科技成果转化项目1个;入园农业龙头企业15家。

南京傅家边现代农业园 位于洪蓝镇东部。1984年春,傅家边村建立青梅试验示范园2.3公顷,主栽品种为细叶青。1986年,引种获得成功,并形成独特青梅栽培配备技术体系。1988—1996年,青梅种植面积151公顷。1997—1999年,青梅园产量平均每公顷超过750公斤,每公顷收入超过4.5万元。在1998省农林厅组织的全省果树示范园竞赛中被评为省模范果园。2000年,全县青梅种植面积888公顷,成为全县特色经济林果。2001年后,由于青梅加工产品滞销,鲜果收购价每公斤在1~1.6元,部分梅农改植其他经济作物。2004年,青梅种植面积锐减至267公顷。2005年,建成占地1公顷、建筑面积1580平方米的现代化植物组培中心,并配套建设1200平方米工厂化育苗温室,进行草莓、蓝莓等园艺园林植物组培种苗生产。2006年11月,被省农林厅评为首批省级观光农业园。2006—2009年,建成大棚草莓园78.7公顷、棚架葡萄园56.7公顷、棚架梨园8公顷、连栋温室大棚5000平方米、多功能玻璃温室5680平方米。2008年12月,傅家边现代农业园被省科技厅认定为首批省级现代农业科技园区。2010年,该园区重新规划,规划面积35.96平方公里,涵盖洪蓝镇无想寺村、傅家边村、晶桥镇笪村和永阳镇石巷村,人口5434人。至2012年年底,有31家农业企业落户园区,其中10家为省、市、县重点农业龙头企业、14家农民专业合作社。园区产业基地建成面积2067公顷, 其中设施农业面积853.3公顷、"吨粮田"470公顷、滴灌面积140公顷。按产业结构划分,其中草莓园330公顷、海棠园100公顷、优质茶园100公顷、其他经济林果130公顷,高效农业基地670公顷,农家乐园2.5万平方米,珍禽园10万平方米,形成"四万五千"("四万"即万亩草莓园、万亩梅园、万亩梨园、万亩竹海;"五千"即千亩葡萄园、千亩桃园、千亩海棠园、千亩茶园和千亩菜园)特色主导产业布局。

永阳镇农业综合开发科技园　2006年始,园区成立金海山栀开发有限公司,采用公司+基地+农户形式,发展栀子黄、栀子甙、藏花素等栀子产品。至2012年,建成核心区基地166.7公顷、拓展区基地133公顷、示范带动面积467公顷,辐射带动面积3333公顷,建成瓜果蔬菜、花卉苗木、山栀种植和农产品加工4大基地。

和凤现代农业示范园　位于和凤镇孔镇一带,是市农业"1115工程"试点项目,园区土地涉及乌飞塘、孔镇、中杨、吴村桥、沙塘庵5个村,占地面积3338公顷,分为设施蔬菜、有机茶叶、高档苗木、特种水产、优质粮油5大产业。规划2011—2015年建设蔬菜种植区1100公顷、苗木基地1165公顷、高效有机茶叶733公顷、优质粮油666.67公顷、特色水产333.33公顷。至2013年3月,建成园区内水泥路3公里、高标准农田533.33公顷、钢架大棚200公顷、苗木及青梅基地166.67公顷、特色水产养殖基地33.33公顷。

金湖现代农业示范园　位于东屏镇金湖村。2010年始,属市农业"1115工程"实施重点区域之一。至2013年3月,园区核心区用地333.33公顷,集食用菌、有机蔬菜、花卉苗木、养殖等特色农业于一体,形成以屏湖、一剪梅、农润、美湖、富湖、润田、城开等农业发展公司为示范,农户经营为主导的现代有机生态农业基地。

晶桥特色水产基地　位于晶桥镇水晶村。2008年,该基地晶湖牌中华绒螯蟹和青虾通过无公害产地产品认定认证。2009年,通过项目整合,实现特色水产基地水、电、路、信、储等基础设施配套。2013年3月,基地养殖面积400公顷。

【林地】

1996年,全县林地面积1.3万公顷。1999年始,全县重点实施国家级土地治理及省级丘陵山区开发项目区林网绿化工程。2003年起,按照"打造生态溧水,建设南京后花园"要求,全县加快绿化造林建设,森林覆盖率提高,城市绿地面积增加。2005年,全县林地面积1.35万公顷,其中用材林、四旁植树和农田林网面积列全市区(县)第二,森林覆盖率28.5%,列全市第一。2009年,全县林地总面积1.48万公顷,森林覆盖率28.73%。2010年3月,全县唯一一家国有林场——县林场,实施封山育林工程,封育疏林地、宜林地、灌木林等地块,科学管理。5月,全县启动集体林权制度改革。依据"不分山、不分林"、"均股均利"原则,将集体林地确权到村(组)、折股到人。11月底,完成改革工作,涉及面积1753.33公顷,签订合同1970份,发放林权证2080份,改制率、发证率均为100%。是年起,开展绿色南京绿化村庄建设,全县151个村庄绿化建设达标,植树90.6万株,40个省级示范村绿化覆盖率35%以上。2011年,完成村庄绿化100个。2012年,绿化村庄139个,其中省级示范村20个、市级标准化示范村3个;建成晶桥、洪蓝、石湫3个"森林镇街"、1个市级森林公园(大金山)和2个市级湿地公园(东屏湖、石湫环山河);成片造林面积882.25公顷,其中绿色通道152.13公顷、县乡公路防护林33.8公顷、沿水防护林35.46公顷、高效产业林660.86公顷。是年底,全县实有林地面积1.46万公顷。

有林地 全县实有有林地面积,1996年1.24万公顷。2002年1.17万公顷。2010年1.18万公顷。至2013年3月1.17万公顷。

灌木林地 全县灌木林地面积,1996年20.45公顷。2002年345.79公顷。2010年340.74公顷。至2013年3月338.9公顷。

其他林地 以苗木、花卉为主。2000年253公顷。2005年1404公顷,花卉苗木生产企业60家,种植专业户1740户,从业人员2753人,花木种类300多个,品种数千个。2006—2009年,全县发展花卉苗木1052.67公顷。2010年,全县发展花卉苗木面积533.34公顷,其中东屏镇和平苗木基地133.33公顷、和凤镇新型农业生态园200公顷、晶桥镇枫香岭苗木基地

66.67 公顷、洪蓝镇苗木基地 66.67 公顷、白马镇林禽复合经营基地 66.67 公顷。至 2013 年 3 月,全县花卉苗木种植面积 2582.86 公顷。

【城市休闲及道路绿地】

2001—2005 年,先后建成南门毓秀广场、弯子口市民广场、广成市民广场等 11 处广场及街道节点景观,新增绿地面积 30.54 公顷,植树 485020 棵。2006 年,实施望京广场、北门广场、明珠广场和珍珠广场绿地建设,面积 5.3 公顷。2007 年,实施城北干道景观带、无想山入口景观区,面积 2.5 公顷。2008 年,改造南门广场、西苑公园、中山河三期景观,建设公共绿地 10.2 公顷。2009 年,实施体育公园、城东公园等绿地建设,面积 11.8 公顷。2006—2009 年,实施城区道路绿化景观共 80 公顷。2008 年 12 月,溧水县被省政府授予"省级园林城市"称号。2009 年,城区建成珍珠广场、明珠广场、城东广场、毓秀广场、栖凤广场等街头公园、市民广场 30 多个,改造提升西苑公园等景观,创建教师进修学校、江苏省溧水高级中学、地税培训中心等省级园林单位和广成东方名城省级园林住宅区,改造 8 个老旧小区,城区绿地总面积 747 公顷,其中公园绿地面积 159 公顷。2010 年,城区新增绿地面积 28 公顷,其中新增公园绿地 4 公顷、道路绿地 9.7 公顷、居住绿地 8.5 公顷,城市绿地总面积达 847 公顷。是年,县成功建成国家园林城市和国家卫生县城,森林覆盖率和城市绿化覆盖率分别达 28.3%和 41.76%。2011 年,建成城市绿地 65.8 公顷,其中城区绿地 36.32 公顷,道路、湖滨绿地 28.46 公顷。至 2013 年 3 月,城区园林绿地面积 927 公顷,城区绿地率 40.13%,城区绿化覆盖率 42.44%,人均公园绿地面积 13.09 平方米。

【畜禽与养殖用地】

县内畜禽养殖品种主要有猪、羊、牛和鸡、鸭、鹅,特种畜禽主要有獭兔、梅花鹿及蜂。1995 年,引进著名肉羊品种波尔羊。1999 年,建成全国最大的波尔羊纯繁基地——溧水县种养场,位于县城东郊,占地 4.67 公顷。2002 年,先后建立柘塘镇养蜂协会和县獭兔专业合作社,引进南京温氏家禽育种有限公司,实现畜禽、蜂产品规模化生产和产业化经营。2005 年,猪、羊、牛饲养量分别为 28.54 万头、39.31 万只(其中纯种波尔山羊 1716 只、波杂羊 21.6 万只)、1.05 万头,用地总面积 20 公顷;鸡、鸭、鹅饲养量分别为 327.3 万羽(其中特禽如野鸡、珍珠鸡、贵妃鸡、锦鸡、火鸡等 25 万羽)、

481.13 万羽、502.42 万羽;獭兔存栏 1.2 万只,年提供优质种兔 1.5 万组(每组 1 公 3 母)、商品兔 10 万只,用地总面积 5 公顷;梅花鹿饲养 480 头(其中母鹿 240 头),年产鲜茸 350 公斤;养蜂专业户 70 多户,养蜂 1 万箱,蜂产品加工企业 3 家,用地面积 12 公顷。2006 年以后,全县规模养殖场发展迅速,至 2009 年,全县省级生猪规模养殖场 3 户、市级 36 户、县级 142 户,生猪规模出栏总量 12.44 万头;省级肉禽规模养殖场 6 户、市级 80 户、县级 308 户,肉禽规模出栏总量 1012.82 万羽;省级蛋禽规模养殖场 16 户、市级 58 户、县级 26 户,蛋禽规模存栏总量 64.33 万羽。至 2013 年 3 月,全县年生猪饲养量 31 万头,山羊年饲养量 32 万头,獭兔年饲养量 84 万只,家禽年饲养量 2000 万只;生猪、肉禽、蛋禽规模养殖比重分别为 82.05%、94.02%、84.67%;至 2012 年底全县畜禽总用地面积 160 公顷。

【渔业用地】

1996 年始,全县推广稻田养殖技术,当年稻田养殖面积 8.67 公顷。1998 年实施 133.33 公顷南京市农业和农村现代化高效水产养殖业基地建设项目。2000 年起,发展大面积围网养殖,水产养殖面积迅速提高。是年,发展围网养殖 666.7 公顷。石湫镇陈家圩养殖分场建成精养鱼池 79.5 公顷,主要养殖异育银鲫、黑鱼、青虾、罗氏沼虾等特种水产;稻田养殖面积发展到 666.7 公顷,养殖模式从稻鱼虾发展到稻虾蟹,以及种草养蟹、提水养殖稻鱼虾等。2001 年起,开展低产、低洼农田土地流转,实施连片规模稻田养殖。2002 年,香港南华集团、安徽凤阳渔民等 8 家养殖单位和个人在石臼湖投资建成 2000 公顷围网养殖区。2005 年,水产养殖面积 9887 公顷,其中池塘养殖 4867 公顷,稻田养殖 2313 公顷,大面积围网养殖 2707 公顷;水产总产量 1.99 万吨,捕捞产量 3096 吨。2006 年后,全县发展以加州鲈鱼、河蟹、鳜鱼、南美白对虾等特种水产。至 2009 年,加州鲈鱼养殖 467 公顷,南美白对虾养殖 133 公顷。2010 年,洪蓝镇陈卞村被省海洋与渔业局授予"江苏省现代渔业示范村";南京润雨对虾养殖有限公司、晶桥财富圩渔场、和凤战天圩渔场被认定为"农业部水产健康养殖示范场"。2011 年,全县水产放养面积 1.24 万公顷,其中高效渔业面积 4487 公顷,高效设施渔业面积 2846 公顷;加州鲈鱼养殖面积 600 公顷,河蟹养殖面积 5000 公顷,青虾主养面积 1000 公顷,黄颡鱼主混养面积 567 公顷;渔业专业合作社发展到 25 家。至 2013 年 3 月,全县水产放养面积 1.3 万公顷(含高效渔业面积5153.67 公顷),其中水面养殖面积 9933.33 公顷、稻田养殖面积 3066.67 公顷。

第二节　建设用地

1996—1999 年,全县建设用地由粗放型低效向集约型高效转变。2000 年始,全县建设用地重点是以经济建设为中心,提高土地利用率,有序加快县城城市建设和稳步推进农村集镇建设,新增建设用地优先安排县经济技术开发区、镇级工业集中区工业高新技术产业建设项目和生态环境、交通、能源、水利等基础设施建设,保证国家重点建设项目用地,适度安排住宅商品房开发、旅游、文化、娱乐休闲用地,保障征地拆迁安置房、社会保障房建设用地,严格控制农居民私建房用地,推动土地利用方式由外延扩张向内涵挖潜,由粗放低效向集约高效转变,倡导土地紧凑利用和适当混合利用,优化城乡内部土地利用结构。

【县城区(永阳镇)】

县城所在地永阳镇(原在城镇),20 世纪 80 年代,老县城区面积 350 公顷。1996 年,县城区启动"六路四桥二场"(珍珠路、中山东路、金蛙路、宝塔路、交通路、方塘路,明珠桥、珍珠桥、小东门桥、二里桥,弯子口广场、城北转盘广场)建设工程。老城区内企业逐步向县开发区及永阳镇私营经济园搬迁。2002 年 6 月起,位于老城区中心地带面积 16 公顷全面实施拆迁改造工程,建成"两场一街"(通济街商业广场、中大街商贸文化广场和大东门美食步行街)。2003 年县城建成区面积 1580 公顷。2005 年末,县城建成区面积为 1650 公顷。2011 年,县城完成 10 大类、118 个子项建设任务,建成 27 条市政道路,总里程 36 公里,其中城南新城区"两纵两横两改造"(秦淮路南延、韩辛路南延、幸庄二号路、幸庄一号路、秦淮路拓宽改造、金蛙路拓宽改造);新城区 186.67 公顷主次路网及管网工程,同步推进公共设施;新建巷支路、板桥支路、文昌小区支路等支巷道路改造,总长 10.2 公里;老旧小区出新改造面积 1.3 万平方米、公共绿化面积 160.1 万平方米;县体育公园、烟草大楼、广电大厦、县人民医院、戴家村综合服务楼等先后开工建设。2010 年,县城建成区面积扩展至 1890 公顷,县城框架面积 3200 公顷,人均住房面积35.56平方米，城区人口增加到14万人，城镇化率45.1%。2011年，以骨干道路建设为重点，拉开城南新区建设框架，县城区扩大到3800公顷，建成汽车客运总站、农副产品交易中心等一批市政公共设施，并开工建设城南新区实验小学等项目。2012年，实施完成幸庄二号路、城北2号路至罗马二道和宁杭城际铁路溧水站站前广场工程；开工建设溧白公路、省道340溧水先导段、致远路等“三纵一横”新城道路。至2013年3月，县城建成区面积扩大到4500公顷，县城框架面积5000公顷，人均住房面积43平方米，人均道路面积27.5平方米，城区路灯总长143公里，路灯亮化率98.4%。

2001—2012年溧水县用地统计表

表3-1

年份	用地单位名称	坐落位置	土地用途	性质	用地面积(公顷)
2001	南京金蛙股份公司	毓秀路85号	工业	协议	57.89
	荣昌房地产开发公司	花园小区	住宅	协议	12.19
	南京金蛙股份有限公司	毓秀路85号	工业	协议	95.26
	南京联强冶金集团公司	开发区	工业	协议	53.53
	溧水县粮油购销公司		综合	协议	58.22
	南京大金山实业有限公司	毓秀路68号	工业	协议	1.43
		新区	住宅	协议	4.33
		东屏	工业	协议	4.21
		柘塘	工业	协议	8.02
		寺桥	住宅	协议	0.12
2002	南京晨光航天应用技术公司	永阳私营经济园	工业	协议	33.33
	南京星银药业公司	开发区内	工业	协议	7.02
2003	佑倡(南京)照明器材有限公司	原华电	工业	协议	13.59
	南京宁欣房地产开发有限公司	新区	商住	挂牌	9.28
	南京金东海发展投资有限公司	开发区	工业	协议	29.98

续表 3-1

年份	用地单位名称	坐落位置	土地用途	性质	用地面积（公顷）
2003	南京云海特种金属有限公司	晶桥	工业	协议	26.08
	南京卓邦置业有限公司	开发区	住宅	挂牌	15.69
	溧水县溧盛房地产开发有限公司	原金石公司	商住	挂牌	6.82
	南京港联精密不锈钢薄板有限公司	开发区	工业	协议	53.64
	江苏虹大服装有限公司	开发区	工业	协议	7.76
2004	南京中孚置业发展有限公司	花园路南、金蛙路北	居住、公建	挂牌	18.41
	江苏广成房地产有限公司	花园路北、秦淮路南	居住、公建	挂牌	13.61
	南京电真空器件有限公司	洪蓝镇	工业	协议	4.51
	南京市中天置业有限公司	开发区大金山对面	住宅及市场	挂牌	6.47
	南京市中天置业有限公司	开发区大金山对面	住宅及市场	挂牌	12.98
	南京台兴汽车零部件有限公司	开发区	工业	协议	7.46
	南京秦川汽车电器有限公司	开发区	工业	协议	6.66
	南京宏进、溧水苏源电力联合	秦淮路东侧	居住、公建	挂牌	13.77
	南京宏进、溧水苏源电力联合	秦淮路东侧	居住、公建	挂牌	0.6
2005	南京江城房地产开发有限公司	开发区中城花园东	居住、公建	挂牌	11.67
	南京江城房地产开发有限公司	开发区中城花园东	居住、公建	挂牌	5.51
	江苏舜天工贸有限公司	开发区	工业	协议	13.38
	南京新世纪机车科技有限公司	开发区	工业	协议	29.42
	南京久和置业投资发展有限公司	无想寺度假村	旅游休闲	招标	7.24
	南京新今达置业有限公司	开发区大金山	商住	挂牌	20.81
	南京荷飞高科技实业有限公司	和凤镇工业区	工业	协议	7.13
	南京金友都房地产开发有限公司	秦淮路以西，机场路以南	住宅（含商业配套）	挂牌	13.33
	南京群业五金制品有限公司	东屏镇	工业	协议	8.24
	南京金友都房地产开发有限公司	秦淮路以西，机场路以南	住宅（含商业配套）	挂牌	7.57

续表 3–1

年份	用地单位名称	坐落位置	土地用途	性质	用地面积(公顷)
2006	南京远拓房地产开发有限公司	开发区团山	商住	挂牌	12.8
	新澳(南京)实业有限公司	东屏镇	旅游、度假、居住	挂牌	100
	浙江海正化工股份有限公司南京分公司	晶桥镇	工业	协议	20.36
	南京华州置业有限公司	天生桥景区以北	旅游、度假、居住	挂牌	7.34
	南京锗厂有限公司	开发区	工业	协议	11.84
	南京云海特种金属股份有限公司	开发区	工业	协议	13.41
	南京小洋人生物科技发展有限公司	开发区	工业	协议	7.81
	南京瑞鑫纺织有限公司	开发区	工业	协议	7.83
	南京飞燕活塞环股份有限公司	开发区	工业	协议	16.25
		开发区	工业	协议	3.04
	南京昌龙粉末涂料有限公司	东屏镇	工业	协议	4.67
		东屏镇	工业	协议	2.2
	南京联塑科技实业有限公司	开发区	工业	协议	18.52
	南京喜之朗海苔食品有限公司	开发区	工业	协议	10.45
	南京拜康环保板业有限公司	开发区	工业	协议	12.63
	南京拜康环保板业有限公司	开发区	工业	协议	11.97
	南京观山水务有限公司	晶桥镇	工业	协议	10.26
	南京星银药业有限公司	开发区	工业	协议	8.64
	万基隆(南京)汽车部件有限公司	开发区	工业	协议	11.25
	南京云海特种金属股份有限公司	开发区	工业	协议	6.67
	南京云海特种金属股份有限公司	开发区	工业	协议	6.66
	南京云海特种金属股份有限公司	开发区	工业	协议	6.67
	南京钰佳特针织服饰有限公司	开发区	工业	协议	7.43

续表 3-1

年份	用地单位名称	坐落位置	土地用途	性质	用地面积(公顷)
2007	深圳创维--RGB 电子有限公司江苏分公司	开发区	工业	协议	2.68
	深圳创维--RGB 电子有限公司江苏分公司	开发区	工业	协议	11.87
	南京明联房地产开发有限公司	金蛙路以南，县中以西	商业居住	挂牌	10.65
	江苏绿缘置业发展有限公司、江苏天亿实业集团有限公司	白马镇白朱公路东侧	旅游度假配套设施和居住	挂牌	19.51
	南京科泰锻压设备有限公司	开发区	工业	协议	6.66
	南京禾采医疗器械有限公司	开发区	工业	协议	9.89
	南京八富罗投资管理有限公司	傅家边农业科技园东侧	旅游度假配套设施和居住	挂牌	12.78
	溧水县苏源电力实业有限公司	开发区	工业	协议	6.67
	安基(BVI)有限公司	宁常高速与宁杭高速之间	旅游度假配套设施和居住	挂牌	98.31
	南京濠泰机械有限公司	开发区南区	工业	协议	7.13
	江苏爱涛置业有限公司	板桥路东,龙山路北	商业,居住	挂牌	11.68
	江苏爱涛置业有限公司	薛李路东	居住(含商业配套)	挂牌	2.1
	罗马自动化设备(南京)有限公司	开发区南区	工业	挂牌	6.98
	南京帅奇房地产开发有限公司	和凤中心小学东侧	居住(含商业配套)	挂牌	9.07
	江苏广电石湫影视基地有限公司	石湫镇,北起溧塘水库,东至塘铜公路	文化娱乐,旅馆业	挂牌	20

续表 3-1

年份	用地单位名称	坐落位置	土地用途	性质	用地面积（公顷）
2008	南京金科教育文化发展有限公司	洪蓝镇渔歌集镇	教育	协议	8
	江苏宏诚置业有限公司	和凤镇纬四路南，宁高高速东	居住	挂牌	7.83
2009	江苏东盟输配电科技股份有限公司	开发区	工业	挂牌	12
	江苏汉天水泥有限公司	晶桥镇	工业	挂牌	26.97
2010	溧水新时代房地产开发有限公司	珍珠南路，健康路，新龙路，莘庄一号路围合范围	居住	挂牌	7.83
	中国移动通信集团江苏有限公司	东屏工业集中区	工业	挂牌	8.67
	江苏天恒包装有限公司	柘塘工业集中区	工业	挂牌	7.34
	深圳市康利投资有限公司	永阳镇城北干道东，花园路南，幸福路西，金蛙路北	居住	挂牌	14.01
	南京创维数字乐园建设有限公司	开发区	居住	挂牌	6.8
	含羞草(江苏)食品有限公司	开发区	工业	挂牌	10.3
	溧阳市海创物资有限公司	永阳镇新龙路以西，老明路以北	二类居住	挂牌	8.92
2011	南京创源天地置业有限公司	永阳镇珍珠南路以东，规划外环路以北	居住、商业、科教用地	挂牌	13.3
	江苏上上电缆集团溧阳特种电缆有限公司	永阳镇城东干道东，健康路南，幸庄一号路北	居住	挂牌	8.23
	江苏万辰置业投资有限公司	永阳镇金蛙路南，板桥路西，幸庄二号路北	居住	挂牌	7.91
	南京创源天地新能源科技有限公司	开发区	工业	挂牌	12.25
2012	南京创维平面显示科技有限公司	开发区西扩片区，滨淮大道东	工业	挂牌	16.9

说明：以上统计为投资百万元单位用地

城区街道、干道、巷道用地 1996—2005年，县城先后完成中山西路、城西干道、交通路、毓秀路、中大街、珍珠北路、中山东路、中山中路、宝塔路、珍珠中路、珍珠南路、秦淮路、金蛙路、交通西路14条城区干道建设，总长20.27公里，面积285.26公顷。同时，新建和拓宽改造城区道路33条，新建道路长度64.69公里、面积170.59万平方米，其中县开发区新建道路13条，长32.3公里、面积131.97公顷；拓宽改建城区道路20条，长36.41公里、面积38.53公顷。2006—2007年，建成27条市政道路，里程36公里，包括新建珍珠南路南延、青年路东延、龙山路东延、中山路东延、幸庄一号路东延、幸庄二号路东延、城西生活路、城北生活路、秦淮路南延、韩辛路南延、幸庄二号路、幸庄一号路12条和改造常溧路、中山路、珍珠路、秦淮路、交通路、大西门路(中大街—大西门桥)、中大街(红花巷、县医院—南门广场)、青年路、花园东路、城北干道15条。2008—2010年，实施花塘岗、南门口、江苏溧水高级中学转盘广场、秦淮北路与交通路交叉口、望京广场五叉路口改造工程。改造内容包括交叉口道路、路牙、人行道、下水道、绿化亮化等。将转盘广场改造为渠化交叉口，增设三角岛。一次性设计渠化路段、交通站亭，符合国内最新城市道路标准，确保新城区道路通行适用性、安全性。拓建城区干道25条，长25.6公里，面积58.77公顷。期间，结合旧城改造，新建、改建城区主要支路与街巷道36条，包括园村路、城北干道、寺桥路、大东门街、三中路、方塘巷、通济街、小东门街、西坛新村路、大西门路、红花巷、新龙路、城东干道、分龙岗路、青年路、龙山路、韩辛路、庆丰路、花园中路、文昌西街、花园东路、庙巷、丁家谭路、后巷、革新路、浪塘路等，长26.5公里。至2013年3月，县城区干道、街道、巷道计72条，总长78.83公里、总面积225.95公顷。

1996—2012年溧水城区主要街道类型表

表3-2

街道类型	街道条数	合计长度(米)	街道名称
主干道	18	29410	珍珠北路、珍珠路、珍珠南路、宝塔路、双塘路、望京街、中大街、毓秀路、秦淮大道、交通西路、交通路、中山西路、中山路、中山东路、分龙岗路、分龙岗东路、天生桥大道、幸庄路

续表 3-2

街道类型	街道条数	合计长度（米）	街道名称
次干道	19	24970	永寿路、永昌西路、西坛路、新珠路、淮源街、陈沛桥路、随园路、新龙路、金龙路、尚书路、观峰路、青年路、龙山路、仪凤北路、仪凤南路、崇文路、体育公园路、致远路、秀园路
支路	22	9450	(老)中大街、大西门街、小西门街、大东门街、小东门街、红花巷、方塘巷、后巷、通济街、庙巷、南河沿、北河沿、庆丰路、文昌西路、文昌路、财贸巷、寺桥巷、园村巷、绿村巷、南门口巷、革新路、杨家巷

2001—2012 年溧水城区主要街道拓建情况表

表 3-3

工程名称	拓宽长度（米）	铺设路面种类	铺修面积（平方米）	拓建年份
秀园路建设工程（新龙路—毓秀路）	550	沥青混凝土、面包砖	11000	2003
陈沛桥路建设工程（天生桥大道—秀园路）	550	沥青混凝土、面包砖	9900	
珍珠南路建设工程（天生桥大道—无想山下）	3300	沥青混凝土、面包砖	63400	2005
中山东路建设工程（秦淮大道—琴音大道）	1300	沥青混凝土	31200	2006
新珠路建设工程（珍珠南路—新龙路）	430	沥青混凝土、面包砖	7310	
青年东路建设工程（秦淮大道—琴音大道）	1260	沥青混凝土	20160	
分龙岗东路建设工程（秦淮大道—琴音大道）	1250	沥青混凝土	30000	
致远路建设工程（天生桥大道—幸庄路）	1080	沥青混凝土、面包砖	21168	2007
随园路建设工程（天生桥大道—幸庄路）	1080	沥青混凝土、面包砖	25920	

续表 3-3

工程名称	拓宽长度（米）	铺设路面种类	铺修面积（平方米）	拓建年份
秦淮大道建设工程（天生桥大道—幸庄路）	1080	沥青混凝土、面包砖	27000	2007
体育公园路建设工程（金龙路—仪凤南路）	2100	沥青混凝土、面包砖	38800	
崇文路建设工程（珍珠南路—秦淮大道）	1330	沥青混凝土、面包砖	17480	
幸庄路建设工程（珍珠南路—秦淮大道）	1360	沥青混凝土、面包砖	39400	
天生桥大道改造工程（秦淮大道—珍珠南路）	1200	沥青混凝土	12000	
秀园路建设工程（秦淮大道—珍珠南路）	1200	沥青混凝土、面包砖	28800	2008
致远路建设工程（天生桥大道—秀园路）	580	沥青混凝土、面包砖	10440	2009
新龙路建设工程（天生桥大道—中山路）	1250	沥青混凝土、面包砖	30000	
交通路西延工程（望京街—栖凤北路）	970	沥青混凝土、彩色道板砖	32980	2010
淮源街建设工程（中山路—秀园路）	640	沥青混凝土、面包砖	11520	
崇文路西延工程（珍珠南路—金龙路）	450	沥青混凝土、面包砖	8100	
毓秀路改造工程（天生桥大道—中山路）	1420	沥青混凝土、面包砖、广场砖	46540	
仪凤北路建设工程（交通路—分龙岗东路）	800	沥青混凝土、面包砖	18000	
幸庄路东延工程（秦淮大道—石燕路）	620	沥青混凝土	21080	2011
天生桥大道改造工程（秦淮大道—琴音大道）	1300	沥青混凝土、面包砖	55900	
金龙路建设工程（天生桥大道—幸庄路）	1100	沥青混凝土、面包砖	22000	2012

续表 3-3

工程名称	拓宽长度（米）	铺设路面种类	铺修面积（平方米）	拓建年份
尚书路建设工程（金龙路—南方新城西区间路）	600	沥青混凝土、面包砖	7200	2012
仪凤南路建设工程（体育公园路—幸庄路）	540	沥青混凝土、面包砖	12960	
崇文路建设工程（秦淮大道—石燕路）	670	沥青混凝土、面包砖	12060	
合计	30010		672318	

住宅用地 1990—1995 年，县城居民住宅房大多是县房管所公有房和县级机关、企事业单位统一建造的公有房。全县公房用地规模 70 公顷，公房建筑高度最多 6 层，每套建筑面积 45~120 平方米，建筑总面积 60 万平方米。1996 年 2 月，县政府印发《溧水县深化住房制度改革方案》《溧水县出售公有住房实施细则》，将公房以成本价向干部职工出售，产权归购房人所有，由县土地管理局和县房管所核发房屋所有权证书和土地使用权证书，并规定 5 年后准予上市交易。至 2005 年，全县出售公有住房 8000 套，面积 59.8 万平方米。

1996 年起，全县取消职工福利分房。县政府先后制定政策将部分国有土地使用权有偿出让给个人建私有住宅。至 2005 年，建成私人住宅小区有：西苑、珍珠北路、王家冲、气象站、板桥、工农兵、导航台、桥下、南门、中山东路、杨家园、机场、东郊、叉路口、中山河、文昌、葛卞村、新庄、沙河、淮源新村、龙山路 21 个小区，建设用地规模 51.24 公顷，建筑面积 44.94 万平方米，建房户 1838 户。

2001 年始，县政府开展招商引资，先后从上海、浙江、南京、常州等地，引进 19 家商品房开发企业进驻县城开发建设商品房。至 2005 年，城区开发 38 个住宅小区或地块，用地规模 173.84 公顷，建设规模 208.66 万平方米。是年末，县城实有住宅商品房建筑面积 244.29 万平方米，人均住宅建筑面积 21.24 平方米。2006 年，商品房开工面积 30 万平方米。此后连续两年大幅度增长。2007 年商品房开工面积 65.92 万平方米。2008 年商品房开工面积 82.84 万平方米。2009 年，受全球金融危机影响，城区商品房开工面积回落至 38.85 万平方米，销售面积下滑至 25.54 万平方米。2011 年后，随着金融形势回暖，县城商品房开工面积呈现上升趋势。至 2013 年 3 月，商品房开发新增用地规模 128 公顷，建筑规模 185 万平方米。2001—2009 年，建成中心花园、城东花园、力盛佳苑、涌鑫花园、望京佳苑、珍珠花苑、安居苑、宏泰花园、龙山名府、金盛花园、宏进佳苑、宏力花苑、明都苑、碧水家园、天生福邸、河滨公寓、秦淮源、荣昌花园、新龙佳苑、天人佳园、美丽新城、南苑小区、广成东方名城、中城花园、阳光家苑、水岸康城、水岸新都、中源阳光城等 29 个商品房住宅小区。2006 年至 2013 年 3 月，相继开发亚东同城印象家园、恒大金碧天下国际花园、华洲凤凰小镇、爱涛天逸园、南方新城、宏泰雅苑、和园、一品骊城、蓝湖西岸、康利华府、学府雅苑、创维佳园、时代景园、锦绣家苑、琴韵华庭、君悦华庭、凯阳花园、凤磷水苑、中山名府、东城世家、金湖佳园、万科、万辰广场 23 个商品住宅区。2000 年至 2013 年 3 月，县城区商品房开发用地规模 310 公顷，建筑总面积 480 万平方米。

2002 年始，全县启动经济适用住房和廉租房建设，以解决低保困难家庭、中低收入家庭、被拆迁困难户和老城危旧房改造居民住房困难，限定住房建设标准为中小套型。至 2005 年，分别在花园小区、庆丰小区、燕溪苑、康乐佳苑等小区建成经济适用房 8.05 万平方米，享受经济适用住房家庭 1000 余户(含公共设施项目部分拆迁安置户)。2007—2009 年，在县城中山东路以北、交通西路以南建成廉租房 80 套，建筑面积 4000 平方米；经济适用房 210 套，建筑面积 2.45 万平方米。2010—2012 年，在县开发区建成国电龙源、南京创维、控特电机公共租赁房 410 套，建筑面积 2.87 万平方米。2002 年至 2013 年 3 月，全县经济适用房、廉租房用地规模 35 公顷，建筑总面积 15 万平方米。2012 年 8 月，县政府制定《溧水县经济适用房实施细则》《溧水县廉租房实施细则》《溧水县公共廉租房实施细则》，以规范全县保障性住房建设、供应和管理。

2006 年始，县政府实施安置房建设，以解决县城规划区内和县开发区被拆迁农(居)民住房。2007—2009 年，开工建设安置房项目 20 个，建设用地规模 32 公顷，建筑面积 31.5 万平方米，建成幸庄北苑、幸庄南苑、中山佳苑、工农兵康居、秦淮源等 8 个安置房住宅小区，安置拆迁户 3500 户。2010—2012 年，开工建设安置项目 26 个，其中县开发区 16 个，建设用地规模 38 公顷，建筑面积 40.5 万平方米，建成柘塘、乌山、秦淮源二期、荣昌三期等安置住宅小区,安置拆迁户 4500 户。2012 年 6 月,县城小西门、城郊村张家、葛家 812 户房屋拆迁后,2013 年 3 月,安置房在双塘路西侧和交通西路北侧开工建设,建设用地规模 25 公顷。

【县开发区】

1992 年 6 月,建设在县城北部启动县开发区。1993 年 11 月,由省政府批准,县开发区被列为省级经济开发区,定名为江苏省溧水经济开发区(简称“县开发区”),规划面积 3.8 平方公里。1995 年 3 月,在城镇庙头村、荷花村整建制划归县开发区管理委员会(简称“县开发区管委会”)管辖,规划面积扩大到 5.5 平方公里。1997 年 6 月, 县开发区成立机场路居民委员会。2000 年 5 月,永阳镇胜水、薛岗、前进 3 个村整建制划归县开发区。至此,县开发区管委会下辖 5 个村委会、54 个村民小组和 1 个居委会, 辖区面积 25.6 平方公里。是年底,开发建设面积 2.2 平方公里,基本完成规划区内“四通一排一平”(通路、通电、通信、通水、排水、场地平整)基础设施建设。2001 年 7 月,县果树实验场整体划归县开发区。此后,实施产业链招商、重点地区招商、以商引商、中介招商,寻求与大企业、大集团对接。县开发区成为南京新兴制造业基地和南京南部重要工业聚集区。至 2005 年 11 月,县开发区引进企业 229 家,其中外资企业 36 家,形成汽车及零配件、食品医药、机械电子、轻工服饰 4 大支柱产业和企业集群。是年,规划面积扩大到 15 平方公里,建成区用地面积 1233 公顷,辖区面积 28 平方公里。12 月,经国家发改委重新审核通过认证,全区规划面积 6000 公顷。2008 年 4 月 20 日,县委、县政府下发《关于溧水经济开发区扩大范围优化管理体制的实施意见》决定,柘塘镇“整体合并,保留建制”方式并入开发区,人财物及经济发展、社会管理全部纳入开发区管委会管辖,实现“区镇合一”。县开发区面积扩大到 118 平方公里。是年,拉开道路及基础设施建设框架,建设日供水能力 6 万吨水厂、110 千伏变电站 2 座、双回路供电、蒸汽、排污及通讯等,实现“八通一平”。2009 年,建成区面积 3000 公顷。2010 年,南京龙源环保有限公司超滤膜生产线(项目用地 11 公顷)、江苏东盟输配电科技股份有限公司生产基地(项目用地 14.4 公顷)、东方国际(香港)股份有限公司食品生产基地(项目用地 11.2 公顷)等一批工业项目开工建设。2011 年 7 月,启动科创特区控制性详细规划和启动区城市设计,规划面积 1050 公顷,其中科创特区 490 公顷、国际企业研发园 560 公顷。2012 年,县开发区建设项目 125

个,建设用地规模600公顷。列入县重点大项目62个,其中二产新建项目12个、技改项目26个、三产项目6个、基础设施项目13个、民生项目5个;列入市重点项目5个,其中新开工项目2个、储备项目3个。是年底,完成区内医院、实验学校等项目立项及前期选址,开工建设荷花、乌山、柘塘3个农民拆迁安置点;建成区内13号、17号、19号、43号等道路,滨淮大道全线贯通;铺设自来水管总里程12.5公里;完成柘塘污水处理厂建设。

2008年9月,县开发区规划面积4684公顷,重点规划建设江苏溧水航空产业园,发展航空制造及部件加工产业,航空物流及生态服务产业。航空制造及部件加工产业规划区人口1.3万人,占地2701公顷;航空物流及生态服务产业规划区人口1万人, 占地面积1983公顷。规划分3个阶段实施:一期开发面积1500公顷,以航空制造、航空物流、航空服务为主导产业;二期开发面积2500公顷;三期开发面积4684公顷。2009年,航空产业园建设全面启动,建设滨淮大道等园区主干道6条,全长23.7公里;引江宁自来水进航空产业园,实现跨地区区域供水;提升改造宁溧路,绿化亮化宁溧路柘塘段3.5公里;全力推进48个工业项目。2010年1月3日,航空产业园被省商务厅批准为省级特色产业园。至2010年底,累计开发面积4平方公里,落户企业60多家,其中香港南华、南京高齿、南京箬升、苏锦电力、金安世腾等以机电为主40多家企业建成投产。2011年,提升园区规划,明确空港柘塘新城"一城、两区、五园"布局形态("一城"指空港柘塘新城中心城区;"两区"指科技创业特别社区和国际企业研发园区;"五园"指航空制造业产业园、汽车工业园、国际物流园、海峡两岸新材料产业园和高新技术产业园)。规划区内有1个集镇、58个村庄,总人口2.1万人。其中城市建设用地265.12公顷(其中工业用地129.71公顷),占规划总用地6.37%;水域面积781.91公顷,占总用地18.79%;村镇居住用地313.54公顷,占总用地7.54%;耕地面积2800.16公顷,占总用地67.3%。2012年,南京紫金(溧水)科技创业特别社区成立,其中科技创业特别社区规划面积4.9平方公里。是年底,解放军总参谋部第六十研究所、南京提坦信息科技、南京福年光电、南京透特信息、南京泽达医药等13家企业登记注册;国际企业研发园,规划面积560公顷。是年底,南京顶正包材、南京巴夫诺机械设备等10家企业入驻;南京溧水航空物流港通过市级评审,规划用地面积513.33公顷,是年底,南京唯度、普瑞仓储、嘉民物流等20多家物流企业入驻,总投资70亿元。

【集镇用地】

20 世纪 90 年代初，全县古镇有洪蓝、柘塘、孔镇、白马、石湫等。2000 年 2 月，乡镇行政区划调整后，全县设永阳、白马、东屏、洪蓝、晶桥、石湫、和凤、柘塘 8 个镇和 1 个省级开发区。2005 年，除县城所在地永阳镇外，7 个建制镇集镇道路总长 163 公里、面积 129.89 万平方米，人均公共绿地 3.78 平方米；集镇住宅面积 144.16 万平方米，人均居住面积 12.26 平方米；集镇公共用房建筑面积 59.42 万平方米。2010 年，全县除永阳镇外，7 个建制镇总用地面积 3050.19 公顷。2011 年，推动农民向新市镇集中，全县启动 13 个农民集中居住区建设。至 2013 年 3 月，全县 7 个建制镇用地面积 3903.25 公顷。

白马集镇 1996 年，白马集镇建成占地 2.35 公顷市民广场和占地 9.25 公顷新农贸市场。1997 年 3 月，成为市首批新型示范小城镇。1998 年完成自来水厂二期改造工程，日供水量 5000 吨。1999 年 3 月，白马镇被列为全省 220 个重点中心镇之一。2000 年，绿化集镇主干道，集镇道路形成两横两纵井字型格局。2002 年，白马镇通过市环境优美乡镇验收。2004 年，建造日处理 5000 吨污水处理厂 1 座。2001—2005 年，集镇建成道路 8.1 公里，绿化 1.6 万平方米，铺设人行道 1.53 公里，下水道 5.28 公里，5.5 公里主干道安装路灯 113 盏；建成农民公寓 4 幢，建筑面积 4400 平方米。至 2005 年，集镇道路总长 35 公里，住宅面积 23.6 万平方米，人均居住面积 17.51 平方米，人均公共绿地 2.41 平方米。2006—2009 年，建设康居路、廻峰路、茶兴路、环镇北路等一批集镇重点道路，并绿化、亮化，改造下水道及人行道；建成集镇绿化广场，增加 7.1 万平方米绿化面积；建成朱家边垃圾中转站 1 座和集镇自来水厂二期工程及河道整治。2010 年，绿化改造康居北路白马桥西街、廻峰路 22.28 公里人行道；建设农民集中居住区 4.16 万平方米。2012 年，按照新市镇建设目标，建成溧白公路白马段路基、江苏南京白马国家农业科技园区中心景观大道和配套污水管网、集镇廻峰路、体育路、康居路、工业路、白马桥西街道路、食品大道；建成白马镇污水处理厂，建设金谷佳苑小区二期 4.6 万平方米。

东屏集镇 1996 年，新建自来水厂，日供水量 5000 吨。1997 年 3 月，成为市首批新型示范小城镇。1998 年，建成 1400 平方米街心花园。1999 年 3 月，东屏镇被列为全省 220 个重点中心镇之一。2000 年，打通集镇外围环线道路，其中修建水泥路 19.1 公里；实施集镇道路绿化、美化工程，修建草坪 5400 平方米，铺设彩砖 4400 平方米。2002 年，东屏镇通过市环境优美乡镇验收。2002—2004 年，建成屏湖路、金山路、金湖路、西湖路、赤虎山路及轻工业园区金溪路、金狮路等水泥路 8 公里，铺设彩砖 3658 平方米，安装路灯 126 盏；新建停车场、自来水厂、敬老院、集镇农贸市场各 1 个；新建、改建标准公厕 6 座，在小区、广场、街头空地筑建花台 26 个，新增果壳箱 120 只、人工垃圾车 8 台、机械运输车 1 辆；实施常溧路景观大道绿化工程 3.5 公里，新增绿化面积 2.3 万平方米，镇区公共绿地面积 3.6 万平方米，绿化率 30%。2004 年 12 月，该镇创建省级新型示范小城镇工作通过省级验收，成为全县第一个省级新型示范小城镇。2005 年 1 月，该镇被省建设厅命名为省新型示范小城镇。是年，集镇道路总长 13 公里，住宅面积 24.83 万平方米，人均居住面积 29.25 平方米，人均公共绿地 17.65 平方米。2006—2009 年，建成 1.9 公里卧龙北路、2.2 公里新景路和金湖小区出新及金湖路、屏湖路、金山路、常溧路集镇段道路人行道及绿化改造工程，绿化面积 1 万平方米。2010 年，建成 2.6 公里东岗路、新农路、西湖路和 1.3 公里常溧路东屏段，以及环湖路两侧 2.25 公里绿化及配套景观工程；建设金湖小区一期 4805 平方米、宁杭城际铁路拆迁安置房 9273 平方米；建成大金山国防园茶楼、游泳池、宾馆等，安装路灯 450 盏。2012 年，按照新市镇建设目标，建成常溧路集镇段、西湖路二期及雨污管网、东岗路与朝阳路连接线和垃圾中转站，铺设燃气管道 5100 米、自来水管道 3000 米，绿化园区道路 3974 平方米，绿化改造金湖路、环湖路。

柘塘集镇　1996—1999 年，拓宽改造宁溧公路集镇段 1 公里，新铺砂石路 23 公里，新建水泥路 11 公里。2000 年，扩建集镇自来水厂，日供水量 4000 吨。2002—2004 年，从东屏镇卧龙湖铺设长 16 公里、直径 300 毫米管道直通柘塘镇，建造配套供水站和水净化设施 1 套，日供水能力 1 万吨，实现全镇联网供水。2004 年，集镇柘小路由砂石路改造成水泥路。2005 年 1 月，完成集镇崇贤街道改造工程，新铺沥青路面 500 米，改造下水道、公厕等设施，街道两侧实施亮化工程。同年，完成省道 123 集镇段人行道建设和亮化工程，建成群众休闲娱乐场所 2 处。是年，集镇道路总长 24 公里，住宅面积 15.77 万平方米，人均居住面积 9.57 平方米，人均公共绿地 2.02 平方米。2006—2009 年，建成 5000 平方米柘小路商住楼、集镇商贸小区、镇行政服务中心；完成柘塘影剧院门前广场改造，铺设彩色道板，完善绿化；建成

3000平方米市民休闲广场和集镇2条主街道亮化工程;建成集镇垃圾中转站、商贸小区和农民安居工程;完成南京视觉艺术学院扩建和省武警总队一支队营房及训练基地工程建设。

洪蓝集镇 1996年,开发集镇大泉塘小区、红旗小区,用地规模20公顷,建筑面积3.75万平方米,其中居住面积2.8万平方米,安置居民250户。同时,新建湾泉安置小区、大泉塘商贸小区和洪蓝集贸市场等,形成平安路、凤泉路、金牛路3条商业街。1997年6月,洪蓝集镇段防洪墙工程竣工。1998年,完善集镇平安路、金牛路下水道2500米。1999年12月,拓宽集镇至凤泉路1200米,铺设670米下水道,浇筑9380平方米水泥路面。2002年,新建占地1公顷的市民广场,建设平安、湾泉、金牛3个居民小区基础设施配套工程。2002—2004年,建成集镇主干道水泥路5公里,绿化1.99万平方米,铺设人行道4公里、下水道5公里,安装路灯210盏。2004年,建成占地1.67公顷集镇休闲广场,配置2套健身器材。是年,集镇通过市级新型小城镇验收。2005年,集镇道路总长20公里,住宅面积24.3万平方米,人均居住面积9.29平方米,人均公共绿地2.55平方米。2008年,天生桥河集镇段沙场搬迁至任家园村;建成占地16.67公顷的文化休闲广场,成为洪蓝人文娱乐新景观和镇区居民主要休闲场所。2009年,建成2600平方米镇农产品溧水分批发市场、镇污水处理厂和集电子阅览室、健身房、戏迷俱乐部于一体的文体中心。2010年,洪蓝胭脂河大桥、镇敬老院住宿楼(占地2公顷)及金牛山公园(占地13.7公顷)开工建设。2012年,建成中央路、兴中路、河西基础设施及金牛山市民公园、金牛路南延、停车场配套工程。

石湫集镇 1996—1998年,集镇拆迁旧房26户3800平方米,改造集镇主干道1100米、下水道300米,绿化道路3000平方米,铺设人行道彩砖8000平方米,实施"三五桥"改造工程,新建巨力达集镇刀具营销大楼、文化中心大楼、土地城建大楼和计划生育服务大楼。1998年6月至1999年,拓建集镇至塘窦村、塘窦村至桑园蒲村、集镇至九塘公路,集镇到村黑色路面85%。同年8月,完成供水量2000吨自来水站二期改造工程。是年10月,石湫乡集镇通过市级新型小城镇验收。2002年,扩建塘窦村至石湫集镇主干道,长3.5公里。2005年,镇中心区用地面积327公顷,集镇道路长18公里,其中普通公路3公里,高级、次高级公路15公里;住宅面积24.34万平方米,人均居住面积10.74平方米;人均公共绿地1.47平方米。2006—2009年,改造集镇道路5.15公里、景观大道2.1公里、人行道1.2万平方米;建设塘窦村和新河北路人行道、下水道7.1公里，更新改造集镇供水管网5.9公里；建成镇区客运站、垃圾中转站、明觉刀具市场三期和石湫、明觉集镇农贸市场；启动江苏未来影视产业园建设，扩改建镇敬老院1600平方米。2008年，该镇被市政府命名为“刀具制造业特色名镇”。2010年，改造集镇道路550米、污水及下水道4900米，新铺设自来水管网6700米；建成环山河河堤、护坡改造及环境整治工程，建设沿河道路8700米；完成省级农村示范中学现代化运动场建设项目。2012年，按照新市镇建设目标，完成民国风情商业区配套、新河北路环境整治提升及相关配套设施工程，建成道路1.5公里。

和凤集镇 1997年1月1日，和凤乡政府驻地从毛公埠集镇搬迁至双牌石集镇。乡政府用地面积0.88公顷。1996—1999年，集镇新建水泥路2.5公里，拆迁旧房80户、面积8000平方米，完成环乡公路、防污道路改造工程，新建土地管理所大楼、老年公寓等一批办公、公共设施。2000年，打通双牌石集镇通往唐邵、孙家巷村道路。2001年，拓宽双牌石集镇镇东路。2002年，实施镇东路硬化、绿化、亮化工程，并在两侧铺设下水道、修建人行道。2003年，和凤镇通过市环境优美乡镇验收。2004年，拓宽改造镇东路与省道123、宁高高速公路连接线，并实施景观绿化、亮化和道路排水工程；建成日处理能力1.3万吨自来水厂，取水口由石臼湖移至赭山头水库。2005年，启动双牌石水产品交易市场和双牌石凤凰园小区建设。是年，集镇道路长27公里，住宅面积16.98万平方米，人均居住面积12.17平方米，人均公共绿地4.49平方米。2012年，拓宽改造省道123集镇段1300米及配套工程。

晶桥集镇 1998年7月，集镇启动主街道路面改造和休闲广场、停车场建设工程。是年底，该镇通过市级新型示范镇验收。2004年，建成日处理3000吨污水处理厂。2005年，实施自来水联网工程，延长自来水管线2.8万米，新增受益人口9600人。是年，集镇道路长26公里，均为高级、次高级公路；住宅面积14.34万平方米，人均居住面积12.17平方米；人均公共绿地4.04平方米。2006—2009年，建成集镇振兴路、安泰路及集镇休闲广场和晶桥、杭村客运站及垃圾中转站。2012年，完成滨河路、振兴路、政府路、花园路路面改造及经六路建设工程。

【镇工业集中区用地】

永阳镇 1994年5月26日，城郊乡并入在城镇。是年，该镇乡镇企业53个，地处县城内和城区周边，用地面积31公顷。1996—1997，县政府实施旧城改造和乡镇企业改制,镇原有企业或迁移或倒闭。1998年7月,镇启动私营经济园建设,首期用地面积100公顷。2000年3月,更名为永阳私营经济园。同年9月,启动二期工程。是年底,累计引进企业14家。2004年6月,永阳私营经济园更名为县经济开发区南区,规划面积2000公顷,其中建成区600公顷。至2005年,引进企业128家(其中外资企业22家)。至2009年,入园企业450家。2010年,新建金龙和幸源两条园区道路;完成三期东庐片区工业总体规划方案;落户企业700多家。2011年,入园企业850家,其中外资企业3家,开票销售收入超亿元企业12家,超5000万元企业21家。至2013年3月,形成装备制造、压力容器、汽车配件、精密铸造、轻工服装5大产业,有企业950家,产品品种640多个。其中,外资企业23家,主营业务收入超亿元企业16家,5000万元以上企业20家;用地面积1800公顷,建成区面积1200公顷。

东屏镇 2001年3月,在集镇西建设工业集中区,规划面积1478公顷,东至东屏湖,北至丰安寺,南至爱国水库,西至县开发区,并沿常溧公路两侧分为四区开发。2005年12月,完成一、二区开发,启动三区开发,开发面积500公顷。2007年,建设集中区道路框架300公顷,新增工业用地67公顷,完善水、电、信、视等配套设施,入园企业63家。2008年,建设以政府为中心的行政服务区、沿湖东侧服务业经济板块、沿湖南侧休闲观光农业经济板块、沿湖西侧和北侧工业经济板块"一区三大经济板块"。2009年,新增、平整项目用地83公顷,建设污水处理厂和朝阳路、金港路(外延)、金屏路(北延)、松林路等道路,工业集中区内两横五纵道路框架与高速公路直接联网,架设区内电网6公里,埋设排水管道3.1公里,入园企业97家。2010年,建设东岗路、新农路(北延)1600米,平整场地40公顷,中国移动华东物流中心项目落户该区。2011年,建成西湖路1600米,铺设园区自来水管网2500米及各类排水管道3000米,完成园区绿化20万平方米,征用土地13公顷。至2013年3月,建成区面积600公顷,入驻企业150家。

柘塘镇 2000年,柘塘镇在原工业集中区(第一期)基础上,规划面积扩大至1000公顷,规划范围东至福田村,南至宁高高速公路,西至柘塘集镇,北至新淮村沂塘自然村。2002—2005年,开发工业集中区二期、三期工程,面积300公顷,引进企业和项目60多个,形成轻工纺织业、机电制造业特色板块。2006年,镇工业集中区被批准为市重点园区配套协作区,被列入市汽车零部件制造产业溧水生产基地配套区。2007年，区企业76家，并启动四期开发；建设物流产业园，面积53.3公顷；新建水泥路2公里、下水道4公里，新装路灯50盏，新增绿化1万平方米；建成区总面积400公顷。

白马镇 1999年5月，在集镇北部征地2.7公顷，建设私营经济工业区。当年有3家企业入区。2004年，在原私营经济工业区基础上，向北扩大220公顷建设白马工业集中区。至2005年，先后引进南京亚狮龙体育用品有限公司、南京富登皮具有限公司等80家企业。2009年，建成区面积800公顷，入区企业176家。2010年，机械工业区落户企业160家，以机械制造、金属制品加工、机电产品生产、轻工制品生产为主。食品工业区落户企业16家，产品以黑莓加工为主，年消化黑莓4万吨。至2013年3月，镇工业集中区建成面积1100公顷，入驻企业213家。

洪蓝镇 2001年，在原工业区基础上规划建设360公顷工业集中区。2003—2005年，开发面积110公顷，入驻企业22家。2007年，建成面积150公顷，落户企业61家。2008年，工业集中区拓展80公顷。2010年，开工建设5个村村级标房，占地8.67公顷，建筑面积4.2万平方米，在建工业项目41个。2011年，建设沟通胭脂河东西园区跨河大桥。2012年，完成河西新区80公顷土地平整、道路铺设等基础设施建设。至2013年3月，建成面积300公顷，入驻电光源、汽车配件、装备制造等企业90家。

石湫镇 1997年5月，在明觉集镇南侧建设全县首家个体私营工业园，占地2公顷。至1999年，有10家企业入园。2000年，乡镇行政区划调整后，镇政府在原个体私营工业园基础上，开发建设明觉刀具工业项目集中区，规划面积200公顷。2002年5月，在石湫集镇以南、老明路两侧开工建设石湫机场科技工业项目集中区，规划面积400公顷。至2005年，明觉工业集中区建成面积190公顷，形成以刀具、工具、机床制造与加工为主体特色工业集中区；石湫机场科技工业集中区建成面积200公顷，有20家企业相继落户。2008年，明觉工业集中区被列为市14个重点培育产业集群之一。2009年，明觉工业集中区内落户企业250家，其中刀具生产企业200家。至2013年3月，明觉和石湫两个工业集中区建成面积分别为200公顷和400公顷，入驻企业200多家。

和凤镇 2003年3月，在宁高高速公路西侧及省道123东侧开工建设工业集中区，规划面积800公顷。至2005年，建成面积150公顷，新建标准厂房8幢，入驻企业25家。2006年，完成工业集中区土地平整，水、电、路、绿化、亮化等基础设施建设,建成面积300公顷。2006年,镇工业集中区列入市重点乡镇工业园区配套协作区。2007年,完成工业集中区二期基础设施建设。2008年,向西扩容平整土地120公顷。2009年,建成面积500公顷,入园企业91家,其中千万元企业16家、亿元企业3家,形成有色金属、机械加工、汽车零部件、新型材料、食品加工5大产业。2011年,建成区向西延伸扩展400公顷。至2013年3月,建成面积400公顷,入驻企业168家,其中亿元以上企业2家,千万元以上企业21家。

晶桥镇 1997年12月,在集镇东南部建立晶桥乡观山工业区,面积220公顷。2000年3月,乡镇行政区划调整后,镇政府开发建设观山工业集中区。是年底,开发面积400公顷,引进工业企业17家。2002年6月,市政府批准成立南京观山精细化学科技园,规划面积1000公顷。至2005年年底,在原观山工业集中区基础上,新开发420公顷,入园企业22家。2009年,建成园区内纵一路、纵二路、横一路、横二路等交通网络,完善绿化、亮化、美化工程;入园企业76家,其中亿元以上企业6家,高新企业7家,形成集规模优势、产业优势、质量优势于一体的冶金、化工、机械、建材4大主导产业。2010年,相继开发枫香岭船舶工业集中区50公顷、芝山建材工业集中区40公顷。2012年9月,撤销观山工业集中区内原市观山精细化工科技园,关停18家"三高两低(高消耗、高污染、高危险、低产出、低效益)"企业,通过转型将其重新定位为新材料(生物医药)产业园。是年底,三区建成面积计816公顷,入驻企业67家,形成新型建材、冶金制造、生物医药、船舶配件4大主导产业。

1996–2012年溧水县土地出让情况表

表3–4

用地单位名称	用地位置	用地面积(公顷)	用地年份
南京联强冶金集团不锈钢有限公司	县开发区	66.67	2002
德昌电机(南京)有限公司	县开发区	5.33	
南京喜之郎海苔食品有限公司	县开发区	9.33	
南京华赛福保安器材有限公司	县开发区团山中路11号	2.67	2003
南京小洋人生物科技发展有限公司	县开发区红光西路8号	5.33	2004

续表 3-4

用地单位名称	用地位置	用地面积（公顷）	用地年份
信安细川(南京)包装有限公司	县开发区	4	2004
南京喜之郎食品有限公司	县开发区	8	2005
南京星银药业集团有限公司	县开发区机场路 28 号	6.67	
火天集装袋(南京)有限公司	县开发区中兴东路 3 号	4	
南京联塑科技实业有限公司	县开发区秀山东路 1#	13.87	2006
南京洁宁燃气有限公司	县开发区	6.67	
南京阔长电子科技有限公司	县开发区	2	2007
南京创维平面显示科技有限公司	县开发区	36.53	
南京瑞摩车业有限公司	县技术开发区中兴东路 15 号	4.27	2008
含羞草(江苏)食品有限公司	县开发区	11.2	2009
创源天地(中国)投资有限公司	县开发区宝塔北路 8 号	100	2010
邦基(南京)农牧有限公司	县开发区	4	2011
南京顶正包材有限公司	县开发区	13.33	
格满林(南京)新型建材科技有限公司	县开发区福田路	4.4	
南京秉信纸业有限公司	县开发区	7.87	
南京岩真旺包装材料有限公司	县开发区红光西路 2 号	3.33	2012
嘉淮仓储设施(南京)有限公司	县开发区宝塔北路 8 号	10.73	
南京和瑞家具有限公司	县开发区	2.07	
南京普瑞仓储有限公司	县开发区航空产业园	31.33	
南京辉恒服饰有限公司	柘塘镇柘宁东路 336 号	2	2006
南京鸿泽堂健康产品有限公司	柘塘工业集中区	0.93	2009
凯信通电子(南京)有限公司	永阳街道	2.77	2005
臻顺(南京)工业设备有限公司	永阳街道	3.33	2006
冠东科技实业(南京)有限公司	永阳街道	3.2	
南京金岛服装有限公司	永阳街道	1.4	
南京群顺自动化设备有限公司	永阳街道	1.13	2008
南京亚狮龙体育用品有限公司	白马镇白袁路 88 号	5.33	2003

续表 3-4

用地单位名称	用地位置	用地面积(公顷)	用地年份
沃德绿世界(溧水)生物科技有限公司	白马镇食品工业园	7.6	2009
南京群业五金制品有限公司	东屏镇常溧路边	9.73	2003
南京华钢五金有限公司	东屏镇金狮路	2.73	
南京尤欧电子有限公司	洪蓝工业集中区	1.13	2004
南京梦丽偲纺织品有限公司	洪蓝工业集中区	1.6	2006
南京锛锘机电有限公司	洪蓝工业集中区	2	2008
建正照明科技(江苏)有限公司	洪蓝工业集中区	1.33	2010

【村庄用地】

1996—2000 年，全县农民建房用地总面积 40.17 公顷，建筑面积 862.64 万平方米,其中楼房占新建房 98%。1999 年 1 月 1 日,新《土地管理法》颁布实施后,农村农民建房用地受到压缩,2000 年 5 月 16 日,县委、县政府下发《关于进一步加强全县土地统一管理的意见》,规定农民建房用地标准、建房条件、办理程序,不符合法律规定,一律不予批准。是年,永阳镇兴建集中式农民公寓,其中沙河中心村 1.68 万平方米、戴家中心村 1.58 万平方米。2002 年,石湫镇启动上方康居示范村建设。2004 年完成一期工程,新建别墅式住宅 70 幢。同年,完成塘窦村住宅小区建设,建筑面积 5000 平方米。2005 年,全县 10 个中心村开展文明示范村创建工作,红星、西旺、杨祥、桑园蒲、沙河、王家边、曹家桥、上方为县级重点中心村;乌飞塘、水晶村被列入市级重点中心村;革新、上方村被列入省级康居建设试点村。是年,全县农村实有住房建筑面积 1214.64 万平方米，人均居住面积 33.18 平方米。2006—2009 年,全县 29 个农民集中区建设公寓式联体住宅,182 个村庄开展环境整治,拆除旧房、危房 9.4 万平方米,新增村庄绿化 14.1 万平方米,填埋粪坑 1.61 万个,清理草垛及乱堆乱放等 5799 处,新建下水道 59.62 公里、公厕 204 个、休闲广场 38 个、文化活动室 7160 平方米。2010 年,21 个村庄实施环境整治,完成农村改厕 1.12 万户,新增“绿色”新村 151 个。2011 年,全县 37 个村得到省、市财政扶持,38 个村启动标房建设;修筑村级道路33 条,47.5 公里;改造自来水管网 4 片,11.8 公里;整治村庄环境 30

个,完成规模禽场沼气工程19处,秸秆固化基地1个,改厕2万座,村庄绿化100个;完成21个村级综合服务室建设,创建三星级为农服务社8家,惠及8个镇(区)13.35万农业人口。2012年,全县启动8个农民集中居住区建设项目(含城区拆迁安置房小区),建筑面积31.18万平方米。至2013年3月,全县村庄用地总面积7561.61公顷;完成502个自然村村庄环境卫生综合整治,其中省级三星级康居村25个,二星级康居村152个;建成洪蓝镇山凹、永阳镇韦家、开发区福田、白马镇尤陈边、东屏镇华家、石湫镇焦赞石、和凤镇前胡、晶桥镇枫香岭等特色风貌自然村庄。

【交通用地】

1996年,全县交通用地(除县城规划区域内道路外)总面积1373.93公顷。

1998—2000年,宁高高速公路一、二期工程相继建成通车。2002—2003年,省道102、宁溧公路、老明线拓宽改造,宁杭高速公路溧水段一期工程竣工通车。2005年,全县新增交通用地面积97.8公顷。是年底,境内公路里程1276.66公里,其中国道27.5公里、省道147.47公里、县道105.63公里,乡村道897.33公里。至2009年,全县交通新增用地面积77公顷。此后,随着国道、省道和县道交通网建设,2010—2012年,境内交通新增用地面积190公顷(不含农村道路)。至2013年3月,境内公路总里程1592公里,其中高速公路92公里、一级公路72公里、二级公路167公里、三级公路160公里、四级公路1071公里、等外公路29公里,交通用地总面积1738.73公顷(不含城区道路)。

国道 至2008年,县境内有国道1条,即长深(宁杭)高速公路。2000年7月始建,2008年8月建成通车。境内长31.35公里, 全线为双向四车道,路面宽21.74米,路基宽26.5米,用地面积87.79公顷。

省道 2001—2012年,县境内建成高等级公路10条,公路里程216.07公里,其中高速公路4条,里程63.68公里;高等级公路6条,里程152.39公里。至2013年3月,全县省道用地面积540.17公顷。

县道 1996年,境内县级(二级)公路里程110公里,用地面积165公顷。1997年后,随着高速公路、省一级高等级交通网快速发展,县政府加快县级公路规划与建设。1998—2008年,建成县级公路19条,总里程295.1公里,其中淳溧线至晶桥镇杭村县级公路里程46.82公里,白明线明觉桥至白马镇杜巷东袁线县级公路里程33.56公里。至2008年年底,全县县级公路用地面积314.34公顷。2009年至2013年3月,部分县道已建成通车或正在建设中。

1997—2012年溧水县公路用地情况统计表

表3-5

线路名称	境内长度(公里)	起止地点		路宽(米)		建成年份	用地面积(公顷)
		起	止	路基	路面		
国道							87.79
长深高速	22.28	桂庄枢纽	白马镇	23	20	2003	57.34
长深高速	9.07	句容溧水交界	桂庄枢纽	30	26	2008	30.45
省道							540.17
宁高高速连接线	2.65	宁高和凤互通	宋家	26	24	2006	7.71
宁宣高速	45.73	青草圩、洪蓝	和凤镇	24.5	21.5	2001	123.36
常合高速	10.59	白鹿分离式立交	桂庄枢纽	35	30.5	2007	41.47
常合高速	4.71	桂庄枢纽	骆家边	23	20	2003	12.12
宁高线	49.53	乌刹桥	双牌石	21	14	2002	103.96
张溧线	13.69	白鹿岗、十里牌	宁高高速	24	14.7	2001	32.84
老明线	41.51	西湖村	明觉	17	12.8	2001	70.53
扬句线	17.68	二干河	省道341	26	22.5	2009	45.95
宁郎线	7.9	溧水开发区	永阳创业园	61	22.5	2012	48.17
宁郎线	22.08	永阳创业园	高淳界	24.5	21	2012	54.07
县道							314.34
淳溧线	11.3	郭庄(句容界)、群力	宁杭线岔路口	14.8	10.4	1993	16.72
柘湖线	3.25	柘塘	地溪	7	5.5	2001	2.27
天生桥线	12.01	老明线金蛙平交、古塘互通	省道243	15	12	1998—2000	18.01
塘铜线	5.46	塘窦村	铜山	15	12	2000	8.19
东袁线	12.69	石家山、观音寺、朱家边	袁巷	8.3	6.4	1999—2004	10.53
珍珠南线	11.81	戴家(天生桥大道)、无想山	傅家边科技园(蒲杜线)	14.1	9.4	2000—2007	16.64

续表 3–5

线路名称	境内长度（公里）	起止地点		路宽（米）		建成年份	用地面积（公顷）
		起	止	路基	路面		
横桑线	6.34	塘窦村	横山	7	5.5	2000—2002	4.44
尤芝线	10.11	石头寨、李苍村	沙上线	6	4	2001—2004	6.06
东白线	22.3	东屏镇、王家山、朱家边	白马镇（老明线）	10.9	9.1	1999—2000	24.29
戴山线	46.82	淳溧线（宁杭连接线）、长乐、徐溪、小王边、碧山里	杭村	9	7	2001—2008	42.12
永和线	23.3	骆家边、前进、戴家、经家山、毛公铺	宁高线	16.2	13.4	2000—2008	37.73
柘洪线	10.53	蔡家庄、富滨、曹昌、九塘、天生桥	芮家塘	6.5	4.8	2000—2003	6.84
乌东线	25.32	下旺桥、乌山、群力、锶矿	常溧线	9.4	7.2	1998—2007	23.79
溧石线	14.07	宁高线、石湫	塘窦村	9.5	7.3	2000—2001	13.36
溧东大道	18.04	永阳镇、曹家、鲁家、王家山	白鹿	8.3	6.3	2000—2002	14.97
白明线	33.56	明觉桥、东泉桥、蒲塘、中宏化工厂、曹家桥	杜巷（东袁线）	11.2	8.4	2000—2007	37.57
孔枫线	10.14	孔镇、弯桥	云晶线	6.2	4.5	2001—2002	6.28
芝沙线	16.98	上沛、拆分点、泄洪桥、杭村、毛公铺	沙塘庵（宁高高速）	9.1	7	1997—2005	15.44
石尤线	5.08	蒲杜线	石头寨	8.6	7.4	2002	4.37
天青线	7.29	老明线、青锋村	青圩农场	6.5	4.8	1988、2002	4.74

镇村道 1998—1999 年，县实施乡村公路“通达工程”，重点是农村道路、中心村道路和石臼湖沿湖堤顶道路建设。至 2000 年，全县修建农村砂石路 239.8 公里、水泥路 90.2 公里、石臼湖沿湖堤顶道路 28.5 公里。2001 年，修建农村水泥路 260 公里。至 2002 年，全县累计铺设农村水泥路 643 公里，在全省率先实现村村通水泥路目标。此后，农村水泥路逐步向自然村延伸。至 2005 年，全县有农村公路 490 条，长 995.16 公里（含农村水泥路 732.14 公里），其中镇道 897.33 公里（含农村水泥路 682.7 公里），村道 97.83 公里（含农村水泥路 49.44 公里）。2006 年，东屏、白马、晶桥等镇建成

通村水泥路41.1公里,农村水泥路“毛细血管”搭上干线公路“主动脉”。2007年,建成农村水泥路100公里,打通镇村道路节点,形成农路通达循环。2008年,建成农村水泥路180公里,打通镇域连接公路,农村水泥路向居民集中区、产业集聚区、旅游景区延伸。2009年,建成农村水泥路110公里,完成农路改造30公里,路面维修面积15万平方米。2010年,实施62个农村公路建设项目,完成农村公路建设里程80公里。是年底,县内农村公路里程1460公里,用地面积1230.44公顷。2011年,建成镇道二级公路0.55公里,改建镇村四级公路41.45公里。2012年10月,开工建设傅家边秋湖竹海大道,三级公路标准设计,全长7.62公里。至2013年3月,全县农村道路用地总面积1255.28公顷。

2013年3月溧水县镇村道路统计表

表3-6

镇名	条数(条)	总长度(公里)	路宽档次		碎砂石路面条数
			3米以上(条)	5米以上(条)	
永阳	86	147	66	20	23
柘塘	84	139	46	38	5
东屏	69	119	60	9	10
白马	87	154	70	17	16
洪蓝	89	142	62	27	2
石湫	66	123	53	13	7
晶桥	50	126	45	5	5
和凤	63	127	53	10	10
合计	594	1077	455	139	78

铁路 2008—2012年,建成宁杭城际铁路溧水段29公里,其中桥梁长10.5公里、隧道长3公里、陆地路基长15.5公里,用地面积113.33公顷。途经永阳、东屏、白马3镇,设溧水高铁站1个,位于东屏镇徐溪村。2013年1月,正式运行,有发往南京、杭州、上海、合肥、芜湖等20多个省、市动车。

水路 2000年,一干河航道全年通航,航道全长16.21公里,是县境内主要常年通航水域。2003年,升至国家6级航道标准,设计最高通航水位

10 米、最低通航水位 5.6 米，常水位 7.5 米。全年可通航 100 吨级船舶，丰水期可通航 300 吨船舶；2001 年 8 月—2002 年 5 月，实施秦淮河航道溧水城区段（县城永昌桥—沙河口）一期改造工程，改造里程 1.35 公里，改造后航道底宽 20 米、上口宽 80 米。2002 年 12 月—2003 年 5 月，实施秦淮河航道（永昌桥至荷花施家拐）二期改造工程 1.35 公里，改造后达国家 6 级航道标准。2009—2010 年，实施沙河口下游戴家岗段整治工程，拓宽水下石质河床，其中疏浚长度 149 米、石质爆破清渣长度 433 米。2011 年，疏浚洪蓝至沙河段航道约 3 公里。沙河口至石臼湖湖口航段，由沙河的秦淮河、胭脂河、洪蓝、陈家的秦淮河组成，全长 15.33 公里，达国家 6 级航道标准，属季节性航道。每年 5 月至 10 月可以通航，11 月至次年 4 月为枯水期断航，通航期可通航 100 吨船舶。等外航道主要分布在新桥河、群力二干河、石湫三干河，可通航小吨位船舶，为季节性航道。

车站　1996 年，境内有长途汽车客运站（南京长途客运集团第十二公司长途汽车站）1 个，位于县城珍珠北路和交通路交汇处。白马镇、共和朱家边、晶桥乡、和凤双牌石、明觉乡、柘塘镇、乌山乡、群力乡、东屏镇、洪蓝埠、渔歌蒲塘、孔镇集镇、石湫塘窦村等设有长途站点 13 个，用地面积 2 公顷（其中县城长途汽车站 0.33 公顷、乡镇车站 1.67 公顷）。2001—2002 年，县长途汽车站实施改造工程，建成二级站（溧水汽车客运总站），占地面积 1 公顷，其中建筑面积 3900 平方米，停车场 2235 平方米，站房 2940 平方米。2008 年 12 月，县城改造，溧水汽车客运总站搬迁至城东秦淮北路和常溧路交汇处。2011 年 6 月建成，用地面积 5.93 公顷，建筑面积 1.5 万平方米，其中售票大楼 6388 平方米、候车楼 3206 平方米，站前广场 8000 平方米。站内设 13 个售票窗口、16 个检票口，候车大厅设座位 400 个。

1996 年，境内有公交站 1 个，位于县城弯子口广场。1997 年 3 月，因城区建设，该公交车站拆除。1998 年起，分别在城东（原导航台）、城南（原农用车厂）和城北（叉路口）设公交客运站点 3 个，用地面积 6 公顷。2006 年 4 月，县组建新的城市公交客运公司。5 月，城区投入公交车 30 辆，建设标准化公交站亭 18 个；农村投入公交车 46 辆。2007 年，建成通往 91 个村农村公交班线候车亭 268 个，建成石湫、晶桥 2 个集镇农客站。2008 年，孔镇、柘塘、明觉、东屏 4 个点以亭代站。2009 年，建成洪蓝、云鹤、十里牌、庙头 4 个农村汽车站，用地面积 0.26 公顷。2011—2012 年，城东、城北和城南公交客运站相继停运，各镇客运车辆统一由县汽车客运总站发车。至 2013 年 3

月,境内保留公路客运总站1个、镇客运站4个。

码头 1996—2003年,境内设有码头4个,分别在洪蓝埠集镇公路桥北、秦淮河沙河口东、新桥河新桥公路桥东和柘塘乌刹桥。洪蓝埠码头岸线长100米、宽25米,用地面积0.25公顷,可停靠3艘100吨船舶,主要经营黄砂,年吞吐量14.5万吨。沙河码头始建于1987年,岸线长110米、宽26米,用地面积0.29公顷,主要装卸黄砂、煤炭、建材等货物。2003年,沙河码头所有权转让给南京秦源热电有限公司。2004年,该公司将该码头改建成煤炭专用码头。同年底。建成新沙河码头,征地5.87公顷,岸线长208米,堆积场地1.52公顷,设有吊机4台、泊位4个,可停靠4艘200吨船舶,年吞吐量80万吨,主要经营黄砂;柘塘码头于1997年建成,岸线长90米,堆积场地0.25公顷,可停靠200吨船舶3艘,年吞吐量30万吨,以装卸黄砂为主,2008年8月改制为民营码头;新桥码头最小,岸线长20米,堆积场地0.02公顷,只能停靠1艘200吨船舶,年吞吐量5万吨,主要装卸黄沙、磷矿石等货物。

1999年前,境内有渡口9个。2000年10月,撤销方边、毛家圩、沙岗、枣树巷、毛家5个渡口。2004年12月,撤销中山渡口。2005年,三汊河、孙家、下旺3个渡口撤渡建桥,溧水县成为全市首批无渡县。

第四章　建设用地管理

20 世纪 80 年代初期，县政府未设土地管理专门机构，单位和个人建设用地，与被征地大队、生产队或个人协商价格后，报县有关部门审查，纳税确权使用。1987 年 1 月 1 日《中华人民共和国土地管理法》实施。1988 年 3 月 31 日，县土地管理局成立后，全县土地管理工作由分散多头转为集中管理，负责全县城乡建设征用土地具体事宜。1989 年 1 月 1 日，县土地管理局正式启用《建设用地征(拨)批准通知书》、建设用地许可证和农民建房土地许可证。1990—1995 年，开展城镇工矿、企事业单位建设用地、农村乡镇企业建设用地和农民建房用地清查。1996 年始，全县建设用地实行高度统一管理，国家建设用地由原来单一行政无偿划拨，改革为有偿划拨与有偿出让相结合；由原来无计划随意用地，改革为有计划用地；由单纯行政手段转变为运用法律、行政、经济、科学等综合手段，建设用地管理逐步走上规范化、科学化轨道。

1996 年 8 月，全县建设用地实行控制，严格用地审批。1997 年始，全县建设项目用地必须符合土地利用总体规划、县城总体规划和乡镇村建设规划以及基本农田保护区规划；用地定额执行国家统一"工程项目建设用地计划指标"；用地规模，按照土地利用总体规划确定城市建设用地规模和范围，控制城市建设用地无序扩张。2004 年，全县执行工业用地定额管理制度，开发区、永阳镇建设项目总投资低于 3000 万元、其他镇低于 2000 万元不再单独供地；工业项目投资强度，开发区、永阳镇不得低于 3.75 亿元/公顷，其他镇不得低于 3000 万元/公顷。县国土资源局按照国家建设、集体建设和农民建房 3 项用地需求与可能，编制确定全县用地计划，上报省、市政府审批后下达到各镇，作为指令性计划指标，不得突破。2005 年 4 月 13 日，县政府下发《关于进一步加强全县土地管理工作的意见》，规定建设用地审批程序，规范审批制度、办理程序。至 2012 年，全县办理各类建设项目有偿供地1445宗,面积3765.41公顷。

1998年始,县国土管理局依据县政府相关规定,开展土地储备工作。至2000年,县国有土地出让转让办公室收储在城镇城郊村西门、南门岗、桥下、蔬菜村蔬菜五队、六队和工农兵村浪塘、花塘7个村民小组撤组剩余国有土地15公顷,出让用于建设西苑、珍珠北路、南门、中山东路、气象站住宅小区。2000年7月,县土地储备中心成立。9月,收储企业改制国有土地10公顷。2006年5月31日,县政府下发《关于印发溧水县国有土地储备办法的通知》。至2012年,县土地储备中心收储撤组剩余国有土地、企业改制破产国有土地4070.38公顷,出让3700余公顷,剩余储备量358.3公顷。

2000—2010年,县国土资源局相继制定多项征地补偿安置新规,以县政府名义发到各镇(区)贯彻执行。2011年9月5日,县政府发布《关于印发溧水县征地补偿安置办法的通知》和《关于印发溧水县被征地人员社会保障办法的通知》。10月13日,县政府发布《关于印发溧水县征地房屋拆迁补偿安置办法的通知》。12月起,县国土资源局与人社局等部门开展2000年后征地情况调查梳理,2012年3月在永阳镇进行社会养老保障试点。全县1区7镇40个村、465个村民小组、涉及被征地农民35945人,全部纳入社会保障系统,实行征地、补偿、进保"三同步",做到应保尽保。1996—2013年3月,全县因国家、集体建设项目征地拆迁而灭失自然村146个,撤销村民小组建制592个,拆迁农(居)民房屋总户数6147户、建筑面积123万平方米,拆迁县、镇、村企业92个、占地面积184公顷、建筑面积18.4万平方米。

第一节 用地计划管理

1995年前,依据国家计划委员会和国家土地管理局《关于用地计划管理的暂行通知》,溧水县国家建设用地实行计划管理。1996年8月始,全县国家建设用地、集体建设用地和农民建房用地实行规划、计划和定额指标管理,即所有建设项目用地必须符合土地利用总体规划、城市(村镇)规划和基本农田保护区规划,执行国家统一工程项目建设用地定额指标。未列入年度用地计划或初步设计未经批准的建设项目,一律不得办理用地手续。

1997 年 2 月，全县实行发放建设用地计划票制度。建设用地计划票分为非农业建设用地计划票和农业用地计划票，两票不得互相调剂使用。占用耕地计划票可用于占用非耕地，但占用非耕地计划票不得用于占用耕地。当年，省、市下达溧水建设用地指标 106.67 公顷。同年 12 月 4 日，县国土管理局就 1992 年至 1994 年 4 月 22 日上级用地审批权限下放期间，县政府批准的 32 宗非农业用地（占地 48.21 公顷，其中耕地 20.53 公顷），申请市国土管理局补办手续获批。

1998 年，全县将供地重点放在盘活存量上，新建项目本着“先用存量，再用增量”节约计划原则供地。房地产开发、行政事业单位用地、商业用地以及部分企业用地尽可能走土地使用权出让渠道。通过出让、转让、租赁和作价入股等方式加速闲置土地流转，提高土地使用效益，最大限度减少行政划拨供地方式占用计划指标。是年，办理国家、集体建设用地项目 21 个，面积 31.2 公顷；办理单位、个人国有土地使用权出让 103 宗，面积 7.82 公顷。期间，县国土管理局采取土地规划与复垦规划挂钩审核并举措施，调节占用耕地矛盾，把部分暂不符合规划要求用地，与乡镇土管所、村建办共同调整规划，保证一批急需项目按期开工，为当年度重点建设项目——大金山和农业现代化工程、在城镇私营经济园、1122 工程、聋哑学校和在城、石湫小学搬迁等，提供用地服务。同年 7 月，全县启动土地复垦开发与中心村建设用地挂钩“两区”规划实施。12 月 8 日，县国土管理局将市下达溧水挂钩指标 8.67 公顷分解到各乡镇，再由各乡镇政府下达各村，专项用于中心村及配套基础设施建设。

1999 年 1 月 1 日，新修订《中华人民共和国土地管理法》实施后，省、市建设用地计划指标下达溧水减少。当年，市国土资源局分配给溧水县耕地占用指标 25.33 公顷，其中中心村建设和农民建房占用耕地指标 8.67 公顷，建设项目占用耕地指标 16.67 公顷。县国土管理局在用地计划指标不足情况下，向上争取耕地占用指标 30.67 公顷，其中道路拓宽改造 14 公顷，新建省溧中和公安局看守所、消防大队、武警中队等建设项目用地 16.67 公顷（省溧中 12.47 公顷、公安局 4.2 公顷），占用耕地指标面积 13.33 公顷（其中省溧中 9.33 公顷、公安局 4 公顷）。同时，全县建立建设用地项目供地备案制度，加强宏观调控与管理，及时掌握建设用地动态。是年，全县出让国有土地使用权面积 4.91 公顷，其中农民建房 0.6 公顷，办理征地、划拨手续 153.5 公顷。

2000—2004 年，县国土资源局通过计划管理、个案调整、撤队、建设用地置换和农用地整理折抵等多种举措增加建设占用耕地指标,保障全县经济社会发展,5年间获得省、市建设用地指标2436.18公顷。随着建设步伐加快,建设用地供需矛盾日益突出。2004年4月15日,县国土资源局从建设项目用地预审工作入手,强化审查、预审和批后管理,凡没有经过项目用地预审,不得报批建设用地,县城市道路、广场,从严控制用地规模;凡申请项目用地不符合指标要求,用地规模偏大,必须核减规模;查处不按期投资建设、擅自改变土地用途等违规行为;投资强度不达标,土地粗放利用项目限期整改。2005年4月13日,县政府下发《关于进一步加强全县土地管理工作的意见》,农用地转用指标首先用于全县重点产业发展,保证制造业基地建设及其配套项目用地;新城区、重点镇建设兼顾矛盾消化、提高城镇化水平项目用地。农用地转用申报与供地挂钩、与盘活存量土地挂钩、与农民补偿到位挂钩、与土地利用规划挂钩。凡达不到上述要求,国土部门原则上不受理新农用地转用申报。经营性土地有计划、按程序进行"招拍挂",适度调控、适度开发。当年始,每年由县国土局、发改局、建设局共同拟定经营性用地开发计划,并落实到具体地块。无特殊原因,不随意调整计划和序时进度。确需调整,报请县政府县长办公会集体研究。

2006—2012年,省、市下达溧水县新增建设用地计划902公顷,远远不能满足县各类建设用地需求。2006年起,建设用地计划管理将重点工程和重大项目用地,在年度用地计划上先保证急需开工项目。向上争取大项目(投资在1亿美元或10亿元)点供计划,2010年主要安排城镇建设和县开发区创维物流、东方食品重点工业项目用地。至2011年,申报开发区新能源电动车、北京金唯度、长安汽车和创维冰箱、洗衣机项目点供计划,获批用地计划257.33公顷。推进全县城乡建设用地增减挂钩,为重大项目落地争取用地指标,加大闲置土地处置,通过调整盘活提高批而未用土地利用率。

第二节 用地审批管理

全县用地审批类型主要有国家建设用地、集体建设用地、农(居)民建房用地和临时用地。1996—1998年,用地审批批准:国家、集体建设用地必须有国家批准的计划项目,农(居)民建房用地除农村农民家庭住房紧缺正常审批外,县城规划区域内农(居)民建房实行国有土地使用权出让审批制度。1999 年 1 月 1 日,新修订《中华人民共和国土地管理法》实施后,全县各类建设用地审批由过去国家、集体建设用地无偿划拨转变为有偿、有计划、有规模审批,尤其是商业服务业经营性用地全部推行招拍挂方式用地审批。临时用地实行临时有偿征用、及时复垦政策。1996—2012 年,审批国家、集体、个人 3 项各类建设项目(包括工业、商业)788 个、面积 3622.36 公顷,其中国家建设用地面积 3004.86 公顷,集体建设用地 577.33 公顷,个人建房用地 40.17 公顷;临时用地 158 公顷,复垦临时用地面积 135 公顷,其中耕地 90 公顷。1996—2012 年,全县水利工程用地面积 302 公顷。

【国家建设用地】

1996 年 8 月 10 日,县政府下发《关于加强全县基本建设管理的意见》,严格控制新开工项目,停缓建一批项目,整顿建设秩序,加强项目审批管理。除省政府授予项目审批权和按《全民所有制工业企业转换经营机制条例》规定可由企业自行审批项目外,总投资在 30 万元以上各类建设项目统一由县计经委扎口审批管理。未经县计经委立项批准纳入县固定资产投资计划项目,土地部门不得批准用地。1997 年 1 月 1 日起,凡依照法律规定须报经上级人民政府审批划拨、出让使用农村集体土地乡(镇)村各类建设项目用地,在正式报批前,必须由县土地管理部门向市土地管理部门预先报告,(填写《建设项目用地预报表》),报县政府审批,在用地正式批准后,填写《建设项目用地审批备案表》及县政府批准用地文件(属于出让用地项目,还须报送《国有土地使用权出让合同》副本),报市土地管理部门备案。是年,全县审批国家建设用地项目 36 个,用地 133.33 公顷,其中耕地 87 公顷。

1997 年,县政府批转县国土管理局《关于进一步加强全县土地管理切实保护耕地的意见》,重申各类非农业建设用地立项、审批、规划严肃性,明确审批、用地程序和收费标准,以及非农建设用地跟踪监督要求。同时结合全县实际,进一步规范用地程序,调整服务结构,加快盘活存量土地、基础设施用地、乡镇开发用地、市场建设用地、招商引资用地、破产企业土地处置、企业改制土地处置等,依照土地管理法律、法规,明确办事程序、违规责任和处罚依据,加强项目跟踪管理,消除过去重批轻管现象。是年,全县办理国家建设用地项目 7 个,面积 107.28 公顷,其中占用耕地 52 公顷。

1999年1月1日,新修订《中华人民共和国土地管理法》实施后,取消县一级人民政府原有征用耕地0.2公顷以下,其他土地0.67公顷以下审批权限,全面实行土地用途管制。2000年5月16日,县委、县政府下发《关于进一步加强全县土地统一管理的意见》,各项建设用地必须严格按照法定权限和程序报批,在建设项目可行性研究报告评审阶段,县国土管理部门进行项目用地预审。凡不符合土地利用总体规划、城镇建设规划,未纳入年度土地利用计划,不予批准用地,项目不准开工建设。是年,全县依法上报审批建设用地232.14公顷,包括宁杭高速公路建设218.97公顷、马德利项目2.97公顷、柘塘柘中路建设1公顷、永阳镇0.67公顷、洪蓝镇0.2公顷、和凤镇0.2公顷、开发区4公顷、晶桥镇0.33公顷、白马八幸2公顷、石湫镇0.47公顷、县法院1.33公顷。2001—2003年,全县受理建设项目用地预审30个批次,用地面积1554.47公顷,其中农用地1161.13公顷,涉及耕地778.27公顷,均按照土地利用总体规划和用地计划审核报批。

2004年9月8日,县国土资源局制定《关于配合投资体制改革改进建设项目用地预审管理工作的意见》,就申办用地预审核准手续报件明确要求。2005年,全县预审建设项目用地123个,不符合土地利用总体规划建设用地一律不报批。分配建设用地指标与建设项目实际不符合及时调整。同时,在规定时间内完成报批下达计划指标基础上,争取到市局支持解决重点项目建设用地规划指标70.2公顷。全年组装上报16个批次,面积667.91公顷,农用地转用和土地征收等建设用地资料(农用地转用面积495.19公顷,其中耕地329.91公顷)。

2006年4月始,县国土资源局规范建设用地报批材料,分批次建设用地报批,提供建设用地项目呈报说明书、农用地转用方案、补充耕地方案、征收土地方案,土地分类面积汇总表和征收土地数量及安置农业人口情况汇总表,以及建设拟征(占)用土地权属情况汇总表;标注拟占用土地位置土地利用现状图、标注拟占用土地位置土地利用总体规划图、建设用地勘测定界技术报告书和勘测定界图;需收回国有土地应附收回国有土地使用权补偿安置情况表;拟定拟征地项目补偿标准和安置方案时,根据《国土资源听证规定》要求开展相关工作情况说明。当事人要求举行听证,应附听证笔录。单独选址建设项目用地报批,提供建设用地申请表。建设用地项目呈报说明书、农用地转用方案、补充耕地方案、征收土地方案、供地方案和土地分类面积汇总表、征收土地数量及安置农业人口情况汇总表;标注拟占用土地位置土地利用现状图、标注拟占用土地位置土地利用总体规划图、建设用地勘测定界技术报告书和勘测定界图、建设项目用地预审意见;项目批准、核准或备案文件;初步设计批准文件或其他设计批准文件;建设项目总平面布置图或线型工程平面图;是否压覆重要矿床证明材料或压覆重要矿床评估报告;地质灾害易发区地质灾害危险性评估报告;需收回国有土地应附收回国有土地使用权补偿安置情况表;占用林地,需附有权林业主管部门批准使用林地审核同意书;拟定拟征地项目补偿标准和安置方案时,根据《国土资源听证规定》要求开展相关工作情况说明。当事人要求举行听证,应附听证笔录。

农转用和土地征收报批,各镇(区)所按照镇(区)年度项目推进及建设项目用地实际需求情况,填报《年度建设项目用地清单》。列入报送清单项目,须获批准、核准或备案且符合土地利用总体规划的项目。在报送项目清单同时,须附项目批文。县开发区总投资在 3000 万元以上,永阳镇及其它各镇总投资在 1000 万元以上项目为重点保证项目。除县开发区、永阳镇外其它各镇要考虑 5%工业园区配套经营用地,原则上每镇安排 2~4 公顷(附相应规划图)。同年 5 月 31 日,县政府办转发县发改局《关于加快投资项目前期准备工作进度的实施细则的通知》,就全县核准类、备案类和审批类项目核准、预审、备案、立项、审批等操作流程作出具体规定。是年,全县预审 67 个建设项目和 1 个单独选址建设项目用地, 完成 7 个批次 66 个建设用地项目和 1 个单独选址建设用地项目组装上报, 涉及面积 168.86 公顷,其中农用地转用 109.61 公顷。同年 7 月,就 1999—2005 年分批次报批 73 宗、面积 380.17 公顷没有办理审批手续,致使全县违法用地率上升、影响争取 2007 年农用地转用指标问题,县国土资源局领导带领有关科室到县开发区和各镇工业集中区相关企业调查研究,掌握具体情况,解决“疑难杂症”,敦促企业补办用地手续。8—9 月,全县办理挂牌出让、协议出让、划拨等各类建设项目供地 227 宗,面积 625.16 公顷,比 2005 年增长 29.6%。把工业项目列入重点,局领导分工包片跟踪指导,及时为企业办理申报和登记手续,确保不影响项目落地与开工建设。是年,全县完成工业用地挂牌 8 幅,面积 22.76 公顷,成交价 3281 万元。

2009 年 8 月 26 日,市委市政府下达溧水县 2009 年度扩内需重点项目 17 个,分别为省道 243 南京段、省道 246 溧水至苏皖交界段、白朱路拓宽、空港新城(一期)、县开发区拆迁安置房、污水处理厂、晶桥敬老院、洪蓝敬老院、晶桥污水处理厂、石湫污水处理厂、洪蓝污水处理厂、和凤污水处理厂、白马污水处理厂、永阳污水处理厂、东屏污水处理厂、和凤中学建设、石湫农村道路建设等,总投资10.71亿元,用地面积140.2公顷,其中农用地130.6公顷,耕地110.07公顷。是年,全县完成中央投资项目13个、省级项目5个、市级项目30个,总面积261.67公顷,办理集体土地征(转)用报批37批次。同年12月,南京禄口国际机场二期扩建工程,须在溧水县石湫镇境内建设导航台。县国土资源局会同县住建局、石湫镇、省空管局开展选址工作,确定在石湫镇西园村附近,占地0.4公顷。2011年2月,该导航台出资建设单位——中国民用航空华东地区空中交通局江苏分局申请办理土地划拨手续、预缴土地划拨费用。县国土资源局经请示县政府同意后,及时办理相关手续。

2011年6月10日,幸庄二号路建设工程现场
(局档案室提供)

2011年7月4日,县政府办下发《关于切实加强建设项目用地预审工作的通知》,凡未经建设项目用地预审,没有县或县以上国土资源管理部门依法出具的建设项目预审意见,或预审未通过的建设项目,县发改部门不予办理项目审批、核准手续,不列入投资计划;县住建部门不予办理规划许可手续;县国土资源管理部门不予办理供地手续。县国土资源局将粗放用地、产能过剩和低水平重复建设项目列入严格限制范围,将不符合产业调整方向和集约用地要求的“三高两低”项目列入禁止范围,优先保障一批重大工程、自主创新、产业转型升级和现代服务业项目。是年,累计预审项目16个,面积72.91公顷,核销不符合要求项目7个,在用地预审批复后及时将预审项目逐级备案到省厅。

2012年5月15日,县国土资源局成立“溧水县重大项目用地保障领导小组”,负责部署制定全县战略新兴产业、现代服务业、先进制造业、科技研发业，城市基础设施民生等重大项目用地保障和相关服务。通过调控土地供应量，促进产业调整和升级。6—8 月，办理各类建设项目用地审批 74 宗，面积 160.53 公顷，优先办理、完善开发区创维、金龙客车、长安汽车、京唯度等县重大项目用地手续。通过土地利用年度计划指标调控，确保用地指标向重点区域、重点产业、项目倾斜，优化经济结构和转变经济增长方式。是年，与部、省沟通协调，优化项目包装，完成国家下达计划 61.33 公顷，组装上报点供计划 13.33 公顷，完成增减挂钩批次 2 个，新增建设用地面积 63 公顷。完成省电力公司南京供电公司新建 110 千伏柴山输变电工程、县气象局新建县气象灾害监测预警中心、柘塘污水处理厂及管网项目、高淳至芜湖高速公路江苏段工程建设项目、宁高高速公路联网收费改建工程以及省道 243、246 工程建设项目 6 个单独选址计划材料组装上报工作。1996 年至 2013 年 3 月，全县审批国家建设项目 788 个，面积 3622.36 公顷；办理建设项目有偿供地 1445 宗，面积 3765.41 公顷，其中工业用地 2273.26 公顷、经营性用地 1468.44 公顷。

2012 年 11 月 29 日，市国土局领导在溧水县开展重大项目用地保障工作调研　　(杨树　摄)

【集体建设用地】

20 世纪 80 年代初，境内集体建设用地多为农村兴修水利、砂石道路建设。进入 90 年代后，乡镇企业、社会事业加快发展，用地数量迅速增加。1988—1996 年，境内集体建设用地中，乡（镇）村企业建设用地占 70%，公共事业占 30%。1997—1998 年，随着改革开放深入，全县乡镇企业迅猛发展，建设用地面积 200 公顷，比 1996 年前总量翻一番。1999 年 1 月 1 日，新修订《土地管理法》实施，同年 12 月 6 日，县政府下发《关于进一步加强城乡土地出让统一管理的决定》。2003 年 4 月 14 日，县政府下发《关于进一步规范全县用地审批程序管理的通知》,全县各类建设项目供地扎口管理,由县政府授权县国土资源部门统一征地、统一程序、统一地价、统一审批、统一供地。5月起,在县城规划区内兴办镇、村企业,须由县规划主管部门选址定点,镇办企业使用集体土地,按"五统一"规定办理;村办企业使用集体所有(不改变所有权性质)土地,由县国土资源部门审核,报县政府批准,并报市国土资源局备案。使用国有土地,由用地单位向县、市国土资源局申请,挂牌出让。白马、东屏、洪蓝、石湫、柘塘、晶桥、和凤7个镇工业集中区建设项目用地,按照"五统一"规定办理用地手续,按规划选址。1996年至2013年3月,全县1区8镇审批集体建设用地3816公顷,其中1996—2000年审批577.33公顷;2001—2012年,由于计划用地指标限制,租赁土地面积3238.67公顷。

【农(居)民建房】

1996—1998年,县政府下发数个农(居)民建房管理文件。凡村镇农(居)民建房占用耕地、园地(包括自留地、晒谷场)等由乡镇土地管理所审核,报县国土管理局批准。占用非耕地,包括原有宅基地、村内空闲地,由乡镇土地管理所审核,报乡镇政府批准。非农业城镇户口居民建房用地分为:农村非农业户口居民建房用地,属于房屋原址翻建、扩建、改建使用原农村宅基地,由各乡(镇)土地管理所办理报县国土管理局批准。确需占用耕地建房,由个人申请,填报建房占用耕地申请表,经所在地村民小组讨论、村民委员会签署审核意见,经乡(镇)政府同意,由各乡(镇)土地管理所报送县国土管理局批准;国营场圃居民建房用地,由个人申请,经场圃签署意见,报县政府批准;县城镇、乡镇集镇居民建房使用国有土地,原则上不予批准。确需要原址翻建、扩建、改建或维修,由个人申请,经所在地居委会审核,持县、镇规划管理部门同意定点函件及相关证明,经乡(镇)政府同意,由乡(镇)土地管理所报送县国土管理局批准。城乡农(居)民建房用地(包括原址翻建、扩建、改建或新占用土地建房),一旦批准,建房户须领取建房用地许可证和规划部门颁发的建房规划许可证方可开工建设,否则视为违章建筑。

1999年1月1日始,新修订《中华人民共和国土地管理法》规定农村农民每户只能拥有一处宅基地,每户宅基地使用标准不得超过省、市、县规定标准,严禁城镇非农业户口居民占用农村集体土地建房。10月20日,县国土管理局就禁止在农村集体土地上建房出售、出租，专门作出规定。12月26日，县政府下发《关于进一步加强全县城乡土地出让统一管理的决定》，除国家建设项目征用外，任何单位和个人不得在集体土地上建房出售、出租；农民使用集体土地建住宅，必须符合宅基地申请条件，并履行严格审批手续，每户只能拥有一处且不超过规定标准宅基地，多出宅基地应依法收归集体所有，农民出售、出租房屋，不得再申请宅基地；城镇非农业户口居民不得擅自到农村购买宅基地或农民房屋，私自购买房屋不予办理房屋产权变更过户手续，私自购买农村集体土地建房不得办理建房用地和规划许可证；因历史原因，城镇非农业户口居民（包括外来户）在农村集体土地上建造房屋及附属设施，因国家建设需要拆迁，不论拆迁时土地所有权是否变为国有，均按农村集体土地上房屋拆迁标准补偿和安置；利用欺骗手段，骗取国家机关颁发建房用地许可证建房，一旦发现，依法没收房屋或依法拆除，所发建房许可证（土地许可证、建房规划许可证）一律无效。2006年5月23日，郑某、虞某、史某3户外籍人员冒充永阳镇戴家村张家碾村民小组村民，在该村草鞋山村民小组旱地上建住宅（二层楼房），经群众举报后，县国土资源局和县纪委立即查处，作出撤销收回3户农（居）民建房土地许可证决定，并组织有关部门依法强制拆除该3户房屋，所占用0.1公顷土地退还原村民小组。

2010年起，全县农（居）民建房用地审批更为严格。县城规划控制区（东至省道246，南至无想山下以北，西至宁溧高速，北至县开发区机场路以南），由县住房和城乡建设局牵头，县国土、城管、纪检监察、永阳镇政府、开发区参加，联合会审建房户建房及用地条件，原则上不允许新批宅基地，只允许在原房、原高度、原面积维修，更换屋面。县开发区、各镇农（居）民建房用地由县开发区、各镇从严控制审批，报县国土资源局备案。

1996—2012年，全县报批农民个人建房用地面积40.17公顷，其中占用耕地30.17公顷。

1996—2012 年溧水县三项建设用地情况统计表

表 4-1　　单位:公顷

年份	国家建设项目(个)	报批批次	三项建设用地面积				其中占用耕地
			国家建设	集体建设	农民个人建房	合计	
1996	36	—	133.33	5.8	1.48	140.61	96.06
1997	7	—	107.28	164.09	0.06	271.43	100.05
1998	2	—	21.94	47.07	4.85	73.86	0.27
1999	6	—	115.79	141.4	3.42	260.61	15.09
2000	11	—	232.14	218.97	15.94	467.05	13.33
2001	31	—	335.42	—	0.57	335.99	35.3
2002	39	4	132.94	—	2.77	135.71	23.06
2003	45	6	258.55	—	2.47	261.02	115.61
2004	51	5	194.96	—	4.07	199.03	114.65
2005	38	7	354.18	—	4.54	358.72	145.41
2006	66	7	168.86	—	—	168.86	89.77
2007	66	8	154.41	—	—	154.41	89.33
2008	18	6	83.03	—	—	83.03	35.21
2009	113	9	177.1	—	—	177.1	91.95
2010	39	13	102.26	—	—	102.26	50
2011	114	7	143.28	—	—	143.28	75.64
2012	106	12	289.39	—	—	289.39	145.13
合计	788	84	3004.86	577.33	40.17	3622.36	1235.86

【临时用地】

临时用地,包括砂石开采、砖瓦制造扩增取土、公路铁路建设取土、堆土场等。1996 年始,建设单位临时用地须提出临时用地量申请,由县土地管理局测算征用各项费用,再由建设项目施工单位将土地临时征用青苗、附着物补偿费提前支付到被征用村民小组,签订临时用地协议书。期满后由被征地村村委会负责及时复垦,恢复耕种条件。临时用地面积超过2公顷以上或挖损破坏大,由乡镇土地管理所上报县、市土地管理部门,列入年度土地整理、复垦开发计划项目,进行标准农田复垦。2006年6月,县城中山东路东延工程建设项目,因道路基础搅拌灰土需临时征用旱地,取土150万立方米。永阳镇国土资源所根据相关批准文件,与被征用土地工农兵村委会协商,依法临时征用该村刘家、丁家两个村民小组旱地4公顷,并签订临时土地征用协议。按照"谁破坏,谁复垦"原则,由建设项目施工单位支付土地青苗、附着物补偿每公顷66.67元,土地复垦费每公顷133.33元。该项目工程结束后,临时用地及时恢复耕种条件。

1996年至2013年3月,全县因各类公共基础设施建设,临时用地复垦面积135公顷,其中新增耕地90公顷。

【水利工程用地】

1996年始,全县水利建设用地管理,依据县政府《溧水县水利工程管理实施细则》和《溧水县防洪堤工程保护管理办法》实施。2003年3月31日,县国土资源局、水务局、建设局联合下发《关于加强水利工程管理范围内建设项目管理工作的通知》,规定新建、改建、扩建各类建筑项目及设施,跨河、穿河、穿堤、临河桥梁、码头、道路、渡口、隧道、管道、缆线、广告牌、取水口、排水口等建筑物、厂房、仓库、工业和民用建筑以及其他公共设施建设用地,必须到县、镇规划、国土等部门办理相关审批手续。

至2012年,县水务局实施中山河、中山水库、东屏湖、一干河、二干河、石臼湖加固堤埂防洪、改道水利设施用房等建设项目用地面积300多公顷,均办理合法手续。

第三节 征地、拆迁补偿安置

1996年后,县政府加强国家、集体建设用地拆迁补偿和安置管理,保障各类建设顺利进行,保护农民合法权益。1997年,县政府下发《溧水县国家建设征用土地补偿标准和安置办法》。2005年4月13日,县政府下发《溧水县征地拆迁补偿安置办法》,切实解决被征地农民基本生活保障问题。2006年2月24日,县政府下发《溧水县被征地农民基本生活保障试行办法》。是年,全县被征地符合条件进入城保 183 人,进入农保 252 人。2011 年 2 月起,县国土资源局、人社局等部门联合调查梳理全县 2000 年以来征地情况,按照县政府《关于溧水县被征地人员社会保障办法》,规范被征地农民社会保障工作。2013 年 1 月 1 日起,全县 1 区 7 镇 40 个村 465 个村民小组,35945 名被征地农民纳入社会养老保障系统。1996—2005 年,全县各类建设征地撤销村民小组建制 341 个,安置劳力就业 5.8 万人,其中货币安置 65%,进单位就业占 35%,直接养老人员 1.4 万人。1996 年至 2013 年 3 月,全县国家、集体建设征地拆迁灭失自然村 146 个,征地撤销村民小组建制 592 个(含预撤组 151 个),转移农业人员 23330 人,收回剩余国有土地 3071.45 公顷。

【征地补偿安置】

1995—1996 年,全县国家建设征用土地具体补偿和劳力安置,按照《溧水县国家建设征用土地补偿标准和安置办法》(溧政办发〔1995〕104 号)有关规定办理。

1997 年 2 月 28 日,县政府下发《溧水县国家建设征用土地补偿标准和安置办法》,由县土地管理局负责统一管理全县建设征用土地补偿和安置工作。是年始,境内国家建设征用土地由用地单位支付土地补偿费、青苗补偿费、房屋及附着物补偿费和安置补助费。征用集体所有制土地,平均每人实际占有耕地在 0.7 亩以下村民小组,安置多余劳动力;平均每人实际占有耕地在 0.7 亩以上村民小组,不安置多余劳动力,用地单位付给安置补偿费。安置补偿费计算方法:征地前农业人口人均耕地在 1 亩以上被征地单位,征用耕地安置补助费为该耕地被征用前三年平均每 1 亩年产值 3 倍,征地前农业人口人均耕地不满 1 亩被征地单位,征用每 1 亩耕地安置补助费以年产值 4 倍起算,人均耕地每减少 0.1 亩,安置补助费相应增加年产值 1 倍,但最高不得超过年产值 10 倍。

凡因国家建设需要征用县城、集镇规划区内土地,多余劳动力原则上给予安置,安置人数依照下列公式计算:多余劳动力人数=征用耕地面积/(耕地实际面积/该组农业人口)×0.7 亩/人。按照“谁用地谁安置,谁收益谁负担”原则进行安置,即企业征用土地,劳力安排由用地单位自行消化,安置劳动力以自谋职业为主,由用地单位与被安置人员签订协议,在办理公证手续后,由用地单位一次性付给 1.2 万元自谋职业费,以后不再重新安置；有条件接受安置劳动力企业，由用地单位一次性支付委托安置劳力费1万元；因城市基础设施和社会事业建设用地需安置劳动力，由县政府下达劳动力安置指标，有关单位妥善安置。

被征地单位耕地全部被征用或征地后农业人员人均耕地不足0.1亩村民小组，经县、市政府审核后报省政府批准，撤销建制，被征地单位原有农业户口可以转为非农业人口。因国家建设征用土地撤组后保养人员，男36~60周岁、女31~55周岁，一次性发给保养费1万元；男61周岁、女56周岁以上，一次性发给保养费8500元，并由公证部门办理公证手续。

2000年5月16日，县委、县政府发布《关于进一步加强全县土地统一管理的意见》，加强农村集体土地管理，保护农民利益。农民集体土地使用权不得出让、转让或出租用于非农建设。非农建设占用集体土地，由县国土管理局代表县政府统一办理征用手续，并按照标准给予农民补偿、安置。建设用地征用农民集体土地，依法、公开，确保标准到位、补偿到位。加强征用农民集体土地补偿、安置费发放监督检查，严禁损农、坑农或变相侵占农民利益；严禁贪污、挪用农民补偿安置费用，一经发现，依法查处。2005年4月13日，县政府下发《溧水县征地拆迁补偿安置办法》。是年始，大幅调整征地土地、青苗、树木（花卉、竹林）和农副业特种产品、房屋拆迁及附着物补偿，以及劳动力安置补助等标准。

2006年2月24日，县政府下发《溧水县被征地农民基本生活保障试行办法》，县国土资源局、社保局开展全县2001—2004年78个重点产业建设项目征地和撤组农民养老保险试点。在试点基础上，至2006年年底，全县被征地符合条件进入城保183人、进入农保252人。2011年9月5日，县政府下发《溧水县征地补偿安置办法》《溧水县征地区片范围及补偿标准的通知》《溧水县被征地人员社会保障办法》3个文件。安置人员产生方式按照《溧水县征地补偿安置办法》第二十条、第二十三条规定，由村民小组讨论通过。为保证失地人员老有所养，被安置人员属于劳动力年龄段，在失业状态下可享受不超过二年失业保险金；达到退休年龄，申请领取养老金；属养老年龄人员可直接享受养老金。被征地村民小组内，按照基准人均土地安置人员后仍有剩余土地，则按照1200元/公顷标准给予补偿，其中266.67元/公顷由村集体经济组织纳入集体资产管理，933.33元/公顷补偿被征地村民。未满16周岁未成年年龄段人员不纳入征地保障范围。是年起，全县征地划分两个片区：一级片区（永阳镇、县开发区行政区域包括柘塘范围),征地补偿标准2200元/公顷,基准人均土地0.0773公顷/人;二级片区(除一级片区外其它区域)征地补偿标准2000元/公顷,基准人均土地0.0847公顷/人,即每征用0.0773公顷或0.0847公顷土地安置一个劳动力进入城镇职工养老保险。无农业人员征地综合补偿标准为1200元/公顷,其中266.67元/公顷补偿费由村集体经济组织纳入集体资产管理,用于发展生产和公益性事业。未满16周岁被征地农业人员享受一次性生活补助费1万元/人。

2011年2月起,县国土资源局、人社局等部门联合调查梳理全县2000年以来征地情况,规范被征地农民社会保障工作。征地补偿安置严格落实“征用土地方案公告、征地补偿安置登记制度”,推行征地、补偿、进保“三同步”,实现应保尽保。3月,在永阳镇进行试点。其后,全县被征地农民名单录入社会保障系统,实行规范化管理。是年底,在全市率先完成被征地农民规范进保工作。2013年1月1日起,全县1区7镇40个村,465个村民小组,35945名被征地农民纳入社会保障系统,其中27941名劳动年龄段农民进入城镇职工社会保障系统,男满60周岁、女满55周岁后,按标准每月领取保障金待遇550元,并领取最多不超过24个月失业保险待遇494元/月;9647名养老年龄段农民进入基本生活保障体系,每月领取保障金495元。

【拆迁补偿安置】

1996年前,县土地管理局没有拆迁职能,全县拆迁工作由县建设局内设机构“拆迁办公室”负责。1997年2月28日,县政府办下发《关于溧水县国家建设征用土地补偿标准和安置办法》实施后,县土地管理局被赋予城乡房屋拆迁管理职能。1997年始,县城区、各镇房屋拆迁安置,按照县政府不同时期下发文件规定补偿、安置标准,由拆迁人上门与被拆迁户开展房屋拆旧、屋内装修、附着物补偿及安置房供给等项目协商谈判,协商达成一致意见后,与被拆迁户签订《房屋拆迁补偿和安置协商书》。是年,实施“六路四桥二场”系统工程,拆除房屋4.23万平方米,动迁人口250人。2000年,因宁杭高速公路溧水段Dl标段建设,拆迁141户,面积1.5万平方米,并完成沿线27.5公里管杆线改移。1997—2000年,全县实施拆迁项目43个,拆除危旧房13.8万平方米,做到当年拆迁,当年安置。2002—2003年,结合老城区中心地段“两场一街”建设,拆除公、私房屋面积14.9万平方米,其中位于县城中心大东门街工商企业集聚地厂房、私人住宅等5.47万平方米。2003年3月6日，县政府下发《关于溧水县农村房屋自拆自建暂行办法》和《溧水县农村房屋统拆统建补偿安置暂行办法》。是年3月，县城城西干道(省道102)拓宽改造工程建设项目征地11.87公顷，拆迁私人住宅房78户、13家企业厂房28间，面积4400平方米，安置2户被拆迁户自拆自建。2004年11月起，县政府颁布《溧水县城镇房屋拆迁管理办法》，补偿标准由政府指导价转变为市场评估价，确保拆迁后的居民能住上新房。2001—2005年，全县实施拆迁项目69个，拆迁人口9113人，拆迁房屋面积64.41万平方米。拆迁工业企业58家，因搬迁而消失村庄16个，其中县开发区辖区内村庄14个。

2001—2005年溧水县城区拆迁消失自然村一览表

表4-2

消失自然村	所属居(村)委会	拆迁户数(户)	拆迁面积(平方米)	拆迁费用(万元)	安置人口(人)	拆迁年份
薛　岗	机场路居委会	142	12466	448.78	355	2001—2002
章家庄		81	7452	255.99	203	2001—2003
倪　家		82	8460	381.93	200	2001—2002
韩　家		61	5454	190.54	150	2003—2005
孔　家		64	6227	220.56	163	2003—2005
桥　东		29	2763	116.24	71	2003—2005
团山冲		84	8049	312.33	188	2003—2005
王　家		96	6955	215.98	216	2003—2005
小　湾		46	3328	146.52	91	2003—2005
新　庄		55	4273	152.52	95	2003—2005
易　家		42	3133	97.36	101	2003—2005
花　园	戴家村委会	120	17000	1500	380	2002
李　家		111	8959	297.02	282	2003—2005

续表 4-2

消失自然村	所属居(村)委会	拆迁户数(户)	拆迁面积(平方米)	拆迁费用(万元)	安置人口(人)	拆迁年份
陈　家	前进居委会	82	9252	338.35	184	2003—2005
岗头李		88	7105	227.12	198	2003—2005
彭　村		28	2422	74.72	68	2003—2005

说明:除花园、李家两个自然村属于永阳镇外,其余自然村均属于县开发区

1997—2004年,溧水县征地房屋拆迁安置及其他补偿标准表。

1997—2004年溧水县居住用房拆迁补偿标准表

表 4-3　　单位:元/平方米

年限＼结构	砖混楼房	砖混平房	砖木平房	简易平房	披房
10年以内	180~220	120~160	120~140	80~100	50
10~20年	160~200	100~120	100~120	70~80	40
20年以上	140~160	90~100	80~100	60~70	30

1997—2004年溧水县围墙、地坪、路补偿标准表

表 4-4　　单位:元/平方米

类别		价格
砖围墙	实砌(24厘米)	40
	实砌(12厘米)	30
	空斗(24厘米)	30
土围墙		15
水泥场地		30
简易水泥地坪		20
转地坪		15
水泥路面		60
沥青路面		40

续表 4-4

类　　别	价格
石子灌浆路面	40
土路	10

1997—2004 年溧水县猪(羊、牛)棚、马厩、柴间补偿标准表

表 4-5　　单位:元/平方米

类别	全部砖墙	部分砖墙	其　他
木屋	35	25~30	20 元以下

1997—2004 年溧水县粪坑补偿标准表

表 4-6　　单位:元/个

类别	条石水泥嵌缝	砖砌水泥	毛石坑	土　　坑
粪坑	100	80	50	不论大小,酌情补偿人工费

1997—2004 年溧水县水井补偿标准表

表 4-7　　单位:元/口

名称	项目	砌筑	水泥	土井	备　　注
水井	口径 80 厘米,深度 3 米	400	200	100	机井参照原投资补偿

说明:深度超过 3 米,酌情增加补偿费;有水泥台面另增补 30 元/口;有石料或混凝土台面另增补 50 元/口。不能使用的废井,不予补偿。用地单位装公用自来水设施或另建新井,原井不予补偿

1997—2004 年溧水县坟墓补偿标准表

表 4-8　　单位:元/丘

名称	迁移费	备注:用地范围内坟墓应公告坟主;无主坟墓,由用地单位负责代迁或深埋
坟墓	80	

2005年3月,县城城东龙山路、青年路、中山东路东延项目建设征地37.33公顷,拆迁私人住宅58户,拆迁房屋建筑面积1.48万平方米,安置被拆迁户自拆自建21户,其余为货币安置。4月13日,县政府下发《关于印发溧水县征地拆迁补偿安置办法的通知》,明确县国土资源局负责全县征地拆迁工作,县劳动和社会保障、建设、计经、物价、财政、监察、公安、司法、法院、民政、农林、文化、农办等部门及镇政府、开发区管委会按照各自职责共同做好相关工作。县国土资源局会同各镇政府(开发区管委会)建立村民小组农业人员和土地数量、耕地数量变化台账。是年,珍珠南路由金蛙路南延至无想山脚下,征地11.2公顷,拆迁私人住宅34户,拆迁房屋建筑面积5480平方米,安置被拆迁户自拆自建12户。2006年始,全县建设项目增多,土地征用量大,拆迁范围广,采取建设项目征地拆迁按属地管理,镇(区)制定征地拆迁实施方案,由县国土资源局会同有关部门审核后下达《征地房屋拆迁方案批准通知书》,由镇政府、开发区管委会实行包干责任制。2006—2008年,卧龙湖大道、常溧路景观改造、城南新区、顾家建材城、新中医院等建设项目征地拆迁由永阳镇政府包干,拆迁户数423户,拆迁房屋建筑面积10余万平方米。县开发区、东屏、白马、晶桥、和凤、洪蓝、石湫等镇拆迁农户约2000户,拆迁房屋面积60余万平方米。2009年起,永阳镇、县开发区加快推进拆迁工作,参照市政府相关文件精神,调整被拆迁房屋内装修补偿标准,由原来以物评估补偿改为按拆迁主房建筑面积一般装修600元/平方米、精装修800元/平方米补偿包干;拆迁奖励由原来5000元/户调整至6万元/户。同时,按被拆迁户主房面积奖励被拆迁户提前搬家费300元/平方米,调动被拆迁户积极性。此后,县土地储备中心、城投、交通、昱达4大平台和部分镇在实施拆迁中也参照此举。

2005—2010年,溧水县征地房屋拆迁安置及其他补偿标准表。

2005—2010 年溧水县货币拆迁房屋补偿费标准一览表

表 4-9 单位：元/平方米

<table>
<tr><td colspan="6">一</td><td colspan="2">二</td><td colspan="2">三</td></tr>
<tr><td colspan="6">原房补偿款</td><td colspan="2">购房补偿款</td><td colspan="2">区位补偿款</td></tr>
<tr><td rowspan="2">房屋结构</td><td colspan="2" rowspan="2">补偿标准</td><td colspan="3">成新折算(年)</td><td rowspan="2">面积档次</td><td rowspan="2">补偿标准</td><td rowspan="2">区位</td><td rowspan="2">补偿标准</td></tr>
<tr><td>≤5</td><td>>5
≤15</td><td>>15</td></tr>
<tr><td>钢筋混凝土</td><td></td><td>400</td><td rowspan="8">100%</td><td rowspan="8">90%</td><td rowspan="8">85%</td><td rowspan="8">0~220
>220</td><td rowspan="8">600
0</td><td rowspan="4">永阳镇开发区</td><td rowspan="2">100(0~220)</td></tr>
<tr><td rowspan="3">砖混</td><td>一等</td><td>370</td></tr>
<tr><td>二等</td><td>320</td><td rowspan="2">0(>220)</td></tr>
<tr><td>三等</td><td>270</td></tr>
<tr><td rowspan="3">砖木</td><td>一等</td><td>290</td><td rowspan="4">其他乡镇</td><td rowspan="2">50(0~220)</td></tr>
<tr><td>二等</td><td>240</td></tr>
<tr><td>三等</td><td>190</td><td rowspan="2">0(>220)</td></tr>
<tr><td>木结构</td><td></td><td>200</td></tr>
<tr><td rowspan="2">简易结构</td><td>二等</td><td>120</td><td colspan="3" rowspan="5">不结合成新</td><td colspan="4" rowspan="5">简易结构、披房不支付购房补偿款和区位补偿款</td></tr>
<tr><td>三等</td><td>75</td></tr>
<tr><td rowspan="3">披房</td><td>一等</td><td>60</td></tr>
<tr><td>二等</td><td>50</td></tr>
<tr><td>三等</td><td>40</td></tr>
</table>

说明：1.拆除的原合法居住房屋建筑面积超过 220 平方米，按 220 平方米计算购房补偿款；2.区位补偿款依据被拆除住宅房屋所在的区位，按被拆除的原合法居住房屋建筑面积计算。拆除的原合法居住房屋建筑面积超过 220 平方米的，按 220 平方米计算区位补偿款；3.附房、披房只支付原房补偿款；4.半地下室按原房补偿款的 50%计算；5.本表中已含水电门窗等基本设施，基本设施外的另按附表 4-4《房屋装修单项补偿标准》计算；6.原东庐乡区位补偿款补偿标准为 50 元/平方米

2005—2010 年溧水县自拆自建房屋补偿费标准一览表

表 4-10　　　　　　　　　　　　　　　　　　　　　　单位:元/平方米

<table>
<tr><td colspan="6">一</td><td>二</td></tr>
<tr><td colspan="6">原房补偿款</td><td>建房补偿款</td></tr>
<tr><td rowspan="2">房屋结构</td><td colspan="2" rowspan="2">补偿标准</td><td colspan="3">成新折算(年)</td><td rowspan="2"></td></tr>
<tr><td>≤5</td><td>>5
≤15</td><td>>15</td></tr>
<tr><td>钢筋
混凝土</td><td colspan="2">400</td><td rowspan="4">100%</td><td rowspan="4">90%</td><td rowspan="4">85%</td><td rowspan="4">100</td></tr>
<tr><td rowspan="3">砖混</td><td>一等</td><td>370</td></tr>
<tr><td>二等</td><td>320</td></tr>
<tr><td>三等</td><td>270</td></tr>
<tr><td rowspan="3">砖木</td><td>一等</td><td>290</td><td rowspan="4">100%</td><td rowspan="4">90%</td><td rowspan="4">85%</td><td rowspan="4">100</td></tr>
<tr><td>二等</td><td>240</td></tr>
<tr><td>三等</td><td>190</td></tr>
<tr><td>木结构</td><td colspan="2">200</td></tr>
<tr><td rowspan="2">简易结构</td><td>二等</td><td>120</td><td colspan="3" rowspan="5">不结合成新</td><td rowspan="2">20</td></tr>
<tr><td>三等</td><td>75</td></tr>
<tr><td rowspan="3">披房</td><td>一等</td><td>60</td><td rowspan="3">10</td></tr>
<tr><td>二等</td><td>50</td></tr>
<tr><td>三等</td><td>40</td></tr>
</table>

说明:1.原房补偿款按被拆除的原合法房屋建筑面积结合成新后计算;2.半地下室按原房补偿款的50%计算;3.本表中已含水电门窗等基本设施,基本设施外的另行按附表4-4《房屋装修单项补偿标准》计算

2005—2010年溧水县非住宅房屋拆迁补偿费标准一览表

表4–11　　　　　　　　　　　　　　　　　　　　　　　　单位：元/平方米

<table>
<tr><td colspan="7">一</td><td colspan="3">二</td></tr>
<tr><td colspan="7">原房补偿款</td><td colspan="3">区位补偿款</td></tr>
<tr><td rowspan="2">房屋结构</td><td colspan="2" rowspan="2">补偿标准</td><td rowspan="2">单层沿高加价(米)</td><td colspan="3">成新折算(年)</td><td rowspan="2">区位</td><td rowspan="2">营业用房</td><td rowspan="2">非营业用房</td></tr>
<tr><td>≤5</td><td>>5
≤15</td><td>>15</td></tr>
<tr><td>钢筋混凝土</td><td></td><td>400</td><td rowspan="13">1.单层沿高3米的，不计单层层高加价；2.单层层高等于3米的，单层层高加价30%；3.单层层高大于3米的，在30%的基础上每增高1米单层层高加价上浮10个百分点，不足1米的按四舍五入处理；4.单层沿高等于6米，按60%加价；5.单层沿高大于6米，在60%的基础上按年增高1米加价10元计算。</td><td rowspan="8">100%</td><td rowspan="8">90%</td><td rowspan="8">85%</td><td rowspan="7">永阳镇开发区(不含原东庐乡)</td><td rowspan="7">300</td><td rowspan="7">200</td></tr>
<tr><td>砖混</td><td>一等</td><td>370</td></tr>
<tr><td></td><td>二等</td><td>320</td></tr>
<tr><td></td><td>三等</td><td>270</td></tr>
<tr><td>砖木</td><td>一等</td><td>290</td></tr>
<tr><td></td><td>二等</td><td>240</td></tr>
<tr><td></td><td>三等</td><td>190</td></tr>
<tr><td>木结构</td><td></td><td>200</td><td rowspan="6">其他乡镇</td><td rowspan="6">250</td><td rowspan="6">150</td></tr>
<tr><td>简易结构</td><td>二等</td><td>120</td><td colspan="3" rowspan="5">不结合成新</td></tr>
<tr><td></td><td>三等</td><td>75</td></tr>
<tr><td>披房</td><td>一等</td><td>60</td></tr>
<tr><td></td><td>二等</td><td>50</td></tr>
<tr><td></td><td>三等</td><td>40</td></tr>
</table>

说明：1.非住宅房屋拆迁补偿款按原房补偿款和区位补偿款计算；2.生产性用房的室外地坪、围墙的补偿按表4–7标准计算；3.本表中已含房屋水电门窗等基本设施，基本设施的另按表4–4《房屋装修单项补偿费标准》计算；4.半地下室按原房补偿款的50%计算；5.带有区域功能性的学校、医院拆迁，在非住宅房屋拆迁补偿费标准基础上上浮50%；6.多层非住宅房屋每层层高的加价参照单层沿高加价幅度；7.原东庐乡区位补偿款补偿标准为50元/平方米

2005—2010 年溧水县房屋装修单项补偿费标准一览表

表 4-12

类别	规格	补偿标准	备注
防盗门		150~400 元/扇	按材质
防盗网		45 元/平方米	
卷帘门		100~125 元/平方米	按材质
铁栅门		100 元/平方米	
钢门		45 元/平方米	
塑钢门、窗		150 元/平方米	
铝合金门窗		60 元/平方米	
封闭阳台		60 元/平方米	
钢窗		30 元/平方米	
纱门窗		45 元/平方米	
木质门窗套		45~60 元/米	按材质
石膏板、纤维板、钙塑板、吊顶		30 元/平方米	按材质
胶合板、三合板、吊顶		40 元/平方米	按材质
全木板、防火板、吊顶		60 元/平方米	按材质
石膏线条		8 元/米	
外墙面砖		15 元/平方米	
内墙瓷砖		15~30 元/平方米	按材质
木墙裙		75 元/平方米	
木隔断(双面)		50 元/平方米	
喷塑		8 元/平方米	
大理石、花岗岩楼地面		75~180 元/平方米	按材质
木地板		75~120 元/平方米	按材质
瓷砖地面		45 元/平方米	
庭院绿化		15 元/平方米	
铝合金扶手	带玻璃挡板	60 元/平方米	
不锈钢扶手	带玻璃挡板	150 元/平方米	

续表 4-12

类别	规格	补偿标准	备注
瓷水池		75 元/个	
水磨石水池		30 元/个	
浴缸		220 元/个	
坐便器		150 元/个	
琉璃瓦		70 元/平方米	
雨棚		12 元/平方米	
农户小下水道		8 元/米	
琉璃屋脊		10 元/米	
陶瓦、水泥瓦		600 元/间	

2005—2010 年溧水县搬家费、过渡费、奖励费补助标准一览表

表 4-13

搬家费	标准	5 元/平方米	最低不低于 400 元,最高不超过 800 元
自行过渡费	标准	15 元/平方米	最低不低于 1800 元,最高不超过 3600 元
提前搬家奖励费	7 日内完成	5000 元	被拆迁人自拆迁期限首日起 15 日内完成搬迁并按规定办理房屋交接手续后,由拆迁人给予一次性奖励
	10 日内完成	3000 元	
	15 日内完成	1000 元	

2005—2010 年溧水县电话、有线电视、空调、管道煤气等拆移补偿费标准表

表 4-14

电话	210 元/部
有线电视	280 元/户
空调	200 元/台(窗式空调 50 元/台)
太阳能热水器	200 元/台
宽带	108 元/端口
电增容	270 元/千瓦
水	500 元/户
沼气设备	400 元/套

2005—2010年溧水县围墙、地坪、道路补偿费标准表

表4-15　　单位:元/平方米

类别		补偿标准
砖围墙	实砌(24厘米)	40
	实砌(12厘米)	20
	空斗(24厘米)	30
土围墙		15
水泥场地(厚度10厘米以上)		45
简易水泥地坪		20
转地坪		30
水泥路面		60
沥青路面		50
石子灌浆路面		40
机耕路		10

2005—2010年溧水县水井补偿标准表

表4-16　　单位:元/口

类别	砌筑井	水泥井	手压井	土井	备注
标准	500	200	200	100	机井参照原投资补偿

说明:1.深度超过3米,每深1米在表中补偿标准基础上另加30%,补偿额最高不得超过2000元/口;2.有水泥台面另增补30元/口;3.有石料或混凝土台面另增补50元/口;4.不能使用的废井,不予补偿;5.建设单位另装自来水设施或另建新井公用的,原井不予补偿

2005—2010年溧水县炉灶补偿费标准表

表4-17　　单位:元/个

类别	砖砌单眼	砖砌双眼	砖砌三限	备注
标准	100	150	200	其它结构酌情补偿

2005—2010 年溧水县粪坑、石灰池、沙场补偿费标准表

表 4–18

类 别	条石、水泥、砖砌嵌缝		土坑		毛石坑	缸坑
粪坑(含化粪池)	20 平方米以上	20 平方米以下(含 20 平方米)	20 平方米以上	20 平方米以下(含 20 平方米)	150 元/个	80 元/个
	800 元/个	500 元/个	300 元/个	100 元/个		
石灰池	砖、石砌筑(平方米)		有石灰膏(平方米)			
	60 元/平方米		75 元/平方米			
沙场生产场地	7 元/平方米(含运输费)					

2012 年 5 月 17 日,县委、县政府下发《关于进一步加强全县征地拆迁工作的意见》,成立县征地拆迁工作指挥部。总指挥由县委书记、县长担任,分管副县长任副指挥,成员由县部委办局和镇(区)主要负责人组成。8 月,县委、县政府成立县拆迁总公司,隶属县政府直接管理并配备领导职数正职 1 人,副职 2 人,公司内设办公室、房屋评估、审计、纪检监察、财务等科室机构,负责全县各类建设项目拆迁安置工作。同年 10 月,县政府撤销县城乡住房建设、县城市管理和县商贸 3 个局原有房屋拆迁办公室和房屋拆迁安置有限公司,有关业务人员整合到县拆迁总公司。2012 年 7 月—2013 年 3 月,县土地储备中心、城投集团公司、交通集团投资公司和昱达集团公司 4 家单位在县城区实施拆迁项目 21 个,拆迁户数 1662 户(其中私营企业 6 家,小西门居住户 600 户，宁杭城际高铁广场及周边 200 户，其他零星村庄 856 户),拆迁房屋面积 37.61 万平方米,其中小西门居民房屋面积 7 万平方米、宁杭城际高铁 7 万平方米。2012 年 8 月—2013 年 3 月,县拆迁总公司在县开发区和永阳、白马、东屏、洪蓝、石湫、和凤、晶桥 7 镇 1 区实施建设征地拆迁项目 19 个,拆迁户数 2491 户,拆迁房屋面积 57.54 万平方米。

2005年至2013年3月溧水县拆迁情况统计表

表4-19

项目实施单位	地块名称、面积及位置	拆迁户数(户)	拆迁房屋面积(平方米)
土地储备中心	石板桥自然村,40亩(常溧路以北、客运总站以东)	4	1600
	五里墩自然村,260亩(龙山路以北、爱涛天逸园以西)	1	900
	陈家自然村,70亩(龙山路以南、阳光佳苑以西)	10	8500
	山头自然村,30亩(省溧中以南、珍珠路以西)	30	10000
	鲍家自然村,80亩(秦淮路以东、中山东路以北)	60	17800
	高铁站前广场周边(徐溪桥、南里)	200	70000
城投公司	丁家庄自然村,90亩(珍珠南路西、幸庄一号路南)	70	17500
	义郎头自然村	41	14350
	小村自然村,95亩(秦淮路东、幸庄二号路南)	66 企业2	13500
	李家自然村,197.8亩(秦淮路东、健康路南)	56 企业1	13900
	余家自然村,76.7亩(薛李路西、幸庄一号路北)	46	11400
	沟沿自然村(幸庄一号路南、S246西、3个居民点)	170	45000
	明辉公司开发项目(省溧中以南、珍珠路以西)	1	220
	戴家岗自然村(幸庄一号路南、秦淮路西)	10	2600
	戴家桥自然村	19	5700
	汤家自然村	40	9200

续表 4-19

项目实施单位	地块名称、面积及位置	拆迁户数(户)	拆迁房屋面积(平方米)
交投公司	琉璃桥自然村 193.4 亩	78	23500
	大桥自然村 490 亩	74 企业 3	24400
昱达公司	原粮食局及小西门,200 亩	600	70000
	农机市场,60 亩(栖凤路西侧)	50	9000
	小五里村(栖凤路西侧)	30	7000
四大平台小计		1662 户 其中企业 6 户	376070
拆迁总公司	开发区机场路、宝塔路、淳溧路两侧地块、溧马高速等	1055	272725
	永阳镇东庐观音寺、万顷良田等	643	127000
	白马镇农业科技园、万顷良田等	363	60113
	东屏镇省道 340 长乐村先导段、增减挂钩等	131	25449
	洪蓝镇原华电厂开发、金牛山公园、胭脂河整治等	18	16820
	石湫镇宁高新通道、溧马高速公路、增减挂钩等	154	44380
	和凤镇淳芜高速、宁高高速收费站等	38	7980
	晶桥镇增减挂钩等	89	20960
总公司小计		2491	575427
总计		4153 其中企业 6 户	951497

2011—2012 年,溧水县征地房屋拆迁安置及其他补偿标准表。

2011—2012年溧水县货币拆迁房屋补偿费标准表

表4-20　　　　单位:元/平方米

<table>
<tr><td colspan="6">一</td><td>二</td><td colspan="2">三</td></tr>
<tr><td colspan="6">原房补偿款</td><td rowspan="3">购房补偿款</td><td colspan="2">区位补偿款</td></tr>
<tr><td rowspan="2">房屋结构</td><td colspan="2" rowspan="2">补偿费标准</td><td colspan="3">重新折算(年)</td><td rowspan="2">区位</td><td rowspan="2">补偿标准</td></tr>
<tr><td>≤5</td><td>>5
≤15</td><td>>15</td></tr>
<tr><td>钢筋砼</td><td></td><td>600</td><td rowspan="8">100%</td><td rowspan="8">90%</td><td rowspan="8">85%</td><td rowspan="8">按政府物价部门公布的安置房价格的70%确定</td><td rowspan="5">一级区片</td><td rowspan="5">100</td></tr>
<tr><td rowspan="3">砖混</td><td>一等</td><td>550</td></tr>
<tr><td>二等</td><td>475</td></tr>
<tr><td>三等</td><td>400</td></tr>
<tr><td rowspan="3">砖木</td><td>一等</td><td>440</td></tr>
<tr><td>二等</td><td>360</td><td rowspan="3">二级区片</td><td rowspan="3">50</td></tr>
<tr><td>三等</td><td>280</td></tr>
<tr><td>木结构</td><td></td><td>300</td></tr>
<tr><td rowspan="2">简易结构</td><td>一等</td><td>180</td><td colspan="3" rowspan="5">不结合成新</td><td rowspan="5"></td><td rowspan="5"></td><td rowspan="5"></td></tr>
<tr><td>二等</td><td>110</td></tr>
<tr><td rowspan="3">披房</td><td>一等</td><td>90</td></tr>
<tr><td>二等</td><td>75</td></tr>
<tr><td>三等</td><td>60</td></tr>
</table>

说明:1.原房补偿款按被拆除的原合法房屋建筑面积结合成新后计算;2.附房、披房只支付原房补偿款;3.半地下室按原房补偿款的50%计算;4.本表中已含水电门窗等基本设施,基本设施外的另按表3-1《房屋装修单项补偿费标准》计算;5.安置房价格由县物价部门定期公布

2011—2012 年溧水县自拆自建房屋拆迁补偿费标准表

表 4-21　　　　　　　　　　　　　　　　单位：元/平方米

<table>
<tr><td colspan="6">一</td><td>三</td></tr>
<tr><td colspan="6">原房补偿款</td><td>建房补偿款</td></tr>
<tr><td rowspan="2">房屋结构</td><td colspan="2" rowspan="2">补偿费标准</td><td colspan="3">重新折算(年)</td><td rowspan="2">补偿标准</td></tr>
<tr><td>≤5</td><td>> 5
≤15</td><td>> 15</td></tr>
<tr><td>钢筋砼</td><td></td><td>600</td><td rowspan="8">100%</td><td rowspan="8">90%</td><td rowspan="8">85%</td><td rowspan="8">300</td></tr>
<tr><td rowspan="3">砖混</td><td>一等</td><td>550</td></tr>
<tr><td>二等</td><td>475</td></tr>
<tr><td>三等</td><td>400</td></tr>
<tr><td rowspan="3">砖木</td><td>一等</td><td>440</td></tr>
<tr><td>二等</td><td>360</td></tr>
<tr><td>三等</td><td>280</td></tr>
<tr><td>木结构</td><td></td><td>300</td></tr>
<tr><td rowspan="2">简易结构</td><td>一等</td><td>180</td><td colspan="3" rowspan="5">不结构成新</td><td rowspan="2">60</td></tr>
<tr><td>二等</td><td>110</td></tr>
<tr><td rowspan="3">披房</td><td>一等</td><td>90</td><td rowspan="3">30</td></tr>
<tr><td>二等</td><td>75</td></tr>
<tr><td>三等</td><td>60</td></tr>
</table>

说明：1.原房补偿款按被拆除的合法房屋建筑面积结合成新后计算；2.半地下室按原房补偿款的 50%计算；3.本表中已含房屋水电门窗等基本设施，基本设施外的另按表 3-1《房屋装修单项补偿费标准》计算

2011—2012 年溧水县非住宅房屋拆迁补偿费标准表

表 4-22　　　　单位:元/平方米

<table>
<tr><td colspan="7">一</td><td colspan="3">二</td></tr>
<tr><td colspan="7">原房补偿款</td><td colspan="3">区位补偿款</td></tr>
<tr><td rowspan="2">房屋结构</td><td colspan="2" rowspan="2">补偿费标准</td><td rowspan="2">单层沿高加价(米)</td><td colspan="3">重新折算(年)</td><td rowspan="2">区位</td><td rowspan="2">营业用房</td><td rowspan="2">非营业用房</td></tr>
<tr><td>≤5</td><td>>5 ≤15</td><td>>15</td></tr>
<tr><td>钢筋砼</td><td></td><td>600</td><td rowspan="13">1. 单层沿高小于 3 米的,不计单层沿高加价;2. 单层沿高等于 3 米的,单层沿高加价 30%;3.单层沿高大于 3 米的,在 30%的基础上每增高 1 米单层沿高加价上浮 10 个百分点,不足 1 米的按四舍五入处理;4. 单层沿高等于 6 米的,按 60%加价;5.单层沿高大于 6 米的,在 60%的基础上按每增高 1 米加价 10 元计算。</td><td rowspan="8">100%</td><td rowspan="8">90%</td><td rowspan="8">85%</td><td rowspan="4">一级区片</td><td rowspan="4">300</td><td rowspan="4">200</td></tr>
<tr><td rowspan="3">砖混</td><td>一等</td><td>550</td></tr>
<tr><td>二等</td><td>475</td></tr>
<tr><td>三等</td><td>400</td></tr>
<tr><td rowspan="3">砖木</td><td>一等</td><td>440</td><td rowspan="4">二级区片</td><td rowspan="4">250</td><td rowspan="4">150</td></tr>
<tr><td>二等</td><td>360</td></tr>
<tr><td>三等</td><td>280</td></tr>
<tr><td>木结构</td><td></td><td>300</td></tr>
<tr><td rowspan="2">简易结构</td><td>一等</td><td>180</td><td colspan="3" rowspan="5">不结构成新</td><td rowspan="5"></td><td rowspan="5"></td><td rowspan="5"></td></tr>
<tr><td>二等</td><td>110</td></tr>
<tr><td rowspan="3">披房</td><td>一等</td><td>90</td></tr>
<tr><td>二等</td><td>75</td></tr>
<tr><td>三等</td><td>60</td></tr>
</table>

说明:1.非住宅房屋拆迁补偿款按原房补偿款和区位补偿款计算;2.生产性用房的室外地坪、围墙的补偿按表 3-5 标准计算;3.本表中含房屋水电门窗等基本设施,基本设施外的另按表 3-1《房屋装修单项补偿费标准》计算;4.半地下室按原房补偿款的 50%计算;5.带有区域功能性的学校、医院拆迁,在非住宅房屋拆迁补偿标准基础上上浮 50%;6.多层非住宅房屋每层层高的加价参照单层沿高加价幅度

1996 年至 2013 年 3 月，全县国家、集体建设征地拆迁而灭失自然村 146 个,征地撤销村民小组建制 592 个(含预撤组 151 个),转移农业人口 23330 人,收回撤组剩余国有土地 3071.45 公顷(不含预撤组),拆迁农(居)民房屋总户数 6147 户，建筑面积 134 万平方米，拆迁国有、集体企业 92 个,占地面积 184 公顷,建筑面积 18.4 万平方米(其中 1996—2006 年,拆迁

农(居)民851户,建筑面积17万平方米。拆迁企业52个,建筑面积10.4万平方米;2007—2011年,拆迁农(居)民1149户,建筑面积23万平方米。拆迁企业25个,建筑面积5万平方米;2012年至2013年3月,拆迁农(居)民4147户,建筑面积94万平方米。拆迁企业15个,建筑面积3万平方米)。

1996年至2013年3月溧水县征地拆迁灭失自然村情况统计表

表4-23

撤组年份	撤组自然村	所属镇、村(居)委会	安置人口(人)	撤组剩余土地(公顷)
1996	宝塔组、王家井、任家庄	开发区	953	114.31
	张家山、背坝	白马镇上洋村	—	—
1998	马场、湾塘	开发区	371	5.23
1999	梅家岗	永阳镇戴家村	127	13.67
2000	王家村、山头	永阳镇戴家村	254	10.13
2003	团山、章家、庙头李、洋房、田冲	开发区、永阳镇工农兵村	1151	62.8
	花塘、浪塘	—	—	—
2004	王家、倪家、蔡家、桥东、韩家、孔家、陈家、小湾、腾家、丁家、陈家、柴山、杨一、胜水、新庄、红旗	开发区机场路、荷花居委会	2285	118.24
2005	岗头	开发区前进居委会	982	81.73
	陈沛桥、金湖毕、柘塘拐	永阳镇戴家村	—	—
2006	郁家、施家、新屋、小村、路华、歧山、中彭、西桂、前韩	开发区荷花、前进居委会	2616	375.15
	荷包岱、葛家	永阳镇城郊村	—	—
	涧西吴、排头、田家边、山口、五房	东屏镇爱景村	—	—
	松元一、松元二、咀头	和凤镇毛公铺、双牌石村	—	—
2007	易家、马家、种子、盘村、交山一	开发区机场路、荷花居委会和柘塘镇交山村	559	22.66

续表 4-23

撤组年份	撤组自然村	所属镇、村(居)委会	安置人口(人)	撤组剩余土地(公顷)
2007	韩家、大通寺、孙家、任家、吴家、西边庄、五里墩、许家村、陈家、石板桥、良种、新庄、大西门、张家、南门、柳家、肖家、马家塘、包家、五里	永阳镇十里牌、工农兵、城郊村	3599	230.21
	罗家	和凤镇双牌石村	—	—
2008	西肖、任家、门宕、塘埂、刘家、王家冲、北门、双塘	永阳镇戴家、工农兵村	1641	117.53 —
2009	张家碾、南堡、立新、戴桥	永阳镇戴家村	681	85
2010	杨家园	永阳镇戴家村	3068	807.36
	刘家、庙塘、孙家、前塘、后塘、蚂蚁塘、南下庄、冯家、七里岗、方庄、庄头、高塘、七里岗、小官塘、桃园	白马镇朱家边、革新村及茶场	—	—
2011	琉璃、大桥、小村、包一、包二	永阳镇中山、工农兵村	961	115.47
2012	沟沿、李家、余家、岗上、岗下、汤家、丁家	永阳镇中山、戴家村	874	216
	陈村堡、王家塘、石牛堡、钱家、张家冲	洪蓝镇西旺村	—	—
2013	丁家、刘家、山头、杨家场、草鞋山、章陈堡、前家、幸庄、江家、石咀、老虎庄、墙匡、崇庆寺	永阳镇工农兵、戴家、石巷、中山村	3208	695.96
	胡家庄、前西旺、后西旺、罗家巷、上马、下马	洪蓝镇西旺村	—	—
合计	146 个		23330	3071.45

说明：上表拆迁安置人口不含县城区

第四节　闲置存量土地处置

1996—2000年，境内少数工业企业把批而未用国有土地擅自转让，征地撤组村民在撤组后剩余国有土地上继续耕种农作物等。2000年12月，县政府批转县国土管理局《关于进一步加强城乡建设用地管理意见的报告》。2002年，县国土管理局利用存量土地作抵押，帮助开发区、永阳私营经济园等融资3000万元。

2003年，经核查全县批而未用土地面积103.03公顷。2005年1月14日，根据市国土资源局《关于开展城镇存量建设用地情况专项调查的紧急通知》，县国土资源局成立"溧水县闲置土地清查处置领导小组"，下设办公室，由执法大队大队长兼任办公室主任；制订《溧水县闲置土地清查处置工作实施方案》。清查处置从1999年1月1日起经省厅批准工业建设和经营性用地及撤队撤组剩余土地。被认定闲置土地按分类处置，土地闲置满1年以上未满2年，按规定征收土地闲置费，征收标准以划拨用地取得土地使用权数量，4.5万元/公顷计征；以出让方式取得土地使用权，按每年不超过土地出让金20%计征，其中工业用地按15%计征、经营性用地和其他用地按10%计征，逾期缴纳闲置费计征1‰滞纳金。使用者没有能力继续开发，可申请县土地储备中心收购，但必须在土地闲置满2年前与县土地储备中心达成收购协议。土地闲置满2年以上，依法收回土地使用权。但如该地块开发建设前期工作准备就绪，并具备开发建设条件，经县国土资源部门报请市、县政府批准，在依法缴纳土地闲置费后，可延迟开发建设时间，但从认定之日起，最长不得超过6个月，到期之后仍未开发建设，由县国土资源局依法收回其土地使用权。是年，闲置土地459.36公顷。2006年，县国土资源局无偿收回闲置土地21宗，面积40公顷。同时，依法向南京新世纪机车科技有限公司下达收取闲置费529.51万元决定书。是年，全县新增闲置土地125.76公顷。2007年，全县新增闲置土地28.5公顷。2008年，全县新增闲置土地67.17公顷。

2009年，县国土资源局集中调整盘活闲置土地108.91公顷，其中农用地92.03公顷(含耕地69.19公顷)，解决县开发区环保产业园、城南新区以及各镇区亟需开工建设新项目用地。是年，全县新增闲置土地178.07公顷。

2010 年,全县排查、清理报经市国土资源局认定县开发区和永阳、白马、东屏、洪蓝、石湫、和凤、晶桥 7 镇闲置土地 31 宗,面积 86.11 公顷,逐宗建立台账,会同各镇(区)领导约谈每宗闲置土地企业负责人,促使 6 宗开工建设,面积 23.25 公顷;收回 3 宗,面积 14.43 公顷;4 宗进入收回程序,面积 10.66 公顷;1 宗办理转让手续;2 宗因涉及规划调整, 调整土地用途;15 宗签订补充协议,重新约定开工时间。

2011 年 9 月 16 日,县国土资源局经县政府批准,把未开工建设超过 2 年以上 6 宗闲置土地,作为年底前处置目标任务上报市国土局,收回南京协润科技有限公司、罗马自动化设备有限公司、南京乾宝科技有限公司、南京高威纺织品有限公司 4 宗闲置土地使用权,面积 17.44 公顷。同时收缴南京新门装饰材料有限公司、南京昌龙粉末有限公司土地闲置费 100 万元,并限期开工。调整盘活闲置土地 37.13 公顷,收回土地 15.45 公顷。同时配合县开发区规划建设紫金(溧水)科创园总部基地和高层标准厂房,鼓励企业入住总部集中办公区,提高土地承载强度;把区内投产企业容积率未达到规划部门标准的,核算其未开工建设面积;收回科泰、万基隆、禾采项目用地 35.33 公顷;将开工建设且有实际产品项目,签订补充协议,不定期抽查开工进度;落实“小项目进标准厂房、大项目给土地”方针,建成县开发区、明辉创业园、宁强创业园标准厂房面积 26 万平方米。是年,全县新增闲置土地 68.22 公顷。

2012 年 8 月 1 日,县政府下发《溧水县低效利用、闲置土地盘活工作方案》,开展低效利用闲置土地清查处置专项行动,处置低效利用土地 66 宗,面积 219.19 公顷,盘活闲置土地 13 宗,面积 58.52 公顷。是年,全县新增闲置土地 58.52 公顷。

1996 年至 2013 年 3 月,全县处置批而未用土地 81 宗,盘活闲置土地 54 宗、面积 1174.74 公顷。

第五节　土地储备

1996 年至 2000 年 4 月, 全县土地储备工作由县政府国有土地使用权出让转让办公室负责。2000 年 5 月,县政府颁布《溧水县国有土地储备办法》。7 月,县政府成立县土地储备中心,属全民事业单位,由县国土管理局代管，具有独立法人资格，人员由县国土管理局内部调剂。9月，县土地储备中心举行成立挂牌仪式。其主要职责：根据县政府批准的土地储备计划，适时收回、收购、置换或征用企事业单位需盘活和调整的存量土地及其他增量土地，纳入土地储备范围，增强政府调控土地市场能力。是年，县土地储备中心收储土地4宗，计10公顷，收购资金1000多万元，帮助企业解决用地实际问题。

2000年9月，溧水县土地储备中心成立挂牌仪式

（沈玉珍　摄）

2001年，县土地储备中心坚持“控制总量，盘活存量，预约收购，提高质量，有偿使用”原则，建立“一个笼头控水，一个渠道出水”土地供求新机制，强化政府调控土地供储功能，促进土地资源优化配置。是年，收购储备土地4公顷。2002年5月，县土地储备中心投资近5000万元收储土地7宗，面积10公顷。2005年，县土地储备方式转为以收购征地撤组剩余土地和企业改制及破产企业土地为主，确保国有土地资产保值增值。2006年5月31日，县政府下发《关于印发溧水县国有土地储备办法的通知》，规范国有土地储备运作程序，在建立土地储备制度基础上，培育和建立土地流转市场。7月8日，县政府成立由县长任组长，常务副县长、分管副县长任副组长，县发改局、政府办、国土局、建设局、财政局、监察局主要负责人为成员“溧水县国有土地储备管理委员会”，下设办公室（设在国土资源局），国土资源局局长兼任办公室主任。

2007年1月1日始，县土地储备中心按土地出让收入5%提取国有土地收益基金，作为储备中心融资来源之一。12月26日，县土地储备中心投入注册资本5000万元，用于全县土地收购储备。2009年，南京日创建设工程有限公司有1宗土地，面积1.45公顷，位置优越，并且该宗地块上没有任何附属设施，是一宗净地，具备良好开发条件。该地块及周边土地规划性质为居住用地,收储后可以与临近其他储备土地成片开发,具有较高开发价值。是年6月,经县政府同意予以收购。8月21日,县土地储备中心以实施收储撤组剩余土地并进行前期开发项目名义向溧水中行融资9000万元。11月25日,县政府撤销原"溧水县国有土地储备管理委员会""溧水县土地招标拍卖挂牌出让领导小组"两机构,成立由县长任组长,常务副县长、分管副县长任副组长,县政府办、发改局、国土局、监察局、财政局、建设局、审计局、物价局相关负责人为成员"溧水县土地出让与储备工作领导小组"。其主要职责是:审议各融资单位土地年度储备计划及执行情况;审议年度招拍挂计划及执行情况;拟收购、收储地块收购方案、前期开发成本审查;拟出让地块招拍挂出让方案审查;监督出让地块合同执行和开发利用情况。县土地储备中心按照"新增入库、净地出库、库内项目整理"工作思路,做大、做强、做精各项工作。

2010年6月,县国土资源局收悉《关于宝塔路东侧地块改建的请示》。经调查:该地块位于县城中山河以南、南临秦淮源小区、西临宝塔路,是连接开发区和城区主要节点,扣减中山河河道控制区后,实际面积1.67公顷,主要由华辉商务酒店0.73公顷、工农兵村建筑公司0.29公顷、水利农机局仓库0.62公顷及6户居民使用。该地块建筑面积1.1万平方米。华辉商务酒店向县开发区申请进行该地块改造,拟将原酒店拆除后新建总面积1万平方米16层四星级酒店,附带部分房地产以补贴酒店建设费用方案。25日,县国土资源局向县储备与出让领导小组建议:开发区依照原有城市设计方案,进行宝塔路分批局部改造,建议将该地块改造纳入当年开发区土地储备计划中,由开发区实施该地块收储、拆迁等前期工作;原华辉商务酒店提出在该地块新建1万平方米左右四星级酒店改造设想,建议县开发区在该地块运作前,征求县建设部门就该地块容积率、建筑密度、绿地率、建筑限高等要求,论证改造可行性后,与华辉公司签订地块托底协议,确保地块挂牌出让时,不因地价高而流标;地块涉及县水务局中山路防汛器材库改造,由县水务部门会同开发区、建设部门提出方案报政府审定。7月,县土地储备中心拟收储大金山国防园管理处位于东屏镇东侧地块1宗,占地面积3.4公顷,原为生产性用地,拟转为经营性用地。经委托南京中信资产评估有限公司评估,该地块及其房屋、附着物等评估价值合计1638.76万元。8月20日,县政府批准收储该地块补偿处置办法,即按评估价值应补偿土地使用权584.03万元、房屋等建筑物类910.381万元、花木等附着物类

41.384 万元,计 1535.795 万元。机器设备由大金山国防园自行处理,补偿处理费（拆除、安装、起吊、搬运等）23.11 万元，合计补偿大金山国防园 1558.905 万元;鉴于大金山国防园在该地块及其周边水、电、路等基础设施及环境上投入,为该地块创造较好开发环境,另补偿 150 万元/公顷(基础设施建设补偿),根据《溧水县国有土地使用权出让收支管理办法》,按该地块评估底价提取 5%收益基金、2%出让业务费、5.25 元/平方米土地开发资金、15%县级土地收益加补偿部分(1558.905 万元)、补助部分(10 万元/亩)作为拍卖底价,拍卖收入超过底价部分按县政府土地出让金管理办法规定处理;补偿后土地、房屋、地上附着物产权属土地储备中心所有;县土地储备中心收储后,全部清理地表建筑物、附着物后以净地挂牌出让。

2010 年 9 月始,县土地储备中心将工作重点放在城东,为城东片区建设提供平台,将 246 省道、中山东路、秦淮路、常溧路围合范围内村组集体土地 133.33 公顷纳入土地储备,分批开展村庄、企业拆迁及土地补偿和人员安置工作,将分散零星撤组土地整合成净地标准,以备市场成熟时及时出库。是年下半年始,县国土资源局实施博士牛农业发展有限公司、石板桥、良种、杨家场、五里墩、山头、包家 7 个地块收购及拆迁工作。至 2013 年 3 月,除博士牛公司地块正在处置外,其余村庄农民房屋拆迁完成,石板桥、山头、五里墩、良种、包家 6 个村民小组土地收归国有。其中,拆迁农户 523 户、房屋建筑面积 13.08 万平方米,收储撤组后剩余土地面积 100 余公顷。

2012 年 6 月,县土地储备中心实施金龙新村 6 幢公寓房产权置换工作(总户数 180 户,面积 1.49 万平方米),置换房安置在金龙新村居住小区。8 月 13 日，县政府第 4 次常务会议研究通过，设立县开发区土地储备分中心,负责开发区土地储备、出让工作。9 月,县国土资源局向县开发区颁发《溧水县县级行政权力事项行政执法委托书》,授权其辖区土地收储和出让招拍挂处置工作。

1998—2012 年，县土地储备中心收购储备土地除收储直接用于出让外,剩余储备量 358.3 公顷。

1998—2012 年溧水县土地储备情况一览表

表 4-24

年份	地块名	坐落、四至范围	面积（公顷）	备注
1998	金龙山地块	原金蛙厂东东南、新龙路西、金龙路东	82.98	毛地
1999	—	—	—	—
2000	物资集团第二燃料公司地块	位于毓秀路，东至金蛙新城，南至工厂，西至毓秀路，北至县水建公司	0.73	毛地
2001	县木材公司木材站地块	位于县钢铁厂北、永昌巷口，东至河道，南至永昌巷，西至钢铁厂用地，北至河道	0.91	毛地
	县木建材公司地块	位于宝塔路，东至双塘村民宅，南至宝塔路，西至粮食局汽车队	0.76	毛地
	县钢铁厂地块	位于永阳镇栖凤路以东、交通西路以北、秦淮路以西	8.1	毛地
2002	—	—	—	—
2003	南京宝船卫生用品制造有限公司地块	位于中大街，东至中大街，南至寺桥巷，西至河道。北至县卫生防疫站	0.65	毛地
2004	—	—	—	—
2005	陈沛桥地块	位于永阳镇戴家村，戴家村撤组剩余土地	15.9	净地
	新庄地块	秦淮路西、新庄村北	3.85	毛地
	客运站北地块	秦淮路东、客运站以北	1.93	毛地
	竹竿塘南地块	竹竿塘村以南	2	毛地
2006	龙山小区地块	青年路北，金宝市场西	0.4	净地
	浪塘地块	经典花园小区以西	0.27	净地
	陈沛桥地块	花园路以北，陈沛桥西，中山东路以南	0.96	毛地
	陈沛桥地块	花园路以北，陈沛桥西，中山东路以南	1.21	毛地
	陈沛桥地块	花园路以北，陈沛桥西，中山东路以南	2.07	毛地
	金湖毕地块	秦淮路西、水岸康城南	0.27	净地
	卧龙湖地块	卧龙湖北、二干河东	1.33	净地
	卧龙湖地块	卧龙湖北、二干河东	1.4	净地
	卧龙湖地块	卧龙湖东、大同山处	2	净地

续表 4–24

年份	地块名	坐落、四至范围	面积（公顷）	备注
2006	卧龙湖地块	宁杭高速东、沿江高速南	5.16	净地
	卧龙湖地块	卧龙湖南、宁杭高速东	0.4	净地
	卧龙湖地块	卧龙湖南、宁杭高速东	3.07	净地
2007	卧龙湖地块	卧龙湖东、恒大金碧天下北	6.2	净地
	卧龙湖地块	卧龙湖东、恒大金碧天下北	0.87	净地
	卧龙湖地块	卧龙湖东、恒大金碧天下北	2.13	净地
	卧龙湖地块	卧龙湖东、恒大金碧天下北	1.07	净地
	博士牛地块	常溧路南、板桥路东	14.35	毛地
	五里墩地块	薛李路东、文昌路南	7.62	毛地
	陈家村地块	阳光佳苑东、龙山路南、青年路北	23.53	毛地
2008	—	—	—	—
2009	日创地块	板桥路东、常溧路南	1.47	净地
	石板桥地块	常溧路北、石板桥村东	18.73	毛地
	博士牛地块	常溧路南、扬家场村东	7.8	毛地
2010	包家村地块	秦淮路东、青年路南	26.23	净地
	许村地块	青年路北、246 省道西	0.47	毛地
	许村地块	246 省道东	9.09	毛地
2011	十里陈家地块	陈家组	43.13	毛地
	十里门神岗地块	门神岗组	5.13	毛地
	十里门神岗地块	门神岗组	0.8	毛地
2012	两湖开发办租用地块	永阳十里牌	53.33	净地
合计			358.3	

第五章　耕地保护

20世纪80年代至90年代初，全县以扩大农业耕地为主，采取整治措施复垦砖瓦窑厂取土场、水利工程挖毁、工矿企业堆放和尾矿场、交通道路建设工程及自然灾害等挖损、压占、塌陷、废弃造成破坏的土地，同时开展低山丘陵荒地开发复垦和沿湖围垦造田，缓解人地矛盾。1996年后，境内实施大规模土地整理，结合兴修农田水利工程，提高土地利用效益，在土地开发利用深度方面下功夫。随着全县经济社会建设发展，非农业用地迅猛增加，2004年始，县国土资源局制定土地整治规划，实施耕地“占补平衡”、城乡建设用地“增减挂钩”“万顷良田”建设工程、水土保持等多种措施，确保建设用地总量不增加、耕地面积不减少、质量不降低、城乡用地布局更合理。1996年至2013年3月，全县实施土地复垦项目534个，复垦整治土地8489.24公顷，其中新增耕地2989.17公顷。

境内人多地少，土地后备资源不足。1995年5月，县土地管理局编制《溧水县基本农田保护区规划》(简称《规划》)。1996年4月，由市政府批准实施。6月，县政府发布《溧水县基本农田保护办法》，详细规定基本农田划定、建设、保护与管理等内容。1998年后，县政府把基本农田保护工作纳入乡(镇)政府目标考核内容，与乡(镇)政府签订《基本农田保护责任书》，明确保护目标和职责。同时，县国土管理局制定基本农田保护管理实施责任制，在镇、村和部分保护地块设立基本农田保护公示牌，埋设保护界桩，保护区内严格执行“八不准”。各镇(开发区)与村层层签订基本农田保护责任书，聘请基本农田保护信息员91名。至2013年3月，全县基本农田保护区总面积4.04万公顷，其中水田2.13万公顷，旱地9564.65公顷，保护率平均83.9%。

第一节　土地综合整治

1996 年始，县土地管理局依照《溧水县土地利用总体规划》，开展土地复垦与整治，坚持以耕地为主，宜农则农，宜林则林，宜渔则渔，注重经济社会、生态效益统一。1999—2004 年，实施耕地“占补平衡”；2007 年起，实施城乡建设用地“增减挂钩”；2009 年始，县政府在白马、柘塘、永阳 3 个镇实施“万顷良田”建设工程，逐年落实土地综合整治计划项目，明确“谁破坏、谁复垦，谁复垦、谁受益”原则，争取上级补助和多方筹集资金并举，重点投入，责任到人，跟踪管理。

【占补平衡】

1996 年，全县完成开发复垦省级项目 1 个、市级项目 1 个，开发复垦土地面积 159.97 公顷，其中耕地 95.97 公顷。按照“宜农则农、宜林则林、宜渔则渔、宜建则建”原则，利用复垦补充耕地。1998 年起，各乡（镇）每年根据土地利用总体规划制定下一年度土地开发复垦计划报县国土管理局，由县国土管理局统一上报到市、省，再由省、市逐级下达计划指标到县。是年 11 月，宁高高速公路溧水段建设取土，在永阳镇沙河村双庙基、平原 2 个村民小组留下面积 8 公顷大土坑。在城镇国土管理所上报县国土管理局。1999 年列入土地复垦项目计划，由镇国土管理所具体实施。2002 年，经过 3 个月机械化整治，取土场复垦为良田。当年 10 月 20 日，通过省、市验收，新增耕地 7.2 公顷，并达到一级农田标准。

1999 年，新修订《中华人民共和国土地管理法》实施后，县国土管理局实行非农建设占用耕地补偿制度，并按照“占多少，补多少”原则，补充数量和质量相当耕地。占用单位负责开垦，没有条件开垦的，依法缴纳耕地开垦费。全县土地开发、整理、复垦工作走上规范化轨道。当年 2 月，县国土管理局在全面调查境内土地后备资源基础上，编制年度复垦开发和基本农田整理规划，每宗复垦开发地块都有现状图、规划图以及宗地图和其他资料；成片开发，实行机械化施工，确保复垦质量，抓好水渠路配套；向上争取复垦资金，确保工程顺利开展。是年，全县土地复垦面积 166.67 公顷，分别是东屏老村基 7.67 公顷、柘塘三丫圩废圩埂 13.33 公顷、孔镇吴村桥废河道

14.27 公顷、晶桥新丰圩 29.33 公顷，群力、东屏、渔歌等市级复垦项目 33.33 公顷，晶桥、和凤等省级项目 53.33 公顷，以及各镇中心村建设和农民建房实施占补平衡复垦土地 11 公顷。3—9 月，县国土管理局先后批复白马镇、柘塘镇、洪蓝镇、孔镇乡、东屏镇、乌山乡、渔歌乡、共和乡、群力乡、在城镇、石湫镇、云鹤乡中心村农民建房占用耕地实施占补平衡方案。2002 年始，县国土管理局建立全县耕地保护和土地复垦开发利用“占补平衡”项目库。是年，全县补充耕地项目立项 23 个，面积 286.67 公顷，净增耕地 103.87 公顷。此后，该项工作统一纳入“占补平衡”项目库管理。

2005 年 3 月 22 日，县国土资源局制定《关于进一步加强我县土地开发复垦整理项目管理的通知》，要求各镇依据分解的年度土地开发复垦整理任务，拟定出年度土地开发复垦整理项目，报县局审查上报建库。所有上报建库项目必须符合镇土地利用总体规划和土地开发复垦整理专项规划。经审查确定的项目，须将项目位置、范围以及实施完成后净增耕地面积等情况，在项目所在地村(组)公告 10 天，无异议由镇政府统一申请立项。项目批复后，方可施工。进库项目凡涉及有土石方及配套工程，一律实行工程招投标。以项目为单位建立项目资金管理预决算、项目出入库日常管理和项目完成后跟踪管理制度。项目竣工后，各镇国土所书面申请县局组织初验。3 月 28 日，县国土资源局制定《关于土地开发复垦整理项目工程招投标管理实施意见》，就项目工程招投标范围和内容、报名及资格审查、项目投标书制作、评标和中标、付款方式等作进一步明确规定。是年各镇上报 41 个占补平衡项目全部进入省厅项目库，工程施工全部实行招投标。1999—2005 年，全县争取省、市复垦开发项目 195 个，通过公开招投标，确定项目发包，投入资金 6144.50 万元，

2006 年 11 月 15 日，石头寨村土地整理现场
(局办公室提供)

填平废河滩,推平小山坡,整理废窑基等荒废土地3098.60公顷,净增耕地1154.21公顷,用于弥补建设占用耕地缺口,缓解土地供求矛盾。2004年3月12日,市国土资源局在洪蓝镇召开全市土地复垦工程招投标现场会,推广溧水做法。2006年3月13日,县国土资源局发文表彰永阳镇东山村荒地开发等10个项目。与各镇国土所签订《2006年土地开发整理目标责任状》。项目招标采取上年优秀项目与年度项目招标入围相挂钩办法,并首次引入工程质量监理制,聘请专业工程监理人员负责工程施工进度和质量。是年,全县完成土地开发整理项目26个,并通过省厅验收,占入库项目96.3%,净增耕地237.43公顷,占入库面积95.5%,完成市国土局下达任务118.72%。

2005年溧水县土地开发整理优秀项目统计表

表5-1 单位:公顷

项目名称	项目区面积	净增耕地面积	施工单位名称	施工负责人
永阳镇东山村荒地开发	7.91	6.84	溧阳市天目湖建筑安装工程公司	孙玉喜
白马镇浮山村东顶废村基复垦	8.39	7.68	南京八建旭峰建筑安装工程有限公司	黄能能
东屏镇爱民村荒地开发	6.73	5.93	句容市江苏广兴建设有限公司	尹义前
东屏镇和平村废弃地复垦	7.68	7.17	南京八建海鑫建筑安装工程有限公司	向金武
柘塘镇福田村村基复垦	7.28	6.52	溧阳市工程建设有限公司南京分公司	尹茂华
石湫镇九塘村废圩堤复垦	4.19	4.06	溧水县石湫建筑安装工程有限公司	武晓龙
洪蓝镇陈卞村废水沟复垦	9.38	8.88	溧水县石湫建筑安装工程有限公司	武晓龙
和凤镇毛公阜村荒地开发	6.81	6.38	宜兴市建工建筑安装有限责任公司	杨智禄
晶桥镇马村荒地开发	6.32	5.32	南京市环茂安装工程公司第十分公司	秦祥震
晶桥镇枫香岭岗窑山开发	11.15	9.56	南京市溧水县石湫第二建筑安装工程有限公司	周久斌

2006年7月26日,县国土资源局制定《溧水县土地开发复垦整理项目资金管理实施意见》,县土地整理中心是土地开发复垦项目具体承担单位,是资金使用、核算、管理主体;各镇国土资源所是土地开发复垦项目具体实施单位;局财务科负责全县土地开发复垦整理项目资金拨付、审查、监督和管理工作。项目工程造价超过5万元,实行招投标和监理制度。同时实行项目预算、支出和决算管理。项目资金按项目实施进度分期分批预拨和年终统一结算付款方式,实行项目奖罚制度。每年结合年终考核和工作总结,以项目验收结果和工作实绩为依据开展专项评比,评选优秀项目,所在镇国土资源所、村委会、项目施工单位,由县国土资源局统一表彰和奖励。成绩突出的先进单位和先进个人,上报省市表彰。因主观原因导致项目不能通过,由县、镇国土部门进行经济处罚,系统内通报批评。

2007年4月14日,县国土资源局制定《关于加强2007年度耕地"占补平衡"项目库项目工程变更调整管理工作的通知》,规定项目工程招标后,中标施工单位须按照项目规划设计标准和要求施工,原则上不允许变更调整。如因农业生产需求,确需变更调整的项目,其增幅在5%以内的,由项目所在地村、镇国土资源所或项目施工单位自行消化;增幅在5%以上的,由项目所在地镇国土资源所以书面形式向县国土资源局报告,批准后签订项目工程补充合同,工程费纳入项目工程决算。凡不按项目工程变更调整程序或不符合变更调整条件而擅自变更调整工程量的项目,由项目所在地镇国土资源所或项目施工单位自行解决。

2008年3月5日,县国土资源局制定《关于进一步加强土地开发复垦整理项目工程管护和后续种植利用管理的实施意见》。按照"谁使用、谁受益、谁管护、谁破坏、谁维修、谁赔偿"原则,建立责任制,层层签订管护合同,落实管护措施,确定专人负责,把管护目标列入镇、村年度考核,形成"以群众自我管护为主、镇政府定期进行监督检查、镇国土所定期巡查、县国土资源局不定期抽查"立体管护制度;在此基础上,县国土资源局把年度实施项目青苗补偿费和土壤改良费总额30%作为耕种保证金提取,进行量化考核。4月13日,县国土资源局制订《关于进一步开展土地开发复垦整理项目工程建设质量年活动的实施方案》,规范项目管理,加大后期工程管护和后续种植利用管理力度,建立有效投入与产出机制。5月21日,县国土资源局成立"溧水县三农土地复垦发展有限公司",负责全县土地开发、复垦、整理工作。6月,洪蓝镇实施土地整理项目,创新使用统一制作"U"形渠和应用PE管排溉方法。此举,获当年省国土资源厅科技创新奖。

2010—2011年,石湫镇横山和白马镇革新9个土地整理项目被列为市领导重点帮促镇土地整理项目和申报市投自补土地整理项目,整理面积1533.33公顷,总投资2900万元,新增耕地55公顷。项目实施中,开展“U”型渠统一制作以及肥田耕作层剥离试点工作,得到业务主管部门认可和推广。通过白马、石湫、洪蓝等镇土地整治试点,积累经验,形成县农村土地整治新模式。同时,依据县、镇两级土地利用总体规划及土地整理复垦开发专项规划,县国土资源局将57个项目列入2012—2015年度占补平衡补充耕地备选项目,面积1435.63公顷,新增耕地922.74公顷。2012年12月25日,市财政和国土局批复实施《2012年度市领导重点帮促镇土地整理项目和资金使用方案》,追加洪蓝镇土地整治等工程款40万元,用于改善耕地质量,提高地力;下达石湫镇安公塘流域农田整治项目和白马镇土地整理项目资金各100万元。是年,全县耕地占补平衡净增耕地99.27公顷。2013年1月18日,县国土资源局授予爱民、爱廉、青锋、塘西、郜村、仙坛、光明、横山、浮山、白龙、富滨、华侨、芮家、群力、曹家桥、蒲塘、同心、向阳18个村为“2012年度耕地占补平衡项目矛盾协调先进村”,奖励爱民等前12个村各5万元、芮家等6个村各3万元。

2013年3月19日,县国土资源局制定《溧水县耕地占补平衡项目评优实施细则》,规定凡申请立项进入省国土厅占补平衡项目库备案,并通过省、市、县验收合格,净增耕地率15%以上,或净增耕地在3.33公顷以上项目(一个村只能申请一个),所在镇(区)国土所(办)均可向县国土资源局申请优秀项目;净增耕地率15%以上或净增耕地在1.33公顷以上项目(一个村只能申请一个),所在镇(区)国土所(办)均可向县国土资源局申请鼓励项目,并就项目评选办法和评选标准作出具体规定。

1996—2012年溧水县耕地占补平衡项目实施情况统计表

表5-2

年份	项目(个)	面积(公顷)		投入资金(万元)
		建设规模	新增耕地	
1996	2	159.97	95.97	43.2
1997	2	160	86.67	27.25

续表 5-2

年份	项目(个)	面积(公顷)		投入资金(万元)
		建设规模	新增耕地	
1998	4	206.74	162.74	57
1999	11	90.6	36.90	110.49
2000	17	106.21	49.44	185.41
2001	24	889.64	100.3	376.11
2002	28	366.38	117.96	530.8
2003	33	462.22	242.73	1092.29
2004	40	475.11	329.35	1976.08
2005	42	708.44	277.53	1873.32
2006	26	377.04	237.43	1444.45
2007	28	376.22	252.97	1640.78
2008	25	423.53	227.07	1938.02
2009	26	291.09	202.94	1316.68
2010	12	157.98	116.35	1067.87
2011	18	538.65	95.53	1740.02
2012	29	646.09	99.41	2822.44
合计	367	4635.91	2731.29	18242.21

【增减挂钩】

2007年始，县国土资源局采取城乡建设用地“增减挂钩”管理措施，重新整理低效使用、闲置农村建设用地，支持新农村建设，促进城乡统筹发展，破解保护与保障“两难”困境。3月，县三农土地复垦发展有限公司(以下简称“三农公司”)与农发行、江苏兰德工程技术咨询有限公司编制《溧水县农村土地复垦整理项目可行性研究报告》，设立宜复垦为耕地的农村建设用地地块组成项目区，2007—2009年，全县8个镇设有308个复垦地块，总面积685.75公顷，其中洪蓝镇6个地块25.27公顷、晶桥镇9个地块22.5公顷、白马镇7个地块35.72公顷、东屏镇11个地块60.44公顷、石湫镇18

个地块94.32公顷、柘塘镇33个地块128.4公顷、永阳镇80个地块159.64公顷、和凤镇144个地块159.45公顷，其中涉及村庄用地517.45公顷、独立工矿用地及特殊用地168.30公顷。项目实施后新增农用地685.75公顷，其中新增耕地550.11公顷；拆迁居民527户，拆迁面积11.92万平方米，其中楼房4.53万平方米，平房7.39万平方米。

2008年8月8日，县政府办转发县国土资源局《溧水县城乡建设用地增减挂钩试点项目实施意见》，项目实施目标为：拆旧地块总面积182.58公顷，其中农村居民点用地123.68公顷、独立工矿用地51.51公顷、特殊用地7.39公顷，整理后新增农用地182.58公顷，新增耕地158.07公顷；拆迁居民527户，拆迁面积11.92万平方米，其中楼房4.53万平方米，平房7.39万平方米。以增减挂钩项目实施破解全县城镇建设用地计划指标不足难题，缓解用地矛盾。县政府成立以县长为组长、常务副县长为副组长，相关部门负责人为成员的城乡建设用地增减挂钩试点工作领导小组，下设办公室(设在县国土局)，具体负责日常工作。各镇也相应成立领导小组，实行行政区域和项目双重管理，并通过责任状形式，层层落实责任。是年，溧水县在全市率先试点废弃宕口整治与土地收储、用地指标置换相结合，聘请南京地质工程勘察院编制《溧水县永阳镇高塘废弃宕口地质环境治理设计方案》，请省国土厅专家组评审整治方案。整治与土地复垦相结合，复垦农用地5万多平方米。此后，逐年推进无证砖瓦窑厂关闭工作，为实施“增减挂钩”项目创造条件。经可行性论证和专家评审，认定白马镇朱家边村、和凤镇乌飞塘村、石湫镇九塘村、白马镇白马村、洪蓝镇青锋村、晶桥镇杭村、东屏镇和平村、金湖村、永阳镇高塘村、晶桥镇仙坛魏家村10个土地整理项目具备土地整理条件，纳入备案项目。其中，经市国土资源局和财政局审查确认，白马镇朱家边村土地整理项目为2009年度省以上投资土地整理项目，整理面积973.36公顷，新增耕地45.6公顷，资金概算3258万元；和凤镇乌飞塘村、石湫镇九塘村、白马镇白马村、洪蓝镇青锋村、晶桥镇杭村、东屏镇和平村、金湖村7个土地整理项目为2009年度市级投资项目，整理面积948.67公顷，新增耕地35.2公顷，审定资金概算2146.07万元(市投资金80%、1716.86万元，县配套20%、429.21万元)；永阳镇高塘村、晶桥镇仙坛魏家村2个土地整理项目为2009年度县级投资项目（利用省厅返还的新增建设用地土地有偿使用费实施的县级投资土地整理项目，简称自投项目，下同)，整理面积274.04公顷，新增耕地11.37公顷。县国土资源局与各镇签订《溧水县城乡建设用地增减挂钩管理目标责任书》。是年，全县完成建设用地增减挂钩项目4个，面积19.68公顷，新增耕地18.49公顷。2009年3月25日，全县城乡建设用地增减挂钩项目方案获市国土资源局“2008年度全市国土资源系统管理创新奖”。

2010年4月29日，县政府下发《关于扎实推进城乡建设用地增减挂钩工作的通知》。“挂钩”项目管理建立立项、招投标、项目资金专项使用、统一管理和有偿使用、目标责任考核等制度。县政府委托县国土资源局负责实施，按照“总量控制、封闭运行、定期考核、到期归还”原则管理。增减挂钩项目涉及的拆迁安置，采取统拆统建方式、统一安置标准、统一规划、统一基础设施建设、统一管理机制和统一运作机制，将全县增减挂钩拆旧项目指标73.33公顷分解下达各镇。6月25日，县政府批准县国土资源局“建立城乡建设用地增减挂钩专项资金”方案。当年，全县层层签订拆迁、复垦责任状，明确各自职责；编发“增减挂钩”简报，每10天通报各镇(区)项目推进情况；项目实施过程中，把好前期准备、开工、施工、监管、竣工、审计等关口，强化服务指导、综合调控和工作监管。农村建设用地日常管理，严格控制农村居民点扩张规模，冻结农民建房审批，引导和鼓励农民建房向增减挂钩建新安置区集中。2010年始，国家每年下达溧水农用地转用计划66.67公顷，2011—2015年全县有300~333.33公顷农用地转用计划缺口，靠实施“增减挂钩”项目解决。2010年9月13日，县国土资源局向各镇(区)国土资源所(办)下发《关于开展耕地后备资源调查，建立耕地“占补平衡”项目和复垦项目备选库的通知》。11月11日，按照县、镇两级土地利用总体规划及城乡建设用地增减挂钩专题规划，全县确定2011—2015年度城乡建设用地增减挂钩复垦备选项目408个，项目区总面积1376.27公顷，新增农用地1371.93公顷，实施后可净增耕地1348.97公

2010年溧水县城乡建设用地增减挂钩项目推进现场会
(局档案室提供)

顷。2011 年 10 月，经请示市国土资源局同意追加溧水县 2010 年度增减挂钩实施库复垦项目 44 个，复垦面积 71.32 公顷，建成后新增耕地 68.75 公顷。

2012 年，在县、镇两级全面调查论证基础上，确定永阳镇等 62 个拆旧区复垦项目列入城乡建设用地增减挂钩复垦项目备选库，项目规模 134.69 公顷，计划新增耕地 132.81 公顷，新增耕地率 98.61%。是年，全县完成增减挂钩项目 38 个，复垦面积 75.33 公顷，新增农用地 74.21 公顷，其中白马镇万顷良田工程完成 10 个复垦项目，新增耕地 22.84 公顷；洪蓝镇傅家边村省级土地整理项目新增耕地 22.89 公顷；石湫镇横山村、白马镇革新村和东屏镇长乐村 3 个市级土地整理项目新增耕地 27.17 公顷。12 月 14 日，市国土资源局下达溧水县 2012 年城乡建设用地增减挂钩周转指标 34.67 公顷。白马镇、晶桥镇在增减挂钩、占补平衡等土地综合整治工作中完成出色，其中白马镇完成 6 个占补平衡项目和 9 个增减挂钩复垦项目，新增耕地 37.2 公顷；晶桥镇完成 4 个占补平衡项目和 6 个增减挂钩项目，新增耕地 18.07 公顷。2013 年 1 月 15 日，县政府给予上述两个镇农用地转用指标奖励。2007—2012 年，全县完成城乡建设用地增减挂钩项目 138 个，经验收批准后形成挂钩指标 242.09 公顷。

2007—2012 年溧水县城乡建设用地增减挂钩项目实施情况统计表

表 5-3　　单位：个、公顷

项目年度	计划实施			完成实施			
	项目个数	复垦面积	新增耕地	项目个数	复垦面积	确认新增农用地	确认新增耕地
2007	21	25.69	23.98	21	25.69	24.88	23.98
2008	25	423.53	227.07	1	3.63	3.62	3.33
2009	26	291.09	202.94	4	19.68	19.58	18.49
2010	12	157.98	116.35	74	127.67	125.58	123.54
2011	18	538.65	95.53	—	—	—	—
2012	29	646.09	99.41	38	75.33	74.21	72.75
合计	131	2083.03	765.28	138	252	247.87	242.09

【万顷良田】

2009年,县政府在白马镇实施“万顷良田”建设工程。项目区位于宁杭高速与宁杭城际铁路之间,总面积973.36公顷,涉及镇内朱家边村、革新村及白马茶场,农户1087户,人口3038人,搬迁房屋面积18万平方米。该工程实施,可新增耕地67.93公顷,其中复垦农村建设用地新增耕地51.23公顷,农地整理新增耕地16.71公顷。参照城乡建设用地增减挂钩相关政策,形成挂钩用地周转指标51.23公顷。实施范围大致与白马镇现代农业高新技术产业园区吻合。是年,县国土资源局三农公司以储备土地抵押方式向溧水农发行贷款2亿元,用于“万顷良田”建设工程项目。同年12月14日,县委、县政府成立由县长任组长,县委副书记、副县长任副组长,县相关部门、白马镇等单位负责人为成员的“溧水县万顷良田建设工程领导小组”,下设办公室(设在县国土局)。办公室设4个工作组,即规划设计工作组:由县国土局牵头,县建设局、水务局、交运局、农林局参加,负责工程区规划与实施管理;拆迁安置工作组:由白马镇政府牵头,县社保局、财政局、民政局、公安局、建设局参加,负责工程区农业人口安置与保障,拆迁补偿及迁建安置工作;土地经营权流转工作组:由县委农工办牵头,与白马镇政府共同负责工程区土地经营权流转工作;资金保障工作组:由县财政局牵头,县监察局、审计局和白马镇政府参加,负责工程区资金筹集、调度、管理和审计工作。

2010年4月29日,县国土资源局成立由局长为组长,分管副局长为副组长,规划耕保科、地籍科、财务科、土地储备中心、白马镇国土所主要负责人为成员的“溧水县万顷良田协调服务小组”,负责协调解决矛盾纠纷,落实配套政策措施、技术服务、经费保障等。就工程建设中房屋搬迁置换、土地流转、资金平衡等工作,协调服务小组召开试点规划论证会,听取意见,确定项目区域内房屋拆迁补偿安置,按照县政府《征地拆迁补偿安置办法》及相关文件执行。5月27日,县政府批准县三农公司为高标准农田建设和土地整理复垦开发项目建设以及土地资源利用融资平台。10月1日,白马镇征地拆迁工作组启动项目区拆迁工作。12月31日,《溧水县白马镇“万顷良田”建设工程规划方案》获省国土资源厅批准。工程区涉及革新、朱家边、上洋3个村和县茶场,总面积879.97公顷,复垦工程区农村居民点62.98公顷,全部复垦为农用地,其中新增耕地60.13公顷。2011年,在县茶场、朱家边村和革新村立项土地复垦项目22个(总复垦面积63.9公顷,新增耕地

63.9 公顷）和一个省以上投资土地整理项目（其中革新等村土地整治项目面积 876.66 公顷，新增耕地 106.53 公顷，新增耕地率 12.15%，项目总投资 3191.55 万元，单位面积投资 3.64 万元/公顷）。

2012 年 11 月 26 日，县政府向市政府申报“溧水县柘塘镇‘万顷良田’建设工程试点项目”，工程区包括新淮、福田、华侨和联民 4 个村，总面积 1397.33 公顷，其中农地整理新增耕地 22.39 公顷，拆旧村庄和采矿用地复垦整理新增耕地 91.87 公顷。截至是年 11 月底，全县立项“万顷良田”建设工程项目 22 个，完成包括白马镇茶场小官塘村庄复垦等项目 10 个，复垦面积 22.92 公顷，新增耕地 22.85 公顷。

2012 年 12 月，县政府向市政府申报《溧水县永阳镇“万顷良田”建设工程项目》。2013 年 1 月，获省国土资源厅批准。工程区涉及秋湖村韦家大村、洞壁、石笪头等 28 个村民小组，总面积 920 公顷，其中农地整理新增耕地 33.33 公顷，拆旧村庄、平整塘坝新增耕地 156 公顷。至 2013 年 3 月，完成农地整理工程量 58%。

第二节 基本农田保护

【基本农田保护区划定】

1995 年 5 月，县土地管理局完成《溧水县基本农田保护区规划》（简称《规划》）编制。1996 年 4 月，由市政府批准实施。6 月，县政府发布《溧水县基本农田保护办法》，规定基本农田划定、建设、保护与管理等，调整基本农田保护面积，

洪蓝镇基本农田保护区牌一角

和凤镇沙塘庵村基本农田界桩

其中白马镇增加33.33公顷，渔歌乡增加13.33公顷，明觉镇增加20公顷，云鹤乡增加6.67公顷，晶桥乡增加6.67公顷，5个乡（镇）增加基本农田保护面积80公顷。1997年5月，县委、县政府召开“溧水县关于进一步加强土地管理切实保护耕地”会议，县、乡两级党委、政府主要领导参加。1998年，修编《溧水县土地利用总体规划（1997—2010年）》时，将全县4.13万公顷基本农田保护区作为强制性保护指标，一般农田保护区面积2000年前8266.7公顷，2010年1.08万公顷。基本农田划定后，科学规划、分步实施，逐年达到高产稳产建设标准。在丘陵山区，侧重发展蓄水补水工程；在圩区侧重加固堤防和田间沟渠整治，建筑物配套，采取有效措施，加强土壤肥力建设，通过综合治理，提高基本农田环境质量。加强宣传，增强法制意识，将基本农田保护工作纳入乡（镇）政府目标考核内容，县政府与乡（镇）政府签定责任书，明确保护目标和职责，制定基本农田保护管理措施，设立保护标志牌。基本农田保护区内严格执行“八不准”（不准单位与个人建房；不准建坟；不准取土制砖；不准建窑；不准开挖鱼池；不准弃耕、抛荒和破坏地力；不准向基本农田保护区排放污染物；不准损坏基本农田保护标志牌及其它田间建筑物等农田设施）。基本农田保护管理工作成绩显著的单位和个人，政府给予奖励；违法行为，按《江苏省基本农田保护条例》实施处罚；严重破坏耕地行为，依《刑法》论处。加强基本农田动态监测，建立基本农田保护区动态管理体系，乡镇土管所每月一次巡查，村设信息员，按照“三个一”（每年提供一张动态变更表、一份动态变更图、一份动态变更说明书）要求，参与审核各类建设项目用地选址。

2000年4月，乡镇行政区划调整后，结合全县最新土地利用总体规划图及镇、村实际区域进行分区划块，划分基本农田保护区8个、保护片94

个、保护地 235 块，将基本农田范围界限标注在图纸上，设立基本农田保护公示牌 337 块，埋设基本农田保护界桩 2334 个。县国土资源局与镇、村、组及农户代表签订基本农田保护责任书 648 份，聘请 394 名基本农田保护兼职信息员，建立基本农田保护台账。

【基本农田保护检查】

2004 年 6 月，根据省政府统一部署，县政府建立由分管副县长为组长，县国土资源局、农林局负责人为副组长，县农办、计经、水务、交通、统计等单位负责人组成的基本农田保护检查工作领导小组；召开全县基本农田保护检查动员会；转发县国土资源局、农林局《溧水县基本农田保护检查方案》，明确检查目的、内容、方法和步骤。县国土资源局投入专项经费 120 万元，抽调专业人员 132 人。此次检查工作按照省基本农田保护检查工作技术方案进行。检查显示：2003 年年末，全县基本农田面积 3.72 万公顷，其中耕地 3.07 万公顷、园地 1553.62 公顷、林地 1384.85 公顷、其他农用地 3491.49 公顷；全县高产田 1.15 万公顷、中产田 1.79 万公顷、低产田 1.31 万公顷。中低产田比重大，高产田占 27.1%。耕地改变用途和闲置情况比较严重。同年 8 月，县国土资源局建立《基本农田保护用途管制制度》《基本农田保护责任制度》《基本农田审批和占补平衡制度》《基本农田质量保护制度》和《基本农田动态巡查制度》，严格执行基本农田保护条例所制定的“四个禁止”和“五个不准”规定，强化基本农田保护各项措施，实现保护手段信息化、管理网络化、监督社会化“三化”要求，形成图件、数据、文字、制度等资料均通过市级验收。10 月 29 日，县国土资源局与市国土资源局签订《基本农田保护责任书》。11 月 7 日，县政府与市政府签订《基本农田保护责任书》，全县基本农田保护面积 3.72 万公顷，保护率 84%。

2004 年溧水县基本农田保护区情况统计表

表 5-4　　单位：公顷、%

各镇	基本农田总面积	基本农田保护区面积	保护率
永阳	6073.33	3780	62.2
白马	5613.33	5520	98.3
东屏	6000	4646.67	77.4

续表 5-4

各镇	基本农田总面积	基本农田保护区面积	保护率
柘塘	3060	2980	97.4
石湫	5200	5200	100
洪蓝	4600	4340	94.3
晶桥	5473.33	5433.33	99.3
和凤	5060	5060	100
国营场圃	226.67	226.67	100
合计	41306.66	37186.67	—

【基本农田保护区建设管理】

2005 年,省国土资源厅下发《关于开展全省基本农田保护“争先达标”活动的通知》,县国土资源局按照具体考评标准,分别从组织管理、基础业务、建章立制、执法监察 4 个方面在全县开展“争先达标”活动,修复因强台风受损的东屏、石湫、白马、晶桥、柘塘等镇保护公示牌 16 块,先后 2 次组织基本农田保护信息员培训。同时,县政府把基本农田保护纳入县、镇两级政府任期考核目标,层层签订耕地保护责任状,实行年度责任考核,形成县、镇、村、组层层有责任、层层抓落实局面。按照“管理网络化、手段信息化、监督社会化”要求,建立健全动态监管体系,全县 91 个村聘用 91 名退伍军人或村干部为基本农田管护员,负责信息服务等。至 2006 年,全县基本农田面积持续稳定在 3.72 万公顷。

2007 年,县国土资源局在县镇两级政府建立日常基本农田保护长效管理领导机构和工作机构基础上, 将基本农田保护工作落实到具体职能部门、单位和具体人员,落实到村、组,按综合标准每公顷不低于 45 元要求落实年度预算,全年投入保护经费 41.81 万元,用于基础性工作、动态监测、系统网络维护升级等,其中维修更新区牌 5 块,片牌 89 块,块牌 135 块,界桩 2345 根;建立基本农田保护公示制度,加强信息化建设,保证信息系统数据现势性,实现与市、镇数据共享;建立基本农田保护动态巡查和基本农田保护档案管理制度。在县、镇、村层层签订责任书基础上,建立基本农田明白卡落实到承包农户,确认基本农田面积、位置和质量,明确承包农户责任、权利和义务。2008—2009年，县国土资源局与各基层所、各基层所与各村，层层签订基本农田保护责任状114份，签署率100%。更新区牌3块，片牌10块；维护区牌2块，片牌20块；更新界桩800根，维护界桩1500根。

2010年，县国土资源局编制各镇基本农田保护专项规划。全县规划基本农田3.73万公顷，其中耕地面积2.96万公顷，占基本农田79.2%。2011年，全县通过财政转移支付、农民种粮补贴等方式，调动农民保护耕地积极性。

2012年7月26日，市农委、国土局、水利局联合下发《关于下达各区县2012年高标准农田建设任务的通知》，下达溧水县2012年市级高标准农田建设任务2000公顷(其中县国土资源局土地整理项目626.67公顷，包括洪蓝镇80公顷、晶桥镇53.33公顷、和凤镇160公顷、白马镇206.67公顷、石湫镇93.33公顷、东屏镇26.67公顷、柘塘镇6.67公顷)。按照"相对集中，连片推进"原则，建一片成一片和"认一批、建一批、安排一批"要求，明确落实高标准基本农田示范县建设具体任务。至是年底，完成省级高标准基本农田建设任务4866.67公顷，超任务指标20%。

2012年溧水县基本农田保护区分布情况表

表5-5

保护区名称	基本农田保护区分类面积(公顷)			保护区划定片块数(块)	保护率(%)
	总面积	水田	旱地		
永阳镇	3679.81	1830.66	775.04	1	71.03
柘塘镇(开发区)	2075.81	1254.77	295.48	1	44.07
东屏镇	5995.05	3108.72	1616.69	1	89.22
白马镇	6374.82	3219.38	1609.11	1	86.26
洪蓝镇	4006.38	2492.19	638.62	1	82.76
石湫镇	5930.14	2910.29	1609.79	1	93.32
晶桥镇	6630.65	3347.05	1673.83	1	96.41
和凤镇	5747.65	3100.05	1346.1	1	93.58
合计	40440.31	21263.12	9564.65	8	83.9

2007年始,县国土资源局一方面向省市争取基本农田保护经费,一方面向县政府提出把每年基本农田保护经费列入县财政支出预算计划,确保经费落实。2007—2011年,市财政局、国土资源局先后下达溧水县基本农田保护经费244.28万元,其中档案资料更新费用15万元,基本农田公示牌更新维护费39.3万元,界桩更新维护费用11.25万元,基本农田保护兼职信息员报酬、奖励等33万元,宣传培训费用30万元,基本农田面积更新测量及现势图制作费用35万元,其他费用70余万元。2012年,县财政局、国土资源局向市财政局和市国土资源局争取年度基本农田保护经费132.08万元。同时,就基本农田保护经费管理使用,县财政局和县国土资源局专门作出规定,即实行专款专用,任何单位、个人不得将保护经费用于其他无关支出,更不得挪用、侵占、发放福利等。

第六章　矿产资源管理

1988年3月，县成立“县山石资源管理办公室”，负责全县山石开采单位资格审查、发放山石(砂土)开采许可证，处理山石资源利用与管理方面问题。隶属县城乡建设环境保护局。1989年5月，更名为“县矿产资源开发管理办公室”，改由县计划经济委员会管理。2002年3月，全县矿产资源管理职能从县发展计划与经济局划归县国土资源局。2003年4月21日，县矿产资源开发管理办公室更名为“溧水县矿产资源管理所”；4月28日，县政府下发《关于溧水县矿山专项治理工作意见》；7月6日，县政府印发《溧水县采矿权出让管理暂行办法的通知》，开展划定禁采、限制开采矿区工作，整顿全县采矿企业，依法进行采矿权登记、审批、发证、年检、注销等管理工作。是年，全县出让矿区采矿权13家，其中拍卖采矿权6家、挂牌出让采矿权7家，出让资源量719.77万吨，出让价款1.06亿元。2004年，全县禁采区内关闭采石场29家、关闭砖瓦(窑)生产企业35家。2002—2004年，完成全县52家矿山、黏土矿砖瓦企业矿产资源开发、储量情况统计年报及数据录入工作，建立固体矿产资源储量台账，拍摄54张宕口照片及相关信息制成光盘备案，划定位于东庐山风景区的东屏镇山口、徐溪采石场和无想山风景区的三里亭采石场为禁采区，竖立永久性禁采牌。

2005年，县国土资源局在完成全县矿产储量核查测试工作基础上，8月，委托省地质调查研究院编制《溧水县矿产资源总体规划(2005—2015年)》。2006年12月27日，省国土资源厅批复实施。

第一节　矿产生产企业

20世纪80年代初期，境内矿产企业有观山铜矿、小茅山铁矿、洪蓝铀矿、白马石灰矿、爱景山锶矿等。1998年，组建溧水宁力石棉制品有限公司，当年生产石棉瓦142.46万平方米。1999年5月,创办溧水县云鹤矿业有限公司,主要开采土砂石。2000年1月,成立南京廻峰水泥制造有限公司,生产石灰和石膏。11月,成立溧水县廻峰钙业有限公司,主要生产碳酸钙。是年,全县销售收入500万元以上非金属矿物制品企业7家,产值8.86亿元,销售收入8552万元;生产水泥19.46万吨,石棉瓦121.2万平方米。2001年起,全县水泥产量逐年上升。2003年,石棉、水泥瓦销售不畅,企业亏损,基本处于停产状况。是年,全县矿产企业发展到105家,其中县、镇、村兴办露天采石场31家、矿泉水12家、砖瓦厂21家、个体土窑厂10家、水泥厂9家、县办锶矿1家,成为全县工业支柱产业之一。2005年,全县销售收入500万元以上非金属矿物制品企业9家,产值1.6亿元,销售收入1.49亿元,生产水泥31.6万吨。

天青石(产地:爱景山)

2002年,南京锶矿改制为民营企业,更名为南京金焰锶业有限公司。2009年,该公司年开采原矿(天青石)4万吨,平均品位58.24%,设计回采率70%,实际回采率76.38%;年入选矿量4万吨(品位51.22%),产锶精矿2.55万吨(硫酸锶品位70%),实际选矿回收率86.51%;原排弃堆放的低品位矿回收利用处理矿量3.5万吨(硫酸锶品位37.29%)选矿回收率50.49%,产锶精矿9414吨(硫酸锶品位70%);尾矿处理矿量1.5万吨(硫酸锶品位21.37%),选矿回收率50.49%,产锶精矿2312吨(硫酸锶品位70%);制砖处理尾矿量5.4万吨,标准免烘砖3千克/块,生产免烘砖1800万块,砖单价0.27元/块;产值3069万元,利税1026万元。

2012年年底,全县持证矿山企业16家。其中,采石企业5家,年开采建筑石料226.2万吨;砖瓦企业9家,年生产空心砖1.15亿块,用黏土40.25

万吨；大型水泥企业 1 家，年开采水泥用灰岩 139.7 万吨；矿产品销售收入 1.08 亿元，从业人员 931 人，年产矿产品量 406.15 万吨。

2003—2012 年溧水县固体矿产资源开发利用统计表

表 6-1

年份 \ 企业 \ 矿山	矿山数(个)			产量(万吨)			销售产值(万元)		
	采石企业	砖瓦企业	锶矿	采石企业	砖瓦企业	锶矿	采石企业	砖瓦企业	锶矿
2003	27	21	1	163	49.43	3.7	2487.5	228.66	925
2004	5	23	1	54.07	51.52	3.3	602.62	3233.98	774
2005	6	20	1	132.3	59.07	2.8	1295.1	2637.53	669.4
2006	7	11	1	163.05	34.4	5.16	1546.21	2023.43	1232.41
2007	5	12	1	94.78	50.87	5.2	946.69	2788.24	1087.2
2008	8	12	1	155	50.11	6.65	2052.55	2962.6	1796.78
2009	7	11	1	140	39.2	2.55	2245.59	1720	599.35
2010	6	9	1	460	36.93	3.11	6500.4	2694.4	771.12
2011	6	9	1	365.9	40.25	0	7183.45	3405	0
2012	3	9	1	320.42	42.37	0	5807.76	3856.9	0

说明：1996—2002 年未作统计

第二节 矿产资源储量监测

2002 年 5 月始，县国土资源局在全市率先开展矿产资源监测管理，在全县 52 家矿产企业中，选择 12 家砖瓦企业和 8 家采矿企业，委托中华地质矿山总局江苏省地质勘察院和南京回达地质矿产咨询公司进行开采储量监测普查工作。局由分管副局长负责，矿产管理所具体落实，先易后难、由点到面、先地上、后地下、先大型企业、后小型企业，在监测机构选择上，采取企业与监测机构双向选择办法。12 家砖瓦生产企业选择南京回达地质矿产咨询公司，8 家采矿企业选择中华地质矿山总局江苏省地质勘察院。

2004年3—9月,《江苏省溧水县爱景山锶矿区矿产资源储量复检报告》和《江苏省溧水县晶桥镇芳山矿区建筑石料用灰岩矿资源储量检测报告》等8家单位储量检测报告和开发利用方案通过省、市国土资源厅局矿产资源储量评审。《南京市溧水县白龙马建筑材料厂砖瓦黏土矿资源储量监测报告》和《南京市溧水县晶桥新型墙体材料厂砖瓦黏土矿资源储量监测报告》等12家企业砖瓦黏土矿资源储量监测报告在期内通过市国土资源局矿产资源储量评审。是年底,全县首批20家企业完成矿产资源储量监测工作。监测显示,境内铁、铜、锌、金、银、锗、锶等金属8个矿种,除观山铜矿、小茅山铁矿和平安山铀矿开采已尽外,金、银、铅、锌、锗5个金属矿储量为小型矿床,不宜开采。天青石,为大型富锶矿,矿床储量44万吨,矿石平均品位为54.58%。非金属灰岩、安山岩、粗面岩、凝灰岩、闪长岩、黏土等7个,都为小型,总储量1472.17万立方米。

2004年溧水县主要矿产资源储量表

表6-2 单位:吨、万立方米

矿产名称	储量	基础储量	资源量
铜矿	718	1198	4939
锌矿	1040	4233	4127
铅矿	3486	9928	13091
银矿	—	—	1
锗矿	—	13	1
锶矿	399978	444420	68910
水泥用灰岩	—	—	193.31
建筑石料用灰岩	—	—	219.33
建筑用安山岩	—	—	732.51
建筑用粗面岩	—	—	38.39
建筑用凝灰岩	—	—	85.24
建筑用闪长岩	—	—	83.25
砖瓦用黏土	—	—	120.14

2004 年溧水县主要矿区资源储量基本情况表

表 6-3　　　　单位：吨、万立方米

矿区名称	矿产名称	矿产组合	利用情况	矿床规模	基础储量	资源量
观山铜矿	铜矿	主要矿产	停采	小型	0	794
	铅矿	共生矿产	停采	小型	4118	0
	锌矿	共生矿产	停采	小型	2500	0
	银矿	伴生矿产	停采	小型	0	1
观山铜矿区（六号脉）	铜矿	主要矿产	未利用	小型	1198	4145
	铅矿	共生矿产	未利用	小型	5810	13091
	锌矿	共生矿产	未利用	小型	1733	4127
爱景山锶矿区	锶矿	单一矿产	已利用	大型	444420	68910
东山头锗矿区	锗矿	单一矿产	停采	小型	0	1
南山头锗矿区	锗矿	单一矿产	停采	小型	13	0
晶桥镇芝山矿区王家山矿段	水泥用灰岩	单一矿产	在采	小型	—	176.13
晶桥镇芝山矿区青龙山矿段	水泥用灰岩	单一矿产	在采	小型	—	17.18
晶桥镇芝山矿区小茅山矿段	建筑石料用灰岩	单一矿产	在采	小型	—	134.77
白马镇杜巷矿区	建筑石料用灰岩	单一矿产	在采	小型	—	84.56
柘塘镇幸福矿区	建筑用安山岩	单一矿产	停采	小型	—	7.97
柘塘镇新华矿区	建筑用安山岩	单一矿产	在采	小型	—	99.2
东屏镇山口矿区	建筑用安山岩	单一矿产	停采	小型	—	123.26
东屏镇徐溪矿区	建筑用安山岩	单一矿产	停采	小型	—	44.17
东屏镇西湖矿区	建筑用安山岩	单一矿产	在采	小型	—	34.5
东屏镇爱景矿区	建筑用安山岩	单一矿产	在采	小型	—	108.66
东屏镇联民矿区	建筑用安山岩	单一矿产	在采	小型	—	70.25
开发区庙头矿区	建筑用安山岩	单一矿产	停采	小型	—	159.84
永阳镇石巷矿区	建筑用安山岩	单一矿产	在采	小型	—	8.06
洪蓝镇东山头矿区	建筑用安山岩	单一矿产	停采	小型	—	8.55

续表 6-3

矿区名称	矿产名称	矿产组合	利用情况	矿床规模	基础储量	资源量
晶桥镇枫香岭矿区	建筑用安山岩	单一矿产	在采	小型	—	46.75
晶桥镇陶村矿区	建筑用安山岩	单一矿产	停采	小型	—	21.3
洪蓝镇涧东矿区	建筑用粗面岩	单一矿产	停采	小型	—	38.39
东屏镇麻山矿区	建筑用凝灰岩	单一矿产	在采	小型	—	42
永阳镇秋湖矿区	建筑用凝灰岩	单一矿产	停采	小型	—	17.21
白马镇革新矿区	建筑用凝灰岩	单一矿产	停采	小型	—	3.93
白马镇上洋矿区	建筑用凝灰岩	单一矿产	停采	小型	—	44.17
白马镇大树下矿区	建筑用凝灰岩	单一矿产	停采	小型	—	7.24
和凤镇骆山矿区	建筑用凝灰岩	单一矿产	停采	小型	—	6.44
永阳镇沙河矿区	建筑用闪长岩	单一矿产	在采	小型	—	6.85
洪蓝镇小茅山矿区	建筑用闪长岩	单一矿产	停采	小型	—	4.67
石湫镇亭山矿区	建筑用闪长岩	单一矿产	在采	小型	—	54.55
石湫镇西大矿区	建筑用闪长岩	单一矿产	停采	小型	—	8.5
石湫镇石湫矿区	建筑用闪长岩	单一矿产	停采	小型	—	4.81
石湫镇九塘矿区	建筑用闪长岩	单一矿产	停采	小型	—	3.87
柘塘镇安山矿区	砖瓦用黏土	单一矿产	停采	小型	—	16.11
柘塘镇乌山矿区	砖瓦用黏土	单一矿产	在采	小型	—	6.34
柘塘镇红星矿区	砖瓦用黏土	单一矿产	停采	小型	—	6.63
东屏镇联民矿区	砖瓦用黏土	单一矿产	在采	小型	—	9.83
开发区胜水矿区	砖瓦用黏土	单一矿产	在采	小型	—	6.44
永阳镇新农矿区	砖瓦用黏土	单一矿产	停采	小型	—	5.03
洪蓝镇西旺矿区	砖瓦用黏土	单一矿产	停采	小型	—	2.85
洪蓝镇凤凰井矿区	砖瓦用黏土	单一矿产	在采	小型	—	3.6
洪蓝镇小茅山矿区	砖瓦用黏土	单一矿产	在采	小型	—	4.61
洪蓝镇薛家矿区	砖瓦用黏土	单一矿产	在采	小型	—	5.29
白马镇共和矿区	砖瓦用黏土	单一矿产	在采	小型	—	3.84
白马镇东上矿区	砖瓦用黏土	单一矿产	在采	小型	—	4.6

续表 6-3

矿区名称	矿产名称	矿产组合	利用情况	矿床规模	基础储量	资源量
石湫镇石湫矿区	砖瓦用黏土	单一矿产	在采	小型	—	4.98
石湫镇明觉矿区	砖瓦用黏土	单一矿产	在采	小型	—	4.67
和凤镇松园矿区	砖瓦用黏土	单一矿产	在采	小型	—	5.32
云鹤枫香岭姜家村矿区	砖瓦用黏土	单一矿产	在采	小型	—	4.75
和凤镇刘家矿区	砖瓦用黏土	单一矿产	在采	小型	—	7.96
和凤镇大沟圩矿区	砖瓦用黏土	单一矿产	在采	小型	—	8.57
晶桥镇环步岗矿区	砖瓦用黏土	单一矿产	在采	小型	—	4.26
晶桥镇陡家矿区	砖瓦用黏土	单一矿产	在采	小型	—	4.46

第三节　矿产资源规划

2003 年 12 月，县国土资源局启动全县矿产资源规划工作。2004 年，委托江苏省地质调查研究院编制《溧水县矿产资源总体规划(2005—2015 年)》。7 月 14 日，县政府成立由分管副县长为组长，县国土资源局、县政府办主要负责人为副组长，县国土、计经、建设、交通、水务、农林、环保、旅游和 8 个镇政府相关负责人为成员的“溧水县矿产资源总体规划工作领导小组”，下设办公室(设在县国土资源局)，具体负责规划编制工作。县矿产资源总体规划以 2004 年数据为基数，经过现场勘查、评估、

2006 年 3 月 6 日，《溧水县矿产资源总体规划》听证会
(局档案室提供)

反复论证,历经1年半,2005年12月15日,完成规划编制,并通过省国土资源厅专家预审。在此基础上,组织听证和反复修改,于2006年6月27日上报市国土资源局、省国土资源厅审批。2006年12月27日,省国土资源厅批复。2007年1月29日,县政府批准实施。

《溧水县矿产资源总体规划(2005—2015年)》以2004年为基准年,2005—2010年为近期规划,2011—2015年为远期规划。

近期规划目标 境内矿产资源勘查和开发利用得到加强。全县年采矿石量控制在300万吨以内,采矿企业控制在35家以内,其中开山采石企业控制在12家,砖瓦企业2005年再调整关闭一批,“十一五”期间保持在20家以内。矿山“三率”平均提高5%;资源得到合理开发利用和有效保护;矿业结构得以调整和优化。关停一批规模小、生态影响大的矿山和砖瓦窑业,基本实现矿产资源开发利用方式由粗放型向集约型转变;实行“五带五点”重点治理工程。面上矿山恢复治理率达77%,矿区绿化率总体达70%;主要污染物排放控制在规定排放指标内。至“十一五”末,矿山生态环境得到有效控制和治理,生态矿业格局初步形成,矿业权市场逐步建立和完善。除锶矿外,其他矿产探矿权、采矿权取得均通过市场运作。矿业市场秩序得以规范,矿产资源管理宏观调控和社会服务能力有明显提高,矿业秩序得以健康有序发展。矿产资源规划管理信息系统和采矿权管理信息系统等信息化技术得到应用。

远期规划目标:在“十一五”目标基础上,建立和完善与市场经济相适应的矿产资源勘查、开发和加工体系;矿业结构得到进一步调整和优化;资源利用方式更趋合理;矿山企业控制在30家以内,年开采量控制在280万吨以内;矿产品深加工水平得以较大提升,形成全国锶化工产业基地和市建筑用石料产业基地;矿业权市场更趋规范和完善;矿山生态环境治理率达90%,矿山生态环境得到有效保护;矿产资源管理宏观调控能力和社会服务能力有明显提高。

第四节 矿产资源制度改革

20世纪80—90年代,由于矿产资源管理机构更迭和矿产开采审批制度松弛,管理职能不明,境内一度出现乡镇、村越权审批,擅自挖山采石、采砂、挖毁山地、耕地、林地取土兴办砖瓦窑厂等。2002年3月，县矿产资源开发管理办公室正式划归县国土资源局管理后，县国土资源局制定全县矿产资源开采制度改革方案。4月19日，县政府下发《关于矿产企业领取采矿权许可证的通知》。

2003年5月，采矿权由原来行政审批使用改为出让使用。7月6日，县政府印发《溧水县采矿权出让管理暂行办法》，明确采矿权受让方须领采矿许可证、签订合同，规定开采时间、矿区范围，并向国家交付出让金，出让金分配（扣除成本），省15%、市10%、县25%、镇15%、村35%。11月，成立县采矿权出让管理领导小组，由分管县长担任领导小组组长。12月24日，县国土资源局首次举办白马镇大山和浮山、东屏镇爱景、石湫镇九塘村亭山4个矿区采矿权拍卖会。

2004年3月21日，县政府下发《关于全县砖瓦窑业整治与规划建设的意见》，规范砖瓦窑业生产取土审批程序，杜绝滥挖乱取现象，保护生态环境。5月起，改过去砖瓦窑业生产随意性取土为临时用地审批，实行有偿取土，缴纳临时用地费2元/平方米，占用耕地取土须交纳3万元/公顷土地复垦费，领取临时用地许可证。在基本农田保护区范围不得批准临时用地用于砖瓦窑业生产取土；凡影响生态环境、有污染的砖瓦窑业一律关停。

2003—2012年，全县出让矿区采矿权13家，其中拍卖出让6宗、挂牌出让7宗，出让资源量719.77万吨，总价款1.06亿元。全县关闭砖瓦窑生产企业35家。

第五节　矿业整顿与矿山环境治理

【限制开山采石】

1996—2002年，境内开山采石村办、镇办采石场甚多，有的采石场设在交通要道、旅游风景区。2002年5月20日，县政府下发《关于下达我县禁止和限制开山采石关停矿山企业计划的通知》。全县有开山采石活动的永阳、东屏、洪蓝、白马、晶桥、石湫镇及开发区7个镇区均按规定划分禁止开山采石区域。同年6月，县国土管理局开展开山采石企业勘查调查工作。全县65家采石企业中属禁止开采、限制开采条件企业有53家，其中镇办5家、村办39家、个体9家。8月,县国土资源局制定《关于溧水县矿山专项治理工作意见》获县政府批复。12月31日,位于东庐山风景区的东屏镇山口、徐溪采石场和无想山风景区的洪蓝镇三里亭,以及紧靠交通要道和村庄的44家采石场关停。

随着经济社会发展和城市、交通、旅游等各项基础设施建设步伐加快,境内陆续出现新的禁采区域。2003年6月,县国土资源局按县委、县政府提出的“要像保护耕地一样保护山体”,贯彻省人大常委会《关于限制开山采石的决定》。是年底,全县18家采石企业关闭。2002—2003年,全县关停开山采石企业62家,矿区总面积150公顷,关闭率100%,超额完成目标任务。

2002—2003年溧水县关停开山采石企业统计表

表6-4

关停时间	采石企业名称	所属镇
2002年	柘塘镇梅山采石场、乌山乡新华采石场、柘塘镇富塘砂石场经济开发区庙头采石场、乌山乡东王山采石场、县乌山桥头上赵采石场	柘塘镇
	永阳镇石巷采石场、永阳镇沙河采石厂、永阳镇高塘尖山采石场、溧水县城郊乡前进采石场、东庐乡高塘采石场	永阳镇
	东屏镇金城采石厂、群力乡爱景采石场、东屏镇西湖采石场、东屏采石场、溧水县长征砂石场、群力乡联民采石场角山宕口、群力乡联民采石场仙人脚宕口、东屏乡景山采石场、群力乡爱廉砂石场	东屏镇
	溧水县郑巷采石场、白马镇大树下采石厂、白马镇尤赘采石场、共和乡浮山采石场	白马镇
	洪蓝镇东山头采石场、渔歌乡陈家采石场、洪蓝镇无想寺采石场、洪蓝镇三里亭采石厂	洪蓝镇
	石湫乡采石场、溧水县横山采石场、石湫乡九塘采石场、石湫乡官塘采石场、明觉镇林场采石场、石湫乡社东采石场	石湫镇
	晶桥镇第一采石场、云鹤乡孔家村采石场、云鹤乡甘戴采石场、云鹤乡云魏采石场、云鹤乡青龙山采石场、晶桥镇石燕采石场、晶桥镇笪村采石场、晶桥水晶采石场、晶桥乡孙家采石场	晶桥镇
	和凤镇土山铺采石场	和凤镇

续表 6–4

关停时间	采石企业名称	所属镇
2003 年	乌山乡幸福采石场	柘塘镇
	溧水县城郊采石厂、东屏镇山口建筑材料厂、东庐洞壁采石厂、永阳镇秋湖采石场	永阳镇
	东屏镇徐溪采石场、东屏麻山采石场	东屏镇
	共和乡革新采石场、白马镇上洋采石厂、白马镇杜巷采石厂	白马镇
	洪蓝镇小茅山采石场、渔歌乡涧东采石场、洪蓝镇平山建筑材料厂	洪蓝镇
	石湫镇亭山采石场、老虎山采石厂、石湫乡华山采石场、石湫镇朝阳采石场	石湫镇
	孔镇乡骆山采石场	和凤镇

2012 年 7 月 18 日，县政府下发《关于印发溧水县关停露采矿山实施方案的通知》，决定年内关闭白马镇廻峰山杜巷采石场、溧水县常驰采石场、溧水县苏宜轧石厂 3 家采石企业，并将南京昌久建材有限公司野山凹建筑安山岩矿 1 家采石企业列入 2013 年关停计划。至 2013 年 3 月，全县保留采矿企业 4 家，其中锶矿 1 家，年采矿石(天青石)5.26 万吨；采石企业 3 家(天山水泥、枫香岭轧石厂和南京昌久建材有限公司野山凹建筑安山岩矿)，年开采建筑石料 337.19 万吨。

【整顿砖瓦窑业】

20 世纪 70 年代至 90 年代初期，全县各类砖瓦窑厂普遍存在着多、乱、散等现象，占用大量农田，破坏耕地资源，扰乱管理秩序。2002 年 4 月起，县国土资源局将整治砖瓦窑业作为矿产资源管理秩序治理整顿中心任务来抓。同年 12 月，县政府办下发《关于对我县砖窑企业实行专项整治工作的通知》，关停 6 类砖瓦生产企业，即小土窑及 18 门以下简易轮窑；省辖市城市规划区范围内砖瓦企业；自然保护区、风景名胜区、国道、省道、铁道、机场和重要旅游线路两侧直观可视范围内砖瓦企业；没有土源、破坏耕地粘土砖瓦企业；不能按期完成技术改造或改造后仍达不到要求砖瓦企业。对保留砖瓦企业，由县国土资源局严格考核，规定取土范围，发放临时用地许可证，各有关部门凭县墙改办发溧水县建材企业生产许可证办理相关手

2011 年 4 月 27 日,溧水县矿山企业规范化管理工作会议在县国土局召开 (杨树 摄)

续。砖瓦企业关闭计划,每年列入各镇政府考核目标。2001—2005 年,全县关闭砖瓦企业 24 家;2006—2011 年,关闭砖瓦企业 8 家。2011 年 11 月 2 日,县政府转发县国土资源局《关于淘汰落后产能关闭砖瓦企业实施方案的通知》,将保留的 9 家大型砖瓦生产企业,即溧水县云鹤砖瓦厂、溧水县上旺砖瓦厂、溧水县石湫砖瓦厂、溧水县徐溪砖瓦厂、溧水县常盛建材厂、溧水县晶桥新型墙体材料厂、南京石林建筑材料厂、溧水县白马镇永丰砖瓦厂、溧水县双牌石宏达建材有限公司,全部列入 2013 年关停计划。

2001—2011 年溧水县关闭砖瓦窑企业统计表

表 6-5

关闭时间	企业名称	所属镇
2001	群力乡上店铺砖瓦厂、溧水县凉蓬轮窑厂、溧水县航联轮窑厂、西塘砖瓦厂	东屏镇
2002	东屏砖瓦厂	
	东庐中山砖瓦厂	永阳镇
	乌山砖瓦厂、溧水县东璜寿砖瓦厂	柘塘镇
	白马镇业金轮窑厂	白马镇
2003	溧水县江海轮窑厂	柘塘镇
	薛岗砖瓦厂、缘东砖瓦厂	县开发区
2005	溧水县力盛建材厂、东庐轮窑厂、永阳镇鲁家轮窑厂、永阳镇石巷空心砖厂	永阳镇

续表 6-5

关闭时间	企业名称	所属镇
2005	联民砖瓦厂	县开发区
	洪蓝镇西旺砖瓦厂、凤凰井砖瓦厂、渔歌轮窑厂	洪蓝镇
	溧水县宝贵砖瓦厂	白马镇
	和凤砖瓦厂、大沟圩窑厂、孔镇砖瓦厂	和凤镇
2006	刘家轮窑厂	
2011	溧水县红星砖瓦厂	柘塘镇
	和平砖瓦厂、群力轮窑厂	东屏镇
	共和第二窑厂、白龙马砖瓦厂	白马镇
	明觉砖瓦厂	石湫镇
	盛远砖瓦厂	和凤镇

【废弃矿山环境治理】

1996 年始，境内镇、村掀起发展经济、创办企业热潮，先后兴办露天开山采石场近 70 家。大量无序开采矿产导致环境破坏，影响人居环境和投资环境，与和谐社会建设不相协调。2002—2003 年，全县关停 65 家开山采石企业后，县国土资源局就加快关停露天采石废弃矿山环境治理，改善矿山生态环境和保护自然景观，打造“生态溧水”，制订《关于溧水县废弃露采矿山环境治理方案》。2005 年起，有计划、有步骤逐一进行废弃宕口环境治理。洪蓝镇三里亭采石场废弃宕口紧邻无想山风景区，被列为 2005 年县长考

2008 年 6 月 10 日，永阳镇高塘废弃宕口治理工程公开招标现场会 （局办公室提供）

核责任状“矿山环境恢复治理”项目。是年6月,县国土资源局聘请杭州卫士边坡治理工程有限公司编制《溧水县三里亭废弃矿山生态环境治理方案》。至年底,项目完成,治理面积4.88万平方米。2008年,市政府下达溧水县废弃矿山治理目标任务为6万平方米。县国土资源局摸底调查县内60多个关停废弃宕口,确定永阳镇高塘采石场废弃宕口作为2008年整治项目。永阳镇高塘采石场于2002年1月关停,残丘、残坡和水洼混成一体,面积6公顷。2008年4月,县国土资源局聘请市地质工程勘查设计院设计该村废弃宕口治理方案,并通过省国土资源厅专家评审。通过招标方式,由省中成建设工程公司负责该项目实施。整治后复垦农用地5公顷。2005—2012年,县国土资源局采取废弃宕口整治与土地收储相结合、与土地利用指标置换相结合、与增减挂钩相结合多项举措,先后治理永阳镇高塘、晶桥镇云鹤山、白马镇上洋、东屏镇山口等58个废弃宕口,治理面积120多万平方米,其中建成林地40.83公顷,治理成农用地、园地30公顷,治理成工业用地35公顷,治理成其他用地15公顷,置换用地指标50公顷。

2009年,境内有12个废弃矿井。县国土资源局按照“一井一方案、一井一治理”要求,聘请有资质单位编制废弃矿井治理方案,并请相关专家组进行评审。2011年完成洪蓝镇6个废弃铀矿井治理任务。2012年完成晶桥镇金驹山金矿和观山铜矿等4个废弃矿井治理任务,并通过省、市专家组验收。最后两个爱景山废弃锶矿井列入2013年度治理项目。

第七章　地质灾害防治

境内主要地质灾害类型有山体崩塌、滑坡、地面塌陷和地基变形等。1996—2001年境内很少出现地质灾害，加上管理部门职能不明确，地质灾害防治工作也很少过问。至矿产资源管理职能划归县国土资源局后，2005年，县政府制订《溧水县地质灾害防治工作方案》，落实监测人员，建立群测群防网络，发放地质灾害工作记录卡，建立地质灾害巡查制度和24小时值班制度，避免地质灾害发生。2006年5月始，县国土资源局矿产管理所会同各镇国土资源所进行资料收集、野外调查、室内分析研究、图片和报告编制编写，于12月完成《溧水县地质灾害调查与区划报告》(以下简称报告)。2007年3月，《报告》通过市国土资源局专家组审查。4月1日起，县国土资源局编制《溧水县地质灾害防治规划(2007—2020年)》。是年6月，通过省、市国土资源厅、局专家评审。2007—2012年，县政府每年汛期前召开专门会议，成立工作班子，排查地质灾害隐患点、危险点，落实地质灾害防治工作责任，将地质灾害损失降到最低程度。1996—2012年，全县投入地质灾害防治资金230万元，争取省、市财政补助300万元。2011年12月31日，县国土资源局获国土资源部“第三批地质灾害群测群防‘十有县’”命名表彰。2002—2012年，全县连续10年实现汛期地质灾害“零伤亡”。

第一节　地质灾害调查

2006年至2007年3月，县国土资源局联合各镇(开发区)开展地质灾害调查。根据全县地质环境特征，以及地质灾害发育发布特征，分为地质灾害重点调查区和地质灾害一般调查区。

地质灾害重点调查区面积174.04平方公里。其中，滑坡、崩塌地质灾害调查区范围包括县中部、东部、北部等低山丘陵区,面积约172.8平方公里,主要调查已经发生的滑坡、崩塌,以及威胁居民点安全的不稳定斜坡地质灾害,包括自然斜坡和人为斜坡。同时兼顾高等级公路沿线地质灾害危险点调查,做好地质灾害预案工作;采空地面塌陷地质灾害调查区,分布在县北部东屏镇爱景山,面积1.26平方公里。重点调查地下采矿活动,特别是采空区和巷道具体位置、大小、埋藏深度、开采时间、采空区附近抽排水影响和发生地面塌陷位置、形状、大小、延伸方向以及与采空区地质构造关系、发展趋势、现有防治措施和效果等。

地质灾害一般调查区除重点调查区外广大丘岗和平原区,面积约892.94平方公里。该区为第四系覆盖区,由地势开阔平原和岗地组成,是城镇和村庄相对较密集地区,影响地质环境人类经济工程活动程度较低,地质灾害一般不发育。主要调查分析在局部低洼地段和石臼湖周围地带软土体分布发育特征、地下水开发利用现状、砖瓦厂及公路建设取土形成不稳定斜坡,以及在其他各类建设中存在发生地质灾害现象。

此次调查发现地质灾害隐患点及发生地质灾害59处,主要分布于县内东屏、晶桥、石湫、洪蓝、永阳、白马等镇,其中崩塌隐患点48处,滑坡隐患点10处,发生地面塌陷点1处。崩塌、滑坡地质灾害隐患点主要分布在东屏、晶桥、石湫、洪蓝、东庐、白马等镇低山丘陵区,因露天采矿、建房切削山坡形成,其中土质滑坡、崩塌隐患点7处,其余均为岩质滑坡、崩塌隐患。地面塌陷地质灾害1处,发生于东屏镇群力爱景山锶矿,为地下开采锶矿形成采空区引起。2006年12月完成《溧水县地质灾害调查与区划报告》。2007年3月,通过市国土资源局专家组审查。《报告》中查明全县地质灾害(隐患)点发育分布现状,划出地质灾害易发区,为有计划地开展地质灾害防治以及资源开发整治和地质环境保护、管理提供科学依据。

《报告》把全县地质灾害类型作了具体划分。

2006年溧水县地质灾害分类表

表7-1

灾　类	灾型	灾种	亚　类
斜坡岩体运动（变形破坏灾害类）	突变型	崩塌	土崩、岩崩
		滑坡	下蜀土滑坡、残坡积覆盖层土层滑坡、采矿堆积土质滑坡、岩体顺层滑坡
地面变形破裂灾害类	突变型	地面塌陷	采空区塌陷
特殊类土体	缓变型	地基形变	胀缩土、软土

2006年溧水县地质灾害动力类型分类表

表7-2

动力类型			包含内容
内动力			地应力(构造应力和岩土体自身重力)、地震、变质作用
外动力	自然动力	水动力	降雨、地表水冲刷、地下水潜蚀、静水压力、动水压力、孔隙水压力等
		生物动力	指地下栖息的动物可能形成地下水的通道和疏松土壤等、植被的水土保持作用和深大根系网对岩土体的结构化加固作用等
		风动力	主要指在暴风雨天气下，风作用使树倾倒或连根拔出后破坏原有根系——岩土体的有机结构而使降雨及径流水体入渗加速等
	人工动力		切坡、开挖、采掘、加载、地基处理，蓄水、排水、爆破作业，造田、耕种、砍伐等生栖活动

2006年溧水县地质灾害调查工作部署分区一览表

表 7-3

分区	亚区	分布位置	面积(平方公里)	调查内容
地质灾害重点调查区	滑坡、崩塌、斜坡稳定性调查亚区	包含溧水县境内所有的低山丘陵地带	172.8	调查滑坡、崩塌、不稳定斜坡的发生位置、规模与地层结构、岩性、断裂构造、水的活动特点、地貌及人为活动因素的关系,调查切削坡脚、露天采矿等对斜坡的破坏情况 对已产生的滑坡,判断是新生滑坡还是古老滑坡,找出引起滑坡或滑坡复活的主导因素。调查滑坡体上各种裂缝的分布。调查滑坡所造成的危害、治理措施及效果,判断滑坡的稳定性 对已产生的崩塌调查崩塌堆积物的形态、规模、物质成分、颗粒成分、发育过程,以及所造成的灾害情况和现今稳定性 对不稳定斜坡,调查地层倾向与斜坡坡向的组合关系、斜坡周围,特别是斜坡上部暴雨、地表水渗入或地下水对斜坡的影响,对可能构成崩塌、滑坡结构面的边界条件、坡体异常情况等进行调查分析,以此判断斜坡发生崩塌、滑坡等地质灾害的危险性以及可能的影响范围
	地面塌陷地质灾害调查亚区	东屏镇群力爱景山	1.26	采空区和巷道的具体位置、大小、埋藏深度、开采时间、采空区附近抽排水对采空区稳定的影响和已发生地面塌陷的位置、形状、大小、延伸方向及其与采空区地质构造的关系、发展趋势、现有的防治措施和效果等
地质灾害一般调查区	除重点调查区外的广大平原、岗地区		892.94	砖瓦厂取土形成的不稳定斜坡、软土的分布特征及范围、地下水开采利用现状

2006年溧水县滑坡地质灾害隐患点一览表

表 7-4

序号	乡镇名称	分布位置	类型	规模	坐标	
					X	Y
1	石湫镇	石湫镇横山铁矿采石场	下蜀土滑坡	小型	3502119	20674878
2	晶桥镇	晶桥镇云鹤小茅山采石场	岩质滑坡	中型	3483808	20703005
3	和凤镇	和凤镇大沟圩砖瓦厂取土场	下蜀土滑坡	小型	3482761	20689794
4	洪蓝镇	洪蓝镇金牛北路黄金林屋后	残坡积土滑坡	小型	3500296	20688739
5	永阳镇	永阳镇甘巷蒋家村	下蜀土滑坡	小型	3500441	20692472
6		永阳镇东庐村王家店水库	残坡积土滑坡	小型	3497422	20695800
7		永阳镇秋湖采石场	岩质滑坡	小型	3497528	20697528
8		永阳镇东山村东庐山观音寺	残坡积土滑坡	中型	3504240	20700883
9	东屏镇	东屏镇庙山东屏采石场	岩质滑坡	小型	3510510	20699738
10		东屏镇群力爱景山锶矿废石堆	采矿堆积物土质滑坡	中型	3515478	20692607

2006年溧水县地质灾害防治一览表

表 7-5

分区名称	亚区名称	位置	面积(平方公里)	地质灾害易发分区	地质灾害危害程度
地质灾害重点防治区	滑坡、崩塌、地面塌陷重点防治区	东屏镇群力爱景山	0.64	地质灾害高易发区	地面塌陷已造成采矿场上段围墙倾斜倒塌、平房开裂倒塌,并威胁到矿山其它建筑的安全;滑坡和崩塌隐患影响范围大,威胁对象多,危害严重。不稳定斜坡(滑坡和崩塌隐患)危及斜坡下部寺庙房屋建筑和僧尼、游客、住户的生命财产安全、威胁采石工人和机械设备的安全,危害严重
	滑坡、崩塌重点防治区	洪蓝镇金牛山西坡、永阳镇观音寺东庐山西坡、洪蓝镇渔歌狮子山、白马镇杜巷廻峰山西北坡、晶桥镇云鹤小茅山西坡	3.38		

续表 7-5

分区名称	亚区名称	位置	面积(平方公里)	地质灾害易发分区	地质灾害危害程度
地质灾害次重点防治区	滑坡、崩塌、地面塌陷次重点防治区	柘塘镇野山、永阳镇亭山、石湫镇塘下村石山、洪蓝镇天生桥胭脂河岸、白马镇浮山东南坡、永阳镇五王山、正山、后头山、双尖山东北坡、晶桥镇观山、晶桥镇云鹤芝山	7.87	地质灾害中易发区	开挖胭脂河和露天采石形成的不稳定斜坡威胁河中船只和游客安全和采石工人、机械设备安全,危害较严重,观山铜矿地下采空区存在地面塌陷隐患
地质灾害一般防治区	滑坡、崩塌一般防治区	柘塘镇尖山、赵山;东屏镇卧龙山、瘌痢头山、赤虎山、塘泥山、庙山;永阳镇东庐山;石湫镇老洼山、横山、雨山;白马镇浮山、荆山、百亩山、郑巷大山、西山、白马山、落步山、廻峰山;晶桥镇观山、西北山、石山、曹山、芳山、杨树山;和凤镇土山铺;中部的平山、双尖山、湫湖山	125.4	地质灾害低易发区	地质灾害低易发,危害较轻
	软土地质灾害一般防治区	石臼湖周围	13.58		该区软土断续分布,主要为河床漫滩相和滨湖相沉积,厚度小于5米,埋藏深度2米左右,受到振动荷载后易发生侧向滑动和地面不均匀沉降,破坏工程建筑,影响工程建筑安全,危害较轻
地质灾害预防区		广大平原区和岗地	916.13	不易发区	地质灾害不易发,危害轻

第二节　地质灾害防治规划

2006年全县开展地质灾害调查,2007年4月起,县国土资源局启动全县首部《溧水县地质灾害防治规划(2006—2020年)》编制工作。在通过省、市国土部门评审后，同年 9 月 17 日，县政府批准实施。2011 年 9 月，县国土资源局与省地质调查研究院成立县地质灾害防治规划修编领导小组，下设项目组，编制《溧水县地质灾害防治规划（2011—2020 年）》。2012 年 6 月，通过省国土资源厅专家组评审。9 月，县政府批复执行。

【溧水县地质灾害防治规划（2006—2020 年）】

该规划以 2006 年为规划基期，规划期 2006—2020 年，规划近期 2006—2010 年，规划远期 2011—2020 年。近期目标（2006—2010 年）：基本建立完善地质灾害防治法规体系和地质灾害监督管理体系，管理工作纳入法制化轨道；全面掌握地质灾害分布现状、危害程度和发展动态，以及开展重大工程建设区地质灾害详查、区划和规划工作；开展并完成全县地质灾害风险区划工作；危害性大、稳定性差 10 处滑坡、崩塌、地面塌陷地质灾害隐患点得到及时治理，重大灾害点周围居民搬迁、避让，及时监测、准确预报。建设地质灾害信息管理系统和地质灾害应急反应系统；县国土资源局建立规范建设用地地质灾害危险性评估制度，地质灾害易发区内规划建设项目必须进行地质灾害危险性评估。划分禁止开采区、限制开采区和可采区。中期目标（2011—2015 年）：健全并完善地质灾害防治法规体系和地质灾害监督管理体系；健全完善县地质灾害监测网络，进行地质灾害隐患点监测，确定地质灾害隐患点监测、预防责任人；建立县地质灾害预报、抢险救灾系统。灾害即将发生前，及时疏散灾害体上或附近人员；灾害发生后，及时组织人员应急调查，确定抢险救灾路线、方法，减少财产损失。加强地质灾害治理工作力度，期内完成县内大部分地质灾害隐患点治理工作，改善生态环境，确保人民财产安全。加强地质环境监督管理，逐步杜绝因人类工程活动而诱发新地质灾害；加强矿产资源开采管理，规范矿山企业开采秩序和开采方法，开展停采废弃矿山生态环境整治工作。远期目标（2016—2020 年）：完善地质灾害防治监督管理体系，加强生态地质环境保护；加强地质灾害治理工作力度，完成县内全部地质灾害隐患点治理工作；加强和完善地质灾害信息管理系统建设，建立地质灾害信息网络系统；提高区内地质灾害科学研究和管理水平。

【溧水县地质灾害防治规划（2011—2020）】

该规划修编基期为 2010 年，期限为 2011—2020 年，分近期（2011—2015 年）、远期（2016—2020 年）两个阶段。

近期目标建立地质灾害防治法规体系和监督管理体系、防御地质灾害监测预警预报体系、群测群防体系和地质灾害应急体系；建立基本满足信息资源共享和提供快速决策服务的地质灾害防治管理信息系统；完成部分地质灾害重点防治区调查评价工作；全面开展地质灾害易发区内灾害危险性评估工作，监督落实地质灾害防治工程，逐步减少人为引发的地质灾害；加大地质灾害治理工作力度，实施避让搬迁或治理工程，消除地质灾害隐患点14处，同时将每年新发现危险性和危害性大隐患点纳入近期治理范畴。

远期目标完善地质灾害防治法规体系和监督管理体系、防御地质灾害监测预警预报体系、群测群防体系和地质灾害应急体系；完善满足信息资源共享和提供快速决策服务地质灾害防治管理信息系统；全面完成地质灾害重点防治区调查评价工作；全面落实地质灾害危险性评估和防治工程与主体工程建设“三同时”制度，基本杜绝人为引发地质灾害；加大地质灾害治理工作力度，全面完成地质灾害重点防治区内地质灾害治理工程，发现新地质灾害隐患点及时治理。

第三节　地质灾害防治措施

【防治预案】

1996—2001年，全县地质灾害防治工作相关部门极少关注。2003年5月12日，县国土资源局下发《关于做好我县地质灾害防治工作的通知》，加强重点区域监测预报工作。各镇政府和各有关矿山企业，相继组织全面险情检查，并按程序上报主管部门和当地政府。7月2日，县国土资源局下发《关于做好汛期地质灾害防治工作的通知》，部署汛期地质灾害防治工作，成立由局长为组长，副局长为副组长，局矿产管理所负责人、各镇政府分管镇长、土管所所长为成员的“汛期地质灾害防治工作领导小组”，制定工作方案、工作措施和应急机构与职责。汛期到来前，重点检查矿井、露天矿边坡、矿区道路、排水设施、电力设施及建筑物等，整改不安全因素；定期进行矿区企业职工地质灾害防治基本知识、法规知识宣传与培训，提高职工防灾意识和防灾知识水平；应急机构及时掌握管辖区内汛期地质灾害情况，一旦发生灾情，及时赶赴现场参与抢险救灾；加强监测采空区和尾矿库堤坝安全状况,设置警示牌和划定危险区。是年,先后有4家不符合安全生产企业停产整顿。2004年,群力锶矿、白马杜巷石灰矿、晶桥芝山等几个重点矿区定人定员做好地质灾害防治工作。县国土资源局合同县环保局,全面检查矿山环境,排除隐患。2005年6月,县政府下发《溧水县2005年度地质灾害防治工作意见》,成立相关领导小组。是年,县国土资源局现场勘查全县主要地质灾害隐患点13个,落实监测人员,建立群测群防网络,发放地质灾害工作明白卡,建立巡查制度和24小时值班制度。2006年5月29日,县政府办转发县国土资源局《溧水县2006年度地质灾害防治工作意见》,细化全县地质灾害防治工作,把东屏镇群力爰景山锶矿弃土场和白马镇迴峰山杜巷采石场定为市2006年主要地质灾害危险点、隐患点,县国土资源局设立永久性警示牌。

2007年7月6日,县政府办转发县国土资源局《溧水县2007年度地质灾害防治工作方案》。12月17日,县政府下发《关于印发溧水县突发性地质灾害应急预案的通知》,将地质灾害按照因灾人员伤亡、经济损失大小,分为4个等级:特大型:因灾死亡30人以上或者直接经济损失1000万元以上;大型:因灾死亡10人以上、30人以下或者直接经济损失500万元以上、1000万元以下;中型:因灾死亡3人以上、10人以下或者直接经济损失100万元以上、500万元以下;小型:因灾死亡3人以下或者直接经济损失100万元以下。县成立突发性地质灾害防治应急指挥部,下设办公室(设在县国土资源局)。明确各应急部门工作职责,具体规定监测、预报及备灾工作,明确发生各等级地质灾害应急防治反应及善后处理工作要求。

2008年5月23日,县政府办印发《溧水县自然灾害救助应急预案》,转发县国土资源局《溧水县2008年度地质灾害防治工作意见》。26日,县国土资源局被市地质灾害防治指挥部评为"全市地质环境工作先进单位"。

【隐患点排查】

2009年,市国土资源局把溧水县天生桥胭脂河岸和东庐山观音寺两处地质灾害隐患点从县级提升为市级中型地质灾害隐患点。5月12日,县政府批复县国土资源局《溧水县2009年度地质灾害防治工作方案》。12月7日,市财政局、国土局补助南京金焰锶业有限公司弃土场地质灾害治理工程(一期)资金35万元。2010年,市国土资源局将溧水县天生桥胭脂河岸和东庐山观音寺定为省级中型地质灾害隐患点,把白马镇迴峰山地质灾害列为市突发性地质灾害重点防治区。5月11日,县政府办转发县国土资源局《溧水县2010年度地质灾害防治工作方案》。6月24日,县国土资源局就加强天生桥胭脂河岸和东庐山观音寺地质灾害监测预警和治理工作发函至县旅游局和永阳镇政府,做好地灾点监测预警工作,落实监测责任人,加强巡查、值班;筹措防治经费;制作并发放防灾明白卡和避险明白卡,做好群测群防及防灾避险工作。同时开展观音寺有关建设工程项目地质灾害危险性评估和治理工作。7月15日,县政府办下发《关于印发溧水县汛期地质灾害隐患再排查紧急行动实施方案的通知》,在汛前排查基础上,重点排查集镇、村庄、医院、学校、庙宇、旅游区、集市等人群集中地,宁杭铁路、公路等交通干线沿线、河流两岸、工程建设区域以及露采矿山,特别是丘陵山区切坡民房房前屋后、冲沟沟口等地区,全面掌握地质灾害隐患点情况。根据隐患发育情况和危险程度,把明白卡、避险卡发放到群众手中,把警示标志设立在隐患点,确定防灾责任人,落实群测群防。8月8日,洪蓝镇陈下村发生地面塌陷,县国土资源局接到电话随即赶赴现场展开调查,并邀请市国土局有关处室领导和专家赶赴现场勘察,委托具备地质灾害危险评估甲级资质单位江苏华东建设基础工程有限公司开展该区地质灾害调查及评估。经查,该地面塌陷是原国营南京718厂开采锗矿后遗留井口和采空区出现塌陷坑、塌陷条带。锗矿矿体呈条带状延伸,地面塌陷基本沿矿体延伸走向分布,多数塌陷呈条带状。矿厂采用竹篾假顶崩落法开采,采用木支撑,随着时间推移及地下水作用,导致木头支撑失效及岩体力学性质削弱而引发条带塌陷;圆形塌陷是采矿井塌陷,多数是在暴雨之后产生突然塌陷。由于原始开采资料无法收集完整,仅根据地面调查不能准确判断采空区范围、大小,只能按矿体全部被采空为依据,圈出该地面塌陷危险性大、危险性中等、危险性小3个区域,总面积11.44万平方米。其中危险性大区域面积5.43万平方米,居民29户,人口93人;危险性中等区面积4.42万平方米,居民28户,人口87人;危险性小区面积1.58万平方米,居民9户,人口32人。3个区内有住户66户,人口212人。9月21日,县国土资源局建议县政府:由洪蓝镇立即搬迁避让危险性大、危险性中等区域内57户180人。就地面塌陷危险性小区域内9户32人,以监测为主,建立监测网络,做好预防预警工作。根据监测结果确定是否搬迁或将房屋及基础进行加固处理;由县政府发布公告,公布灾情。同时在塌陷区四周设置隔离网、警示标志,防止人畜等误入;开展采空区工程勘察和监测。根据勘察结果制定治理方案进行治理。8 月 11 日，白马镇浮山村发生山体滑坡地质灾害，县国土资源局有关人员第一时间赶赴现场调查，并邀请市国土局有关处室领导和专家到现场勘察，确认是一处典型推移式滑坡，滑坡区南北长 90 米，东西宽 50 米，垂直错距最大 2.3 米，水平位移 2 米，滑动面深度 3~7 米，滑坡体面积 5000 平方米，滑坡体积 2 万立方米。由于滑坡区多处可见宽 5~20 厘米变形裂缝，土质疏松，连续降雨后将快速滑移，有可能引发泥石流灾害。滑坡影响范围内有房屋 80 余栋，户数 46 户，人员 107 人，受滑坡及次生泥石流灾害潜在威胁人数众多，为重大地质灾害，危害程度为一级。该灾情发生后，市、县各级领导亲临现场察看，要求采取搬迁避让措施，防止灾害发生，确保群众生命财产安全。县国土资源局要求白马镇政府启动地质灾害应急预案，成立专门防治工作领导小组，设立警界区，竖立警示牌，设置监测标志，确定专人巡视和监测。

2011 年年初，经市局领导和地质灾害防治专家、县国土资源局、白马镇政府共同论证，聘请有资质单位进行工程勘察和治理方案设计，确定把白马镇浮山村滑坡核心危险区 29 户农(居)民实施搬迁避险。经县政府批准后，年内完成搬迁任务，该项目总费用 1200 万元。其中县国土资源局申请市局补助 200 万元，申请省厅补助 200 万元。3 月 22 日，县国土资源局下发《关于加快推进洪蓝镇陈卞村地面塌陷地质灾害治理工作的通知》。4 月，县政府批准同意洪蓝镇政府将陈卞村地面塌陷区内居民搬迁避让项目列入当年土地增减挂钩项目方案，采取统拆统建安置。5 月 18 日，县国土资源局邀请市国土资源局有关领导和专家、江苏华东建设基础工程有限公司、原 718 厂 4 位老职工一同到现场，仔细踏勘、回忆、论证、物探等，6 月份编制完成应急消险治理方案，并通过专家评审，最终确定在 2011 年大汛来临前，填充、灌浆、封盖地面塌陷竖井井口，搬迁 5 户居民。8 月初实施竖井口消险处理，请有资质单位实施，由洪蓝镇政府具体负责现场施工，县国土资源局负责监督管理。井口应急消险治理费用 96.52 万元，5 户居民房屋拆迁面积1000 平方米，搬迁费用 260 万元。搬迁工作由洪蓝镇政府负责实施。

溧水东庐山观音寺位于百里秦淮发源地——县城以东约 10 公里处东庐山西麓半山腰上，1999 年开工建造，占地 0.1 公顷。随着观音寺扩大，至 2011 年占地 4.5 公顷，其中占用山地面积 50%。在建设过程中，根据工程需要，山体在一定程度上受到破坏。寺内地势起伏较大，边坡较陡，如遇连续降雨或暴雨，边坡两侧风化破碎岩石经雨水浸泡，黏合力降低，抗剪强度下降,极易发生滑坡地质灾害,直接威胁观音寺及人员安全。2011 年年初,县国土资源局把观音寺地质灾害治理纳入年度治理目标。5 月,经请示省财政厅和省国土厅批准,治理工程费用 530 万元,其中县财政自筹 230 万元,申请上级财政补助 300 万元。2012 年 6 月,治理工程竣工并通过验收。12 月 31 日,溧水县获国土资源部“第三批地质灾害群测群防‘十有县’”命名表彰。

2007 年溧水县地质灾害隐患点一览表

表 7-6

级别	灾害种类	灾害位置	灾害现状和危害程度	责任单位	监督落实
市级	滑坡	东屏镇群力爱景山锶矿堆土场	存在滑坡隐患,威胁行人及下游水塘安全	南京金焰锶业有限公司	溧水县国土资源局矿办
	滑坡	白马镇回峰山杜巷采石场	存在滑坡隐患,威胁矿工和行人安全	白马镇杜巷采石场	白马镇白马行政村
县级	滑坡	永阳镇东山村东庐山观音寺	存在滑坡隐患,威胁观音寺僧尼、建筑和游客安全	南京东庐山观音寺	溧水县民宗局
	崩塌	洪蓝镇胭脂河天生桥河岸	存在塌陷隐患,威胁景区建筑、游人和游船	天生桥风景名胜管理处	溧水县旅游局
	地面塌陷	晶桥镇观山铜矿露天采矿场	存在塌陷隐患,威胁华晶集团围墙、平房和蓄水罐	观山精细化工有限公司	晶桥镇国土资源所
	崩塌	洪蓝镇金牛北路67号李大松家屋后	存在崩塌隐患,威胁 2 幢 2 层楼及人员安全	洪蓝镇三里亭行政村	洪蓝镇国土资源所
	滑坡	洪蓝镇金牛北路黄金林家屋后	存在滑坡隐患,威胁 2 间平房及人员安全	洪蓝镇三里亭行政村	洪蓝镇国土资源所
	地面塌陷	东屏镇群力爱景山锶矿地面塌陷	存在塌陷隐患,威胁采石场人员和设备	南京金焰锶业有限公司	溧水县国土资源局矿办
	崩塌	洪蓝镇渔歌狮子山	存在崩塌隐患,威胁 2 间平房及人员、水塔和灵应寺安全	洪蓝镇陈卞行政村	洪蓝镇国土资源所
	崩塌	晶桥镇第一采石场	存在崩塌隐患,威胁人员、6 间简易厂房和仓库安全	晶祥工贸公司	晶桥镇国土资源所

2011 年溧水县地质灾害隐患点核查成果表

表 7-7　　　　单位:人

编号	位置	灾害类型	威胁对象	威胁人数	险情等级	危险性	下一步工作建议
LIS01	洪蓝镇胭脂河天生桥河岸	崩塌	景区建筑、游客、游船	20	中型	大	依据调查评价结果开展工作
LIS02	永阳镇东山村东庐山观音寺	滑坡	寺庙及僧人、游客、建筑工人	25	中型	大	依据调查评价结果开展工作
LIS03	东屏镇群力爱景山锶矿堆土场	滑坡	水塘、农田、矿区过往人员	2	小型	小	正在治理中,应树立警示标志,督促责任主管部门尽快完成验收
LIS04	晶桥镇观山铜矿露天采矿场	崩塌塌陷	相邻化工厂及工人	10	中型	中	开展地质灾害调查与评价
LIS05	洪蓝镇金牛山	崩塌滑坡	坡脚村民及房屋	9	中型	中	开展地质灾害调查与评价
LIS06	东屏镇群力爱景山锶矿地面塌陷	崩塌塌陷	道路、矿区工作人员	6	小型	小	树立警示标志,加强监测
LIS07	洪蓝镇渔歌狮子山	崩塌	坡顶寺庙、僧人、香客及坡脚住房、人员	5	小型	中	开展地质灾害调查与评价
LIS08	晶桥镇第一采石场	崩塌	门卫办公室及巡逻人员	4	小型	小	搬迁避让,结合矿山地质环境整治开展工作
LIS09	洪蓝镇陈下村地面塌陷	塌陷	村庄、居民、农田及林地	212	大型	大	依据调查评价结果开展工作
LIS10	白马镇浮山村滑坡	滑坡	农田、耕种农民及上下铁佛寺建筑、人员	106	大型	大	依据调查评价结果开展工作
LIS11	和凤镇沙塘庵土山采石场	崩塌	坡脚临时用房及人员	2	小型	小	树立警示标志,加强监测

【监测预报】

2012年7月18日，县政府印发《溧水县2012年度地质灾害防治方案》，建立县、镇、村三级防灾体系和汛前监测预报网络。7—8月，和凤镇沙塘庵村土山废弃宕口地质灾害治理工程通过省国土厅专家组评审；东庐山观音寺中型地质灾害治理工作通过省国土厅专家组验收，被评为优秀工程。是年，全县11个地质灾害隐患点设立警示牌，发放防灾工作明白卡11份，张贴宣传画40套，实现汛期地质灾害“零伤亡”。

2012年6月11日，溧水县汛期地质灾害防治工作及业务培训会议　　(局办公室提供)

2013年2月22日上午10时左右，无想山风景区毛周路段沿山道路山体滑坡，县国土局会同洪蓝镇政府和傅家边管委会赶赴现场查看灾情。当天下午邀请市国土局有关处室领导和专家到现场勘察，确认为山体滑坡地质灾害隐患。随即采取紧急措施：临时封闭事发区段道路，疏导交通。并在事发区两端设立安全警示牌，提醒过往路人注意安全；紧急调集机械清理现场，清除道路上滑塌土体、孤石2000立方米，并沿环山道路清理山坡上部分潜在滑坡体、孤石500立方米，降低地质灾害发生机率，并发放地质灾害防灾避险明白卡。洪蓝镇政府成立处置领导小组，制定应急预案，落实专人巡查。县国土资源局委托地质灾害危险性评估甲级资质单位南京地质工程勘察院编制应急消险治理方案；洪蓝镇政府具体负责招标实施，县国土资源局监督管理；项目资金由县国土资源局向省市国土部门争取，不足部分由洪蓝镇政府承担。3月8日，县政府批复该地质灾害隐患治理方案。

第八章　地籍管理

20 世纪 80 年代末，全县开展非农业用地检查、处理、登记、发证工作。1996 年，开展土地变更调查，建立农村土地统计台账，完成 16 个乡（镇）213 个村 988 个变更图斑野外调查与勘丈，登记 8.85 万个图斑。1997—1999 年，县国土管理局采用全球卫星定位方法，开展地籍调查、土地登记、数字化地籍测量和内业成图等工作。1999 年 1 月 1 日，新修订《中华人民共和国土地管理法》实施后，地籍管理业务增加，县国土管理局加大地籍管理工作软硬设施投入，增添设备，组织人员参加技术培训，提高地籍管理业务能力。2001 年 3 月，县国土管理局开展全县土地利用现状更新调查，采用全数字化数据采集方法，重点查清县城、集镇范围以外国有土地、集体土地所有权和使用权以及土地利用现状。至 2002 年 9 月，完成土地权属调查、地类调查、地形调绘等工作，形成土地权属调绘图 737 张，土地地类调绘图 737 张，镇权属结合图 9 张，村属结合图 103 张。2007 年，县国土资源局开展土地变更、土地利用现状更新和第二次土地调查，以及城镇地籍、村庄地籍调查。在各类调查成果基础上，开展全县非农业用地登记、城镇地籍更新调查登记、建制镇地籍更新登记、城镇国有土地申报登记和县城区房地产登记发证工作。1996—2012 年，全县登记发证 11963 本，其中国有土地使用证 63241 本，面积 2513.02 公顷；集体土地使用证 56389 本，面积 2321.02 公顷。

1996 年始，调处土地权属争议，纳入各级政府和土地管理部门工作重点，至 2012 年，县国土资源局通过信访调处、行政处理各类土地权属争议 130 余起，缓解涉土矛盾。

第一节　地籍调查

【土地权属调查】

1995年前,境内凡涉及土地面积、地类等级、权属等事项,都是以1993年土地详查补充调查地籍资料为依据。1996年,县土地管理局开展土地变更调查和建立农村土地统计台账工作,完成16个乡(镇)212个村计988个变更图斑野外调查与勘丈,登记8.85万个图斑。1997年,按照数字化、信息化要求,县国土管理局率先在白马镇开展数字化地籍调查,投入25万元硬件设备,采取全球卫星定位方法,布设GPS点7个,其上布设平面控制网,开展地籍调查、土地登记、数字化地籍测量和内业成图等工作。当年,完成白马镇卫星定位测量点布设和地籍信息化管理软硬件配置工作,数字化测量面积351公顷,测量宗地614宗,数字化成图804幅。

1998年,基本完成剩余15个乡镇(含县开发区)卫星定位测量点及地籍信息化管理软硬件配置工作。并开展1996—1997年变更宗地权属调查、测量、图件编绘。1999年,以加强土地管理、规范土地登记行为、整顿土地市场秩序、查处土地违法案件为目标,做到"凭证管理、持证用地"。是年,完成测绘630宗,计13.42万平方米,出图500幅。

2000年,权属调查726宗,地籍测绘103宗地,面积59.75公顷,绘制图件2900余幅。2001年,在城区范围内和东屏、白马2个镇集镇初始地籍调查基础上,和凤镇双牌石集镇初始权属调查599宗地,调查面积49.23公顷,测绘51.23公顷,发放土地使用证1368本,其中单位346本、个人1022本。2002年,完成地籍测绘720宗地,面积为668.76公顷,绘制各类图件3200幅,地籍调查332宗地,数字化测绘面积573.3公顷,输出数字化图件4600幅,建设用地项目数字化分类面积量算1186.6公顷。2003年,完成22个批次建设用地项目勘测定界内外业工作和宁杭高速线外工程个案上报勘测定界报批。2004年,测绘宗地711宗,面积140.06公顷,测绘出图2500幅,勘测定界出图2000余张,勘测定界17批次,宗地128宗,面积630万平方米,集体土地使用权登记发证1224本,登记资料尚未制证8256宗,办理其他项目权属登记66宗地,面积198.51公顷。是年,实施土地登记公开查询制度，完成城镇土地分等定级估价成果更新，并通过省厅验收。同时，按照年度目标，完成土地统计工作和变更图斑 55 个，线状地物 1 条，面积 1247 公顷，变更图件 31 幅。

2005 年，测绘宗地 310 宗，面积 680 公顷，测绘出图 6000 余幅，勘测定界 10 批次，102 宗地，面积 864.4 公顷。2006 年，全县村庄地籍调查测量宗地 500 宗，总面积 413.33 公顷，测绘出图 2000 余幅，土地调查 581 宗，填写地调表 580 份。2007 年，土地调查 600 宗，参与征地拆迁补偿出图 2000 余份、面积 2240 公顷，完成土地权属界定 430 件，建设城镇数据库 1150 公顷，4 个建制镇外业调查，1 个建制镇数据库建设，参与复垦测量 4 宗。2008 年，土地调查 3450 宗地，测量县城宗地 200 宗、建制镇 3250 宗，测量面积 1250 公顷，其中县城 400 公顷，测绘出图 3450 幅。2009 年，土地调查 155 宗地，测量宗地 249 宗，测量总面积近 400 公顷，测绘出图 314 幅，完成 243 省道勘测定界报告。2010 年，测绘宗地 756 宗，测绘面积 1516 公顷，测绘出图 1.11 万幅。2011 年，土地调查 327 宗，测量面积 800 公顷。2012 年，土地调查 677 宗，面积 728.19 公顷，测量昱达商贸、城市建设、清源水务、文化旅游、国资经营 5 家公司集体土地 319 宗，面积 395.66 公顷。完成全县 738 块报批图件合成图制作。1996—2012 年，权属调查宗地 1.21 万宗，测量宗地 1941 宗，调查土地面积 1 万公顷，测绘出图 4.2 万幅。

1996—2012 年溧水县土地权属调查统计表

表 8-1

年份	宗地(宗)	面积(公顷)	测绘出图(幅)
1996	988	150	—
1997	614	351	804
1998	325	6	230
1999	305	7.1	270
2000	726	59.75	2900
2001	599	49.23	1368
2002	720	668.76	3200
2003	332	573.3	4600

续表 8-1

年份	宗地(宗)	面积(公顷)	测绘出图(幅)
2004	711	141	2500
2005	310	680	6000
2006	500	413.33	2000
2007	600	2240	2000
2008	3450	1250	3450
2009	155	400	314
2010	756	1516	11100
2011	327	800	520
2012	677	728.19	738
合计	12095	10033.66	41994

【土地利用现状调查】

1993 年全县进行土地利用现状调查,又称土地详查。1996 年起,县土地管理局每年开展一次土地利用现状调查抽查,每 5 年一次土地利用现状调查详查,动态掌握全县土地利用变化情况。每年土地变更调查抽查以上年土地利用现状调查抽查统一时点数据为基数,以当年度耕地、建设用地变化为重点进行。

2012 年 7 月 17 日，地籍测量队在县城开展现状调查测量 (傅俊 摄)

2010 年 10 月 31 日为 5 年一次土地利用现状调查时间点。是年 10 月 18 日，县政府下发《关于开展土地利用现状调查的通知》。由县政府 1 名副县长分管，县国土资源局具体实施,各镇(区)1名副镇长(副主任)、镇国土所、村建办、企业服务中心、农业服务中心抽调人员组成工作小组,县国土资源局从局机关地籍科、利用科、耕保科、土地储备中心抽调人员组成技术测绘业务组。全县外业调绘阶段组织专业人员54名。县、镇签订合同,明确各自职责,县国土资源局负责提供必须装备、技术培训、业务指导、成果鉴定;镇(区)负责思想发动、完成规定范围内调查,按期提供准确、系统、清晰、完整的调查成果。

调查以《全国土地资源调查技术规程(草案)》(以下简称《规程》)为准则,省《土地资源调查补充规定》和市《土地资源调查实施细则》为基本技术依据,结合全县土地分布和利用具体情况,制定《县土地资源调查实施办法》。调查过程分准备工作、外业调绘、内业专绘、面积量算、制图、资料整理6个步骤。历经2年3个月内外作业,取得第一手资料,县、镇、村三级自下而上逐级汇总。资料整理结束后,按图幅面积进行反向复检,合格后由业务人员负责整理装订,统一纳入信息数据库,统一编码登记,全县立卷504卷,形成全县土地利用状况统计数据资料。此次调查成果,查清全县8镇1区镇、村和国营场圃及县属工矿企业境界线、土地总面积、各类分布与利用现状,为有效进行国土资源管理和开发利用提供依据。至2012年,全县土地总面积10.64万公顷,其中耕地4.23万公顷,园地2127.48公顷,林地1.46万公顷,城镇、村及工矿用地1.75万公顷,交通用地1550公顷,水域1.65万公顷,其他用地1.01万公顷,未利用地1673.81公顷。

1996—2012年溧水县土地利用现状分类面积统计表

表8-2　　面积:公顷

年份	总面积	耕地	园地	林地	城镇村及工矿用地	交通用地	水域	其他	未利用地
1996	106743.99	51836.87	2939.41	13020.65	8725.96	1373.93	26130.56	—	2716.61
1997	106743.73	51740.82	2938.27	13014.16	8757.75	1450.15	26125.97	—	2716.61
1998	106743.73	51700.81	2933.96	13014.89	8772.42	1483.17	26124.97	—	2713.51
1999	106743.73	51700.81	2933.96	13014.89	8772.42	1483.17	26124.97	—	2713.51
2000	106743.73	51464.4	2957.97	12953.33	8948.83	1529.98	26170.27	—	2718.95
2002	106881.57	44162.22	2937.8	13493.47	11338.36	1871.67	27754.36	—	5323.69
2003	106726.2	43742.69	2923.19	13521.43	11631.97	1008.38	4270.77	26382.42	3245.35

续表 8-2

年份	总面积	耕地	园地	林地	城镇村及工矿用地	交通用地	水域	其他	未利用地
2004	106726.2	43599.65	2920.56	13504.93	11784.75	1008.5	4265.92	26422.51	3219.38
2005	106726.2	43529.21	2871.53	13474.03	12035.99	1008.51	4258.23	26366.98	3181.72
2006	106726.2	43474.01	2989.44	13536.6	16254.44	1227.65	15810.58	10617.7	2815.79
2007	106726.2	43529.82	3063.57	13532.23	16448.9	1227.65	15678.75	10613.93	2631.36
2008	106726.2	43454.38	3041.05	13490.9	16804.37	1227.65	15606.67	10613.93	2487.25
2009	106362.47	42628.31	2274.6	14752.97	16992.89	1152.54	16744.54	10098.57	1718.05
2010	106362.55	42405.3	2226.26	14672.09	17217.81	1401.7	16639.81	10097.74	1701.84
2011	106362.47	42384.75	2198.07	14668.48	17282.81	1401.53	16629.42	10097.76	1699.65
2012	106362.47	42306.98	2127.48	14603.96	17545.41	1449.3	16558.62	10096.91	1673.81

说明:从 2003 年起,根据土地利用现状分类变更,空闲地、设施用地、农村道路、田坎、裸地等划为其他用地

2010 年度溧水县土地利用现状变更调查二级类(新地类)汇总表

表 8-3　　单位:公顷

变更后地类 / 变更前地类		耕地	园地	林地	草地	城镇村及工矿用地	交通运输用地	水域及水利设施用地	其他土地	合计
地类代码		01	02	03	04	20	10	11	12	
年初面积		42628.31	2274.6	14752.97	1577.38	12949.96	2382.98	27686.28	2114.32	106366.8
年内减少面积		295.56	47.5	78.5	29.86	81.12	3.51	87.6	19.7	816.9
年内增加面积		63.36	0	0	16.88	320.79	241.83	0.49	0	816.9
年底面积		42396.11	2227.1	14674.47	1564.4	13189.63	2621.3	27599.17	2094.62	106366.8
耕地	01	0	0	0	0	147.6	147.96	0	0	295.56
园地	02	0	0	0	0	44.76	2.74	0	0	47.5
林地	03	0.62	0		16.88	48.56	12.44	0	0	78.5
草地	04	0.56	0	0		23.46	5.84	0	0	29.86
城镇村及工矿用地	20	60.86	0	0	0	0	19.77	0.49	0	81.12

续表 8-3

变更后地类 变更前地类		耕地	园地	林地	草地	城镇村及工矿用地	交通运输用地	水域及水利设施用地	其他土地	合计
交通运输用地	10	0	0	0	0	3.51	0	0	0	3.51
水域及水利设施用地	11	1.2	0	0	0	42.83	43.57	0	0	87.6
其他土地	12	0.12	0	0	0	10.07	9.51	0	0	19.7

【土地利用现状更新调查】

1996 年，县编制土地利用总体规划时耕地面积 3.45 万公顷。由于上报面积与现实面积差距太大，严重制约全县经济和社会事业发展。2001 年初，全县实施土地利用现状更新调查。此次调查是以全国《土地利用现状调查技术规程》和市《江宁、溧水、高淳、江浦、六合五县土地利用现状更新调查实施细则》为依据，采用全数字化数据采集方法，重点查清县城、集镇范围以外国有土地、集体土地所有权和使用权以及土地利用现状情况。3 月 17 日，举办"土地利用现状更新调查工程"招标会，由市国土局和县国土局技术人员 7 人组成评标小组，铁道专业设计院中标。3 月和 6 月，县国土管理局和乡镇土地管理所组织技术骨干、专业调查队内外业技术负责人、质检技术负责人及相关作业人员和权属、地类、地形外业调查以及内业数据处理等技术人员 120 人集中参加市培训。5 月 28 日。县政府召开全县土地利用现状更新调查工作动员大会。县长作动员报告，县国土管理局局长具体部署。县政府建立以分管副县长为组长、县国土管理局局长为副组长、有关局办和各镇政府负责人为成员"溧水县土地利用现状更新调查领导小组"，下设办公室，县国土管理局内设分管副局长为主任，负责日常工作。各镇政府召开村级负责人会议，进行宣传发动。县、镇通过广播、电视开展宣传。县政府印制《关于开展全县土地利用更新调查通告》，下发到各村民小组张贴。县国土管理局选择柘塘镇红星村作为调查试点。红星村位于柘塘镇和东屏镇交界处，权属界涉及 2 镇 1 区，村民小组多，地类种类全，复杂程度高。通过试点，摸清作业特点和组织方式、工作流程，在此基础上形成《溧水县土地利用现状更新调查技术设计书》和红星村、组两级签订协议书、确认书 850 多份，调绘地类 20 平方公里。同时，组织 24 人调查专业队，分成 8 个组进驻全县 8 个镇，各镇土管所配合专业队工作。是年 5 月 19 日始，铁道专业设计院和县国土部门工作人员投入外业调查工作，省、市各级技术负责人 10 多次到溧水现场检查监督工作，为中间过程质量控制和最终成果质量把关。至 11 月底外业调查工作结束。全县 8 镇 1 区权属调查、地类调查、地形调绘工作完成，形成外业调查成果有：权属调绘片 737 片；地类调绘片 737 片；权属结合示意图，镇级 9 张，村级 103 张；形成一、二级宗地 8101 宗；权属界线协议书、确认书、争议缘由书 7000 份。

2001 年溧水县各镇土地利用现状更新调查宗地数统计表

表 8-4　　单位：宗

镇　名	一级宗地数	二级宗地数	合计
柘塘镇	155	468	623
东屏镇	283	794	1077
永阳镇	328	993	1221
县开发区	64	240	304
石湫镇	190	719	909
白马镇	229	759	1088
和凤镇	188	462	650
晶桥镇	166	596	762
洪蓝镇	300	1167	1467
总　计	1903	6198	8101

此次成图坐标采用 1954 年北京坐标系，中央子午线为东经 118°50′的三度带高斯投影，高程采用 1985 年国家高程基准。控制测量起始数据采用市国土资源局提供的四等 GPS 点和四等水准点，平面点采用均匀分布 15 个 GPS 点，高程采用 19 个四等水准点。测量像片平面控制点 552 个，高程像控点 877 个，散列点 49 个以及刺点像片一套。内业加密工作采用一级精度解析测图仪 AG1 进行。按照加密技术条件要求，全县分成 28 个加密区域，确保加密不影响后续数据采集工作。铁专院 1 个月内完成全部 28 个区

加密工作。数据采集投入18台仪器(5台A10、5台AG1、5台JX4C、3台适普),投入作业人数25人,检查人员5人,数据采集于2002年7月初结束。图形编辑投入计算机42台,编辑人员46人,其中检查人员4人。编辑内容和技术要求按照市国土资源局地籍管理信息系统要求进行,编辑完成图件满足后续图、库连接要求。经过编辑后图形,三图叠放后出图,进行现场外业巡视。二次外业巡视检查由专业队和县国土管理局、镇土管所人员联合组成,参与人数计35人,其中专业队15人、县国土管理局3人、镇土管所17人。7月20日始,全县分南北两组同时开展巡视和检查,并在巡视完成后及时进行内业精编和数据库修改工作。图形与数据库连接在Microstation GeoGraphics环境下通过铁专院自编程序自动进行,效率大大提高,而且减少人工操作失误。面积统计工作在市地籍管理信息系统中进行。面积统计过程中,检核修正前面建库工作、图形编辑、图数连接,甚至外业调查工作中存在的问题。

2002年9月底,此项工作全面完成,历时1年多,投入经费315万元,形成权属调绘片737张,地类调绘片737张,镇权属结合图9张,村权属结合图103张,形成一、二级宗地8101宗。调查土地10309宗,其中国有土地159宗,镇集体土地150宗,村集体土地2100宗,村民小组集体土地7900宗。签订权属界线协议书14379份。11月10日,通过省、市国土资源厅、局验收。通过此次调查,形成权属清楚、界线明确、分类准确、数据可靠、图数一致完全数字化土地利用现状信息系统,实现快捷、高效、准确土地动态管理,满足土地用途管制、农村土地登记发证和制定全县经济社会发展计划及有关各项土地利用规划需要。在调查过程中,县国土资源局主动和周边县、市取得联系,顺利完成省界、县界外业权属调查工作。

新土地利用现状更新调查汇总成果显示,全县土地总面积1068.8平方公里(其中石臼湖9083公顷),与往年统计上报数据基本一致。全县集体土地8.58万公顷,占总面积80.3%;国有土地2.11万公顷,占总面积19.7%。

2002年溧水县土地利用更新调查成果和原数据汇总表(一)

表 8-5

面积:公顷

镇名	土地总面积		耕地				园地					林地					
			小计	水田	旱地	菜地	小计	果园	桑园	茶园	其他	小计	有林地	灌木林	疏林地	未成林	苗圃
永阳	原有	13297.01	7164.94	4750.42	2411.63	2.89	281.92	17.19	112.2	104.17	48.36	847.4	773.21	0.02	8.21	63.29	2.67
	现有	14386.57	4882.47	3562.49	1231.75	88.23	277.03	88.18	32.3	110.24	46.31	2964.59	2376.44	65.16	369.1	113.69	40.2
白马	原有	12419.03	6904.96	4619.76	2285.2	0	184.65	36.29	66.54	54.59	27.23	1650.09	1492.44	0.31	24.39	132.49	0.47
	现有	14576.13	6189.15	4370.25	1803.3	15.6	751.91	255.45	13.11	481.72	1.64	2642.47	2336.19	164.19	132.3	5.83	3.97
东屏	原有	12780.26	7431.05	5091.07	2339.99	0	243.37	48.78	121.06	71.71	1.82	991.07	877.4	0	82.72	26.35	4.6
	现有	13758.93	6612.66	4293.09	2315.18	4.39	208.41	124.71	0.95	75.03	7.72	1290.8	1025.9	11.17	125.19	26.07	102.47
柘塘	原有	6762.27	3637.47	2901.81	733.82	1.83	175.69	3.21	89.75	80.21	2.51	311.17	273.01	0.13	0	37.58	0.45
	现有	6755.12	3229.15	2539.12	669.35	20.69	165.03	30.15	4.07	77.79	53.01	322.51	278.05	3.08	35.66	1.1	4.61
石湫	原有	11505.79	6607.22	4892.73	1714.49	0	618.43	72.77	268.05	59.39	248.21	646.71	601.1	3.41	24.29	16.92	0.98
	现有	11915.74	5885.59	3793.96	2072.04	19.59	458.21	55.03	177.5	101.98	123.71	1319.53	1122.63	40.61	106.31	49.54	0.43
洪蓝	原有	10223.71	5728.91	4441.19	1284.34	3.38	277.55	105.05	84.67	41.71	46.12	935.16	908.52	0.05	15.43	11.15	0
	现有	10886.15	5001.01	4038.37	946.81	15.83	470.42	279.95	16.24	157.11	17.13	1367.67	1140.01	38.31	138.87	45	5.49
晶桥	原有	13515.75	6708.09	4310.69	2397.4	0	386.16	186.65	60.55	97.96	41.01	3260.19	3173.55	5.51	28.47	52.4	0.26
	现有	13676.34	5960.83	3878.49	2082.31	0.03	377.31	194.01	8.31	171.36	3.64	3203.02	3117.1	20.74	28.33	36.49	0.35
和凤	原有	9894.88	6409.41	5071.15	1337.18	1.09	219.35	102.56	33.38	51.2	32.21	312.39	288.44	1.64	5.39	15.29	1.62
	现有	19064.73	5636.73	3877.86	1757.1	1.77	117.43	46.29	0.17	70.97	0	267.71	260.88	2.13	4.49	0	0.21

续表 8-5

镇名		土地总面积	耕地				园地					林地					
			小计	水田	旱地	菜地	小计	果园	桑园	茶园	其他	小计	有林地	灌木林	疏林地	未成林	苗圃
开发区	原有	0	0	0	0	0	0	0	0	0	0	0	0	0	0	0	0
	现有	1861.83	764.63	553.42	209.35	1.87	112.11	78.67	0.17	5.28	27.98	115.17	91.91	0.41	9.93	0.08	12.85
国营场圃	原有	16345.03	292.4	149.42	135.28	7.7	495.97	76.93	3.85	406.74	8.45	3964.99	3898.14	9.39	0.53	21.45	35.48
	现有	0	0	0	0	0	0	0	0	0	0	0	0	0	0	0	0
全县	原有	106743.73	50884.45	36228.23	14639.33	16.89	2913.08	649.43	840.04	967.68	455.93	12919.15	12285.81	20.45	189.44	376.92	46.52
	现有	106881.55	44162.23	30907.03	13087.19	168.01	2937.87	1152.43	252.82	1251.47	275.14	13493.47	11749.11	345.79	950.19	277.8	170.57

2002 年溧水县土地利用更新调查成果和原数据汇总表(二)

表 8-6

面积：公顷

镇村独立工矿					交通用地				水域				
小计	建制镇	村庄	独立工矿	特殊用地	小计	公路	农村道路	民用机场	小计	河流水面	湖泊	水库	坑塘
2174.02	459.13	1036.08	555.08	123.73	383.51	248.97	134.55	0	1910.69	264.71	0	96.13	1127.86
2601.38	1239.19	1094.7	147.45	120.04	305.68	183.21	122.47	0	2673.47	47.81	0	701.46	1396.07
1121.95	0	864.77	188.2	68.98	244.17	83.25	160.93	0	1896.32	198.65	0	287.22	1092.63
1404.39	65.77	1016.55	231.89	90.18	308.63	171.09	137.53	0	2195.49	0.47	0	419.3	1624.79
1386.05	73.83	1041.91	129.97	140.35	183.25	59.79	122.99	0.47	1973.39	258.91	0	84.91	1279.82
1580.65	93.17	1242.63	131.17	113.67	211.45	86.53	124.92	0	3146.81	57.07	0	945	1610.29

续表 8-6

镇村独立工矿					交通用地				水域				
小计	建制镇	村庄	独立工矿	特殊用地	小计	公路	农村道路	民用机场	小计	河流水面	湖泊	水库	坑塘
734.05	29.41	501.87	158.31	44.47	190.29	102.25	88.04	0	1583.75	452.79	0	39.11	697.54
878.41	53.01	520.77	251.14	53.5	187.86	109.44	78.42	0	1608.19	116.73	0	84.44	1090.39
940.53	0.65	776.11	92.63	71.15	194.14	50.21	143.93	0	2237.83	422.63	0	126.47	1218.24
1116.44	83.07	876	72.71	84.65	125.32	40.65	84.67	0	2463.77	143.26	0	175.1	1848.27
889.67	34.71	635.74	144.55	74.67	231.12	125.45	105.67	0	1941.33	409.79	0	139.47	828.09
1137.29	107.09	795.93	137.05	97.21	281.23	151.11	130.12	0	2093.93	145.69	16.67	133.44	1387.81
948.39	0	749.63	115.75	83.01	157.38	33.75	123.63	0	1611.59	271.17	0	135.41	833.68
1179.30	57.36	973.32	94.43	54.19	136.51	36.99	99.52	0	1927.95	110.72	0	264.09	1097.53
819.65	0	648.89	109.59	61.17	211.47	90.57	120.89	0	1754.37	441.75	0	64.19	799.82
1067.51	58.19	828.64	87.88	88.61	195.11	115.51	79.6	0	11360.77	253.04	9066.46	42.87	1511.72
0	0	0	0	0	0	0	0	0	0	0	0	0	0
372.99	0.05	196.09	161.34	15.52	119.89	94.21	25.69	0	283.85	12.98	0	15.54	212.3
200.98	0	128.13	60.56	12.29	55.03	7.09	47.94	0	11287.97	10.69	9040	1955.87	125.25
0	0	0	0	0	0	0	0	0	0	0	0	0	0
9215.3	597.72	6383.13	1554.63	679.82	1850.37	801.33	1048.57	0.47	26197.23	2731.09	9040	2928.79	8002.93
11338.37	1756.89	7544.63	1319.28	717.56	1871.67	988.74	882.93	0	27754.24	887.77	9083.06	2781.25	11779.16

2002年溧水县土地利用更新调查成果和原数据汇总表(三)

表 8-7　　　　面积:公顷

水域				未利用土地							
苇地	滩涂	沟渠	水工建筑物	小计	荒草地	沼泽地	沙地	裸土地	裸岩地	田坎	其它
0	7.33	169.72	244.93	534.53	166.58	0.21	38.85	40.27	61.79	205.47	21.37
0.23	269.86	110.4	147.65	681.95	130.32	0	0	9.17	1.39	196.3	344.77
0	34.53	158.71	124.57	416.89	198.81	0	14.1	4.01	28.53	122.25	49.2
0	0	114.37	36.56	1084.09	688.41	0	0	6.12	18.21	341.89	29.46
0	35.39	207.6	106.76	572.08	165.49	0	19.61	14.2	132.46	239.57	0.75
0	272.53	96.64	165.28	708.15	278.85	0	0	0	53.18	332.49	43.64
0.01	34.94	185.35	174.01	129.86	53.83	0.83	0.06	4.31	14.73	50.53	5.57
0.45	8.65	75.73	231.81	363.97	111.04	0	0.03	1.09	17.52	168.59	65.7
0.15	12.11	221.1	237.13	230.93	81.26	0	1.02	18.27	12.02	116.42	1.94
0	16.3	109.46	171.39	546.87	368.99	0	0	7.91	0	154.59	15.38
0	67.29	160.25	336.43	219.97	29.35	0	5.22	5.29	49.87	116.44	13.8
0	6.49	167.45	236.38	534.59	190.81	0	0	9.5	0.33	198.63	135.33
0	33.99	167.57	169.75	443.95	104.01	0.15	25.22	19.17	203.11	91.11	1.19
0	1.14	298.44	156.03	891.41	618.83	0	0	0	1.08	241.26	30.24
5.39	92.53	156.35	194.33	168.24	10.07	0	0	13.69	4.65	139.83	0
0	9.32	145.45	331.9	419.48	106.32	0	0	0.6	0.05	306.15	6.36
0	0	0	0	0	0	0	0	0	0	0	0
0	0.99	20.43	21.61	93.19	20.55	0	0	5.82	4.81	36.93	25.08
0	40.91	58.79	56.46	47.69	12.25	0.01	3.93	1.67	11.16	16.21	2.46
0	0	0	0	0	0	0	0	0	0	0	0
5.56	359.04	1485.44	1644.38	2764.16	821.65	1.19	108.01	120.88	518.31	1097.83	96.29
0.68	585.28	1138.37	1498.6	5323.69	2514.11	0	0.03	40.21	96.56	1976.83	695.97

【第二次土地调查】

2007年7月23日,县政府下发《关于开展第二次溧水县土地调查的通知》,全县第二次土地调查工作全面展开。调查范围位于北纬31°23′~31°48′、东经118°50′~119°14′县境全部辖区,土地总面积1067.4平方公里。调查内容:逐地块实地调查土地地类和面积,掌握耕地、园地、林地、工业用地、基础设施用地、金融商业服务、开发园区、房地产以及未利用土地等各类用地分布和利用状况;逐地块调查全县城乡土地所有权和使用权状况,掌握国有土地使用权和农村集体土地所有权状况;调查全县基本农田数量、分布和保护情况,把每一块基本农田上图、登记造册;调查全县后备资源面积、分布和利用状况;建立互联共享覆盖县二级集影像、图形、地类、面积和权属为一体的土地调查数据库,并与国家土地调查数据库连接;建立土地资源变化信息调查统计、及时监测与快速更新机制。调查时间安排:7月底前完成土地调查技术文件、专业队伍招标文件起草,机构组织建立、宣传发动,基础资料等准备工作;7月以后国土资源部统一下发航空(或航天)正射影像数据,县在收到正射影像数据后,开展工程公开招投标,展开调查工作。7月26日,县政府成立县第二次土地调查领导小组,由分管副县长任组长,县政府办副主任和县国土资源局局长任副组长,县发改委、财政、民政、水务、农林、统计、物价、建设、公安、交通、环保及8镇1区负责人为成员,下设办公室(设在县国土资源局),负责日常工作。此次调查投入资金2000.9万元。2008年7月始进入调查成果汇总、分析等阶段。2009年完成工作报告、技术报告和各项数据分析报告撰写,并在此基础上完善数据库建设。

经第二次土地调查显示,全县农用地面积7.59万公顷,其中耕地4.07万公顷、建设用地2.05万公顷、未利用土地1.07万公顷,地类地块2.91万个,变更地块11.49万个,变更面积1.97万公顷,变更后宗地8692块,新增权属宗地583宗。

2007 年溧水县第二次土地调查数据变化流量表

表 8-8

单位：公顷

二次调查后地类 二次调查前地类	耕地	园地	林地	草地	其他农用地	城市	建制镇	农村居民点	独立工矿用地	特殊用地	交通运输用地	水利设施用地	未利用土地	其他土地	合计
	11	12	13	14	15	201	202	203	204	206	26	27	31	32	
2008 年变更面积	43454.38	3041.05	13490.9		2374.62	1283.67	3146.8	7291.01	231.86	586.31	2082	27631.23	1978.49	133.89	106726.2
行政区划面积调整	-84.08	0.13	21.6		-4.62	0	0	(4108)		(2.17)	-2.52	-259.93	13.27		(-359.4)
可类比的变更调查面积	43370.3	3041.18	13512.5		2370	1283.67	3146.8	7249.93	231.86	584.14	2079.48	27371.3	1991.76	133.89	106366.8
减少面积	4401.44	785.81	844.89	66.57	1231.8	0.55	109.54	743.16	1157.55	258.27	352.95	1377.54	1635.49	8.9	12974.48
增加面积	2146.74	307.06	2699.19	6.55	787.3	0	370.75	1102.56	1166.61	415.97	1051.7	1661.91	1236.2	21.94	12974.48
二次调查面积	41114.6	2570.89	15399.91	1561.26	2004.83	1283.12	3410.43	7779.75	220.59	589.16	2592.29	27693.06	0	146.9	106366.8
耕地	-	88.29	506.08		301.56		149.34	695.79	787.33	286.96	385.29	1200.79			4401.44
园地	294.91	-	234.11		23.19		8.89	43.71	33.27	2.14	30.38	19.1	96.12		785.81
林地	263.76	63.99	-		37.77		46.64	48.22	65.81	5.86	60.89	44.08	185.93	21.94	844.89
草地	7.75			-	1.03		41.24	9.05	0	0	4.1	3.39	0		66.57
其他农用地	374.93	15.05	210.41		-		6.46	54.87	25.22	7.64	121.78	143.81	271.62		1231.8
城市	0	0	0		0	-	0.55	0	0	0	0	0	0		0.55
建制镇	62.84	0	3.9	6.55	7.37		-	10.14	0	0.66	1.49	16.6	0		109.54
农村居民点	38.35	15.49	215.35		172.53		66..05	-	0	0	77.14	16.01	142.24		743.16
独立工矿用地	259.45	22.16	376.6		74.92		0.03	0.62	-	0	135.43	105.78	182.56		1157.55
特殊用地	5.9	2.05	21.43		103.63		3.17	1.62	0	-	66.45	23.87	30.15		258.27
交通运输用地	54.62	3.58	150.07		8.47		6.31	18.29	53.09	13.17	-	36.3	9.05		352.95
水利设施用地	481.66	14.67	222.91		37.1		37.41	46.8	57.64	19	141.84	-	318.52		1377.54
未利用地	300.27	81.78	758.34		19.72		0	171.54	144.25	80.54	26.88	52.17	-		1635.49
其他土地	2.3						4.66	19.06	0	0	0.04	0	0		8.9

根据第二次全国土地调查总安排,以 2009 年 10 月 31 日为时点,统一进行变更调查数据更新。2010 年以后,全县每年进行一次变更调查,保持调查成果现势性。2011 年 8 月 18 日起,土地二次调查成果有效服务于全县经济社会发展。如二次调查成果在 2009 年显示为现状建设用地,现有项目承载按"只征不转"方式,将项目占地办理征收后,按规定程序进行招拍挂;建设项目为工业用地,用地单位自愿保留集体建设用地的,按集体建设用地进行确权、登记、发证;"只征不转"和直接按集体建设用地确权发证的,按照实际发证面积,由用地单位以 39 万元/公顷标准交纳建设用地规费。专项规费用于农村土地综合整治、"占补平衡" 以及城乡建设用地增减挂钩、土地更新调查等,并由县财政监督使用。

【县城地籍更新调查】

县城地籍更新调查是初始地籍调查以后,就新增土地面积、地形变化、建筑物增减和国家、集体、个人使用土地权属及土地价值等新一轮补充调查。县城自 1995 年开展初始地籍调查到 2006 年,经过 10 多年旧城改造和城市规模扩大,由原来 8 平方公里扩大到 12 平方公里,每年都有新增土地登记发证宗地,大部分没有联测,采用自由坐标。城市发展使城镇周边许多村庄与建成区连成一片,大都村民小组被撤组,房屋被拆迁。建成区中极少数土地登记发证,大部分有待开展统一地籍调查和土地登记发证。同时,以往土地登记发证形成的相应数据库系统,均不能适应形势发展需要。2006 年 3 月 15 日,县政府办下发《关于开展城镇地籍更新调查登记的通知》,决定在县城(永阳镇)建成区,包括县开发区和永阳镇私营经济园范围内开展 1:500 城镇地籍更新调查登记工作。按照国土资源部《全国土地分类(试行)》《城镇地籍更新调查规程》和《江苏省城镇地籍更新调查实施细则》以及《南京市城镇地籍管理信息系统工作实施细则(试行)》具体要求,实行权属调查和地籍更新调查一步到位。

此次城镇地籍更新调查范围广、起点高,技术性强,为县有史以来地籍调查首次。县国土资源局通过公开招标方式,将此次调查业务全部外包,由江苏煤炭地质物测队中标承接。县国土资源局成立专门工作小组,负责协调并监督检查工作进度和质量。此次调查,平面坐标系统采用市地籍坐标系(1954 年北京坐标系椭球参数,中央子午线为东经 118°50′,3 度带投影);图幅划分地籍图采用 50 厘米×50 厘米正方形分幅;地籍信息系统软件图形编辑和属性录入采用市国土资源局基于 Microstation GeoGraphics 软件研制的《南京市城镇地籍管理信息系统》。数据库建立采用 ORACLE 数据库。参加调查人员有 34 人,其中管理人员 6 人,质量检查人员 4 人,野外作业人员 24 人,并分成权属调查、地籍测量、内业数据处理 3 个组。调查过程分为:准备工作、权属调查、地籍测绘、建立 ORACLE 数据库、设立县城区地籍管理信息系统、整理地籍更新调查成果等 6 个阶段。经过 21 个月作业,完成县城区东至十里牌,南至老明线,西至城西干道,北至县经济技术开发区马场路范围内 11.5 平方公里权属调查和地籍测量、测绘任务。调查过程从权属调查开始,先点后面,逐步推开。把所有调查宗地均按规定程序,调查权属是否合法,"四至"有无争议,并完成指界、签字等必备法律手续。经过地籍调查,每宗地达到"权属合法、界址清楚、面积准确"要求。每个界址点测量边长、相关距离和条件距离,填写地籍调查表,绘制宗地草图。同时江苏煤炭地质物测队利用国家现行 GPS 四等点布设一、二级导线比例尺 1:500,全解析法数据采集。地籍调查与土地使用证验证相结合,把领取土地使用证,变化未变更,待更新地籍调查工作结束后予以变更,未变化的做验证处理。凡不在 1995 年城镇地籍调查范围内,原用自由坐标进行地籍测量和地籍调查,按登记发证部分进行联测后,检查对比成果一致性,有出入的及时改正。按照市数据标准(ORACLE)建立数据库,用 Microstation GeoGraphics 环境建立图形,并进行图数连接,形成更新地籍调查地理信息系统(建立土地登记库和地籍调查库)。土地分类采用《全国土地分类(试行)》及《全国土地分类(过渡期间适用)》。以县城 1:500 房产平面图为基础,在完成权属调查后,把各地籍要素进行测绘,将每宗土地具体位置、界址点坐标和确权面积,其精度符合国家《城镇地籍更新调查规程》要求,调查之要地物和特殊地物如实、准确反映在地籍图上。

此次县城地籍更新调查总面积 11.5 平方公里,其中约 8 平方公里完成初始地籍调查,约 3.5 平方公里为城镇扩展建成区范围。调查勘丈利用现有四等 GPS 设点,布设 E 级 GPS 点作为基本控制网,设 45 个点,布设图根点 819 个。采用 HP800 绘图仪绘制地籍分幅图,绘制地籍图 229 幅,宗地图 5887 幅,其中权属变更和新增宗地 3542 宗,补充资料宗地 2345 宗;设置界址标志 32310 个;涉及单位 820 宗地、居民 4283 宗地。此项工作为县城区进行图数连接,形成更新地籍调查地理信息系统,建立土地登记库和地籍调查库以及与市地籍信息大系统衔接创造更好条件。至 2007 年年底,完成县城11.5平方公里地籍更新工作外业测量、权属调查,县城街坊地籍更新调查工作通过市局验收,并开始启用。在此基础上,2013年3月,县国土资源局筹备建立基础信息中心。

县城区地籍更新调查勘丈显示,县城区各类用地面积1144.38公顷。

2007年溧水县城区1:500城镇地籍更新调查各类土地面积和所占比例表

表8-9　　面积:公顷、%

地　　类	面　积	所占比例
农用地	51.32	4.48
商业用地	32.75	2.86
工矿仓储用地	197.44	17.25
公共设施用地	12.99	1.14
公共建筑用地	87.74	7.67
住宅用地	461.87	40.36
交通运输用地	154.13	13.47
水利设施用地	33.72	2.95
特殊用地	110.42	9.65
未利用土地	2	0.17
总计	1144.38	100

【建制镇及村庄地籍调查】

1996—2002年,县城镇(永阳镇)曾3次开展土地调查,即土地权属、地籍、更新调查。2003年,县国土资源局开展白马、东屏、洪蓝、石湫、柘塘、和凤、晶桥7个建制镇初始地籍调查,面积约7平方公里。

建制镇地籍更新调查　2007年4月6日,县政府办下发《关于开展溧水县建制镇地籍更新调查和村庄初始地籍调查工作的通知》,在全县开展建制镇地籍更新调查和村庄初始地籍调查。先进行建制镇地籍更新调查,从2007年4月开始到2008年5月结束,完成地籍测绘面积白马镇96.03公顷、东屏镇158.5公顷、柘塘镇133.26公顷、石湫镇114.94公顷、洪蓝镇109.14公顷、晶桥镇72.78公顷、和凤镇136.46公顷。调查总面积821.01公顷,调查宗地 6536 宗,其中权属调查变更和新增宗地 6278 宗。国有土地宗地在城镇地籍信息系统中录入,集体土地宗地调整到农村地籍信息系统中录入。

2007 年溧水县建制镇地籍更新权属调查新增宗地情况表

表 8-10　　单位:宗

镇名	总宗地数	调查前入库宗地数	此次调查宗地数
白马镇	738	41	697
东屏镇	900	47	853
开发区(柘塘镇)	1378	61	1317
石湫镇	866	24	842
洪蓝镇	1297	48	1249
晶桥镇	706	22	684
和凤镇	651	15	636
合计	6536	258	6278

2007 年溧水县建制镇 8.2 平方公里地籍测绘情况表

表 8-11　　单位:公顷

镇　名	地籍测绘面积(公顷)
白马镇	96.03
东屏镇	158.50
开发区(柘塘镇)	133.26
石湫镇	114.94
洪蓝镇	109.04
晶桥镇	72.78
和凤镇	136.46
合　计	821.01

2007年7月31日，溧水县村庄地籍调查及数据库建设项目工程招标会 (局档案室提供)

村庄初始地籍调查 在开展7个建制镇地籍更新调查同时，从2007年4月到2009年12月，同步进行村庄地籍调查工作。此次村庄调查为初始地籍调查，溧水历史上首次。调查工作涉及面广，工作量大，技术要求高。2007年6月4日，县国土资源局制定《溧水县村庄地籍调查集体土地宅基地使用权登记发证实施意见》。按照国家和省国土资源部门《地籍调查技术规程》和《土地登记规则》以及市国土局《南京市村庄地籍调查实施细则》，规范实施集体土地宅基地使用权登记。通过试点、反复验证后，全面推开。至2009年8月10日完成8镇1区91个村1980个自然村村庄地籍调查外业测量及内业图形编辑工作，外业调查宗地11.75万宗，入数据库5.84万宗，权属审核登记发证制证量3.35万宗，宗地档案建档立卷3.07万卷。同时将调查成果及时纳入数据库管理。

2009年溧水县村庄地籍调查统计表

表8-12　　单位：宗

镇　名	外业工作量(宗地数)	图形编辑工作量(宗地数)	完成宗地数
永阳镇	17582	17582	16652
白马镇	11667	11667	11667
东屏镇	17178	17178	17178
开发区(柘塘镇)	14335	14335	14062
石湫镇	15120	15120	14437
洪蓝镇	13732	13732	13732
晶桥镇	12021	12021	12021

续表 8-12

镇　名	外业工作量(宗地数)	图形编辑工作量(宗地数)	完成宗地数
和凤镇	15871	15871	15871
合　计	117506	117506	115620

第二节　土地登记发证

【城镇国有土地】

1996 年,全县实施住房使用制度改革。为配合县政府房改工作,4 月 12 日,县土地管理局制定《关于个人住宅用地以出让方式取得土地使用权的颁发土地使用证的意见》,凡国有土地公有住房出售,须经县土地管理局进行国有土地权属审核、分宗测量、分摊面积,领取国有土地使用权证。是年,登记发证 858 本,其中单位 120 本,个人 738 本。

1998 年 3 月,县地籍管理所调查摸底县城区居民住房使用单位征地自建房、集资建房、房产开发公司为单位代建房、在房产开发公司购买商品房及单位福利分房后房改房等土地类型情况显示,县城区有近 6000 户居民住房未领土地使用证,土地面积 20 公顷,这些居民使用土地和拥有房产他项权利得不到合法保护,在继承、抵押、转让以及拆迁过程中易引发矛盾,影响社会稳定。本着尊重历史、面对现实、过去从宽、今后从严和住房户承受能力原则,是年 12 月 3 日,县国土管理局制定《关于城区居民补办土地使用证的意见》。凡单位自建房、集资建房、房产开发公司为单位代建房、在房产开发公司购买的商品房居民,补办土地使用证,并由各涉及单位、房产开发公司,按楼幢分期分批办理;个人私下交易购买土地自建房不予办理。是年,完成土地登记权属调查 267 宗,发证 192 本。同时配合有关企业改制,进行宗地初始登记、调查、测绘、发证,房改发证 277 本。1999—2005 年,全县发放国有土地使用证 25054 本,面积 84.1 公顷。2006 年起,县城房地产业开始兴起。2007 年,县国土资源局在不断扩大土地权属调查、地籍测量、土地登记覆盖面同时,拓展地籍管理服务领域,在建设用地报批、企业改制、开发复垦、土地供应、征地拆迁补偿、闲置土地处置等各个领域发挥地籍基础作用。是年,发放国有、集体建设用地证书4185本,办理注销登记7本,办理抵押登记128宗,注销抵押登记47宗,电力公司、农业银行等企业改制办证64宗。2008年,发放集体所有权证21本,国有土地使用证3245本(其中个人2992本、单位253本),办理他项权利证105本,抵押105宗地,注销抵押登记73本。2009—2012年,全县发放国有土地使用证22732本,面积108公顷,其中商品房7167本。1996—2012年,全县发放国有土地使用权证63241本。

1996—2012年溧水县国有土地使用权发证统计表

表8-13　　　　单位:本

年份	单位	居民户(含商品房)	年份	单位	居民户(含商品房)
1996	120	738	2005	—	5760
1997	—	318	2006	—	520
1998	—	469	2007	4185	10418
1999	—	1258	2008	253	2992
2000	—	2314	2009	—	5683
2001	—	3620	2010	—	4800
2002	—	1984	2011	—	6798
2003	—	4360	2012	—	5451
2004	—	5758	合计	4558	63241

【农村集体土地】

1988年,全县开展非农业用地清查,农民住宅使用土地颁发宅基地使用证后,农村建设用地增多,村庄面貌发生很大变化。2002年起,县国土资源局开展农村集体土地所有权登记发证工作。农村集体土地以村民小组为单位,以权属界线封闭地块为一宗进行登记。2003年7月24日,县政府办转发县国土资源局《关于溧水县农村集体土地所有权登记发证工作实施方案》,部署农村集体土地所有权登记发证工作。登记发证范围:境内镇集体、各村、村民小组和农民集体经济组织集体土地。县政府成立由分管副县长为组长,县委农工办、县国土资源局局长为副组长,县法院、县民政局、县农业局、县水务局主要领导为成员的领导小组,下设权属争议调解委员会,负责土地登记发证土地权属争议处理工作。相应成立专门工作组,负责各自辖区宣传发动、组织收集土地权属材料并履行指界签章等法律手续。每个镇选择1个村和1个村民小组进行试点。在试点村召开相关宣传发动会议,讲解土地权属登记发证办理程序和有关业务流程以及政策规定;受理试点村各村民小组土地登记申请;开展地籍调查和土地利用现状调查;审核土地权属并公告,注册登记及颁发集体土地所有权证书,试点村土地登记成果通过市国土资源局验收。后由点到面,全面推开,到2005年年底,全县发放集体土地使用权证14本。

2010年9月20日,县委、县政府下发《关于加快推进城乡统筹协调发展的实施意见》,要求两年内完成全县农村建设用地、宅基地使用权和农民房屋所有权登记发证工作。2011年始,县国土资源局利用2007—2009年全县村庄地籍调查成果,开展农村农民宅基地申报登记工作。是年底,完成村庄地籍发证7.82万本,各镇村庄宅基地登记发证建档4.34万宗。至2013年3月,全县发放农村农民集体土地宅基地使用证入库量11.61万本,其中至2012年年底发放农村集体土地使用证56389本,宅基地使用面积2321.02公顷。

2009—2013年3月溧水县各镇发放宅基地使用证统计表

表8-14　　单位:本

镇　名	入库数量	发证总数	发证率	已拆迁
永阳镇	18000	8932	50%	3338
白马镇	11755	9582	82%	715
东屏镇	15040	6485	43%	349
开发区	14532	1809	12%	1809
石湫镇	15055	10110	67%	380
洪蓝镇	13754	10553	75%	260
晶桥镇	12035	4073	34%	280

续表 8-14

镇　名	入库数量	发证总数	发证率	已拆迁
和凤镇	15889	4845	30%	185
合　计	116051	56389	48%	7316

说明:此表统计为已发证数。后因农村大面积拆迁,多数镇暂停发证

2012年4月28日、6月15日,县国土资源局转发《江苏省国土资源厅关于转发〈国土资源部关于严格落实农村集体土地所有权确权登记发证全覆盖的通知〉的通知》和国土资源部《关于严格落实农村集体土地所有权确权登记发证全覆盖的通知》,重申农村集体土地所有权登记发证必须覆盖到包括林地在内的各类农村集体土地,林地未纳入农村集体土地确权登记发证范围的,要立即纠正,恢复工作,赶上进度。权属核查以镇(区)为单位,逐村进行,将核查结果录入全县集体土地所有权登记发证信息系统,履行公告及土地登记申请、审批手续,依法办理土地所有权登记,核发集体土地所有权证。土地所有权登记后,县国土资源局将村、组农民集体所有权土地权利证颁发至村民委员会保管,将镇(区)农民集体所有权土地权利证书颁发至镇(区)政府保管。是年,全县颁发集体土地所有权证6061本。

【土地变更登记】

1995年11月—1996年3月,县地籍管理所分别开展城镇、农村土地变更调查。两次调查以1984—1986年土地利用现状调查和1993年土地利用现状补充调查初始登记为依据,调查1992—1995年期间全县土地变更、土地利用地类变更和土地权属变更,依据农村土地变更调查记录,建立农村土地统计台账。调查范围涉及全县16个乡镇97个村,变更图斑988处,占全县图斑总数1.11%;变更土地面积443.3公顷,占全县总面积0.42%。1996年5月,完成土地变更调查记录表988张,绘制图斑图868幅,成果图54张。1997年,县国土管理局更新全县土地统计台账,完成89%变更图斑上图,形成数字地籍图,做到地籍管理帐、图、表、册与实际情况一致。此后,土地变更登记成为一项日常工作。1998—2005年,办理土地变更登记8256宗。在土地权属和用途变更中,以城乡居民户通过出让程序买卖国有土地建住宅变更较多。据1996—2012年统计,全县城乡农(居)民因买卖房屋变更登记国有

土地宗地块18750宗，面积187.5公顷(包括农村集镇在内)，其中商品房占35.2%；办理企业改制、破产、抵押等土地使用权变更635宗，面积250公顷。

进入21世纪后，全县因行政区划调整部分村撤并和部分村民小组因国家、集体建设征用土地相继撤销，致使集体土地所有权发生变化。2012年2月28日，县国土资源局制订《溧水县集体土地所有权变更登记发证工作实施方案》，利用第二次土地调查及2010年度土地利用变更调查和建设用地审批成果，全县以镇、村、组为单位全面进行集体所有土地权属核查，把集体土地所有权确认到每个具有所有权资格的农民集体，并核实每宗集体所有土地位置、面积、用途、权属界线及权利人等状况，依法办理土地所有权变更登记、审批、核发集体土地所有权证书。因国家、集体建设征用土地，依法撤销村民小组建制剩余土地，由县国土资源局依法收回国有，纳入土地储备库。此次调查，县国土资源局通过公开招标方式，聘请具有调查资格的江苏煤炭地质物测队参与，负责内、外业权属核查和相关工作。成立由局长为组长、分管副局长和地籍科长为副组长、局各科室及各镇(区)国土资源所所长为成员的“溧水县集体土地所有权变更登记发证工作领导小组”，负责业务指导、检查。技术路线：鉴于二次土地调查成果、2010年度土地利用变更调查成果和建设用地审批成果，采用MIcroStation及ArcGIS软件输出工作底图，结合现有成果资料开展权属核查，建立核查清册，根据核查情况补充完善土地权属协议书(确认书)或补充调查。采用市局提供的变更软件进行2010年度土地利用变更调查汇交成果变更，依据核查结果变更权属数据(或行政界线成果)；变更结果提交到“一张图”数据库。通过“南京市国土资源局电子政务系统集体土地发证模式”完成公告制作，表、卡、证制作，宗地图制作。履行土地登记申请，完善集体土地所有权变更登记程序，按规定整理资料档案。

2012年溧水县发放集体土地所有权证统计表

表8-15　　单位：本

镇(区)名	入库数量	发证总数
永阳镇	1201	1201
白马镇	919	919
东屏镇	930	930
柘塘镇	486	486

续表 8–15

镇(区)名	入库数量	发证总数
石湫镇	812	812
洪蓝镇	1282	1282
晶桥镇	706	706
和凤镇	532	532
开发区	225	225
合　计	7093	7093

第三节　土地权属争议调处

全县土地权属争议主要有县境内土地权属争议及与相邻县(市)土地权属争议两种。1996 年始,境内土地权属争议增多,尤其农村农户之间,宅基地权属争议更为突出;与相邻县(市)土地权属争议相对较少。县与县之间土地权属界线分得比较清晰,涉及争议面积数量不大,便于调处解决。随着国土管理部门工作机构健全,土地管理法律、法规的完善,发生土地权属争议纠纷现象得以有效遏制。至 2012 年,县国土资源局处理境内各种矛盾土地争议 130 余起、县境外争议 1 起。

【境内土地权属争议调处】

在 1984 年全县土地详查和 1986 年全国第一次土地调查,以及 2007—2009 年全国第二次土地调查时,全县乡(镇)、村和国有与集体单位存在土地权属争议地段有 34 处,面积 140.74 公顷。大多为陆地面积争议,涉及面积 87.07 公顷;水面及滩地权属争议以柘塘新淮村与乌山东璜村沂塘滩 53.67 公顷水域争议为突出。2000 年后,随着全县改革开放和经济社会建设加快,境内土地权属争议逐步消化,尤其是县城周边、农村集镇周边农村村与村、个人与个人之间土地权属争议越来越少。

1997 年始,县国土管理局在城镇地籍更新调查、农村集体土地所有权调查、第二次土地调查、行政区划后土地利用补充调查、土地登记变更调查等活动时，逐一消化土地权属争议，纠纷也逐年减少。

县标准计量局与县商业汽运汽配公司土地权属纠纷多年未决。1997 年 3 月 25 日，县土地管理局就县标准计量局与县商业汽运汽配公司土地权属纠纷处理意见向县政府建议：由县政府出面协调，让标准计量局北边界线拉直使用(占原争议地十多个平方米，以测量数为准)；如协调不成，按照《确定土地所有权和使用权的若干规定》第二条、第三十八条，县标准计量局北边界线拉直向北推移 2 分多地(以测量数为准)。4 月 2 日，县政府办召开县标准计量局与县商业汽运汽配公司土地权属纠纷协调会议由副县长卞金林主持。会上听取两单位关于土地纠纷情况汇报，实地察看土地权属争议地段现场。会议议定：本着"尊重历史、面对现实"原则，确定双方土地使用权属面积。关于劳力安置问题，县土地管理局负责调查清楚，向双方作一说明；关于双方共建职工住宿楼规划审批有关事宜，县城建规划部门负责。

2003 年，因太阳岛项目二期工程开工建设，涉及到县林场和洪蓝镇天生桥村土地权属争议，经县国土资源局和太阳岛项目开发协调小组调查、核实，经多次协调尚有部分地块未达成调解协议。是年 6 月，县国土资源局经请示县政府同意后，就此事项提出如下处理意见：由县林场所提出破塘南边 0.33 公顷旱地权属争议问题，土地权属归洪蓝天生桥村，林权和附着物归县林场；由洪蓝镇天生桥村所提出五峰凹 0.73 公顷山地权属争议问题，土地权属归林场，林权和附着物归洪蓝镇天生桥村；双方当事人所提出尖山 6.67 公顷山地权属争议问题(东至溧石公路，南至黑松及广元山凹为界，西至山顶分水为界，北至与村面前山相连)。据调查，该宗地天生桥村连续使用 30 年以上未发生争议。县林场一直提供不出该宗地权属材料。根据 2001 年土地更新调查资料和国家土地管理局 1989 年 7 月 5 日发布《关于确定土地权属问题的若干意见》第十一条规定"农民集体使用其他农民集体所有的土地凡连续使用已满 20 年的应视为该使用者所有"。故该宗地块土地权属、林权归洪蓝镇天生桥村所有。

2006 年 5 月，因恒大金碧天下商业开发项目建设需要，县国土资源局出资 4000 万元，修建由省道常溧路向北至卧龙湖恒大金碧天下一级公路，路面和绿化带宽 24 米，长 4.8 公里，需征地 11.52 公顷，征地涉及永阳镇十里牌 5 个村民小组和东屏镇徐溪村 2 个村民小组集体土地。在征地勘丈过程中，东屏镇徐溪村梁山岗村民小组有 1 户村民家 5 座祖坟安葬在永阳镇十里牌村某村民小组，占地面积 0.2 公顷在此次征地范围。东屏镇徐溪村干

部向该项目指挥部提出，该户祖坟土地权属应归东屏镇徐溪村梁山岗村民小组，并与永阳镇十里牌村某村民小组群众发生争议，虽经项目指挥部多次协调也未能解决。7月2日，县国土资源局、永阳镇政府、东屏镇政府有关负责人召集双方村干部和村民小组长调查、协商。经调查，东屏镇徐溪村梁山岗某村民家祖坟安葬有30多年，期间也从未发生冲突，平时村与村之间和睦相处。根据2001年县国土资源局土地更新调查资料和国家土地管理局1989年7月5日发布《关于确定土地权属的若干意见》第十一条规定，“农民集体使用其他农民集体所有的土地凡连续使用已满20年的应视为该使用者所有”。故该宗坟地权属归东屏镇徐溪村梁山岗村民小组所有。

1996—2012年溧水县境内土地权属争议调处统计表

表8-16　　　　单位:起

年份	土地争议	调解争议	年份	土地争议	调解争议
1996	15	15	2005	9	9
1997	13	13	2006	10	9
1998	11	11	2007	13	13
1999	6	6	2008	6	6
2000	3	3	2009	4	4
2001	5	5	2010	5	5
2002	4	4	2011	12	12
2003	5	5	2012	4	4
2004	7	7	合计	132	131

【与相邻县(市)土地权属争议调处】

县境与安徽省当涂县和省内高淳县、江宁区、句容市、溧阳市交界。除石臼湖水面与安徽当涂县素有争议外，陆地边界土地权属争议主要涉及江宁、高淳和溧阳3县(市)，与江宁区争议地块较多，高淳次之，溧阳市有1处。这些争议，在1986年第一次全国土地调查和2007—2009年第二次全国土地调查中争议地点、地块、面积都一一记录在档。

2003年3月13日,中国建筑材料工业地质勘查中心江苏总队(以下简称江苏总队)经省国土资源厅批准取得溧水县芝山矿区境内7.16平方公里探矿权(其中含溧阳境内少量资源量)。江苏总队又于同年12月24日将上述矿区中4.62平方公里探矿权转让给江苏天山水泥有限公司溧阳水泥分公司(以下简称溧阳水泥分公司)进行探矿。溧阳水泥分公司于2004年12月21日向县国土资源局提出申请,开采上述矿区,要求县国土资源局就其开采方案出具审查意见。根据上述情况,县国土资源局及时向市局汇报同时,多次与江苏总队协调,但几次协调均无结果。2004年1月14日,市局领导请省厅地勘处领导到溧水现场协调,仍未有结果。市国土资源局于2004年1月19日向省国土资源厅就探矿权与采矿权行使所产生的相关矛盾进行请示。市国土资源局明确指出:根据国土资源部《探矿权采矿权招标拍卖挂牌管理办法》第二章第八条第四款规定:主管部门规定无需勘查即可开采的矿产应以招标拍卖挂牌方式取得采矿权。溧水县境内芝山裸露石灰岩矿区无需探矿,应按招标拍卖挂牌的程序取得采矿权,但省国土资源厅未给予市国土资源局明确答复,而且江苏总队取得探矿权未满两年就转让给溧阳水泥分公司,违反《探矿权采矿权转让管理办法》第五条;原探矿权有效期为2年,转让后变为4年,违反《探矿权采矿权转让管理办法》第十三条,应作无效;探矿权没有通过招标投标有偿取得,勘查时不向所在地县级人民政府负责地质矿产管理工作的部门报告,分别违反《矿产资源勘查区块登记管理办法》第十六条和第十八条之规定。根据上述情况,芝山矿区争议问题须请示县政府领导专题向市国土资源局汇报、沟通。2004年12月31日,县国土资源局《关于江苏天山水泥有限公司溧阳水泥分公司在溧水县芝山矿区开采矿产资源审查意见的请示》呈报县政府。后在市国土资源局支持与帮助下,与省国土资源厅进行协调,最终达成处理共识。

溧水县晶桥镇芝山村与溧阳市上沛镇孟家村毗邻,经2001年勘界以芝山山脉分水岭为界,长度约13公里,此界线并由市政府和常州市政府代表双方签字确认。在芝山山脉东坡有溧阳市境内的江苏天山水泥集团有限公司溧阳分公司在开采,西坡为溧水县境内的东山矿区。2006年1月10日,江苏天山水泥集团有限公司溧阳分公司越界开采,晶桥镇芝山村委会和部分自然村村民上山阻止,双方矛盾激化。当天下午17时许,江苏天山水泥集团有限公司溧阳分公司以“放炮”为由,组织一些人手持棍棒强行驱赶毫无防备的芝山村民,造成7人不同程度受伤(其中5名妇女,年龄最大

62岁),其中4人重伤被送往县人民医院抢救。事件发生后,晶桥镇政府向县委、县政府作出《关于要求解决矿山界线纠纷的紧急请示》。1月11日,县政府办主要负责人带领相关职能部门到上沛镇进行调查处理, 就毁林、越界、打人情况进行交涉。为防止事态扩大,会上初步达成平息事态口头协议。事后,经县国土资源局地籍科实地调查,晶桥镇芝山村在县境内沿界线栽植的6.67公顷防火隔离带被江苏天山水泥集团有限公司溧阳分公司越界开采毁掉南北长200米、东西宽40米,其中被人为放火烧掉321株,开采毁掉561株。7月19日,南京市、常州市民政局召集溧水县、溧阳市民政局及有关界线管理人员,在溧水县民政局召开"关于加强溧水县与溧阳市芝山段行政区域界线管理协调会",达成协议:由双方界线管理人员在法定1:1万协议书附图上,根据边界线走向折点,初步确定边界线界点8个,在芝山北侧由南向北依此编号为:芝山1~8号;界点确定后,由双方县(市)民政局界线主管部门负责,选取永久性材质型作为界点界桩。界桩埋设深度和强度以牢固、永久为原则;由常州市负责聘请具有测绘资质曾经测绘宁常界线的常州市测绘院施测,测绘技术人员依据法定线,量取协议书附图上界点坐标,经双方市民政局审核后,测绘技术人员在双方界线主管部门在场情况下,按边界线界点进行实地放线;有关测绘、界桩设置和埋设等费用,先由溧水县民政局垫付,待测绘完成后,由溧水县和溧阳市有关部门,根据测绘成果确定责任方,由责任方负责承担全额费用;边界线实地确定后,测绘成果、会议纪要等有关资料汇集成册,一式10份,其中上报省民政厅2份,南京市、常州市各2份,溧水县、溧阳市各2份。11月21日,晶桥镇芝山村民又向县国土资源局举报,反映江苏天山水泥集团有限公司溧阳分公司越界开采。12月8日,县国土资源局发函致溧阳市国土资源局就江苏天山水泥集团有限公司溧阳分公司严重违反《中华人民共和国矿产资源法》,并且造成严重后果和恶劣影响,请其依据相关法律法规进行查处和纠正,责令停止非法越界盗矿,没收非法所得,并给予相应处罚,同时赔偿溧水县由此产生损失,防止事态进一步恶化。12月19日,溧水县民政局与溧阳市民政局到芝山进行实地察看,证实江苏天山有限公司溧阳分公司自2006年7月26日溧水和溧阳双方界桩点测量后,没有越界开采。经调查,省地质测绘院1973年出版的万分之一地形图上标定两县(市)分界线与民政部门细化勘界新划定行政界线在芝山段有出入。天山公司尊重民政勘界,自2007年7月底起,重新布置开采工作面。此后没有再出现越界开采现象。

第九章　土地使用制度改革

1990年,县开始推行城镇居民、农村农民宅基地有偿使用制度。1994年起,县城区内国有土地进行使用制度改革,由"无偿、无期、无流动"转变为"有偿、有期、可流动"使用制度。1996年10月,县土地管理局进行农村荒山、荒地、荒滩、荒水等"四荒"地拍卖和城乡农(居)民自建房使用国有土地出让试点。1999年12月6日,县政府发布《关于进一步加强全县城乡土地出让统一管理的决定》,规定2000年1月1日起,全县国有土地使用权出让和转让由县国土管理局代表县政府统一管理,统一程序、统一地价、统一审批,并与受让方(单位或个人)签订国有土地使用权出让和转让合同,统一颁发国有土地使用权证。2002年7月1日始,全县商业、旅游、文化娱乐和商品住宅房开发等项目用地逐步过渡到采用招标、拍卖、挂牌方式出让供地。同时建立公开、公平、公正的竞争机制,提供土地交易信息和代理土地交易功能,逐步培育和健全土地市场。2007年7月起,全县工业用地全部实行挂牌供地。至2012年,全县工业、商业经营性土地协议、招拍挂出让总面积3765.41公顷,出让金134.4亿元。

随着改革开放,县、镇、村创办工商业和个体经济兴起,土地紧缺状况越来越明显,单靠省、市下达用地计划指标解决各类企事业单位用地远远不能满足需求。县委、县政府学习省内苏锡常和省外浙江温州等地经验,在一些建设项目上,采取土地租赁制,实行"先租后征"办法解决企事业单位用地难矛盾。至2006年,全县租赁土地面积3300公顷,一大批招商引资工业、商业项目落地建设。在土地使用制度改革同时,县国土资源局结合实际制定《关于进一步深化企业产权制度改革的意见》,开展破产企业土地使用权处置和乡镇改制企业土地使用权处置。至2005年,完成县属工业破产企业土地使用权处置150多家,乡镇改制企业土地使用处置200多家,面积750公顷，其中原南京农用车厂250公顷，乡镇企业300公顷，其他企业

200 公顷。期间,县国土资源局开展土地使用权抵押、置换和集体土地确权工作。

2012 年 8 月 1 日,县委、县政府发布《全县土地利用方式改革实施方案》,包括《关于全县工业用地节地提效的实施意见》《农村土地综合整治实施方案》《露采矿山环境治理实施方案》以及《低效利用、闲置土地处置方案》, 调整全县工业用地出让价最低标准。由原来每公顷 135 万元提高到 240 万元,并禁止以任何方式返还土地出让金。是年,全县 1 区 7 镇盘活低效利用土地 66 宗,面积 219.19 公顷,完成全年目标任务 109%;盘活闲置土地 13 宗,面积 58.52 公顷,完成全年目标任务 109.7%。

第一节 土地使用权出让

【四荒地拍卖】

“四荒”地指荒山、荒地、荒滩、荒水。1996 年 10 月,在南京“96 金秋恳谈会”上,溧水县首次成功拍卖“四荒”土地使用权 3 块,面积 31.5 公顷,最低价 7500 元/公顷、最高价 16500 元/公顷。1997 年 3 月 12 日和 10 月 18 日,在全县首届梅花节和南京“97 金秋恳谈会”上,县国土管理局设立“四荒”地拍卖展馆,推出白马、东庐、在城、群力、洪蓝、石湫等乡镇“四荒”地 8 块进行公开拍卖,并成功交易,面积 113.3 公顷。1998 年 3 月 15 日,县政府办转发《县国土管理局关于规范“四荒”地资源管理意见的通知》,规定“四荒”地使用权出让可采用拍卖、招标、出租和参股联营等方式,但不得借拍卖“四荒”地之名擅自改变农用地用途性质。拍卖“四荒”地使用年限不超过 30 年;拍卖“四荒”地收入由县国土管理局统一收取,除收缴 3%管理费外,其余部分全部返还土地所有者。至 2004 年,全县拍卖、协议出让、租赁“四荒”土地面积 400 余公顷,收入 480 万元。

【国有土地使用权出让】

1994 年 4 月,县政府下发《溧水县国有土地使用权出让和转让实施细则(试行)的通知》和《关于国有土地使用制度改革若干问题的通知》。是年 5 月至 1995 年 5 月,县土地管理局试点出让县城南门岗、大西门、蔬菜村 6

队3宗(面积12公顷,撤队剩余土地)国有土地使用权,出让金净收益752万元。1996—2004年,全县拍卖、协议出让“四荒”地面积400公顷,收益480万元。1996年后,随着土地使用制度改革深入,全县国有土地使用权出让逐步规范,由原来协议出让向招拍挂出让转变。1997年始,县政府规定,县城规划区(东至在城镇城郊3号路,南至老明线,西至城西干道,北至开发区机场路)范围不允许农(居)民新占土地建房。针对农(居)民购买土地自建房需求增多,县国土管理局将县城规划区内80年代末10个撤销村民小组建制(城郊村寺桥、桥下、南门岗和工农兵村花塘岗、浪塘口,以及蔬菜村徐园、施家场)剩余土地收归国有,再通过县规划部门规划,先后出让南门岗、中山东路、西坛新村、珍珠北路、气象站南侧等处国有土地使用权8宗,面积18公顷,以220~280元/平方米价格出让给150户农(居)民建房。1997年,南京空军司令部溧水农场向县国土局提出申请,要求将该农场西侧紧靠避洪沟8公顷荒废土地转让给县国土管理局作为住宅用地,缓解城乡居民建房用地紧缺矛盾。县国土管理局与南京空军司令部溧水农场签订转让协议,会同县规划部门规划,设立机场住宅小区国有土地使用权出让地块,按照200~250元/平方米价格,出让给100余户居民建房。土地出让同时,县国土管理局做好出让地块基础设施建设,实施水、电、路“三通一平”,修建下水道和绿化、路灯等,其中修建下水道1.8万米、水泥路(含小区大道)1.5万米、绿化4.5公顷,投资350万元。1999年12月6日,县政府发布《关于进一步加强全县城乡土地出让统一管理的决定》,从2000年起,除国家机关和军事用地,城镇基础设施和公共事业用地,国家重点扶持能源、交通、水利等基础设施用地,法律、行政法规规定其他用地外,全县其他各类建设用地一律以出让、租赁、作价入股等形式实行有偿使用,其中房地产开发项目实行出让供地;经营性商业、金融、旅游、娱乐、服务等项目实行招标、拍卖方式出让或租赁供地,并依法规定土地出让使用年限。其中,商业服务业、旅游娱乐业用地使用年限40年,工业、教育、科技、文化、卫生、体育、综合或其他用地使用年限50年,居住用地使用年限70年。

1998—2000年,永阳镇(原在城镇)在城新区,征用土地撤销工农兵村革新、红星、良种和东郊村窑塘、曾塘、花塘岗、葛下村、五里墩10个村民小组建制,撤组剩余土地收归国有,依法进行国有土地出让。镇党委、政府制定激励政策:凡在在城新区受让土地建房和商住楼,农村户口可以迁入在城新区落户;住宅180~220元/平方米,商业门面商住250~300元/平方米;

2004年2月3日，溧水县国有土地使用权挂牌出让现场会
(局档案室提供)

住宅房、商住楼施工图纸由在城新区统一设计，免费提供，并负责出让地块水、电、路“三通一平”等公共基础设施建设，免费为受让户办理建房土地使用许可证和规划许可证等。出让国有土地面积100多公顷，其中单位占40%、个人占60%。新区内建有文昌东街、文昌西街、秦淮大道商业街、龙山路商业街、在城新区小学、县第三高级中学、板桥居委会和文化娱乐场所等，形成一定规模商住区，区内有住户614户，其中商业服务业(含金山公寓和导航台商住楼)68户，人口1.5万人。

2000年9月12日，县国土管理局制定《溧水县城镇国有土地使用权招标拍卖暂行办法》，规范全县城镇国有土地使用权出让工作。全县商业、旅游、娱乐和商品住宅等经营性项目用地，全部采取招标、拍卖、挂牌方式出让。11月，县国土管理局结合旧城改造，推出在城商场和酒厂2宗地块拍卖。在城商场地块面积2566平方米，底价215万元，有8家开发商竞买，最终以455万元成交，高出底价1倍多；原酒厂用地6195平方米，底价323万元，结果以393万元成交。一周后，县国土管理局又分别推出分龙岗、农贸市场内门面房、外贸酒楼门面房3块国有土地，面积1.5万平方米，拍卖收益1000多万元。2001年，县国土管理局按县城规划，精心筛选地块，编制房地产用地出让方案，进入土地市场交易。是年，出让荣昌花园、弯子口、南门口、木材公司、宝塔路水塘、北门广场、建材公司等8宗地，面积335.42公顷，其中协议出让荣昌花园国有土地76.77公顷，拍卖弯子口、南门口等商业经营性土地4.8公顷，其他办公用地7.31公顷，出让金3.44亿元，其中招拍挂2556.04万元。2002—2005年，全县招拍挂和协议出让宗地数301宗，其中招拍挂出让66宗，协议出让235宗，出让面积1108.89公顷，其中招拍挂出让 303.4 公顷，协议出让工业用地 574.12 公顷，协议出让经营性用地 231.37 公顷，出让收入 23.18 亿元，其中招拍挂出让 11.24 亿元，协议出让 11.94 亿元。

2006 年 5 月 31 日，县政府下发《关于印发溧水县国有土地使用权出让管理办法的通知》，杜绝非法批地、以租代征、非法低价出让土地行为，推行土地市场阳光操作，严格执行全国统一工业用地最低保护价，进一步规范国有土地使用权出让管理工作。2007 年 5 月，县国土资源局根据市政府办公厅《关于南京市工业用地招标拍卖挂牌出让实施细则(试行)》，进行调查研究和总结经验，制定措施，明确工作重点，把招商引资重点项目，简化办事程序，加快推进，参照市国土资源局做法，是年 7 月 1 日起，全县工业用地项目正式实施挂牌。8 月 6 日起，县政府授权由县国土资源局统一操作工业用地挂牌事宜，出让地价由县国土资源局与县政府地价审核小组共同审核商定后，按规定程序直接实施挂牌工作，不再呈报县政府审批。是年，全县工业用地项目招拍挂 42 个，比上年增加 23 个，用地面积 239.21 公顷，比上年增加 124.92 公顷，出让金 12.8 亿元，比上年增长 1 倍以上。

同年 10 月 15 日，县政府办转发县国土资源局《关于全县国有土地使用权出让情况专项清理工作实施方案》。此次清理范围为实行土地制度改革后至 2007 年 12 月 31 日所有建设用地(包括工业、商业服务业、文化娱乐、旅游等项目建设用地)。清理主要内容：宗地供应前规划情况，供地方式合法性，供地过程规范性，土地出让金征收、管理和使用情况，供地后宗地使用情况等。专项清理整顿分动员部署、自清自纠、迎接省、市抽查和总结上报 4 个阶段。历时 3 个多月，全县从 2000 年 1 月 1 日起，国有土地使用权出让和转让由县国土局代表县政府统一程序、统一地价、统一管理、统一审批。所有建设用地规划，均由县规划部门批准建设用地规划红线图，供地过程规范，方式合法。有少数竞买开发商不履行合约，一拖再拖拒绝缴纳土地出让金。2004 年 2 月 3 日，在国有土地使用权公开挂牌现场会上，竞买开发商——浙江和成服饰实业有限公司和江苏广成房地产开发有限公司分别以 3000 万元和 1.05 亿元竞得双塘路与城北二号路西南交叉口地块和碧水佳苑以东地块国有土地使用权，在约定时间内，一直未履行合约。县国土资源局在多次致电、发函无果情况下，依法没收保证金 150 万元和 560 万元，终止两家公司《国有土地使用权挂牌出让成交确认书》，保留依法追究竞得人违约责任。2004 年 12 月 7 日，县国土资源局举行分龙岗南侧中山河西老职中地块公开挂牌出让会，起始价600万元，经加价34轮，最终南京江峰置业有限公司以2700万元价格竞得该地块国有土地使用权，约定于当年12月20日前到县国土资源局签订《国有土地使用权出让合同》。但该公司一直未履行合约。县国土资源局多次致电、发函无果情况下，依法没收该公司保证金100万元，终止《国有土地使用权挂牌出让成交确认书》，保留依法追究竞得人违约责任。

2010年9月初，南京红友餐饮有限公司向县国土资源局提交申请，准备动工建设南京红友酒店大楼。其地块位于中山西路县公安局（永阳公安派出所）东侧，土地用途为酒店用地，于2004年2月3日通过土地招拍挂竞得。该地块规划红线内面积7526平方米，建筑控制线内（蓝线）面积6040平方米。公司于2004年2月6日与县国土资源局签订《国有土地使用权出让合同》，交纳出让金200万元，出让发证面积6040平方米，而规划许可证上用地面积7526平方米，相差1486平方米。该公司要求按规划许可证用地面积进行施工，并愿意补交增加部分土地出让金。县国土资源局予以认可，建筑控制线内超出合同面积按县城镇国有土地分等定级三级最高基准价690元/平方米补交出让金。该公司补交土地出让金102.53万元。是年10月，公司红友酒楼开工建设。

1996—2012年溧水县土地有偿出让情况统计表

表9-1

年份	出让宗地(块)		出让面积(公顷)						出让金额(万元)	
	招拍挂	协议	招拍挂			协议			招拍挂	协议
			工业	经营性	办公住宅	工业	经营性	办公住宅		
1996	—	4	—	—	—	0.11	0.08	0.22	—	10.29
1997	—	10	—	—	—	—	3.56	0.42	—	591.94
1998	—	20	—	—	—	3.21	2.33	2.28	—	988.38
1999	—	14	—	—	—	1.85	2.39	0.67	—	432.17
2000	—	13	—	—	—	0.69	2.53	0.31	—	1161.14
2001	7	69	—	4.8	—	246.54	76.77	7.31	2556.04	31801.43

续表 9-1

年份	出让宗地(块)		出让面积(公顷)						出让金额(万元)	
	招拍挂	协议	招拍挂			协议			招拍挂	协议
			工业	经营性	办公住宅	工业	经营性	办公住宅		
2002	10	57	—	58.5	—	92.99	22.57	—	19878.58	13927.55
2003	11	57	—	46.97	0.08	209.17	182.8	—	13490.32	58142.66
2004	21	44	—	83.64	—	89.84	20.72	—	33507.47	22554.38
2005	24	77	—	114.29	—	182.12	5.28	1.79	45470.05	24814.57
2006	19	402	—	239.21	—	753.67	3.43	2.04	65570	87606.23
2007	42	97	41.28	248.21	—	139.63	0.93	0.06	128120	20329.21
2008	62	34	58.07	48.19	—	1.59	0.01	8.37	55709.87	1864.37
2009	51	27	118.49	76.41	—	0.23	0.96	0.15	117378.64	1242.03
2010	87	6	108.65	77.18	—	—	0.03	0.01	205149.41	102.53
2011	87	19	115.06	93.89	—	—	2.3	—	277287.51	1143.58
2012	73	1	110.07	50.46	—	—	0.003	—	113154.69	11.69
合计	494	951	551.62	1141.75	0.08	1721.64	326.69	23.63	1077272.58	266724.15

第二节　土地租赁

20 世纪 90 年代，随着改革开放，境内县属企业、乡镇村个体经济兴起，土地供求矛盾突出，尤其是县开发区初创时期，工业建设用地缺口大，省、市国土部门下达用地指标不能满足各类项目建设需求。

1994 年始，县委、县政府学习苏锡常和浙江温州市创办工业企业经验和做法。在县开发区试行部分工业建设用地“先租后征”办法。该区先期规划面积 2.2 平方公里，水、电设施依托县城延伸扩展。至 1996 年先后完成区域内“四通一平”工程，新建 4 条干道，其中马场路 1100 米、机场路 1300 米、珍珠北路向北延伸 1400 米、宝塔路(永寿广场)至岔路口 2000 米，路面宽40米,计5.84公里,平整土地93公顷。通过“先租后征”举措,加快工业项目入区进程。1999—2000年,进区落户工业项目150多家。租赁土地租金按水田、旱地、水面和其他土地分等制定租金标准,即水田、旱地1.05万元/公顷·年,水面6000元/公顷·年,其它3000元/公顷·年,由县开发区与被租赁土地所在地村民委员会签订《土地租赁协议书》,土地租金每年11月份支付到村委会,再由村委会发放到农民手中。县开发区这一举措,各镇纷纷效仿,永阳镇私营经济园、科技创业园和东屏、白马镇、石湫、洪蓝、和凤、晶桥、柘塘等镇工业集中区部分工业用地相继采取此举缓解用地矛盾。1999—2006年,全县各类项目建设用地租赁土地面积3300公顷。

2002年,南京太阳岛高尔夫球场项目进驻溧水。项目基础设施建设快过大半,但无用地指标,属国家严格控制项目。县政府分管领导多次与涉及项目用地的洪蓝、永阳、石湫镇和县林场协调,征得县国土资源局同意,项目建设用地实行租赁制,期限30年,土地租金标准和支付方式参照县开发区做法。至2005年年底,相关镇、场与县旅游局旅游开发公司签订《土地租赁协议书》,面积253.3公顷。此后,天生桥、无想山风景区等旅游用地项目要参照南京太阳岛做法。2006年5月31日,县政府发布《关于印发溧水县国有土地使用权出让管理办法的通知》,全县土地租赁制废止。

第三节　土地使用权处置

随着改革开放和土地使用制度改革,1997年始, 县国土管理局加强境内破产企业、改制企业土地使用权管理,制定《溧水县破产企业土地使用权处理暂行办法》。1998年2月,县委、县政府下发《关于进一步深化企业产权制度改革的意见》。3月23日,县改制工作指挥部转发《县土地管理局〈关于我县改制企业土地使用权处置管理意见〉的通知》,确定改制企业土地使用权处置5项原则,同时就使用权界定及地价评估确认、处置办法等作出具体规定。1998—2005年,县国土资源局完成县属150多家企业改制国有土地使用权评估、负资产冲减、抵押等相关手续。同时完成16个乡镇200多家改制企业土地使用权处置,面积300公顷。2002年,全县乡镇撤并,被撤销的原东庐、共和、群力、渔歌、孔镇、明觉、乌山、云鹤8个乡政府机关、企事业单位原集体土地全部确认为国有土地使用权,面积267公顷。2012年

8月1日，县委、县政府发布《全县土地利用方式改革实施方案》。至2013年3月，全县1区7镇盘活低效利用土地66宗，面积219.19公顷；盘活闲置土地13宗，面积58.52公顷。是年8月1日始，调整全县工业用地出让价最低标准，由原来每公顷135万元提至240万元。

【县属改制企业】

1998年3月，县运输公司、胶木厂、二轻供销公司等35家企业被县法院宣告破产，县国土管理局及时勘丈、评估破产企业53宗国有土地，面积56公顷，评估土地价值1.35亿元。在改制中，9家企业净资产负数较大。县国土管理局以土地使用权价值冲抵企业净资产负数，冲抵负资产2232.12万元。县胶木电器厂原是一家社会福利厂，有职工250人，其中残疾聋哑人占40%。改制中，县国土管理局采取“退二进三”土地资产处置，在土地出让收入中划出500多万元，解决该企业职工下岗安置，将49名无劳动能力残疾人员纳入社会低保，201名具有一定劳动能力职工纳入县劳动与社会保障行列管理，按照工作年限发给每人4000~6000元不等安置费，签订《自谋职业协议书》，解决生活出路，维护社会稳定。1999年3月，南京农用车制造厂实施改制，更名为南京金蛙集团有限公司，由南京金蛙股份有限公司、金马有限责任公司、金山有限责任公司等企业组建形成，占地250公顷，拥有干部职工2500多人，为县属企业“五朵金花”之一。21世纪初，该集团因产品销售陷入困境导致企业亏损而停止生产经营。2003年2月，按照县政府意见，县国土资源局依法评估该集团土地使用权，拟定土地使用权处置和下岗职工安置方案。其中下辖金蛙股份有限公司所有资产(含土地、厂房、设施、设备等)作价5000万元整体转让给重庆长安汽车股份有限公司。职工按照破产企业职工安置政策发给安置费，签订《自谋职业协议书》；下辖金马有限责任公司、金山有限责任公司，按照改制企业政策处置落实。

2003年3月，县委、县政府确定“建设城镇，经营城市”新一轮建设和发展目标。县国土资源局利用市场机制配置土地资源，优化配置国有企业土地资产，支持县城镇企业改制，按照“支持改革、立足不亏、盈余反哺”原则，做好“三联动”改制企业土地资产处置工作。企业需要上市变现的土地，优先纳入国有土地使用权招拍挂出让计划。当年，通过优化配置土地资产，返还企业改制资金3000多万元，旧城改造挂牌出让国有土地使用权面积48公顷，土地收益1.8亿元。同时，发挥土地储备融资平台作用，强化政府经营城市土地,为城市建设和经济发展筹集资金。是年,全县通过土地运作帮助企业改制、城市建设、交通道路公共设施建设融资近7亿元。1998—2005年,县国土资源局完成县属钢铁厂、化肥厂、电机厂、麻纺厂、八四服装厂、皮毛厂、活塞环厂、电子器材厂、轮胎厂、中试厂、化工厂、化肥厂、江南动力配件厂和县城镇(在城镇)水暖器材厂、工艺厂、针织厂等150多家企业改制的土地使用权评估、负资产冲减、抵押等相关手续。

【乡镇改制企业】

1997年起, 全县16个乡镇改制企业土地使用权评估与处置工作逐步推开。1998年4月21日,县国土管理局制定《关于做好全县乡镇企业改制土地使用权处置管理的通知》,处置乡镇企业改制土地使用权,按县改制工作指挥部批转的《县国土管理局〈关于我县改制企业土地使用权处置管理意见〉的通知》办理;乡镇企业土地年租金确定,须经县国土管理部门地价评估和确认,租金标准报县国土管理局审核备案;乡镇企业土地使用权面积可暂按企业申报面积处理,有条件乡镇可到县国土局申请领取土地使用证,并按土地使用证面积收取土地年租金;乡镇企业改制土地使用权处置管理原则上由乡镇政府委托乡镇国土管理所办理有关土地租赁合同签订、土地租金收取以及企业改制后土地使用权管理等工作;各乡镇政府根据企业用地情况,由国土管理所制定企业土地租赁费收取标准,上缴乡镇财政。是年,就乡镇企业改制中少数企业因资金困难,难以办理改制用地手续的,县国土管理局采取减、缓、免等举措,办理改制企业用地手续58家。同时帮助企业开辟融资渠道,减轻企业负担100多万元。2002年3月4日,县国土资源局就县乌山水泥厂土地使用权给予处置批复。鉴于原乌山水泥厂使用土地属于集体土地,该企业破产后,由柘塘镇政府组织收回其土地使用权作为存量集体建设用地。为此,县国土资源局评估该企业破产土地,并由柘塘镇政府根据企业实际资产,从镇财政中拨出专项资金,用于原乌山水泥厂下岗职工安置。1998—2005年,县国土资源局处置16个乡镇200多家改制企业土地使用权,面积300公顷。

【土地使用权抵押与置换】

1990年起,全县启动办理国有土地使用权抵押贷款业务。1995年5月至2005年,累计办理国有土地使用权抵押387宗,面积3100公顷,评估值

5940 亿元，在银行抵押贷款 2580 亿元，为企业发展提供急需资金。2006—2012 年，全县办理土地转让 51 宗，面积 1520.7 公顷，转让价款 1.54 亿元；办理土地抵押 475 宗，面积 1787.29 公顷，评估值 117.67 亿元，抵押金额 51.7 亿元。

2005 年 10 月，位于县经济开发区南区(永阳镇私营工业园)1 宗工业用地，面积 6.5 公顷，挂牌被江苏亚泰电子有限公司竞得，但地块长期未动工建设。2010 年 3 月，被市列为闲置土地立案查处。经县国土资源局与永阳镇政府协商同意，江苏亚泰电子有限公司于是年 11 月按原工业用地将地块转让给南京市八建森宏建筑安装公司，双方签订《国有土地使用权转让合同》，明确规定，南京市八建森宏建筑安装公司须在 2011 年 6 月 30 日前开工建设，否则国土部门将按闲置土地规定严肃处理。但由于该地块处于省道 246 西侧，又是县未来发展商业中心，南京市八建森宏建筑安装公司在该地段建造综合性建材市场，实为商业经营性用地，改变原出让工业用地用途。后经县国土资源局、住建局集体会商，并取得用地者同意，将该地块用途调整为经营性用地(市场、商业用地)。

2007 年，南京浙溧物资有限公司通过土地挂牌出让竞得位于乌山集镇、宁溧路北侧一地块，后因宁溧路拓宽及省道 243 拆迁建设安置点，致使地块无法交付。县国土资源局在取得竞得方同意情况下，将位于柘塘镇宁溧公路以北一幅地块，与其原地块同面积、等价格置换，收回原竞得地块使用权，与其重新签订《国有土地使用权出让合同》。

2011 年始，县经济技术开发总公司、县城镇建设投资有限公司、交通建设投资有限公司和县土地储备中心 4 大融资平台抵押土地使用权贷款到期后，由县国土资源局地籍科出具土地权属证明材料，确认其为国有建设用地的，方可办理土地使用权抵押贷款。凡确认为非国有土地或集体农用地的，金融部门不得办理土地使用权抵押贷款业务。1995—2012 年，全县累计办理土地使用权低押 862 宗，面积 4887.29 公顷，评估值 6057.67 亿元，抵押贷款 2631.7 亿元。办理土地转让 51 宗，面积 1520.7 公顷，转让价款 1.54 亿元。

【土地确权】

2002 年 6 月，县国土资源局开展乡镇行政区划调整时被撤销的乡机关、企事业单位房地产确权，制定《关于乡镇企业集体土地使用权确权为国有土地使用权实施意见》，就确权范围、原则和办理相关手续作出具体规定。经过5个月调查、取证、审核等程序,是年12月底,被撤销的原东庐、共和、群力、渔歌、孔镇、明觉、乌山、云鹤8个乡政府机关和83个企事业单位集体土地使用权全部确认为国有土地使用权,面积267公顷。

【土地利用方式改革】

2012年2月29日,全市国土资源管理转型创新工作会议召开后,8月1日,县委、县政府下发《关于印发全县土地利用方式改革方案的通知》。县委、县政府领导就土地利用方式改革开展调研,组织县有关部门和各镇区主要负责人座谈。8月始,县国土资源局全面调查境内工业项目用地规模、投资强度、税收贡献等,调查项目1208个,用地面积2960公顷。调查显示,全县工业企业平均投资额1307.25万元/公顷,平均产值1165.05万元/公顷,平均税收52.8万元/公顷。3项主要数据与市国土局年初节地提效保发展实施方案有关溧水县相关指标存在较大差距。同时,县高新技术企业用地面积占企业总用地面积比重仅为28.79%,表明全县大部分工业企业技术含量较低,高新技术企业少,土地利用还处于粗放型用地阶段。据此,县国土资源局制定全县土地利用方式改革"1+3+1"实施方案,具体包括《全县土地利用方式改革方案》和《关于全县工业用地节地提效的实施意见》《农村土地综合整治实施方案》《露采矿山环境治理实施方案》以及《低效利用、闲置土地处置方案》,以县委、县政府名义下发执行。改革方案提高全县工业用地供地规模标准,即新增工业项目低于6000万元投资规模,原则上不予单独供地,一律进入标准厂房。每公顷投资强度须5250万元以上,项目建成投产后每公顷产值不低于6000万元或税收不低于300万元。同时调整工业用地出让价最低标准,由原来每公顷135万元提高至240万元,并禁止以任何方式返还土地出让金。

在实施《关于全县工业用地节地提效的实施意见》中,县国土资源局通过鼓励企业追加投资或采取转让、全部或部分强制收回土地等方式,盘活利用低效土地,促进企业产业结构调整和产业转型升级。认定为闲置土地后,采取限期开工、转让、收取闲置费或收回土地等方式,促使企业尽快开工建设或退出土地。2012年9月1日起,县国土资源局定期印发《闲置土地处置工作简报》,供相关领导和单位参阅,提升知晓率和影响力。至是年底,全县7镇1区盘活低效利用土地66宗,面积219.19公顷,完成全年目标任务109.6%;盘活闲置土地13宗,面积58.52公顷,完成全年目标任务109.7%。

第十章　地价、税费管理

1994—1996 年，县内土地使用制度实施改革，相继开征土地使用费、土地增值税费、农村宅基地有偿使用费、土地出让金等税费。1999 年 1 月 1 日，新修订《土地管理法》实施，是年 12 月 6 日，县政府下发《关于进一步加强全县城乡土地出让统一管理的决定》，就土地利用规划、计划管理、控制建设用地总量、建设用地出让转让管理、稳妥推行土地租赁、切实保护农民利益、加强农村集体土地管理 7 个方面作出具体部署。2003 年 4 月 14 日，县政府下发《关于公布土地出让级差地价的通知》，就实行土地出让地价、适用范围级差地价价格标准、土地出让最低价等有关政策作出详细规定，加强土地市场动态监测，发挥地价、税收调节作用，综合运用法律、经济、行政等手段，提升土地资源利用效益。此后，县委、县政府下发多个文件，按照土地市场发展，不断调整土地地价和税收。1996 年始，在土地资源方面，除农业税外，新开征城镇国有土地使用税、耕地占用税、矿产资源税、房地产买卖契税、印花税、土地增值税等 7 个税种，是全县地方财政收入来源之一。每项税收均由县地方税务部门按照县土地管理部门批准文件和有效证件核准土地面积、矿产资源开采量向单位、个人征收。1996—2012 年，全县征缴涉土税计 28.26 亿元。

1997 年 2 月 28 日，县政府办下发《关于溧水县国家建设征用土地补偿标准和安置办法的通知》，规定新占用土地单位、个人，在依法办理征用或划拨土地、领取用地批准文件同时，县土地管理部门向其收取土地管理费。收费标准按征(拨、使)用土地时规定收取各种费用(包括土地补偿费、青苗补偿费、房屋及地面附着物拆迁补偿费、劳力安置补助费及各类开发基金等)总额 3%，其中 30%缴省、市土地管理部门，70%留用。是年起，全县率先在全市取消农民宅基地有偿使用收费项目。1999 年 1 月 1 日，城镇居民国有土地使用费，随着费改税体制变化。2001 年，县级国土资源局实行垂直管理体制后，按照国家法令规定收取土地管理费全部上缴县财政统一管理，并由审计、物价等部门定期监督检查。

2003年始，全县开展土地分等定及和基准地价更新，2004年11月，通过省国土资源厅验收，县城镇(含县开发区)新的土地估价成果正式启用。同年11月起，县启动白马、洪蓝、柘塘、东屏、石湫、晶桥、和凤7个镇土地分等定级估价更新工作，2005年3月，该成果获县政府批准执行，2008年至2013年3月，县国土资源局先后6次开展县城区(县城区规划内)地价动态监测与基准地价更新工作。至2013年3月，县城区(永阳镇)商业、住宅和工业用地出让最低地价分别是2035.5元/平方米、2124.86元/平方米和144元/平方米。就国有土地使用权出让金管理，期间县政府先后3次印发《溧水县国有土地使用权出让金管理办法》到全县镇(区)贯彻执行。

第一节 地 价

1994—1998年，县城镇规划区域内国有土地使用权出让地价，由县土地管理局根据当时征地、拆迁和撤队成本以及当时人们生活水平与承受能力自行评估测算而定，县物价部门很少参与。以工业用地为例，1996—1998年，全县工业建设用地，除外商投资企业用地外，大多依照征用土地划拨供地，其地价每公顷不超过45万元(含土地补偿费，青苗、附着物补偿费和劳力安置费)。1999年12月6日，县政府下发《关于进一步加强全县城乡土地出让统一管理的决定》，从2000年起，全县工业、商业服务业、文化娱乐、旅游、科技教育、卫生、住宅和其他用地等全部实行国有土地出让制度，依法规定各类建设用地出让地价和使用年限。2000—2002年，全县工业用地出让最低价每公顷200万元，商业经营性用地和住宅用地每公顷250万元。2003年，全县开展土地分等定级和基准地价更新。2004年11月，通过省国土资源厅验收，县城镇新的土地估价成果正式启用。同年11月起，县国土资源局开展白马、洪蓝、柘塘、东屏、石湫、晶桥、和凤7个建制镇土地分等定级估价更新工作。2005年3月，该成果获县政府批准执行。2008年1月开始，全县开展县城区地价动态监测与基准地价更新工作，至2009年1月完成。随着房地产业商品房回暖和境内城镇土地需求日益增加，2008—

2013 年,县国土资源局先后 6 次开展县城区地价动态监测与基准地价更新工作。至 2012 年年底,县城区(永阳镇)商业、住宅和工业用地出让最低地价分别为 2035.5 元/平方米、2124.86 元/平方米和 144 元/平方米。

2003—2006 年,县政府 3 次印发《溧水县国有土地使用权出让金管理办法》。2006 年《溧水县国有土地使用权出让金管理办法》第 20 条土地出让金净收益分配中规定:工业用地全额留镇(开发区)。经营性用地,旅游项目全部纳入县本级管理。镇按出让金净收益 10%分成;县城规划区(除开发区外)新增经营性用地,由县级管理,永阳镇按出让金净收益 5%分成;县开发区按 85%分成;其他经营性用地(不含镇工业集中区 5%配套用地),按土地出让金总收入 15%上缴县财政,其余全额返还各镇。返还镇(开发区)部分由县管理,优先用于解决历年被征地农民生活保障及征迁基础设施建设。同时,规定出让金收取、补缴、结算办法,实行规范管理。

【征用地价】

1996 年,全县各类建设项目用地,由县国土管理局按照规划部门建设用地红线,依法征用农村集体土地后,进行划拨供地。1997 年 2 月 28 日,县政府下发《溧水县国家建设征用土地补偿标准和安置办法》(以下简称《办法》),规定征用土地、农作物、青苗、土地上建筑物、附着物等补偿费和征地后劳力安置补助费标准。土地补偿费标准:征用蔬菜地、水田、旱地,按该土地征用前 3 年平均产值 6 倍计算;征用鱼塘、藕塘、养殖场、果园、竹园、林地等土地,按该土地年产值 5 倍计算;征用柴山、滩地、水塘、苇塘和其他有收益的非耕地,按该土地年产值 3 倍计算;征用宅基地,按邻近耕地补偿标准计算,如房屋由建设单位另行征地重建的,原有宅基地不再补偿。征用蔬菜地,并按规定由建设单位交纳蔬菜开发资金 4.5 万元/公顷。土地上青苗补偿费,按一季农作物产值计算,即:一般蔬菜 1.2 万元/公顷;水生蔬菜、水稻、小麦、花生果、油菜、棉花、西瓜、香瓜、精养鱼池等 0.9 万元/公顷;经济作物甘蔗、药材、香料参照一般蔬菜标准补偿;树木、经济林补偿费,由建设单位按照树木大小支付移植费,不能移植的,由用地单位给予合理补偿或作价收购。

1997年溧水县国家建设征用土地具体补偿标准表各类土地补偿标准

表10-1　　　　单位:万元/公顷

土地类别	平均年产值	补偿标准	金额	备　注
大棚菜地	2.52	年产值的6倍	15.12	包括大棚设施补偿
地膜菜地	1.62	年产值的6倍	9.72	包括地膜等设施
老菜地	1.35	年产值的6倍	8.1	—
新菜地	1.17	年产值的6倍	7.02	开垦三年以内的菜地
季节性菜地	0.72	年产值的6倍	4.32	—
水田	0.9	年产值的6倍	5.4	—
旱田	0.72	年产值的6倍	4.32	—
经济作物地	1.17	年产值的6倍	7.02	—
精养鱼池	1.44	年产值的5倍	7.2	包括人工开挖费等设施补偿
林地	0.72	年产值的5倍	3.6	树冠覆盖率超过30%(包括竹林)
园地、苗圃	1.26	年产值的5倍	6.3	园地指果园、茶园、桑园等
藕、菱、一般鱼池	0.75	年产值的5倍	3.75	—
柴山、山地、滩地	0.54	年产值的3倍	1.62	—
水塘、水沟	0.36	年产值的3倍	1.08	—

青苗补偿标准

表10-2　　　　单位:万元/公顷

类　别	品　种	标　准
蔬菜	一般蔬菜	1.2
	水生蔬菜	0.9
粮油作物	水稻、花生果	0.9
	小麦、大元麦	0.75
	蚕豆、绿豆、红豆、芝麻、山芋	0.6
	油菜	0.75

续表 10-2

类　　别	品　　种	标　准
经济类作物	甘蔗	1.2
	棉花、甜菜、麻类	0.9
	西瓜、香瓜	0.9
	草莓	0.9
	药材、香料	1.2
鱼类	精养鱼	0.9
	一般鱼	0.6

经济林木补偿标准

表 10-3　　单位：万元/公顷

类别	品种	标准			说　明
		一等	二等	三等	
茶桑竹类	茶	（2~3 年生）1.8	（3 年生以上）1.2	（2 年生以下）0.6	不论条、撒播一律以亩计算
	湖桑	（5 年生以上）0.9	（3~5 年生）0.75	（2 年生以下）0.6	—
	毛竹	（40 厘米以上）1.2	（21~39 厘米）0.9	（20 厘米以下）0.45	以胸基围长为准
	刚竹、雅竹、淡竹、杂竹	1.05			
	芦柴	0.45			
	山草、山柴	0.3			

树木、名贵观赏树木补偿标准

表 10-4 单位:元/株

补偿价格 规格 类别	5~10 厘米	11~20 厘米	20 厘米以上
用材树木	3~6	6~9	9~15
名贵观赏树木	一般应予移植,移植季节迁移由用地单位按现行价格的 30%补偿,无法迁移的按园林管理部门价格的 60%收购		

说明:如木材由用地单位收回,按材积量根据市场销售价格补偿

《办法》还规定,被征地村民小组多余劳动力,符合政策规定农业户口可以转为非农业户口,按照“谁用地谁安置,谁收益谁负担”原则安置。工业企业征用土地,其劳力安排由用地单位解决。1997—1998 年,南京农用车制造厂因征地安置原在城镇花园、戴家和洪蓝镇西旺 3 个村五里、包家、山头、良种、大施、小施等 12 个村民小组劳动力 430 人进厂就业。同时,征地劳力安置,可采取货币安置办法;机关、事业单位征地劳力安置采取以自谋职业为主。用地单位与被安置对象签订协议,用地单位一次性付给 1.2 万元自谋职业费,办理公证手续,以后不再重新安置。1997 年,省溧中新校区建设征用在城镇戴家村山头等村民小组集体土地 8 公顷,需安置剩余劳力 50 多人,但该校不能接受安置人员进校就业。县国土管理局征得县劳动局、工业局等单位同意,委托企业安置,由用地单位一次性支付委托安置费每人 1 万元。是年起,因城市基础设施和公益事业建设用地需安置劳动力,由县政府下达劳动力安置指标,有关单位安置,费用计入征地成本。1997—1998 年,县政府实施中山河、城西干道、金蛙路工程,征地须安置 950 名劳力,县土地管理局与县劳动局将分配到全县 34 家企事业单位安置。

1997—2002 年,全县工业、交通建设等项目征地面积 500 公顷,征地支付各类补偿费 2.25 亿元,平均每公顷成本地价 45 万元(不含拆迁、省、市规费和其他附着物补偿),比 1996 年净增 10 倍。2005—2011 年,县政府先后 3 次调整建设征用土地补偿和安置办法,征用土地补偿标准随生活水平提高而调整,维护被征地农民利益。2005—2012 年,全县各类建设征地面积 6000 公顷,征地总费用 117 亿元,平均每公顷成本地价 195 万元(不含省、市规费及拆迁和其他附着物补偿费),比 2002 年净增 4.3 倍,比 1996 年净增43.3 倍。

2005—2010 年，溧水县征地安置补偿标准一览表。

土地补偿费综合标准

表 10-5　　　　单位：万元/公顷

土地补偿费综合标准	说　　明
21	不分征用土地的具体地类，使用统一的土地补偿费综合标准
备　注	钢架、竹工大棚等菜地附着物另行补偿

临时用地、取土用地、堆土区补偿费标准

表 10-6　　　　单位：万元/公顷

类　　别		补偿费标准	说　　明
临时用地	鱼塘	3	因施工需要使用的征地范围以外的鱼塘水面一年期补偿
		6	第二年继续占用的
	其他土地	3	临时用地占用一年期内的
		6	第二年继续占用的
取土用地(深度)	1 米以内	4.5	含土地复垦费
	1~2 米	9	—
	2~3 米	13.5	—
堆土区(高度)	2 米以内	3	含土地复垦费
	2~4 米	3.75	—
	4 米以上	4.5	—

说明：1.上述标准是道路等重点基础设施项目补偿标准。其他项目的补偿由建设单位参照上述标准与农村集体经济组织商定；2.涉及青苗、附着物的，按规定标准另行支付补偿费用；3.临时使用耕地的，如需委托复垦的，按 1.5 万元/公顷支付复垦费用

青苗补偿费标准

表 10-7　　　　单位：万元/公顷

类　　别	品　　种	标　　准
蔬菜	一般蔬菜	1.5
	水生蔬菜	1.2

续表 10-7

类　　别	品　　种	标　　准
粮油作物	水稻	1.5
	麦类、玉米、山芋	1.2
	豆类、芝麻、花生	1.2
	油菜	1.2
经济类作物	棉花、甜菜、麻类	1.5
	甘蔗	1.5
	西瓜、香瓜	1.5
	草莓	1.5
	药材、香料	1.5
水产类	精养鱼	1.8
	一般鱼	1.2
	螃蟹	3

菜地、精养鱼池附着物补偿标准

表 10-8　　单位：万元/公顷

附着物	补偿标准	
钢架大棚(含膜)	12	
竹工大棚(含膜)	4.5	
喷灌设施	自动	22.5
	涵灌	12
精养鱼池土方(包括开挖费、运输费等)	4.5	

被征地农业人员安置补助费标准标

表 10-9　　单位：万元/人

年龄段	年龄(周岁)	标准
第二年龄	女≥16、<45	2.4
	男≥16、<50	

续表 10-9

年龄段	年龄(周岁)	标准
第三年龄	女≥45、<55	2.4
	男≥50、<60	
第四年龄	女≥55	1.7
	男≥60	
说　　明	本表所称被征地人员,是指《溧水县征地拆迁补偿安置办法》第二十三条所规定的人员	

被征地农业人员一次性生活补助费标准

表 10-10　　　　单位:万元/人

年龄段	年龄(周岁)	标准
第一年龄	<16	0.5
第二年龄	女≥16、<45	1.2
	男≥16、<50	
第三年龄	女≥45、<55	1.2
	男≥50、<60	
第四年龄	女≥55	1
	男≥60	
说　　明	本表所称被征地农业人员,是指《溧水县征地拆迁补偿安置办法》第二十五条所规定的人员	

用材、观赏树木补偿费标准

表 10-11　　　　单位:元/株

用材树木	胸径规格	0~5 厘米	5~10 厘米	11~20 厘米	20 厘米以上
	补偿价格	4	8~10	15~20	25~30
观赏树木	一般应予移植,并由建设单位支付移植费用;无法移植的,由建设单位收购。				
备注	1.如木材由建设单位回收,根据材积量,按市场销售价补偿 2.名贵观赏树木按园林管理部门规定的有关条件认定				

经济林木补偿费标准(一)

表 10-12　　　　单位:万元/公顷

类别	品种		标准		
			一等	二等	三等
茶桑竹类	茶	生长期	3 年生以上	1~3 年生	2 年生以下
		补偿标准	3	2.25	1.5
	湖桑	生长期	5 年生以上	3~5 年生	2 年生以下和 2 年
		补偿标准	1.2	1.05	0.75
一般林地	毛竹	胸基围长	40 厘米以上	21~39 厘米	20 厘米以下
		补偿标准	1.5	1.2	0.9
	刚竹、雅竹、淡竹、杂竹	1.2			
柴草类	芦柴	0.6			
	山草、山柴	0.45			
备注		不论条、撒播,均以面积计算			

经济林木补偿标准(二)

表 10-13　　　　单位:元

类别	品种	补偿标准				说明
		成熟期(株)	生长期(株)	树苗期(株)	在床苗(平方米)	
果树类	桃、杏、李、梨、橘、柿、樱桃、苹果、枇杷、枣、石榴	100	40	1.5~2	20	成熟期、生长期的果树每亩不超过 60 株,未列品种可参照计算
	板栗、薄壳山核桃、山楂	50~60	20~30	1~1.5	15	—
	葡萄园(亩)	8000	6400			以亩计算
	葡萄(家前屋后)	50	40	0.5~1	15	每亩最多按 160 株计算

续表 10-13

类别	品　种	补偿标准				说明
		成熟期(株)	生长期(株)	树苗期(株)	在床苗(平方米)	
	花卉、盆景、旱目竹	按农林部门有关规定补偿				

坟墓迁移补偿费标准

表 10-14　　单位:元/丘

类　别	双　穴	单　穴
水泥坟	400	300
土坟	300	200
备注	无主坟墓,由用地单位负责代迁或深埋	

基本生活保障缴费选择标准和保障待遇

表 10-15

年龄段	缴费档次	缴费金额(元)	保障金(元/月)
第二、三、四年龄段	一档	30000	210
	二档	33000	240

生活补助费标准

表 10-16

年龄段	生活补助费(元/月)	最长领取年限(年)
第二年龄段	160	2
第三年龄段	140	10

2011—2012 年,溧水县征地安置补偿标准。

征地区片范围及区片价补偿标准

表 10-17

区片名称	区片范围	征地区片价补偿标准(万元/公顷)	基准人均土地(公顷/人)
一级区片	永阳镇、溧水经济开发区行政区域(含柘塘)范围	49.5	0.0773
二级区片	县域范围内除一级区片外的其他区域	45	0.0847

无农业人员征地综合补偿标准

表 10-18

类　　别	标准(万元/公顷)
无农业人员征地综合补偿标准	27

备注:1.此标准指《溧水县征地补偿安置办法》第二十二条规定的,被征地集体经济组织内无被征地农业人员进入社会保障体系,或被征地集体经济组织产生进入社会保障体系人员数少于公式测算人数时,向被征地集体经济组织支付的征地补偿标准。2.在该标准中,拥有土地使用权的农民集体经济组织须按每公顷6万元标准。将其对应的补偿费由村集体经济组织纳入集体资产管理, 用于发展生产和公益性事业,不得挪作他用

被征地农业人员一次性生活补助费标准

表 10-19　　单位:万元/人

类　　别	标　　准
未满16周岁人员	1.0
备注	本表所称被征地农业人员,是指《溧水县征地补偿安置办法》第二十八条所规定的人员

被征地农民生活补助费待遇表

表 10-20

年龄段	生活补助费(元/月)	最长领取年限(年)
第二年龄段	280	2
第三年龄段	250	10

被征地农民基本生活保障待遇表

表 10-21

<table>
<tr><td>缴费档次</td><td>缴费金额(元)</td><td>保障金(元/月)</td><td rowspan="3">附:1. 年满 75 周岁不满 85 周岁人员,基本生活保障金标准每人每月增加 30 元
2.年满 85 周岁及以上人员,基本生活保障金标准每人每月增加 60 元</td></tr>
<tr><td>一档</td><td>30000</td><td>320</td></tr>
<tr><td>二档</td><td>33000</td><td>350</td></tr>
</table>

老年生活困难补助待遇表

表 10-22

<table>
<tr><td>原标准(元/月)</td><td>调整后新标准(元/月)</td><td rowspan="4">附:1.对年满 75 周岁不满 85 周岁人员,老年生活困难补助费标准每人每月增加 10 元
2.对年满 85 周岁及以上人员,老年生活困难补助费标准每人每月增加 20 元</td></tr>
<tr><td>183</td><td>245</td></tr>
<tr><td>191</td><td>255</td></tr>
<tr><td>205</td><td>265</td></tr>
</table>

【土地定级估价与基准地价更新】

工业用地 1997—1999 年,全县工业用地由征地各类补偿和安置成本确定其地价。1999 年 12 月 6 日,县政府发布《关于进一步加强全县城乡土地出让统一管理的决定》,从 2000 年起,核定全县工业用地出让金 200 元/平方米。2003 年 4 月 14 日,县政府下发《关于公布土地出让级差地价的通知》,全县工业用地实行供地出让最低价,即县开发区 90 万元/公顷,永阳镇私营经济园 60 万元/公顷,柘塘镇、东屏镇 45 万元/公顷,洪蓝、石湫、白马、晶桥、和凤镇按征地拆迁成本确定合理协议出让最低价。规模、品牌企业(县开发区 1000 万元人民币或 100 万美元、其他镇 500 万元人民币或 50 万美元)或就业量大的企业,投资工业集中区建设,使用标准厂房 5 万平方米以上等项目,一事一议。2004年12月,按省国土资源厅要求,县国土资源局核定全县工业用地协议出让最低地价标准,永阳镇130元/平方米,其他镇105~120元/平方米。2007年7月,全县工业用地全部实行挂牌供地,出让最低价144万元/公顷。2012年8月,县政府下发《溧水县土地利用方式改革方案》,8月起调整工业用地出让最低价标准,由原来135万元/公顷调整到240万元/公顷。

商业、文化、经营性用地 1996年,全县城镇国有土地使用权出让地价(居民住宅用地)220~250元/平方米。1997年3月,县土地管理局实施珍珠北路商住楼建设用地拍卖试点,以竞得价确认地价。1997年5月至1998年4月,县国土管理局与南京农业大学土地管理学院合作,开展县城镇和15个乡镇集镇土地分等定级估价工作。历时1年,制作16个乡镇各类图件210张,收集整理各类资料2025份。1998年4月底,县城镇和乡集镇土地分等定级估价工作成果通过省、市专家验收。从2000年起,县政府核定全县教育、科技用地出让金200元/平方米,文化、卫生、体育用地出让金200元/平方米以上,商业服务业、旅游娱乐业和住宅用地出让金不低于250元/平方米。随着全县对外开放力度加大,土地出让规模逐年上升,国有土地出让基准地价也逐年提高。2003年4月14日,县政府下发《关于公布土地出让级差地价的通知》。是年起,除国家公益事业用地划拨和商业服务、旅游娱乐、房地产经营性用地招拍挂外,县城镇规划区域内房地产开发供地最低挂牌地价,一类地块,城区交通路以南、中山路以北、珍珠路以西、城西干道以东(含道路外50米范围内)750万元/公顷;二类地块,城区城北干道、城西干道、金蛙路、秦淮路围合范围内除一类地以外区域为300万元/公顷;三类地块,县开发区和城南新区180万元/公顷;四类地块,柘塘镇和东屏、白马、晶桥、和凤、洪蓝、石湫等镇所在地景区、湖边主干道两侧120万元/公顷;其他地区可比照此价格和开发商议定。

2003年12月,县国土资源局实施地价评估业务与政府机构脱钩,纳入市场化操作,委托南京国图信息工程有限责任公司完成县城区土地分等定级估价成果更新工作,建立县城区土地分等定级估价信息系统,形成包括《溧水县城区基准地价更新》、土地等别图、土地级别图、基准地价图、县城镇土地分等定级估价信息系统数据库等系列成果。2004年11月,通过省级验收。是年,启用县城区新的土地估价成果,至2007年未变。同年11月始,开展白马、洪蓝、柘塘、东屏、石湫、晶桥、和凤7个建制镇土地分等定级估价更新工作，其中白马、东屏、洪蓝、柘塘镇为一等镇；石湫、晶桥、和凤镇为二等镇，形成基准地价更新、土地等别图、土地级别图、地价图和土地分等估价信息系统数据库等系列成果，并通过省国土资源厅专家验收。2005 年 3 月，该成果由县政府公布执行，至 2009 年未变。

2004 年溧水县城土地级别分布范围表

表 10-23

土地级别	分　布　范　围
一级地	东至：分龙岗外围中山河、地震台北侧、马家园外围中山河； 南至：县物资再生利用有限公司东侧、庆丰小区西北部分居民楼南侧、县工业供销有限公司南侧、县消防大队南侧、绿村小区南侧、涌鑫花苑南侧； 西至：中国银行西侧、南门市民广场、沿秦淮河至城西室内市场、人民彩印厂东侧； 北至：中华地鳖养殖基地北侧、沿财贸新村前小巷至自来水公司外围南侧、县皮防所、县社会福利院、公路管理站、劲峰公司至中山河
二级地	东至：南京诺洲磁性材料厂东侧、贝斯特有限公司东侧、永阳新区至城东停车场、农具厂东侧、江苏石油集团公司溧水分公司东侧、县农技中心南侧、石油液化气站北侧至庆丰小区东侧； 南至：老明公路； 西至：沿中山河县体育场外围东侧、计生大厦、县图书馆、国土资源局、环保局至大西门街、西苑公园北侧、利源强磁股份有限公司预烧料厂外围东侧沿秦淮河至汽车综合性能检测站西侧； 北至：汽车综合性能检测站北侧、开发区管委会东侧、职教中心北侧、机场小区北侧至南京诺洲磁性材料厂北侧
三级地	东至：马场路与城郊三号路交叉路口沿城郊三号路西侧直至中山路与城郊三号路交叉路口，沿中山路至其与薛李路交叉路口往南沿薛李路至金蛙路； 南至：金蛙路与毓秀路交叉路口至县环卫所南侧、县中高中部南侧、金蛙路与秦淮路交叉路口南侧； 西至：金蛙路与毓秀路交叉路口西侧至看守所西侧、镇林业队西侧、县铜矿铜业公司西侧； 北至：县铜矿铜业公司西侧、城北停车场北侧沿飞燕路至其与双塘路的交叉路口，往南沿双塘路至马场路，沿马场路至其与城郊三号路交叉路口
四级地	三级地以外的，定级范围以内的地区

2004年溧水县城各类用地级别基准地价表

表 10-24　　单位:元/平方米

土地级别		一	二	三	四
商业用地	基准地价	1600	940	530	350
	变幅	1020~2110	660~1080	375~690	295~400
	容积率	1.2	1.0	0.8	0.7
工业用地	基准地价	310	250	210	170
	变幅	240~400	190~315	160~245	120~205
住宅用地	基准地价	620	450	320	230
	变幅	500~770	340~540	270~390	185~300
	容积率	1.4	1.2	1.0	0.8

2005年溧水县各定级建制镇镇区土地级别分布表

表 10-25

建制镇名称	土地级别	分布范围
白马	一级	东至白马农贸市场东侧、镇医院东侧至白马中心小学西侧; 南至峰北路和美玉街交叉路口至镇招待所和镇税务所外围南侧; 西至交通管理所东侧、工商所东侧、交警中队东侧沿峰北路至峰北路和美玉街交叉路口; 北至县交通管理所北侧沿白朱公路至白朱公路与美玉街岔口
	二级	除一级地以外所有定级范围内的土地
洪蓝	一级	东至中国银行东侧沿102省道东侧至镇中心小学南侧; 南至中心小学南侧、农业银行北侧; 西至工商所西侧、公路养路站东侧; 北至信用社北侧、税务局北侧沿102省道至三里亭北侧
	二级	除一级地以外所有定级范围内的土地
柘塘	一级	东至税务所东侧、柘塘粮油工贸公司东侧; 南至永宁北街、东街; 西至农业银行西侧、农村信用合作社西侧、柘塘医院西侧; 北至柘塘新街北侧
	二级	除一级地以外所有定级范围内的土地

说明:石湫镇、东屏镇、晶桥镇、和凤镇由于建制镇总体规划在修改阶段,暂未定土地级别

2005年溧水县建制镇商业定级各镇镇区商业用地级别基准地价表

表10-26　　　　单位：元/平方米

土地级别		一级地	二级地	未定级地
白马	基准地价	615	560	
	变幅	590~620	525~580	
	容积率	1.1	0.9	
洪蓝	基准地价	615	600	
	变幅	570~635	565~610	
	容积率	1.0	0.8	
柘塘	基准地价	575	565	
	变幅	565~585	550~575	
	容积率	1.0	0.8	
和凤	基准地价	—	—	530
	变幅	—	—	515~545
晶桥	基准地价	—	—	525
	变幅	—	—	505~550
石湫	基准地价	—	—	525
	变幅	—	—	515~540
东屏	基准地价	—	—	550
	变幅	—	—	520~570

2005 年溧水县建制镇镇区住宅、工业用地基准地价表

表 10-27 单位:元/平方米

建制镇名称	用地类型	基准地价	变幅	容积率
白马镇(一等)	住宅用地	285	240~325	1.1
	工业用地	160	120~180	—
洪蓝镇(一等)	住宅用地	280	245~320	1.0
	工业用地	160	120~180	—
柘塘镇(一等)	住宅用地	265	250~280	1.0
	工业用地	155	120~180	—
东屏镇(一等)	住宅用地	240	235~265	1.1
	工业用地	140	120~180	—
和凤镇(二等)	住宅用地	225	215~245	—
	工业用地	135	110~150	—
晶桥镇(二等)	住宅用地	220	205~235	—
	工业用地	130	100~150	—
石湫镇(二等)	住宅用地	245	235~250	—
	工业用地	135	110~150	—

2008 年 1 月始，全县开展县城区地价动态监测与基准地价更新工作。委托江苏苏信房地产评估咨询有限公司依据原有基准地价成果更新城区基准地价，范围依据县城建成区以及县城（永阳新城）总体规划区范围(2004—2020 年)确定,东至宁杭高速公路,南至中山湖北侧道路、幸庄一号路,西至宁高高速公路,北至开发区团山北侧宁杭高速公路,总面积 48.58 平方公里,比 2003 年土地定级与基准地价更新工作范围增加 17.77 平方公里,主要是城北经济开发区范围扩大。此次主要以县城区 2007 年第四季度

地价动态监测和2007年度、2008年度基准地价更新数据，在技术上改变以往“先定级后估价”方法，采用“以价定级”方法进行基准地价更新，即利用地价动态监测成果，建立城区区段和级别基准地价体系，并设定2007年12月31日为估价基准日(等同于次年的1月1日)。同时，在48.58平方公里监测区域划分43个地价区段，其中商业地价区段20个，住宅地价区段14个，工业地价区段9个，设立97个地价监测点，其中商业用地地价监测点48个，住宅用地地价监测点33个，工业用地地价监测点16个。根据社会经济发展情况和房地产市场、土地市场交易资料，按季度评估确定监测点地价，测算地价指数等地价监测指标，得出县城区现势地价水平等初步成果。在充分论证与征询意见基础上，根据《国土资源听证规定》要求，组织地价动态监测与基准地价更新听证，修正完善，编写报告。至2009年1月底，完成县城区地价动态监测与基准地价更新工作。同年3月，通过省级验收。5月，经县政府批准，向社会公示。此后，县城区每年开展一次地价动态监测与基准地价更新工作。2009年，商品房回暖，地价上升。是年底，县城区商业用地基准地价2037.58元/平方米，比2008年上升4.24%；住宅用地基准地价1517.32元/平方米，比2008年上升5.57%。2010年，随着县城规划控制范围扩展，地价动态监测范围同步扩展至67.22平方公里，监测点布设随之增加到104个，监测技术体系进一步完善，应用计算机网络、数据库、GIS技术，采用C/S、B/S相结合架构，建立县地价信息系统。该系统具有地价信息采集与整理、地价区段调整与整理、地价监测点设立与地价评估、区段基准地价计算与确定、区段基准地价修正系数编制、地

2011年6月23日，溧水县地价动态监测与基准地价更新成果意见征求会议 (局档案室提供)

价成果整理、地价信息查询、地价统计分析等功能。鉴于上述技术,是年,全县未定级更新的白马、东屏、晶桥、和凤、石湫、洪蓝、柘塘7个建制镇地价同步更新。

2008年至2013年3月,县城区开展地价动态监测与基准地价更新6次,其中商业用地综合基准地价由1954.7万元/公顷提高到2035.5万元/公顷,上涨4.13%;住宅用地综合基准地价由1437.26万元/公顷提高到2124.86万元/公顷,上涨47.84%。

2002—2012年,参与县商品房开发建设企业有浙江、上海、南京、常州、广州等地100多家,建成商品房住宅小区和商业区200多个,县城面貌得到改观,城市品位逐年上升,人居环境得以改善。

【地价管理】

1996—2003年,县内国有土地使用权出让地价由国土与物价两部门直接管理。2004年始,实行土地价格“双规制”,即以政府定价为主,市场调节为辅,实行调(调整土地出让价)、放(政府国土部门、物价部门以招拍挂竞得方式放开土地价格权)相结合,以“调”为主,着重解决不合理土地价格问题。4月1日,县国土资源局制定《关于溧水县国有土地使用权出让价格会审有关问题的意见》,规定国有土地使用权出让价格会审内容、参加人员、会审时间以及方式和程序等,尤其是国有土地使用权协议出让、招标、拍卖和挂牌出让最低价确定,均由局领导与土地利用、财务、耕保、地籍等多个科室一起集体商定。本着科学、合理、公平、公正原则,形成一致审核意见,确定土地出让最低价。2011年1月4日,县国土资源局下发《关于溧水县地价审核管理办法的通知》,进一步完善地价会审制度和地价审核管理,确保土地出让价格公正、公平。2012年8月,县政府下发《溧水县土地利用方式改革方案》,从是年8月起科技、研发、设计、仓储用地,在不改变原用途条件下增加容积率,可按取得土地时楼面地价,以协议方式补交土地出让金,完善用地手续;商业、酒店、房地产开发、商品房、娱乐、旅游等一律按招拍挂手续供地,尤其房地产开发商品房供地,由县政府按市场价调控,不断更新土地出让最低价。

2003—2013年溧水县地价更新情况统计表

表 10–29 单位：万元/公顷

所在地	用地类型 \ 年份	2003	2004	2005	2006	2007	2008	2009	2010	2011	2012	2013
县城(永阳镇、开发区)	工业	130	130	130	130	144	144	144	144	144	144	240
	商业	180~300	295~2110	295~2110	295~2110	295~2110	700~3000	730~3135	1650~3750	1370~3225	1250~3200	1240~3225
	住宅	180~300	185~770	185~770	185~770	185~770	400~1600	420~1680	1420~3420	1425~3545	1430~3575	1435~3595
东屏镇	工业	105	105	105	105	144	144	144	144	144	144	240
	商业	120	120	520~570	520~570	520~570	520~570	520~570	1150	1150	1150	1150
	住宅	120	120	235~265	235~265	235~265	235~265	235~265	1000	1000	1000	1000
白马镇	工业	105	105	105	105	144	144	144	144	144	144	240
	商业	120	120	525~620	525~620	525~620	525~620	525~620	1050	1050	1050	1050
	住宅	120	120	240~325	240~325	240~325	240~325	240~325	880	880	880	880
柘塘镇	工业	105	105	105	105	144	144	144	144	144	144	240
	商业	120	120	550~585	550~585	550~585	550~585	550~585	1100	1100	1100	1100
	住宅	120	120	250~280	250~280	250~280	250~280	250~280	940	940	940	940

续表 10–29

所在地	用地类型＼年份	2003	2004	2005	2006	2007	2008	2009	2010	2011	2012	2013
洪蓝镇	工业	105	105	105	105	144	144	144	144	144	144	240
	商业	120	120	565~635	565~635	565~635	565~635	565~635	920	920	920	920
	住宅	120	120	245~320	245~320	245~320	245~320	245~320	750	750	750	750
晶桥镇	工业	105	105	105	105	144	144	144	144	144	144	240
	商业	120	120	505~550	505~550	505~550	505~550	505~550	700	700	700	700
	住宅	120	120	205~235	205~235	205~235	205~235	205~235	600	600	600	600
石湫镇(含明觉镇)	工业	105	105	105	105	144	144	144	144	144	144	240
	商业	120	120	515~540	515~540	515~540	515~540	515~540	780	780	780	780
	住宅	120	120	235~250	235~250	235~250	235~250	235~250	650	650	650	650
和凤镇	工业	105	105	105	105	144	144	144	144	144	144	240
	商业	120	120	515~545	515~545	515~545	515~545	515~545	850	850	850	850
	住宅	120	120	215~245	215~245	215~245	215~245	215~245	700	700	700	700

说明：全县工业用地地价为实际出让地价

第二节　出让金管理

【出让金征收】

1994—1996 年，全县处于土地使用制度改革初探时期，每年国有土地出让金总收入不到 1000 万元。1997 年后，随着改革开放深入，全县出现招商引资创办县、乡(镇)、村工业、商业服务业热潮，国有土地使用权出让面积逐年增加。1997—2002 年，全县出让国有土地 204 宗，面积 518.92 公顷，收入 7.33 亿元。2003—2012 年，国有土地使用权出让面积逐年增加，出让金收入年均 45 亿元。

【出让金收益分配】

2003 年 6 月 11 日，县政府制定《溧水县国有土地使用权出让金管理办法》，规定各镇出让国有土地使用权收益，按剔除上缴省市规费和补偿性支出以外 20%上交县财政外，其余全额返还；县城镇出让国有土地使用权，按出让总价扣除开发费用和业务费等净收益，实行年度包干，包干指标由县政府每年确定，上缴县财政。土地出让金减免、返还单位和土地开发费用实行县政府一支笔审批制度。同时将土地出让金收入及净收益两项指标，作为考核国土资源管理部门内容。2004 年 5 月 20 日，县政府下发《关于溧水县国有土地使用权出让金管理办法的通知》，规定从 2004 年 5 月起，县内出让国有土地使用权所得收入全额解缴县财政局“土地出让金财政专户”，支出由财政部门核拨。同时规定，各镇、开发区出让国有土地使用权用于经营性项目，按土地出让收入 15%上缴县财政，其余全额返还各镇、开发区。县城区规划范围内出让土地使用权，按年度土地出让计划确定净收益上缴县财政。土地出让金减免、返还审批和县国土资源管理部门考核办法等不变。2006 年 5 月 19 日，县政府下发《溧水县国有土地使用权出让金管理办法的通知》，规定土地出让金净收益缴入库，实行财政预算管理和土地出让金净收益分配。工业用地全额返还镇、开发区。经营性用地，旅游项目全部纳入县财政管理，镇按出让金净收益 10%分成；在县城规划区(除开发区外)新增经营性用地，由财政管理，永阳镇按出让金净收益 5%分成；

县开发区范围按土地出让金总收入上缴县财政15%、县开发区85%分成。各镇经营性用地按土地出让金总收入15%上缴县财政,其余返还各镇。同时返还镇(区)部分,由县统一管理,优先用于解决历年被征地农民生活保障及征地拆迁基础设施建设。

【出让金监督检查】

加强监督核查,防止土地出让金流失。2007—2009年,县国土资源局先后制定《改变原用地条件补交土地出让金实施细则》和《关于房地产开发项目调整容积率及补交土地出让金的管理意见》,规定凡是2006年1月1日以后招拍挂成交地块(以成交确认书时间为准),未按《国有土地使用权出让合同》改变容积率、改变土地用途、增加建筑占地面积和建筑面积,由县国土资源局委托有资质评估公司确定需要补交土地出让金。土地竞得者按照评估确定数额补交土地出让金。同时规定住宅用途变更为办公用途或者商业用途变更为办公、住宅用途,土地出让金不作调整,其出让年限按照法定最高年限确定,出让起算日不变,直接按照用途办理土地登记;原出让合同约定土地用途为居住用地、综合用地、住宅开发小区,直接按照实际用途办理土地登记,土地出让年限按照法定最高年限确定,出让起算日不变。因其他用地条件变更需补交土地出让金,原出让时各用途土地面积按照实际使用情况同比例确定;原出让合同约定土地用途为综合用地,根据原出让时批准规划用途与现状用途比较,按规定补交用途差价(出让金)。如原出让合同约定综合用地为工业等非经营性用地,未经有权部门批准不得擅自变更为经营性用地,否则视为违法用地。土地面积发生变化的土地出让面积增加部分则规定:原规划红线内规划为市政配套、公建设施等用地,按照净地地价补交土地出让金;原复建房用地或经济适用房用地,按照毛地地价补交土地出让金;增加部分超出原规划红线,土地面积增加部分由受让方负责征地,按毛地地价补交土地出让金,由非受让方负责征地拆迁,按净地地价补交土地出让金;用地红线未作调整,因测绘原因导致实际使用面积超过原出让面积,按照原出让合同约定地价标准补交用地面积增加部分土地出让金;因规划调整导致土地面积减少,在总建筑面积不增加的情况下,容积率增加部分不补交土地出让金。在2008年8月27日县国土资源局下发《关于房地产开发项目调整容积率及补交土地出让金的管理意见》,规定补交土地出让金标准。其超容积率补交土地出让金计算方法是:

补交土地出让金=出让时楼面地价×超出的总建筑面积。多层以下（含多层）建筑超容积率按应补交土地出让金全额交纳，高层（含小高层）建筑超容积率按应补交土地出让金50%交纳。凡属出让时涉及河道整治开发项目，河道退让部分未计入出让面积，河道及退让实际由开发企业承担的，超容积率补交土地出让金计算方法是：补交土地出让金=出让时楼面地价×超出的总建筑面积-河道整治实际费用。但河道整治实际费用必须由县审计部门认定。河道整治实际费用超出应补交土地出让金的，由开发商自行承担。凡开发项目承担安置拆迁的，超容积率补交土地出让金的计算方法是：补交土地出让金=出让时楼面地价×（超出的总建筑面积-实际安置拆迁房面积）。但实际安置拆迁房面积必须由县拆迁办公室确认。2007—2008年，全县改变用地条件和调整容积率补交土地出让金606.66万元，其中房地产项目办理超容积率建筑面积30511.35平方米，补交土地出让金价款430.78万元。

2009年11月26日，就加强国有土地使用权出让资金管理，县政府下发3个文件，即《关于印发溧水县国有土地使用权出让收支管理办法的通知》《关于印发溧水县国有土地出让收入征缴及支出拨付流程的通知》和《关于印发溧水县国有土地出让及储备成本管理办法的通知》，加强征收、使用、预决算和收支监督4个方面管理，并将土地出让收支全额纳入县政府基金预算管理，收入全部缴入县级国库，支出一律通过县政府基金预算从土地出让收入中安排，实行“收支两条线”管理，至2013年3月未变。

第三节　土地赋税

1996年始，全县涉及土地资源方面税种除农业税、农林特产税由县农业部门与税务部门征收外，耕地占用税、城镇国有土地使用税、土地增值税、矿产资源税、房产税、契税、印花税7个税种，均由县地方税务部门，按照县国土资源局批准文件和有效证件核准土地面积向单位、个人征收。至2012年，全县征收土地使用税、耕地占用税及土地增值税16.36亿元，矿产资源税0.22亿元，房产税、印花税及契税11.68亿元。

【土地增值税】

土地增值税县内于1994年1月1日开征。征收对象为转让国有土地使用权、地上建筑物及其附着物并取得收入的单位和个人。实行四级超额累进税率,增值额未超过扣除项目金额50%部分,税率30%;增值额超过扣除项目金额50%、未超过扣除项目金额100%部分,税率40%;增值额超过扣除项目金额100%、未超过扣除项目200%部分,税率50%;增值额超过扣除项目金额200%部分,税率60%。1996—2012年,全县累计征收土地增值税7.73亿元。

【土地使用税】

土地使用税包括耕地占用税和城镇国有土地使用税两个税种。县内分别于1996年和1988年开征。1996年,全县乡(镇)开征耕地占用税适用税额,根据省规定平均税额和各乡镇人均耕地多少、经济发展情况而核定:在城镇(永阳镇成立前)及其近期规划区范围内平均每平方米7元;东屏、乌山、群力、洪蓝、石湫、明觉、渔歌、孔镇、和凤等乡(镇)和县属场圃每平方米6元;白马、东庐、共和、晶桥、云鹤等乡(镇)每平方米5元。征收耕地占用税除上缴中央和省财政65%外,留成部分全部归县,专项用于耕地复垦、改良及农田建设。开征城镇国有土地使用税,征收对象为县城、工矿区和县属镇(建制镇)范围内拥有土地使用权单位和个人,实行定额税率。适用税额县城每平方米0.4元,其余建制镇每平方米0.2元。新征用土地缴纳土地使用税,规定征用耕地,自批准之日起满一年开始缴纳;征用非耕地,自批准征用次月起缴纳。1999年1月1日,新修订《中华人民共和国土地管理法》实施后,县政府调整耕地占用税和县城一级国有土地使用权税率。2012年,耕地占用税率,占用耕地每平方米30元,占用林地每平方米24元,占用一般耕地或非耕地每平方米15元;城镇国有土地使用税率,县一级每平方米0.8元,其余建制镇每平方米0.5元。1996—2012年,全县累计征收国有土地使用税6.07亿元,累计征收耕地占用税2.57亿元。

【矿产资源税】

矿产资源税县内于1994年1月1日开征。征收对象开采条例规定的矿产品生产单位和个人。设原油、黏土、砖瓦、石料、其他非金属矿原矿、黑色金属原矿、有色金属原矿等10个税目,实行定额税率。1994年,全县征收资源税2.5万元。1998年2月12日,国务院241号令和1999年10月30日《江苏省矿产资源管理条例》施行后,县政府加大矿产资源开采管理力度,矿产资源税收逐年增长。1996—2001年,累计征收矿产资源税96万元。2002年,矿产资源划归县国土资源局管理后,通过矿山开采制度改革,矿产资源税逐年增加。2005年,税收达到78万元。1996—2012年,全县累计征收矿产资源税2185万元。

房产税、印花税和契税,据税务部门统计,1996—2012年,累计分别征收2.43亿元、1.21亿元和8.03亿元。

1996—2012年溧水县涉土税种征收统计表

表10-30 单位:万元

税种/年份	土地增值税	土地使用税	耕地占用税	矿产资源税	房产税	印花税	契税
1996	0.36	55	0	0	194	51	0
1997	1.71	90	0	13	261	97	0
1998	2.38	110	0	19	422	205	0
1999	2.6	128	0	20	488	157	0
2000	11.01	118	0	22	623	159	0
2001	61	148	0	22	562	155	305
2002	126	117	0	25	474	202	500
2003	193	141	304	74	494	323	1538
2004	699	209	416	54	904	375	2070
2005	888	347	0	78	985	445	2800
2006	1123	421	1538	79	1190	585	2800
2007	1312	2775	3321	81	1477	795	3835
2008	2221	4314	3079	87	1784	981	6231
2009	5580	5802	3497	95	2057	1289	13647
2010	13512	6965	2547	562	2690	1881	15803
2011	12999	15034	6632	370	4258	2292	12228
2012	38525	23949	4348	584	5447	2147	18589
合计	77257.06	60723	25682	2185	24310	12139	80346

第四节 土地规费

1996年,县土地管理局依据1987年1月1日颁布施行《中华人民共和国土地管理法》和1984年《江苏省国家建设征用土地费包干实施办法》第十三条规定以及1994年5月,江苏省财政厅、物价局、土地管理局联合下发《关于收取土地有偿使用费有关问题的通知》规定,收取土地管理费56万元,土地有偿使用费31万元。1997年起,全县取消农村农民宅基地有偿使用费收费项目,1999年,随着费改税体制变化,城镇居民使用国有土地使用费也被取消。

【土地管理费】

1996年,县土地管理局在办理国家建设征用土地手续中,依据省政府相关文件规定,收取土地管理费55万元,用于干部、职工工资、奖金、福利发放和公务接待、宣传培训等。1997年3月28日,县政府下发《关于溧水县国家建设征用土地补偿标准和安置办法的通知》,规定建设需要新占用土地的单位和个人,在依法办理征用或划拨土地、领取用地批文同时,县土地管理局向其收取土地管理费。收费标准按征(拨、使)用土地时规定收取各种费用(包括土地补偿费、青苗费、房屋及地面附着物拆迁补偿费、劳力安置补助费及各类开发基金等)总额的3%。该项费用30%上交省、市国土部门,其余留县土地管理局,用于征地拆迁、安置及办公费用。此项规定一直延至2000年。

2004年5月20日,县政府印发《关于溧水县建设项目规费征收管理办法的通知》,开始征收市级公用基础设施配套费和发展新墙体材料散装水泥专项基金。市政公用基础设施配套费:凡在县城规划区内房地产开发(包括旅游、休闲、度假)建设项目和机关、企事业单位、团体、社区办公、营业建设项目,按建筑面积75元/平方米征收;在镇规划区内上述建设项目,按建筑面积50元/平方米征收。发展新墙体材料专项基金:凡在县城内上述建设项目,按8元/平方米征收。散装水泥专项资金:在县城内上述建设项目,按

2元/平方米征收。12月30日，县物价局、县国土资源局联合下发《关于溧水县土地市场交易服务费管理的通知》，规定进入县土地市场（交易中心、交易所）进行土地使用权出让、转让、出租、抵押等交易活动，须缴纳土地使用权交易服务费，收费标准：土地使用权出让，按照土地交易面积，以1.5元/平方米向受让方收取；土地使用权转让，按3元/平方米，向转让方和受让方各50%收取；土地使用权出租和抵押，按1.2元/平方米，向转让方和受让方各50%收取；土地招拍挂出让文件工本费1000元/本；在挂牌国有土地使用权拍卖会上竞得土地，由竞买人按竞买标的总额15%向拍卖单位缴纳竞买保证金。

2006年2月14日，县政府印发《溧水县行政服务中心集中收费管理办法》，涉及国土管理部门收费项目44项，除暂存及应付、返还、罚没、代收、下级上缴收入等项目外，主要收费项目有土地复垦、土地闲置、土地登记、征（拨、使）用土地、耕地开垦、土地出让、临时用地、国有土地有偿使用、非农业用地有偿使用、土地租金、土地用途变更、新增建设用地有偿使用、农业重点开发建设资金、土地交易服务、土地证书工本、矿产资源补偿、采矿权登记、采矿权使用、采矿权出让、土地保证金、土地出让金等。

2008年始，县国土资源局取消征（拨、使）用土地管理费、临时用地管理费和土地用途变更费3项收费项目。

2012年7月24日，根据市政府、市物价局、国土局文件精神，全县征收征地及房屋拆迁服务费，即需实施征地房屋拆迁，拆迁人（即征用地单位）应向拆迁实施单位支付征地房屋拆迁服务费，标准为征地房屋拆迁总费用的3%，此规定至2013年3月未变。

2012年溧水县国土部门收费标准一览表

表10-31

收费项目	收费标准	收费范围及对象	批准收费的机关及文号	备　注
一、农业重点开发建设资金	3万元/公顷	—	苏政办发(95)62号、苏政发[2003]14号、苏政办发[2002]77号	省级特大建设工程如高速公路、机场等经省政府批准可减免;利用城镇规划区内有存量建设用地的免收;农民建房免收。
二、耕地开垦费	20元/平方米	按占用耕地面计算,占用基本农田的,加收40%	苏政办发[2011]120号	占用耕地的单位自行开垦,经验收合格后退回。
三、土地复垦费	3万元/公顷	—	苏政发(99)8号	对所有涉及挖损、塌陷、压占土地的单位和个人征收;若自行承担复垦任务的,经验收合格后退还复垦费。
四、土地闲置费	20%	—	苏价服[2008]330号宁价房[2009]108号	按统一划拨或出让土地价款为基数
五、土地登记费		—	苏价涉 [1995]155号、苏价房[1999]134号、宁价房[2002]224号	—
1.党政机关、人民团体、全额预算管理事业单位	10元/宗	—	苏价房[1999]134号	—
2.企业、自收自支单位	110元/宗	土地使用面积在1000平方米(含1000平方米)以下	苏价房[1999]134号	每超过500平方米以内加收40元,最高不超过4万元
3.差额预算管理事业单位	160元/宗	土地使用面积在2500平方米(含2500平方米)以下	苏价房[1999]134号	每超过500平方米以内加收20元,最高不超过1万元
4.城镇私房用于生产经营	90元/宗	土地使用面积在500平方米(含500平方米)以下	苏价房[1999]134号	每超过100平方米以内加收20元,最高不超过200元
5.城镇居民住房(私房)	18元/宗	土地使用面积在100平方米(含100平方米)以下	苏价房[1999]134号	每超过50平方米以内加收5元，最高不超过35元

续表 10-31

收费项目	收费标准	收费范围及对象	批准收费的机关及文号	备注
六、土地证书工本费	普通证书:5 元/本；国家特制证书:20 元/本	农民集体土地建房	苏财综[2004]63 号	免收范围按文执行
七、土地出让业务费	2%		国务院令[1990]55 号、苏价涉[1995]155 号	
八、土地年租金	按照每年政府公布的土地年租金标准执行	出租和改变用途的国有土地	宁政发[2006]72 号	
九、土地交易服务收费			苏价服[2004]258、宁价房[2004]247 号、宁价房[2005]116 号	
十、矿产资源补偿费(锶精矿)	12 元/吨		国务院令第 150 号、省政府 48 号、宁价房[2006]178 号、宁价[2011]351 号	
十一、采矿权登记费			[1992]价费字 251 号	
1.大型企业	500 元		[1992]价费字 251 号	
2.中型企业	300 元		[1992]价费字 251 号	
3.小型企业	200 元		[1992]价费字 251 号	
4.矿山企业变更开采范围、矿种、方式,换领许可证	100 元		[1992]价费字 251 号	
十二、采矿权使用费	平方公里、年	1000 元	国务院令[1998]241 号	(含 0.5-1 公里,)。不足 0.5 公里的按 500 元/平方公里.年征收
十三、矿产管理费	按销售收入		苏政办发[1989]110 号	
1.金属矿产	0.8%~1.2%		苏政办发[1989]110 号	
2.非金属矿产	1%~1.5%		苏政办发[1989]110 号	
十四、矿山环境恢复治理保证金	按文件执行		苏政发[2002]146 号	
十五、采矿权出让价款	按照文件执行		苏国土资发 [2002]405 号、苏国土资发[2004]284 号、宁政发	

2006—2012 年溧水县国土资源管理收费项目、标准一览表

表 10-32　　　　单位：元/平方米、元/本、万元/公顷

收费名称	具体事项	收费标准
建设用地管理	临时用地	1.非经营性的每年每平方米 1.5 元;2.经营性的每年每平方米 3.0 元
矿产资源管理	采矿许可证	1.每平方公里每年 1000 元,不满 1 平方公里的每年 500 元;2.大型 500 元、中型 300 元、小型 200 元
土地交易	土地出让、转让、出租、抵押、改变用途、作价入股	1.出让业务费 2%;2.出让交易费 1.5 元/平方米;3.转让交易费 3 元/平方米;4.出租、抵押交易费 1.2 元/平方米;5.招拍挂文件工本费 1000 元/本
建设用地管理	国有未利用地 1 公顷以下	1.农重金 3 元/平方米;2.征(使)管理费 2~3%;3.用途变更费 1~2 元/平方米;4. 新增建设用地有偿使用费 12 元/平方米;5.省集中 2 元/平方米
	农用地转为建设用地	1.开垦费 9 元/平方米;2.农重金 3 元/平方米;3.变更费 1~2 元/平方米;4.代财政局收取耕地占用税及附加;5. 新增土地有偿使用费 12 元/平方米 (工业 40%);6.管理费 2%~3%;7.省集中 2 元/平方米
	乡镇企业、公共设施、公益事业使用集体未利用土地 1 公顷以下	1.农重金 3 元/平方米;2.征地管理费 2%~3%;3.变更费 1 元/平方米
	国有土地使用权划拨、收回	1.农重金 3 元/平方米;2.征(拨)管理费 2%~3%;3.用途变更费 1~2 元/平方米;4. 新增建设用地有偿使用费 12 元/平方米(县城以下个案免收);5.拨地协议款项
	农民建房	每户最高不超过 55 元
	市政公用设施配套费	1. 县城规划区内 75 元/平方米;2. 镇规划区内 50 元/平方米
	发展新墙体材料专项基金	8 元/平方米
	散装水泥专项资金	2 元/平方米

续表 10-32

收费名称	具体事项	收费标准
地籍管理	土地登记	1.机关团体每宗地 10 元;2.单位在 1000 平方米以下每宗 110 元,每超 500 平方米以内加 40 元,最高不超过 4 万元;3.私房面积在 100 平方米以下每证 18 元,最高不超过 35 元标准;4.国有土地有偿使用费 30 元/平方米,其他 15 元/平方米;5.房改房领证 20 元/本;6. 变更费城区 2 元/平方米、城区以外 1 元/平方米;7.临时用地费每年 3 元/平方米;8.勘丈服务费 0.39 元/平方米,建设用地钉桩费每件 1340 元(四组一件),每加一件加收 326 元;9.土地证书 5 元/本(普通)或 20 元/本(国家特制)
土地复垦	土地复垦	3 万元/公顷

2012 年溧水县国土资源所收费项目和收费数额统计表

表 10-33　　　　单位:万元

收费项目	批准机关及文号	收费数额
土地证书工本费	苏价费〔2009〕278 号	9.19
土地登记费	苏价服〔1999〕134 号	83.42
矿产资源补偿费	国务院令第 150 号	262.45
采矿权使用费	国务院令〔1998〕241 号	0.65
采矿权登记费	价费字〔1992〕251 号	0.26
土地交易服务费	苏价服〔2004〕63 号	645.04
土地出让业务费	苏价涉〔1995〕155 号	5001.82
合　　计		6002.83

说明:1996—2011 年收费数据由于多种原因,考证难度大未能统计

【土地使用费】

土地使用费全称为土地有偿使用费。20世纪90年代初，省土地管理局、物价局、财政局联合印发《江苏省农村非农业建设用地有偿使用收费管理试行办法》。1992—1995年，全县城乡开展农村宅基地和城镇居民使用国有土地有偿使用费收缴工作。1996年后，中央国务院下发减轻农民负担文件，从1997年起，县土地管理局取消农民宅基地有偿使用收费项目，县城镇建制镇国有土地使用费仍保持不变。1999年1月1日新修订《土地管理法》实施后，从2000年起，因费改税体制变化，县国土管理局向城镇居民个人收取的国有土地使用费取消。

第十一章　法规监察

1996年始，溧水县贯彻落实中央“十分珍惜和合理利用每寸土地，切实保护耕地”基本国策，坚持“以预防为主，预防和查处相结合”执法监察方针，按照规定程序和方式，监督检查全县机关、企事业单位和个人土地使用、矿产开采情况，查处违章违法行为。县土地管理局在土地监察股和土地巡回法庭基础上，1997年5月设立土地执法监察中队。2002年6月，土地执法监察中队更名为县国土资源执法监察大队。2004年4月，县成立由分管县长任队长的土地综合执法队，建立健全执法监察网络，实行违法重点区域预防机制，遏制乱占、滥用土地和滥采乱开矿产现象。

1999年1月1日，新修订《中华人民共和国土地管理法》(以下简称《土地管理法》)实施后，县政府加强法制建设，2000年起，相继制定加强土地统一管理、土地交易市场管理、采矿权出让管理、非农业用地清查、规范土地市场秩序、规范矿产资源开发秩序、国有土地使用权出让管理、出让金管理，以及持证上岗执法等43个规范性文件，并得到较好实施。县国土管理局加大土地国情、国策、县情宣传力度。2001年6月25日，召开《土地管理法》颁布15周年和第11个“6·25”全国土地日纪念大会，县领导作“6·25”土地日电视宣传讲话。此后，每年“6·25”土地日，围绕《土地管理法》全县开展形式多样宣传活动。2001—2008年，结合普法教育，深入各镇(区)、厂矿企业宣讲《土地管理法》，受教育人数8万人次。利用报刊、墙报、橱窗等形式登载、张贴、书写宣传材料和图片；与县广播电台、电视台联办《金土地》《法制长廊》《保护耕地》等栏目；与县锡剧团编演锡剧小戏《万顷良田结良缘》公演；举办大型广场宣传咨询活动和歌咏比赛；制作永久性广告牌200块，其中2002年投资16万元在机场高速路口竖立“保护土地资源”大型广告牌，强化全民节约集约、依法用地意识。1996—2012年，全县举办《土地管理法》知识培训17次，参训人数3万余人次；开展文艺演出活动28场次，观众4万余人次。

2001年后，以“解决问题、化解矛盾”为重点，以降低信访量为目标，县国土资源局设立信访办公室，配备4名专业人员，逐件登记涉土来信来访，件件调查核实后及时处理。2001—2008年，先后制定《土地信访10项制度》《关于进一步加强全县国土资源信访工作的意见》，把问题解决在基层和萌芽状态，涉土信访逐年下降。1996—2012年，全县受理涉土来信来访443件，办结438件，结案率98%。2002年，县政府制定《“土地执法模范镇”创建活动工作计划》。2006年，全国实行土地、矿产卫片执法检查工作后，2010年4月8日，制定《溧水县2009年度土地矿产卫片执法检查工作实施方案》。2010—2012年，开展“土地执法模范县”创建活动，实现卫星遥感影像图片检查“双零”(零约谈、零问责)目标。

第一节　法治建设

【规章制定】

1996—1998年，县政府就全县土地管理工作依据《中华人民共和国土地管理法》和《江苏省〈土地管理法〉实施办法》以及市政府相关文件精神，制定相应规范性文件。1999年1月1日，新修订《土地管理法》颁布实施后，县政府结合实际，先后制定下发一系列地方性规章、制度、办法。当年12月6日，县政府下发《关于进一步加强全县城乡土地出让统一管理的决定》。2000年5月16日，县委、县政府下发《关于进一步加强全县土地统一管理的意见》，规定全县国有土地使用权出让、转让，由县国土资源管理部门代表县政府扎口统一管理、统一程序、统一地价、统一审批、统一收取出让金、统一登记发证。5月20日，县政府下发《溧水县土地交易市场管理暂行规定》《关于下发我县禁止和限制开山采石关停矿山企业计划的通知》。12月2日，县政府办下发《关于对我县砖瓦窑企业实行专项整治工作的通知》。2003年7月6日，县政府下发《溧水县采矿权出让管理暂行办法》。9月19日，县政府下发《关于进一步加强土地管理规范土地市场秩序的意见》。2004年3月31日，县政府办下发《关于全县砖瓦窑业整治与规划建设的意见》。2005年，县政府下发《关于进一步加强全县土地管理工作的意见》。2006年5月31日，县政府下发《溧水县国有土地使用权出让管理办法》《溧水县国有土地储备办法》。2011年9月5日，县政府下发《溧水县征地补偿安置办法》。10月13日，县政府下发《溧水县被征地人员社会保障办法》《溧水县征地房屋拆迁补偿安置标准》。2012年5月17日，县委、县政府下发《关于进一步加强全县征地拆迁工作的意见》。8月1日，县委、县政府下发《全县土地利用方式改革方案》等文件43个，并得到有效实施。

【制度建设】

1996年起，县土地管理局建立土地违法行为举报制度。县土地管理局土地监察股、各乡镇土管所确定专人负责受理土地违法行为举报工作，设立举报箱和举报电话，依法处理举报案件；土地监察科、各镇国土所建立举报登记簿，2天内将举报内容和处理意见报送分管局长，需立案查处的，5日内立案查处。各镇(区)国土所(办)受理土地违法行为举报后，按规定案件管理权限及时上报；依法保护举报人合法权益，泄露举报人姓名者，按保密规定追究纪律责任，举报若受到打击报复，从快立案调查、从严处理，对举报、揭发土地违法行为成绩显著的，县国土部门予以奖励。1996—2012年，全县受理土地违法行为举报信38件、举报电话1801个，立案253起，办结率100%，表彰举报有功人员8人。2000年起，县国土资源局建立土地监察工作报告和备案制度。报告制度，即各镇(区)国土所(办)每半年1次向县土地监察科报告工作，县土地监察科每月1次向市监察处报告工作；根据工作内容和有关要求，采取定期报告、专题报告和随时报告形式；正常工作进展情况作季报和年报，"三无"镇活动检查评比、重大土地违法案件处罚(处理)决定和上级交办案件专题报告；土地监察人员变动、奖惩和应由上级查处的土地违法案件随时报告；县土地监察科、执法大队定期召集各镇(区)国土所(办)监察员例会，汇报工作，交流经验，布置任务。凡县国土资源局作出处罚决定的案件，由县土地监察科报送市土地监察处备案，县国土资源局办理各类建设用地审批手续，由土地监察科或执法大队将批文抄送市国土资源局监察处或执法总队备案，各镇(区)国土资源所(办)负责将镇(开发区)在非耕地上安排的农村宅基地批文和对农村宅基地违法占用空闲地处罚决定，报送县土地监察科或执法大队存档。至2012年，全县报批各类建设项目1500多件，面积2380公顷，批文及有关材料报市局监察处存档。2001年始，县国土管理局建立健全动态巡查网络体系和责任制。全县每个村设监察信息员1人，形成县、镇、村3级土地监察网络，建立巡回检查制度和预警体系。县土地监察科和执法大队每月至少1次全县巡回检查，各镇(区)国土所(办)每半月至少1次辖区内巡回检查。根据群众举报可随时检查;巡回检查时采取对照举报、听取反映、实地察看相结合,农村春耕前后、挂锄期间、秋收之后作为重点检查时间,城镇在春秋两季动迁旺季为重点检查时间,城乡结合部和镇政府所在地、工业集中区和特别风景旅游区以及美丽乡村建设为重点检查地域。土地类别上,以基本农田保护区和旧城区改造、经营性房地产开发为重点,检查中发现问题如实填写巡回检查报告单,建立巡回检查报告制度。是年,巡查发现和制止违法用地11起,查处土地违法案件15起,涉案面积15.3公顷。2002—2004年,巡查制止违法用地52起,查处土地违法案件28起,涉案面积45公顷。2005年4月27日,县国土资源局制定《溧水县国土资源局动态巡查制度》,规定县局执法大队巡查境内一级区域每半月不得少于1次,二级区域每月不少于1次,三级区域不定期抽查;各镇(区)国土资源巡查所辖区内一级区域每周不少于1次,二级区域每半月不少于1次,三级区域每月不少于1次,并建立巡查台账。2006年1月11日,县国土资源局制定《溧水县国土资源执法监察通报制度》,巡查发现违法用地、违法开采矿产现象,每次以书面形式向县政府、各镇(区)党委、政府通报。2月27日,县国土资源局发布第一期《2006年2月溧水县违法用地情况通报》中,通报违法用地29宗,其中永阳镇15宗、白马镇1宗、洪蓝镇4宗、石湫镇5宗、晶桥镇1宗、和凤镇1宗、东屏镇1宗、开发区1宗。同时,联合纪检监察、市容、公安、法院、司法等部门及时查处。7月6日,发布第二期《2006年3—6月全县违法用地情况通报》中,全县发生违法用地4宗,其中永阳镇3宗、县林场1宗。9月30日,发布第三期《2006年7—9月全县违法用地情况通报》中,全县7镇1区和其他单位违法用地为零。此后,这项工作进入常态化管理。局将执法监察大队并入法规监察科,制定《溧水县国土管理土地执法监察联合巡查制度》,加大重点区域、重点地段和基本农田保护区巡查监察力度,由原每季度1次通报改为每月1次,同时建立和完善巡查监察工作考核奖惩等规章制度,实行县考核镇(区)、镇(区)考核村信息监察员,每季度1次督查、每半年1次评查、每年1次奖惩兑现,调动基层信息监察员积极性。2006—2009年,县、镇、村3级监察巡查计1875次,立案查处违法用地95宗,面积62.5公顷,查处违法开采矿山4起。2010年3月,县委、县政府下发《关于建立土地执法共同责任制的意见》,县国土资源局联合公安、市容、纪检、监察、供水、供电等部门,查处当年违法用地项目39宗,面积154.9公顷,其中涉及耕地114.3公顷,拆除违章建筑6000平方米。2011年3月14日,县国土资源局制定《溧水县国土资源执法监察巡查工作规范》,就巡查主体、内容、职责、程序以及巡查后续工作要求、违法行为报告、巡查督查、部门协作、责任追究等8个方面进一步规范。同时，注重发挥“12336”和“12345”平台作用，及时发现、及时登记、及时报告、及时查处。是年，全县开展违法用地动态巡查430次，发现新增违法用地63宗，其中“12336”和“12345”两个平台举报43宗，面积257.77公顷(耕地165.77公顷)。联合县城管局现场拆除违法项目4宗，面积2.87公顷；立案查处14宗，面积35.27公顷，其中耕地20.79公顷，使新增违法用地及时发现率、制止率、处理率95%，比上年提高20%。

2012年始，县国土资源局执法监察“关口前移、重心下移”，做好巡查记录，完善镇(区)国土所(办)巡查责任制。各镇(区)巡查违法用地一经发现，除及时下发停工通知书外，书面函告当地政府和相关部门，在市局内网巡查登记系统登记，并在“一张图”系统上标注。是年3月，全县执法巡查251次，发现违法用地18宗，面积15.8公顷，其中耕地5.8公顷；立案查处18件，结案率100%。2002—2012年，土地执法巡查3427次，立案189起，查处183起，面积875.1公顷，其中耕地566.07公顷，结案率96.8%。

2002—2012年溧水县土地执法巡查统计表

表11-1

年度	巡查次数(次)	立案(起)	查处(起)	涉案面积(公顷)		结案率(%)
				非耕地	耕地	
2002	192	3	3	21	4	100
2003	186	6	5	24	8	83.3
2004	196	11	10	19	7	90.9
2005	172	14	13	14	3	92.9
2006	484	23	23	35	52	100
2007	492	31	30	42	80	96.8
2008	496	28	28	45.43	108	100
2009	430	9	8	23	41	88.9
2010	243	39	38	40.6	94.3	97.4
2011	215	7	7	32	165.77	100
2012	321	18	18	13	3	100
合计	3427	189	183	309.03	566.07	96.8

说明：执法巡查次数含七镇一区国土所巡查次数；立案起数含部分镇(区)国土所直接处理数

【"三无"乡镇创建】

1996年5月8日，县政府办转发县土地管理局《关于开展创建土地管理"三无"乡(镇)活动的意见》，对"三无"乡(镇)标准、组织领导、考评验收、奖励办法等作出具体规定。1995、1996年在城镇连续2年被市国土局授予"土地管理'三无'乡(镇)"。1997、1998年晶桥乡连续2年荣被市国土局评为"土地管理'三无'乡(镇)先进单位"。1998年3月30日，县政府转发县国土管理局《关于深入开展创建土地管理"三无"乡(镇)活动的工作意见》。4月初，县国土管理局与各乡(镇)政府乡镇长签订《溧水县1998年土地管理"三无"乡(镇)目标责任书》。5—6月在群力乡土管所先行试点，组织其他15个乡(镇)土管所长到群力所参观学习。1999年3月，群力、共和两乡被市国土局评为1998年度创建土地管理'三无'乡(镇)先进单位；县国土管理局被市国土局评为1998年度土地管理'三无'乡镇活动组织优秀单位。

【土地执法模范县创建】

2002年4月15日，县国土管理局下发《"土地执法模范镇"创建活动工作计划》。9月24日，白马镇被市国土局评为2000—2002年全市土地执法模范乡镇。2008年，晶桥镇开展创建省、市土地执法模范镇街活动。是年底，通过省、市国土部门综合验收。2009年3月，晶桥镇被市国土局评为2008年度土地执法模范镇。

2010年始，县、镇、村"三级联创"开展"土地执法模范县"创建活动。4月18日，县政府下发《关于深入开展创建土地执法模范县活动的通知》，将土地执法模范县创建作为加强国土资源管理、保障区域经济又好又快发展的政治任务，成立由县党政"一把手"为组长，分管书记、县长为副组长，相关部门"一把手"为成员的创建工作班子。县委、县政府下发《关于建立土地执法共同责任制的意见》，落实"一把手"负责制，目标责任考核制度，把模范县创建责任细化到领导、责任到部门、监督到岗位、考核到人头，推动模范县创建工作深入开展。从强化全县基本农田保护基础性工作入手，开发建设基本农田保护信息系统，实现电子化管理；建立健全县、镇、村基本农田保护用途管制制度、基本农田保护责任制等。是年，县政府与镇政府、各镇政府与各村委会、县国土资源局与各基层所签订基本农田保护责任状114份，覆盖面100%；全县聘用94名有威望、有责任、有文化的农村老党员、老干部、老劳模作为基本农田保护监督信息员，形成“块有保护人、片有信息员、区有责任人”全方位、全天候、全覆盖信息网络。同时加大土地整理复垦开发和建设用地增减挂钩工作力度，实现全县“占补平衡”。是年，全县12个“占补平衡”入库项目净增耕地140.72公顷；61个建设用地增减挂钩项目实施后，新增耕地105.65公顷。依法处置征后未用闲置土地，县政府牵头搭建专门工作班子，逐宗建立台账，会同各镇(区)与每宗闲置土地业主约谈，根据不同情况分别提出处置意见。至5月底，全县处置闲置土地31宗，面积89.57公顷，其中1宗开工建设，3宗收回土地使用权，4宗进入法律收回程序，2宗涉及开发区规划调整，1宗办理转让手续，20宗承诺开工项目，全部重新签订土地补充协议。县政府在土地预审、土地供应过程中，严格执行国家产业政策、土地供应政策和标准，按照《江苏省建设用地指标》，核减超标准用地面积，保证有限土地投放符合扩内需、促转型要求，新增工业及生产性项目向园区集中，所有新建项目优先利用空闲土地等存量建设用地和未利用地，不占用基本农田。同时，全面落实工业用地招拍挂出让制度，将工业用地配置纳入土地有形市场。县国土资源局会同有关部门加大违约责任追究力度，防止虚假工业项目和虚假用地行为，开展土地出让金收缴清理工作，确保国有资产不流失。是年1—10月，全县土地招拍挂出让供地56宗，面积117.4公顷，出让金11.99亿元。加强项目用地动态巡查和联合执法监察，县国土资源局更新11辆执法车，完善硬件设施，做到“动地我知”，及时纠正片面理解扩大内需用地政策、严重侵害被征地农民合法权益、搭车用地、借机圈地等现象，杜绝违背政策供地、违反土地利用总体规划、突破土地利用年度计划、未批先用、未报就用、边报边用以及征地补偿安置和补充耕地不到位等问题。查处违法用地和采矿案件，与建设、城管、纪检、检察、法院等多部门联合执法，做到处理事与处理人一并到位。

通过1年创建工作，全县干部群众依法用地、管地意识增强，新增违法用地案发率下降。是年，县内除3宗国家和省重点工程边报边用违规用地外，其它各类项目用地做到依法依规全程监管到位，矛盾有效化解，信访量降低，违法用地齐抓共管局面形成，步入良性循环轨道。2010—2011年，溧水县连续2年被省国土厅评为江苏省土地执法模范县创建工作先进县。

第二节 法规宣传

溧水县国土资源局注重国土资源法规宣传工作。1996年始，县土地管理局机关科室、乡镇国土所均配备1名兼职土地法规宣传员，抓全民国土观念教育，利用有线广播、宣传栏在一些醒目路口、围墙和房屋墙壁上书写红色标语、张贴宣传画进行土地法规宣传。在全县开展土地法律、法规、国策、国情、县情宣传教育工作，结合“三五”“四五”“五五”“六五”普法教育和“6·25”土地日，开展形式多样、通俗易懂的宣传教育活动，提高干部群众意识。1998年2月12日，国务院《矿产资源开采登记管理办法》和1999年10月30日《江苏省矿产资源管理条例》颁布后，县矿产资源开发管理办公室利用有线广播、电视、标语和会议等形式宣传，开展以矿产资源开采管理、保护采矿权人合法权益、维护矿产资源开采秩序、促进矿业发展等为内容的教育。1998—2000年，先后举办由全县矿山企业领导、技术员和乡镇长、村委会主任参加的矿产资源法律法规知识培训班4期，受教育人数300多人次。

2011年6月17日，溧水县“六五”普法规划调研座谈会
(局办公室提供)

2001年，国务院相继颁布《基本农田保护条例》《土地管理法实施条例》和新修订《土地管理法》等法律法规。县国土管理局利用广播、电视、标语和座谈会等形式广泛宣传，提高全社会和公民法制意识。2002年始，把宣传《江苏省土地管理条例》(简称《条例》)作为重点，每年“6·25”土地日期间围绕“规划用地、利国利民”“保护耕地、为美好明天”“节约用地、促进科学发

展”“坚持科学发展，珍惜每一寸土地” 等宣传主题，开展形式多样活动。2003年3月19日，县政府召开《中华人民共和国矿产资源法》颁布17周年和第17个全国“3·19”矿产资源宣传日以及第34个“4·22”地球日纪念大会。此后，每年“3·19”“6·25”“4·22”开展宣传教育活动。2006年3月17日，县政府下发《关于全面整顿和规范矿产资源开发秩序的通知》，县矿产资源管理所除向矿山企业分发宣传材料、张贴宣传画、标语外，利用宣传车深入到爱景山南京红焰锶业公司，东屏、白马、云鹤、石湫等镇村采石场、砖瓦窑厂宣传教育，增强企业干部职工法制观念。至2009年年底，全县关停采矿企业38家，关闭粘土矿砖瓦窑厂32家。2001—2005年，在《南京日报·溧水版》《江苏科技报·今日溧水》刊登宣传专版8期，制作永久性广告牌200多块，张贴标语、悬挂横幅1800多条，发放宣传品50万张。2006—2012年，结合普法教育，深入各镇、县经济开发区厂矿、学校、企事业单位宣讲《土地管理法》《江苏省矿产资源管理条例》，受教育人数5万多人次。2006年6月25日，《中华人民共和国土地管理法》颁布20周年和全国第16个“6·25”土地日，县国土资源局围绕“依法合理用地，促进科学发展”主题，全县开展学习《土地管理法》活动，分发《中国国土资源报》特刊1万余份、法规书籍1000余本，文艺巡回演出、放映电影50余场次。2008年6月6日，在县委党校举办由各镇(区)党委书记、镇长、分管副镇长、村党支部书记、村委会主任、国土系统中层干部参加的全县镇村干部国土资源法律知识宣传教育培训班，邀请省、市农业院校教授授课，系统内订购和编印《国土资源法律法规政策选编》《查处土地违法行为立案标准及相关法律处置办法》《溧水县征地拆迁补偿安置标准》《干部法律知识读本》《五五普法干部读本》《五五普法学习读本》《江苏省行政执法条例》《江苏省行政执法检查规定》《国土资源信访规定贯彻实施与国土资源信访工作指南》《全国土地执法办案与处罚速查手册》及《中共中央纪委关于严格禁止利用职务上的便利谋取不正当利益的若干规定》等多种法律法规学习材料，采取集中学习与分组学习相结合、研究讨论与培训考试相结合等，做到人人有学习计划，有内容、有笔记、有学习体会，提高全局干部职工理论和业务能力。由于注重了国土资源管理法制宣传教育，使全县干部群众法制观念意识增强。2006—2012年，全县发生各类违法用地案件52起，比2005年前案件总数下降50%以上。

第三节　执法监察

1996年4月，县政府成立土地执法监察工作领导小组，全县开展土地执法检查。1998年起，县内开展非农业用地清查。是年12月28日，县政府转发县国土管理局《关于开展全县非农业建设用地清查工作报告》，成立溧水县非农业建设用地清查工作领导小组。此次清查范围为县内1996年后工矿企业、机关事业单位使用集体土地审批、面积、用途和使用国有土地转让、出租、抵押等。通过清查结果显示，1996—2000年，全县非农业建设用地1725宗(不含省、市批准项目)，面积297.9公顷，其中合法批地1569宗，面积141.1公顷；违法用地156宗，面积156.8公顷(主要为乡镇企业用地)。2003年9月，县政府下发《关于进一步加强土地管理规范市场秩序的意见》，整顿各镇违规批准设立的园区。至是年底，废止手续不全14宗土地协议，退回土地面积1052.33公顷，杜绝违法用(批)地行为。2006年3月，县政府下发《关于全面整顿和规范矿产资源开发秩序的通知》，整顿工作历时9个月，是年12月底结束。1997年起，全县开展土地违法案件查处，至2013年3月，立案查处890宗，面积1754.6公顷，罚款1094.62万元，处分责任人11人。2006年，开展矿山违法案件查处，至2013年3月，查处违法采石10起，取缔非法采矿点8个。2010年2月起，实施土地、矿产卫片执法检查。4月8日，县国土资源局制定《溧水县2009年度土地矿产卫片执法检查工作实施方案》，成立由局长为组长，分管副局长为副组长，法规监察科、地籍科、规划耕保科、土地利用科、矿管管理所等负责人为成员的“县土地矿产卫片执法检查工作领导小组”。2008年至2013年3月，全县开展土地矿产卫片执法检查18次，检查图斑2679个，查核地块224宗，监测土地面积625.89公顷；检查矿山图斑4个，监测矿区面积12.8公顷。同年5月18日，县国土资源局制定《配合国家土地督察南京局对我县开展土地例行督察工作方案》，成立由一把手局长为组长，相关科室负责人为成员的迎查工作领导小组。此次督察查出2009年度土地抵押融资中存在违规操作问题34宗，在2010年整改中得以解决。

【非农用地清查】

1998年12月，省政府办公厅和市土地管理局先后下发《关于开展非农业建设用地清查工作的通知》，县国土管理局组织县局机关、乡镇国土管理所专题研究，全面部署耕地保护和非农业用地清查工作。在各乡镇、村、企事业单位张贴国家土地管理局通告和市国土局清查公告，拟定《溧水县开展非农建设用地清查报告》呈报县政府。12月28日，以县政府转发。县政府成立由分管副县长为组长，县国土、监察局主要负责人为副组长，国土、监察、城建、农业、水利、交通、财政、多管等部门负责人为成员的全县非农业用地清查工作领导小组，下设办公室(设在县国土管理局)。各乡镇成立相应清查领导小组。此次非农业建设用地清查范围为1996年后，县内国有土地使用者和县城规划区以及乡镇集镇、工矿区范围利用集体土地建设的土地使用者和经县以上政府批准，将土地使用权出让、转让、出租、抵押者。此项工作历时1年多，于2000年3月结束。清查显示，1996—2000年，全县非农业建设用地1725宗(不含省市批准项目)，面积297.9公顷，其中国家建设用地204宗，面积97.3公顷(其中耕地43.5公顷)；集体建设用地214宗，面积187.8公顷(其中耕地65.3公顷)；新批农民建房用地1307宗，面积12.8公顷(其中耕地10.6公顷)。合法批地1569宗(含农民建房1307宗)，面积141.1公顷(其中耕地65.5公顷)；违法用地156宗，面积156.8公顷(其中耕地53.9公顷)。在违法用地中，乡镇企业103.8公顷，占66.2%；农村修建村镇水泥路、水利、公共事业23.8公顷，占15.2%；其余为村级擅自出售集体土地给城镇居民建房29.2公顷，占18.6%。2000年4月，县政府召开常务会议，研究制定《溧水县非农业建设违法用地清查处理意见》，本着尊重历史、面对现实原则，凡是国家建设项目，按用地政策补交规费，补办手续，登记发证；集体建设项目，属公共事业建设的，登记备案；属乡镇企业用地的，分不同情况补办手续，补交或缓交规费。先后补办或上报省市批准补办139宗，结案率85%。处理违法占地面积141.2公顷(其中耕地51.3公顷)。办理临时用地14.5公顷，退耕38.3公顷，拆除违法房屋面积180平方米，依法收回土地使用权12.7公顷。同时以盘存控增，确保重点，冻结全县非农业建设占用耕地，包括停止农民建房占用耕地审批，调整重点建设项目用地。2000年年初，县职业教育中心和南京大金山实业有限公司原计划在永阳镇征用耕地30公顷，新建学校和生产线，后被调整到县开发区闲置土地上建设。在清查中，立案查处53起，结案率100%，其中和凤镇船桥村未经批准在荒坡地建中心村、洪蓝镇建安公司与供销社进行非法土地交易等案件，在新闻媒体公开曝光，并依法行政拘留1人。

2001年7月19日，县纪委、监察局、国土资源局联合下发《关于贯彻执行市纪委、监察局、国土资源局开展土地批租专项治理,大力推行土地招标拍卖的实施意见》。专项治理1999年1月1日到2001年6月30日,土地批租项目按规定应实行招标拍卖供地而没有进行招标拍卖的;政府部门或机关工作人员在办理土地交易过程中,接受贿赂、徇私舞弊、泄露秘密、玩忽职守的,一经发现,给予党纪政纪处分,构成犯罪的,移送司法机关追究刑事责任。经过6个月核查,上述时段全县出让、划拨、出租3类用地84宗,其中出让地块41宗,面积94.52公顷,主要为房地产开发和商业经营性用地;划拨地块31宗,面积100.9公顷(含省、市重点项目),主要为行政机关、省溧中、宁杭高速及其它公益设施建设用地;集体地块12宗,面积5.39公顷,主要用于乡镇企业和社会公益事业建设。治理中同时整改土地批租协议不完善、用途不明确、租赁价格偏低等问题,补办超出划拨范围11宗地块手续,其中5宗地块实行收取年租金办法,两家房地产开发商占用超出拍卖出让地块国有土地按照现行最高评估价追缴出让金406万元。

【土地市场整顿】

2003年9月,县政府下发《关于进一步加强土地管理规范市场秩序的意见》。10月,县政府成立土地市场秩序清理整顿工作领导小组,由县长任组长,分管副县长具体负责。领导小组针对县内2002年以来,土地市场秩序存在的突出问题逐一排查清理。2002—2003年8月,全县经县政府批准设立园区7个,规划面积1496.34公顷,部分园区擅自扩大面积,在违规扩大园区范围建立“园中园”;期间在全县办理经营性用地出让52宗,其中招拍挂32宗,协议出让20宗,部分执行政策不到位,程序不完善,经营性用地出让不规范,存在边批边用、未批先用等违法用地事实。同时,经调查,全县未经批准非法占地15件,面积2.41公顷;买卖或非法转让土地案件40件,面积155.6公顷;非法批地35件,面积199.87公顷;同时部分园区存在“土地用途管制”意识淡薄,引进的部分工业及休闲度假项目用地选址随意性过大,不执行《土地利用总体规划》,土地市场运作不规范等。是年12月,县政府在调查核实基础上,撤销永阳、洪蓝镇等7个园区机构,封存资料及公章,人员分流,发文废止手续不全土地协议14宗,退回面积1052.33公顷,收回土地使用权,注销土地使用证,责令县国土资源局查处边批边用、未批先用、未批非法占地、买卖和非法转让等行为和案件。

【规范矿产开发秩序】

2003年7月，县政府下发《溧水县采矿权出让管理暂行办法》，推动全县矿业生产经营合法化和规范化。2006年3月17日，县政府针对境内无证采矿、矿山开采环境污染严重、越界开采、非法转让矿业权等行为，下发《关于全面整顿和规范矿产资源开发秩序的通知》，整顿工作分为排查清查、集中整顿、规范完善和检查验收4个阶段。是年3月始到12月底结束，历时9个月。排查清查显示，全县除爱景山锶矿开采比较规范外，其余30多家矿山企业存在生产设备简陋、安全隐患较多、石料加工点粉尘污染严重、噪音过大等问题，还有少数矿山企业无证、越界开采，个别采石场擅自转让矿业权，从中谋利等。县政府成立领导小组，由国土资源局牵头，联合公安、工商、安监、供电、市容、法院开展集中整治，凡是非法开采矿山、非法加工石料、噪音粉尘污染企业，注销相关许可证、营业执照，现场切断电源，不留建筑物，不留设备，不留人员，毁闭宕口。是年底，全县关闭开发区、东屏、白马、晶桥等镇村采石场38家、石料加工厂14家，查处3家无证新建矿产企业。

【违法案件查处】

土地违法案件查处 1996—2000年，全县立案查处土地违法案件18起，面积2公顷，罚款13万元，追缴土地出让金25万元，处理责任人1人。2001年4月9日，县国土管理局接到市国土局《土地违法案件查处督办通知书》，涉及南京联强冶金集团有限公司违法占地一事。次日上午，组织土地执法监察大队、法规监察科等人员赶赴石湫镇实地调查。经查，该公司在无任何批准手续情况下，擅自占地2公顷，开工建设厂房，在当地造成不良影响。县国土管理局当即下发停工通知，并要求该公司办理相关手续。后该公司按照企业用地审批程序办理0.14公顷建设用地合法手续，其余1.86公顷基本农田退还村民小组。同时处以5000元罚款。2005年8月，石湫镇石湫村井前自然村村民王某某等上访，反映该村33个用地项目存在违法用地。县国土资源局接访后，土地执法监察大队及时到该村调查。经反复核实查证，该村村民王某某等上访反映33个用地项目，时间跨度自1963年到2002年，面积14.9公顷，其中1963—1983年用地项目14个，有6个办理土地登记发证手续；1983—1999年用地项目16个，有2个办理土地登记发证手续；1999—2002年用地项目3个，其中1个由市局作为违法用地作出处理。但33个项目在用地补偿上,只有少数项目存在不按规定标准补偿问题。1999年之前有22个项目没有按当时规定到国土部门办理土地登记发证手续;1999年之后3个项目用地,除1个项目已经市局查处外,其余2个项目用地为新修订《土地管理法》实施后占用,无用地审批手续,属违法用地行为。是年10月31日,县国土资源局就石湫镇农业公司1998年3个项目用地补偿不到位问题,责成石湫镇政府补偿不足部分,其余1999年之前未办理土地登记发证手续22个用地项目,督促该镇工业公司就22个企业单位,按当时用地规定依法办理用地手续;属于1999年后2个项目用地,立案查处,拆除厂房3200平方米、围墙1500米,4公顷违法用地恢复原状,退还井前村村民小组。

2005年6月,经巡查发现柘塘镇秦淮村违法占用集体土地新建住宅楼。调查显示:2001年12月,经县政府2001年第一期会议研究同意,将原春秋药业公司名下10公顷国有划拨土地过户给南京伟龙环保实业有限公司,用途为工业用地。2002年10月,经批准该公司将其地块中0.36公顷土地转让给南京东浩胶粉有限公司,并重新领取国有划拨土地使用证,用地面积9.64公顷,批准临时用地面积1.55公顷。2003年10月,该公司以吸引和安排科技人才项目研发为名,经县发改局立项批复,拟建科技活动中心及员工宿舍。当年在其划拨地块西南侧动工建设科技活动中心独立住宅楼28栋,占地面积0.48公顷,其中部分超出用地界址范围3栋,占地约0.01公顷;完全超出用地界址范围6栋,占地0.11公顷。超出占用土地面积均为租用秦淮村集体土地,属未经批准擅自占用村集体土地建设独立楼房。另外,该公司还在临时用地范围内建设2栋独立住宅楼。2005年6月16日,市国土局向该公司下达《责令停止国土资源违法行为通知书》。9月13日,下达《行政处罚告知书》。9月28日下达《行政处罚决定书》,责令南京伟龙环保实业有限公司在收到处罚决定书之日起1个月内自行拆除未经批准擅自占用用地界址范围外的柘塘镇秦淮村集体土地新建6栋独立住宅楼及擅自占用临时用地新建2栋独立住宅楼。2006年6月,县国土资源局向县人民法院申请强制执行。2007年3月12日,县法院下达准予强制执行行政裁定书。后强制执行处罚被暂缓。2011年10月,根据市委主要领导批示,依法处理该公司涉案8幢独立楼房。县国土资源局再次核查,该8幢独立楼房没有任何合法用地审批手续,占地面积1586.7平方米,不符合土地利用总体规划,权属和地类现状为集体农用地。根据《土地管理法》第七十六条规定:"未经批准或者采取欺骗手段骗取批准,非法占用土地的,由县级以上人民政府土地行政主管部门责令退还非法占用的土地，对违反土地利用总体规划擅自将农用地改为建设用地的，限期拆除在非法占用的土地上新建的建筑物和其他设施，恢复土地原状”。经请示县政府同意恢复行政处罚决定强制执行权。2011年12月7日，申请县法院强制执行，强拆该8幢独立楼房。

2006年6月，县国土资源局法规监察科接到群众举报，反映秋湖农家乐存在违法用地，随即展开调查。经查：南京秋湖农家乐建设项目，于2005年7月20日获永阳村镇建设管理服务所批准翻建，批准证号NO.0731660号，批准建筑面积1260平方米。2005年10月该项目动工建设。南京秋湖农家乐休闲娱乐项目用地，虽部分原属秋湖村小学旧址，但未办理相关用地手续。县国土资源局于2006年7月3日向该项目负责人下达责令停止国土资源违法行为通知书，但未停止施工。10月25日，接到市国土资源局转办永阳镇秋湖村村民来信，又派员实地调查勘察，发现原小学围墙被拆除，并向外扩张，新围墙基础基本完成。该项目未经国土管理部门批准，属非法用地行为。11月27日，县国土资源局请市国土资源局执法大队协助，违法用地得以处理。2001—2006年，市国土资源局交由县国土资源局督办违法用地案件133宗。经调查核实，期间全县违法用地44宗（面积41.56公顷），其中工业用地41宗、商业经营性用地1宗、其他用地2宗。其余89宗全部办理农用地转用和征用手续，均符合土地利用总体规划。在44宗违法用地案件中，南京中狮精细化学品有限公司等12宗土地违法案件，在省厅巡查之前已作出过行政处罚或足额缴纳出让金、办理供地手续、发放国有土地使用证，不予处理；南京情定法拉有限公司供地手续在办理中，考虑到全县经济发展和稳定，经集体研究并报请县分管领导审核后，不予立案处理；其余31宗违法用地，其中工业用地29宗、其他用地2宗，未依法供地便开工建设，属非法占地行为，立案调查后，作出罚款处罚和责令补办用地手续行政处罚决定，罚款218.2万元。按照“既查事，又查人”原则，就违法违规情况较为严重的3名镇村责任人给予党纪政纪处分。2001—2006年，立案查处土地违法案件273件，面积382.3公顷，罚款433.42万元，处理责任人3人。

2007年5月底，省厅巡查发现溧水县不报就用、边报边用违法用地27宗，面积50.34公顷，其中农用地44.95公顷；未供就用违法用地2宗，面积7.33公顷，其中农用地5.45公顷。7月9日，市国土局下发《土地违法案件查处督办通知书》，将未供就用的2宗违法用地列为交办件，交由县国土资源局依法查处，其余案件由市国土局直接查处。10月，经市国土局巡查发现，溧水县涉嫌违法用地10宗(皆为工业厂房非法占地),面积11.08公顷。10月24日,市国土局下达《土地违法案件查处督办通知书》,交由县国土资源局调查处理。当年,县国土资源局立案查处非法占地案138件,面积61.42公顷。

2010年10月,南京汉天水泥有限公司因建设需要拆迁晶桥镇芝山村石灰窑组农(居)民房屋,由晶桥镇政府负责被拆迁户安置工作。自拆自建的9户安置点位于上芝山村以北、土地利用现状为耕地和林地,土地利用总体规划为基本农田保护区,后经过规划调整为建设用地。2011年初,晶桥镇国土资源所在巡查时发现另外5户货币拆迁户也到该地建房,随即进行制止和劝诫,并于2011年2月20日发出《责令停止违法行为通知书》,并做询问笔录。3月22日,情况上报县国土资源局。3月24日,县国土资源局实地调查核实,存在自建房户无任何用地审批手续而未批先建、5户享受货币拆迁政策不具备再申请宅基地条件而强行建房、7户自拆自建户违反镇政府规定超建筑范围和占地面积建房等3方面问题,向县政府提出处理意见。由镇政府牵头,国土、市容、村建办等部门配合,加大巡查力度,防止违法建设进一步扩大,杜绝类似情况发生;已经查出不符合建房申请条件、超面积建设违法行为,责成晶桥镇政府予以整改;货币拆迁的5户做进一步甄别,杜绝既拿货币拆迁款又建安置房现象,由公安机关介入调查取证,追究责任。

2012年7月11日,县委、县政府印发《溧水县控制违法建设工作实施意见》,成立违法建设查处工作领导小组,不定期召开联席工作会议,布置、通报或协调处理查处工作重大事宜。领导小组下设办公室,负责督促和协调查处日常工作。按照“属地管理、谁主管谁负责、守土有责”原则,县政府与各镇(区)、傅家边管委会、农业局(林场)签订违法建设查处工作责任书,各镇(区)与辖区内村(居)委会签订工作责任书,明确责任目标。是年,县国土资源局巡查发现70宗违法用地,面积43.3公顷。其中拆除难度较大的东屏镇和平村西顶王某某等15宗违法用地,纳入全县统一拆违行动中强拆。其余55宗违法用地,至2013年3月全部拆除,面积42.5公顷。1996—2013年3月,发现和制止违法用地531起,查处违法案件890宗,面积1754.6公顷,罚款1094.62万元,处分责任人11人。

1996~2012年溧水县查处土地违法情况统计表

表11-2

年份	巡查次数	发现和制止违法用地(起)	查处违法案件(宗)	涉案面积(公顷)	罚款(万元)	处分责任人(人)
1996	—	—	—	—	—	—
1997	—	—	3	—	—	1
1998	—	—	—	—	—	—
1999	—	—	15	1.8	13	—
2000	—	—	—	—	—	—
2001	—	—	8	2	0.5	—
2002	24	11	15	15.33	—	—
2003	50	—	20	—	85	2
2004	50	—	—	—	—	—
2005	85	22	10	—	—	—
2006	875	95	220	382.34	338.42	—
2007	605	27	138	99.93	172	7
2008	132	63	129	66.07	180.3	—
2009	126	11	33	120.23	95.4	1
2010	60	78	11	154.85	60	—
2011	123	63	84	257.8	50	—
2012	214	141	134	327.11	100	—
2013.3	30	20	70	327.13	—	—
合计	2344	531	890	1754.6	1094.62	11

矿山违法案件查处　2006年3月17日，县政府下发《关于全面整顿和规范矿产资源开发秩序的通知》，整顿矿产资源开发秩序，打击无证开采、越界开采、非法转让矿业权等违法行为；关闭破坏环境、污染严重、不具备安全生产条件的矿山；清查和纠正矿产资源开发管理中违法违规行为；开展砖瓦粘土资源开发利用专项整治。是年，查处违法采石10起，取缔非法采矿点8个，处罚没有按计划关闭或迁建砖瓦企业12家，基本做到“禁采区内坚决禁止，限采区内总量控制，可采区内科学规划”。

2007—2009年，全县基础设施和一批重点工程开工建设，市场矿产品需求量大增。受利益驱动，非法采矿现象抬头，且有蔓延趋势。2009年4月20日，县政府成立由监察局、法制办、检察院、公安局、国土局、安监局为成员单位的联合执法小组，开展专项整治行动。

2011年3月15日，县各部门联动执法现场

（局档案室提供）

白马镇浮山矿区2003年12月采矿权有偿出让时，由南京昌久建材有限公司取得采矿权，后因矿产资源储量达不到设计开采要求，于2005年4月关闭，明确由镇、村负责绿化以防止水土流失。2006年，浮山村与无证个体户签订边开采边治理协议。有关部门多次查处，但违法行为始终没有停止，在社会上造成极坏影响。2009年6月初，县打击非法开采联合执法小组检查时，发现该矿区仍有开采机械在宕口，现场开采架头近40米高，并且成90度垂直陡壁式，部分工作面是掏掘式开采，形成鹰嘴，宕口宽度150米。由于该矿区是火山灰与玄武岩夹层，稳定性差，随时有崩塌危险，山坡上茶农极易发生坠崖危险，存在严重安全隐患。6月10日，县监察局、县安全监督局和县国土资源局联合下发通知，责成白马镇政府立即停止浮山矿区非法开采，撤出采石机械，拆除轧石设备，并在矿区设立警示牌，宕口山坡设立安全隔离围栏，进入矿区路上设立土坎，禁止行人和车辆进入危险矿区。

2012年7月27日，县国土资源局在矿山执法巡查中发现，县林场芳山分场境内、汉天水泥公司北侧与溧阳交界处一个非法偷盗采点，距公路约800米。盗采人利用挖掘机非法采石、取红土矿，并采用白天休息、深夜盗采方式作业，并在周围布设多道岗哨。执法人员连续一周进行踩点勘查。同年8月4日傍晚，执法人员将执法车辆隐藏、人员隐蔽，于夜晚九点多钟悄悄上山，但未发现盗采行为，到凌晨3点左右再次上山，发现盗采人员在作业。为避免打草惊蛇，执法人员悄悄避开岗哨下山后拨通公安民警电话，请求支援打击偷盗采。县公安局治安大队、晶桥镇派出所出动10余名民警火速增援，与县国土资源局执法人员一道上山，将偷盗采人员抓获，当场查扣非法偷盗采机械挖掘机1台。8月7—8日，县国土资源局委托县林场封堵盗采宕口墙面。9月3日，巡查中发现宕口封堵墙被人用挖掘机挖毁。9月5日，县林场再次围砌东西长约200米封堵墙面。9月18日巡查发现封堵墙向东杂草、小树等被推平，形成一条约6米宽道路，宕口内有挖掘机进出新鲜痕迹。9月27日巡查发现宕口附近有挖掘机3台、运输车7辆。由于该宕口地处溧水与溧阳交界处，宕口开阔、分散，而且盗采者设置多道暗哨，巡查人员一到现场，偷盗人员就跑到溧阳地界。10月9日，经请示县政府同意，县国土资源局以县政府名义发函至溧阳市政府请求配合执法，最终由县公安局立案查处，取缔偷盗采个体企业。12月，县国土资源局出资17万元，委托县林场将盗采区覆土植树。2006—2012年，矿山执法巡查355次，发现违法开采点61个，制止违法开采156起，取缔非法采矿点52个，扣押采矿机械48台，罚款149.11万元。

2006—2012年溧水县查处矿山非法开采情况统计表

表11-3

年份	巡查次数	发现非法开采点（个）	制止和查处非法开采（起）	取缔非法采矿点（个）	扣押采矿机械（台）	申请法院强制执行（宗）	罚款（万元）
2006	—	8	10	8	—	—	—
2007	15	6	6	—	6	—	—
2008	21	14	17	—	3	4	17.9
2009	116	8	26	—	9	—	30.88
2010	66	8	30	27	6	—	6
2011	56	7	35	7	14	—	37.83
2012	81	10	32	10	10	—	56.5
合计	355	61	156	52	48	4	149.11

【卫片执法检查】

2010年2月12日，国土资源部颁布《土地矿产卫片执法检查工作规范(试行)》,县国土资源局选派局机关法规、地籍和矿产所干部参加省国土厅举办的土地矿产卫片执法检查业务知识培训。4月8日,制订《溧水县2009年度土地矿产卫片执法检查工作实施方案》,成立由局长为组长,分管副局长为副组长,法规监察科、地籍科、规划耕保科、土地利用科、矿产资源管理所和镇(区)国土资源所等负责人为成员的“县土地矿产卫片执法检查工作领导小组”。5月,选派各镇(区)国土资源所(办)技术骨干到市国土资源局参加业务培训。6月,聘请省、市国土部门专家到溧水为镇、村干部培训班参训150多人,讲解卫片执法业务知识。2009年度卫星遥感影像图片涉及全县87块图斑(41宗地块),监测面积222.39公顷,其中耕地面积8.24公顷。经核查:伪图斑14宗,面积20.39公顷;新增建设用地项目27宗,面积202公顷,其中确认合法用地项目26宗,面积201.09公顷,涉及耕地117.26公顷,均取得合法用地手续;违法用地项目1宗,不涉及耕地,实现全年卫星遥感影像图片检查“双零”(零约谈、零问责)目标。

2011年4月6日,县国土资源局制定《2010年度土地矿产卫片执法检查工作方案》。根据国家下发的监测图件和数据,涉及全县图斑1705个,面积486.06公顷,其中耕地262.67公顷。经过勘测与核实,依据地籍变更结果,将所有项目分为合法用地、违法用地、实地伪变化3大类,其中合法用地142宗,面积314.97公顷,耕地面积175.92公顷(含往年批而未用当年实地建设用地6宗,面积16.91公顷,耕地面积13.74公顷);违法用地52宗,面积122.68公顷,其中耕地面积86.75公顷。违法用地中,省级重点工程省道246项目占地面积98.07公顷，其中耕地面积75.79公顷，占全部违法占用耕地面积87.4%;实地伪变化用地30宗,面积48.43公顷。52宗违法用地中,除15宗项目为农居民建房,由镇政府、市容等部门整改、查处外,其余37宗全部由县国土资源局立案查处,罚款161.54万元,没收建构筑物2.38万平方米,拆除建构筑物8.59万平方米。

2011年度卫片涉及溧水图斑826个,面积711.28公顷。县国土资源局研究制定全县卫片检查工作方案,汇总、分析、筛查卫片数据,确保其真实准确。2012年3月20日,县政府土地执法监察领导小组召开整改工作会议,研究落实整改措施。县国土资源局分管局长多次到有关镇区督促落实整改,具备报批条件的，尽快落实指标，组卷报批；符合拆除条件的，联合城管、公安、监察等部门强制性拆除；符合立案条件的按法定程序立案查处。地籍变更后，全县最终卫片执法数据为：新增建设用地（按B变更与按W变更）面积64.65公顷，涉及耕地20.57公顷；往年批准是年建设图斑（按PJ变更）2个，面积0.42公顷，涉及耕地0.42公顷。其中违法用地11宗，面积2.77公顷，涉及耕地0.87公顷；其余为合法用地，面积62.3公顷，涉及耕地20.12公顷。11宗违法用地项目中，1宗自行拆除复耕，面积0.13公顷。根据2011年度卫片执法检查政策规定，该宗项目不计入问责比，全县问责比3.5%，卫片执法检查实现"双零"。是年，借助"一张图"工程和综合监管平台建设，建立卫片执法检查常态化工作机制，通过市局和县政府政务信息平台建立违法用地信息通报系统，及时汇报、通报违法态势，督促土地执法监管共同责任单位履行职责，疏堵结合，形成监管合力，促使整改，消除违法状态，保持遏制违法高压态势。

2012年度卫片执法检查中涉及全县设施农用地图斑79个，面积17.25公顷，涉及耕地10.6公顷。根据年度地籍变更要求，确属设施农用地的应当提供设施农用地手续。2013年各镇相继将所属设施农用地情况书面盖章并由分管农业副镇长签字，通过县农业局盖章确认后报至国土部门。2013年2月6日，县国土资源局请示县政府为设施农用地相关单位办理备案手续。

2010年6—7月，国家土地督察南京局开展溧水县土地例行督察工作。此次督察内容有：2009年度耕地保护责任目标履行情况、卫片执法检查工作情况；2007—2009年农用地转用和土地征收审批及批后实施情况、土地利用绩效评估情况、土地利用与管理重点工作进展情况等。是年5月18日，县国土资源局制定《配合国家土地督察南京局对我县开展土地例行督察工作方案》，成立由局长为组长，分管副局长为副组长，办公室、法规监察、规划耕保、土地利用、地籍、土地储备等科室负责人为成员的"迎查工作领导小组"，明确职责分工、迎查工作步骤和工作要求。此次督查查出溧水在土地抵押融资方面存在违规操作问题34宗，向省国土资源厅提出整改意见，明确要求溧水县按照《国务院关于加强地方政府融资平台公司管理有关问题的通知》，抓紧开展土地抵押融资项目清理工作，不符合政策的予以查处纠正，规范土地储备，严把土地抵押登记关，防范金融风险。2011年1月10日始，县开发技术总公司、城市建设投资公司、交通建设投资公司和县土地储备中心4大融资平台抵押融资土地贷款到期后，由地籍科出具权属证明材料,第二次全国土地调查成果为国有建设用地的,方可办理土地抵押;集体土地特别是集体农用地的,一律暂停办理。

2013年2月28日，市国土资源局开展溧水县2012年度卫片整改情况督导,就实现2012年度卫片执法检查工作“双零”目标,明确卫片中涉及需拆除的项目一律拆除,时限在2013年3月底。3月1日起,县国土资源局联合城管、公安、建设等部门在违建拆除活动期间,由县纪检监察部门全程跟踪监管,每10日上报一次拆除进度,拆除不力的镇(区)责任人追究责任。全县拆除项目137个,其中开发区9个、永阳镇20个、洪蓝镇28个、东屏镇23个、石湫镇6个、晶桥镇4个、和凤镇32个、白马镇15个,面积258公顷。

第四节　土地信访

1996年起，县国土资源局指定1名副局长分管信访工作，建立信访办公室和信访接待室,负责日常信访接待。全县各镇(区)土管所所长兼任信访员。至2012年,建立信访登记等10项制度;受理来信443件,其中上级转办或平台投诉73件,接待群体上访477起、来访1892人次;受理“12345”或政风热线投诉208件,办理人大、政协建议、提案58件,年均办结率98.7%。

【信访制度】

1998年始,县国土管理局制定接待登记、领导阅批、一事一办、统计、信访档案、保密、局长接待日、例会、信访廉政、责任负责10项信访制度。做到所有来信、来访逐件登记;热情接待来访者;信访反映问题,经查实后,尽快解决;不符合政策、不能解决的问题,作出答复,耐心说明道理,直到信访人满意。在接待信访工作中徇私舞弊、玩忽职守、滥用职权者,一经发现,严肃处理。2005年7月11日,制定《溧水县国土资源信访工作程序(试行)》。在办公用房紧缺情况下,通过科室调整腾出60多平方米,建立信访接待室,并从基层白马镇国土资源所抽调1名在编工作人员任专职信访员，严格按照国家《信访工作条例》规定,做好信访各项工作。随着土地使用制度改革和土地市场活跃,信访数量出现回升。2007年1月8日,制定《溧水县国土资源执法巡查、信访三级网络联动制度》，实现与市、县、镇三级联动办理信访，规定县局信访室将群众来信、来电、来访或市国土局等其他单位交办转办的信访件，通过县局网络办公平台转给镇国土所；镇国土所进行调查，将情况通过县局网络平台上报到县局信访室；县局信访室向分管领导汇报后，进行调查、回复，并将信访内容及调查、答复情况通过市局网络平台上报至市局信访台账档案。是年，全县受理来信43件，办结43件，接待上访人员300多人次，满意率100%。

2007年10月—2008年4月，全县涉土信访总量居高不下，县国土资源局制定《关于进一步加强全县国土资源信访工作的意见》，以"解决问题、化解矛盾"为重点，以降低信访量为目标，提高初信初访办理满意率、重复信访息访率、疑难信访办结率，最大限度地减少到省、市和赴京上访，把问题解决在基层和萌芽状态，确保涉土信访量逐年下降。在原有各项制度基础上，建立和完善"四项制度"，即健全信访工作责任制、落实信访督查问责制、建立信访信息报送制、实行信访工作通报制。2008年8月8日，县国土资源局成立由一把手局长任组长、三位副局长任副组长的"大接访工作领导小组"，制订大接访活动实施方案，集中解决一批容易引发信访突出问题和群体性事件矛盾纠纷及苗头隐患、长期积累的重复信访问题、信访突出问题、群众反映强烈的热点难点问题，把矛盾纠纷化解在基层、问题解决在基层。建立健全县、镇（区）、村、组4级涉土信访网络；与各镇党委书记、镇长和分管镇长签订年度涉土信访目标考核责任书；落实信访工作内部责任制，做好信访排查梳理和调处工作。

【信访受理与调处】

信访受理　1999年后，随着改革开放和经济社会建设步伐加快，土地需求量不断增加，基层因宅基地纠纷、土地权属争议，以及土地补偿、农作物青苗补偿、劳动力安置、制止滥占耕地等违法问题信访量大。县国土资源局把来信来访反映问题逐件登记、受理，及时组织信访办工作人员深入一线调查核实，按照规范程序逐件办理。1996—2006年，受理来信205件、接待来访998人次；处理结案1162件，其中来信205件，来访957人次；不属于国土部门职责范围或反映问题不符合政策的23件，查处违章违法案件482件，补办手续310件，罚款85万元，拆除违法占地29户，面积2320平方米。2006年4月13日，永阳镇十里村陈某写信给永阳镇国土资源所反映：陈家自然村村民陆某在卧龙湖大道旁占用耕地建房，使用面积200多平方米。镇国土所负责人接到来信后，及时组织人员实地调查。经核实，该户确实未经批准，属违法用地，遂当即向建房户主陆某下达停工通知书，并要求立即停止施工建设，5日内恢复原状。随后派员跟踪监督，使该户在限期内主动拆除违章建筑，恢复耕种条件。加大违法案件查处力度，来信来访明显下降。2008年，接收来信27件(其中国土资源部3件、省委1件、省政风热线2件、省厅4件)，结案26件，结案率96.3%；接待来访71起104人次(其中国土资源部1起、省厅15起、市局6起)，结案70起，结案率98.6%。2009年，全县受理涉土来信29件(其中省政府3件、省厅3件、市政府3件、市局8件)，结案28件，结案率96.6%；接待来访49起(其中省政风热线2起、省厅6起)，结案48起，结案率98%。由于处理矛盾及时，全年无重复上访和集体上访重大事件。通过省、市检查验收，摘掉“信访重点管理县”帽子。是年2月18日，县国土资源局获县政府“2008年人大代表建议和政协委员提案办理工作先进单位”。2007—2010年，受理来信来访408件，其中来信129件，“12345”政风热线投诉132件，来访480人次；办结400件，结案率98%；查处违法用地13宗，拆除因拆迁违法违章占地建房37户，面积5000多平方米，建筑面积1.5万平方米。2011年起，县国土资源局不断加强信访网络建设，抽调2名工作人员专门负责接待群众来信来访；各镇(区)国土所(办)配备1名工作人员专项负责信访调处；每月召开一次信访工作例会，汇报交流信访工作情况，重大信访问题及时研究解决。县城秦淮路阳光佳苑住宅小区，建设过程中，永阳镇工农兵村陈家自然村有1被拆迁户，因房屋拆迁补偿问题拖延3年未能拆除，成为“钉子户”。开发商负责人多次到永阳镇政府上访反映，要求镇政府尽快解决。镇分管副镇长组织镇国土所、村建办、市容办实地调查研究，找当事人做思想工作，但当事人漫天要价，未能达成协议。最后在县有关部门通力合作下，依法进行强制拆除。2011—2012年，受理来信来访258件，其中受理来信83件，接待来访263人次，接待“12345”或政风热线投诉134件，办结率100%，群众反映问题多数得到解决，受到社会普遍好评。

1996—2012年信访受理统计表

表11-4

年份	来信(件)		来访(起/人次)		"12345"等或政风热线投诉(件)	来信来访等办结率(%)	人大政协建议、提案办理(件)
	计	其中上级转办或平台投诉	计	其中上级部门接待			
1996	12	—	9/35	—	—	94.3	—
1997	—	—	19/73	—	—	100	—
1998	14	—	21/61	—	—	100	—
1999	9	—	—	—	—	100	—
2000	10	—	13/42	—	—	100	—
2001	—	—	11/42	—	—	90	—
2002	27	—	—	—	—	95	—
2003	12	—	8/26	—	—	95	5
2004	25	—	14/300	—	—	90	6
2005	43	—	12/100	—	—	100	6
2006	79	6	43/488	—	—	100	9
2007	46	—	63/156	—	72	100	5
2008	27	10	71/104	—	43	98	—
2009	29	27	49/92	8/24	2	97.5	—
2010	27	—	76/128	—	15	96.8	12
2011	42	—	94/133	2/5	65	100	—
2012	41	30	81/130	14/57	69	100	15
合计	443	73	584/1910	24/86	266	97.4558	—

信访调处 1996—2000年，县国土管理局收到涉土信件45件，接待来访211人次，其中群体上访159人。2001—2008年，涉土信件259件，接待来访1216人次，其中群体上访1005人次。2009年起，县国土资源局把信访调查处理作为信访工作出发点，做到所有来信逐件登记，来访者热情接待，把他们所反映问题逐一调查，经查实后尽快答复并帮助解决，不符合政策，不能解决的，也作出答复，耐心说明道理，直到信访人满意。

2010年，县收到省厅涉土信访10件，大都与事实不符或属于无理信访。

2010年5月11日，全县调解业务骨干及涉土矛盾纠纷专题培训班 (局办公室提供)

例如，严某某反映洪蓝镇工业集中区大多数用地没有合法手续问题。经县、镇信访工作人员调查，其反映的问题与事实不符。洪蓝镇于2003年年初规划建设镇工业集中区，规划面积2平方公里，土地大都通过流转方式取得，并逐年争取指标报批，做到批一块用一块，2002—2003年，集中区建成面积173.33公顷，90%取得合法用地手续。因新农村建设，规划建设一条农村道路与园区相接，涉及严某某旱地0.32公顷。经村与其协调同意，采用易地调整置换，并按照县政府文件规定兑现青苗、附属物补偿等款项，但严某某提出每公顷给予105万元标准补助，遭到镇政府拒绝后引发信访。2010年4月，石湫镇某村村民周某某等5人反映该镇麦涛管业有限公司违法用地及石湫镇占用土地建标房和补偿不到位等问题，经县、镇信访工作人员调查，其5人联名来信反映问题不实。江苏麦涛管业有限公司占地总面积6.73公顷，其中4.67公顷于2009年经省政府和省国土资源厅批准，开工建设面积约4公顷，其余2.07公顷用地指标镇政府通过增减挂钩解决指标组件报批。县政府《关于印发加快村级标准厂房建设实施方案的通知》，石湫镇在工业集中区内建设8栋村级标准厂房，占地总面积6.8公顷，其中2公顷于2009年经省政府批准，其余4.8公顷用地指标镇政府通过增减挂钩解决指标组件报批。2006年3月，王某某写信给省国土厅，反映东屏镇爱景村涧西吴组集体土地被征收，无合法手续。经查，东屏镇爱景村涧西吴组土地23.45公顷，在2005年新澳(南京)实业有限公司征地时经省国土资源厅合法批准，并于2006年经市政府批准撤销涧西吴组村民小组建制。信访人员与王某某见面求证时，据其本人陈述是从别人闲谈中得知。

2010年11至12月，因卧龙湖人居森林建设项目，东屏镇某村村民20多人，分两组同时上访，到国家督察南京局、省市县纪委信访，12月24日，县国土资源局及时应对，将调查情况上报市国土资源局。原卧龙湖国际社区建设项目用地232.15公顷，于2003年3月经县国土资源局土地交易中心通过挂牌出让获得。但在2003年11月30日全国土地市场治理整顿中，其土地使用权被收回，项目全部停工。2005年初，因落实“绿色南京建设”发展战略，县政府又以“卧龙湖人居森林建设项目”向上申报用地，在征得有关部门同意后于2006年4月10日与南京卧龙湖置业有限公司签署该地块土地出让合同，出让面积100公顷。根据县国土资源局土地交易中心2005年11月挂牌提供的用地范围红线图和县建设局项目规划设计要点，该公司编制《卧龙湖国际社区详细规划》，并于2007年10月经县规划委员会审查批准。《详规》中规划用地总面积212.11公顷，扣除后建的桂庄立交桥互通、宁杭和沿江两条高速公路占用面积(绿化带50米，实际退让8.13公顷)，实际规划和占用土地面积约204公顷，其中100公顷为国有出让土地，剩余约104公顷为租赁撤组后国有建设用地，由县国土资源局与用地单位达成协议，其权属在县土地储备中心名下，并明确四至范围。根据批准的《详规》方案(建筑面积80万平方米，其中住宅70万平方米，商业10万平方米)，该公司计划在6~8年内分期开发建设。至2010年底，卧龙湖人居森林建设项目100公顷出让用地中只办理60.2公顷国有土地使用证，建成部分占地面积17.51公顷，还有82.49公顷未开发建设。在104公顷租赁土地中，项目租赁土地用途主要为道路绿化景观用地，原有山林、果园、坑塘水面等原生态保护绿地40.6公顷，建成人居森林体育公园30.8公顷、道路8.16公顷，还有约20.44公顷未开发建设。在卧龙湖人居森林建设项目范围内土地原隶属于东屏镇涧西吴组，因区划调整，隶属于县经济开发区后，土地补偿足额到位，包括租赁土地上各项费用都按年度结束兑付到位。按照县人社局提供统计数字显示，到2009年8月，卧龙湖人居森林建设项目参加保险人数320名，按照政策规定基本做到应保尽保。导致信访原因主要是受经济利益驱动，因该村组村民在卧龙湖人居森林建设项目上做工程，随着建设项目接近尾声，施工单位用工减少，导致村民不满。县国土资源局了解这一情况后，及时作出妥善处理：将建成发证建设项目加强监管，加大规模控制力度；就在建项目加强跟踪督察，督促项目建设单位依法依规用地，做到批准一块用一块；做好信访人员息访工作，督促项目单位和县经济开发区区别轻重缓急，切实维护好群众切身利益，确保矛盾化解、社会稳定。

2012年8月8日，县委、县政府下发《关于进一步完善县处理信访突出问题及群体性事件联席会议制度的通知》。县国土资源局及时分析研究信访工作中出现的新情况、新问题、新特点，从主要职责、工作原则、组成人员、工作机构等方面作出具体部署。是年，县国土资源局接待来访81起、130人次，受理来信41件，办理“12345”政府热线平台投诉69件，均全部办结。

2009—2012年，调处信访案件139件，其中上级转办57件，接待来访群众383人次，处理群访300件，结案99%。

第十二章　机构队伍

1996年，县土地管理局内设机构有办公室、财务股、建设用地股、土地管理股、法规监察股、国有土地使用权出让转让办公室、土地执法监察中队、地籍所。党群团组织有中共溧水县土地管理局支部委员会(隶属县机关党委管理)、县土地管理局工会委员会。下属企业有县经纬测绘中心等4家。全县16个乡(镇)设有土地管理所，隶属县土地管理局垂直领导管理，工作上属县、乡(镇)双重管理。1997年8月19日起，县土地管理局更名为溧水县国土管理局。2002年，县机构改革，县国土管理局更名为溧水县国土资源局。县内乡镇区划调整，16个乡(镇)国土管理所调整为8个国土资源所。县、镇国土管理部门由市国土资源局垂直领导。县国上资源局内设机构有办公室、计划财务科(内部审计科)、土地利用科、规划科、耕地保护科、法规监察科、国土资源执法监察大队、地籍管理所、矿产资源管理所、土地储备中心、土地整理中心11个科室。局成立中共溧水县国土资源局党总支部委员会，下设4个支部委员会。2005年3月19日，建立县国土资源局党组。2007年起，县国土资源局增设地价评估、测绘、政务中心、信息中心、闲置土地处置节地提效办公室、集体土地征地拆迁办公室等服务职能，全县国土资源管理逐步走向法制化、规范化。

1997年始，县国土资源局重视国土资源管理队伍建设。1999—2012年，先后3次实施竞争上岗，一批年轻有为青年骨干走上中层领导干部岗位。加强中层干部全方位职能培养，2007—2012年，有38人先后参加国土资源部各类业务培训学习，8人到省、市国土部门挂职跟班学习，局机关科室之间、科室与乡镇之间集中轮岗交流中层干部19人、一般职工14人。2002—2012年，先后制定《学习制度》《考勤制度》《督办制度》《廉政制度和作风建设》《考核制度》《五条禁令》等11个规章制度。至2012年年底，县国土资源局系统有干部职工156人，其中在职在岗公务员9人、参公事业编制55人、事业编制27人、劳务派遣59人(合同制)。全局系统有中共党员101名,占全系统总人数65%,硕士研究生以上学历9人,学士本科学历56人,大专学历91人。全县国土资源系统受到县委、县政府表彰的科、室、所占局系统90%以上,市以上表彰占系统50%以上,受到县级以上表彰的优秀党员、先进工作者、劳动模范68人次。

县国土资源局工会委员会建立于20世纪80年代末, 至2012年12月,工会先后经过4次换届,每届选举产生新的工会委员会主席1名,副主席1名,委员5名,其中工会主席均由副局长担任。2004年5月,建立共青团溧水县国土资源局支部委员会。2004—2008年,局团支部2次换届,每届选举产生支部书记1名,委员4名。2008年,局建立妇女工作联合会,每年"3·8"妇女节组织女工参观学习,参加社会体育、歌咏比赛活动。重视选拔任用女干部,至2012年,全系统23名中层干部中,女干部占55%,主要技术岗位上,女职工占65%,女党员占党员总数22.8%。

2002年始,加强系统信息化建设,至2005年,完成全县镇(区)土地权属调查、地类调查、地形调绘,建立数据信息库,基本达到"对内以图管地,对外以证管地"目标。2011年5月,建成占地975平方米、建筑面积1237平方米、总投资280万元综合服务大楼,设立土地利用、土地登记、收缴规费3个窗口,实行一个窗口受理、一站式办公、一条龙服务。2013年1月4日,县编委批准建立溧水县国土资源信息中心。加强档案信息化建设,1996—1997年,县土地管理局集中、统一、规范立卷土地档案2478卷,其中综合档案954卷、建设用地632卷、地籍类892卷,综合档案室达省二级标准。2002年始,推行部门立卷,规范档案资料收集、整理、立卷、编目、上架等程序。2011年12月20日,县国土资源局档案管理工作通过省五星级验收。至2012年,全县国土资源档案总数38326卷。

第一节 行政管理

1996年,全县土地管理机构有县土地管理局和乡(镇)土地管理所。县实行乡(镇)土地管理所人财物垂直领导,土地管理工作实行县与乡(镇)政府双重管理。1997年12月25日,县机构编制委员会办公室、县国土管理局下发《关于乡(镇)土地管理所行政管理体制变动有关问题的通知》,实行乡

(镇)土地管理所为乡(镇)政府主管、县国土管理局协管的自收自支事业单位。是年,全县16个乡(镇)土地管理所53名在编全民事业编制人员全部下放由各乡(镇)政府直接管理。2001年,县委、县政府开展乡(镇)事业单位机构改革,6月30日区划撤乡并镇后,以文化考试、事业单位人员数量平衡政绩考核等形式,全县8个镇土地管理所在编人员由原来53人减至24人。2002年6月,县委、县政府根据市委、市政府相关文件精神,恢复机构改革下岗人员编制复岗。同年6月11日起,县国土管理局恢复镇土地管理所29名下岗人员复岗,并实行县国土管理局对镇国土管理所人财物垂直管理体制。

【县国土资源局】

局机构 1988年3月31日,县建立溧水县土地管理局,为县级行政事业单位。国家建设征用土地、登记发证、土地管理费征收等地政业务由城建部门划出,原县农村土地管理办公室合并到县土地管理局,1名副局长主持局全面工作,机关行政编制8名。1989年12月—1991年2月,领导职数局长1名,副局长1名;1991年3月—1992年10月,领导职数局长1名,副局长2名;1992年11月—1995年9月,领导职数局长1名,副局长3名,至1997年8月未变。1997年8月19日,县级机关机构改革,县土地管理局更名为溧水县国土管理局,主管全县土地管理和行政执法。机关行政编制14名,行政附属编制1名;领导职数局长1名,副局长2名,股级4名。主要职能:全县土地、城乡地政统一管理;土地利用总体规划和建设用地计划管理,耕地保护;土地资源和土地资产管理;土地行政执法、土地监察,防止国有土地资产流失;土地市场管理和调控,培育和完善土地市场。

2002年3月5日,县级党政机关机构改革,县国土管理局更名为“溧水县国土资源局”。6月21日,县政府下发《关于印发〈溧水县国土资源局职能配置、内设机构和人员编制规定〉的通知》,明确为县政府主管全县土地、矿产资源等自然资源规划、管理、保护与合理利用的工作部门。县计经委原矿产管理行政管理职能和县计经委原制定国土规划和土地利用总体规划有关职能划入县国土资源局。同时强化3方面职能,即土地、矿产等自然资源规划、保护与管理,加强耕地保护,保障全县人民生活和现代化建设当前和长远的需要;土地利用、国土资源配置、土地和矿产权市场管理,培育和完善土地市场;依法行政,严格查处各类违法行为。

至2012年末,县国土资源局领导职数,局长1名,副局长3名。在编干部职工97人(行政编制12人,参照公务员管理55人,事业编制30人),其中本科以上学历56人,大专学历41人;高级技术职称5人,中级技术职称12人,初级技术职称9人。

1996—2012年溧水县国土资源局负责人更迭表

表12-1

姓　名	职　　务		任职时间	备　　注
魏宏猷	局长		1995.3.10—1998.1.15	—
卞维贤		副局长	1992.4—1996.4	正局级
魏忠仁		副局长	1992.4—1999.7	—
王大全		副局长	1995.3.10—2004.9.29	—
严克利	局长		1998.11.19—2004.2.20	—
邱祖坤		副局长	1995.9.25—1996.8	—
		副局长	1997.6—1998.2	正局级
		副局长	1998.2—1998.11	主持工作
		副局长	2004.2—2004.10	主持工作
	局长		2004.10.20—2009.10.26	副处级
芮小马		副局长	1998.8.28—1999.8.28	市局挂职
褚海明		副局长	2000.2.24—2011.5.11	正局级
尹昭根		副局长	2004.10.16—	正局级
唐祥春		副局长	2006.3.3—	—
石明生	局长		2009.11.2—2012.6	—
孙　艺		副局长	2011.5.3—	—
黄忠山	局长		2012.7—	2012年7月到任,12月下文。副处级

说明:本表记述的负责人均按到职时间先后排列

内设机构 1996年前，县土地管理局仅设办公室、建设用地股、土地管理股、法规监察股和1个全民事业单位县地籍管理所。1996年3月，增设土地执法监察中队和1个下属企业县房地产开发公司。1997年，县级机构改革，内设办公室、计划财务科、建设用地科、土地利用科、法规监察科与土地执法监察中队合署办公、县地籍管理所(独立核算)。2002年3月5日，县级党政机关机构改革后，增设县矿产资源开发管理办公室。2004年10月15日，局调整内设机构，内设办公室(监察室、档案室)、计划财务科(内部财务审计科)、规划科技科、耕地保护科(土地储备中心、征地事务所)、土地利用科(土地交易中心、地价评估所)、法规监察科(信访室、土地执法监察大队)、地籍科(信息中心、测绘事务所)、矿产管理所。2011年6月3日，县政府办下发《关于印发溧水县国土资源局主要职责内设机构和人员编制规定的通知》，规定县国土资源局内设办公室、计划财务科(内部审计科)、土地利用管理科、规划科(行政审批科)、耕地保护科、法规监察科(信访办公室，土地执法监察大队)。承担全县土地矿产等自然资源规划、管理、保护与合理利用责任。核定局机关内设机构领导职数6正2副。2012年年底，实有内设机构领导职数9正12副。

1996年至2013年3月溧水县国土资源局内设机构负责人更迭表

表12-2

内设机构名称	负责人姓名	所任职务	任职时间
办公室(监察室、档案室)	薛　宝	主任	1995.4.18—1997.7.15
	吕维喜	副主任 主任	1997.7.15—1997.12.28 1997.12.29—2000.9.8
	张友兴	副主任(兼档案室主任)	1995.4.18—1997.7.15
	张　军	副主任	1999.7.12—2000.9.8
	张友兴	主任(兼档案室主任)	2000.9.8—2005.3.15
	方述宝	副主任	2000.9.8—2005.3.15
	许　丰	主任	2005.3.15—2011.3.16
	管卫星	副主任	2005.3.15—2007.11.27
	方述宝	监察室主任	2005.4.5—2011.3.16
	薛　军	副主任	2007.11.27—
	韩明忠	主任(兼档案室主任)	2011.3.16—

续表12-2

内设机构名称	负责人姓名	所任职务	任职时间
办公室(监察室、档案室)	杨　树	副主任	2011.3.16—
	严令国	监察室主任	2011.3.16—
	焦湘凌	副主任	2012.2.22—
	蒋　明	副主任	2012.11.7—
计划财务科(股)(内部审计科)	许　丰	股长	1995.3.23—2000.9.8
	许　丰	科长	2000.9.8—2005.3.15
	姚　民	副科长 科长(兼核算中心主任)	2000.9.8—2005.3.14 2005.3.15—2011.7.11
	张　丽	副科长	2005.3.15—
	张英姿	科长	2011.7.11—
	张　丽	内部审计科科长	2011.8.29—
	韦梦颖	副科长	2012.2.22—
土地管理股	程文金	股长	1988.9.26—1997.8
	栾兆亮	副股长	1995.12.11—1997.8
土地利用规划科	程文金	科长	1997.8—2000.9
	栾兆亮	副科长	1997.8—2005.4
	方述宝	副科长	1998.4.6—2005.4.5
	张　军	科长	2000.9.8—2002.7
	张存千	副科长	2000.9.8—2002.7
土地规划和耕地保护科	张　军	科长	2002.7—2007.3
	严明成	副科长	2005.3.15—2007.11.27
	周祥华	副科长	2005.3.15—2011.3.16
	王日明	副科长	2007.11.27—2011.3.16
	李　杰	副科长	2011.3.16—2012.2.22
	李　雪	副科长	2011.3.16—2012.2.22
规划科(行政审批科)	周晓明	科长	2012.2.22—
	周祥华	副科长	2012.2.22—

续表12-2

内设机构名称	负责人姓名	所任职务	任职时间
耕地保护科	张　军	科长	2012.2.22—2012.5.2
	李　雪	副科长	2012.2.22—2012.9.1
	骆有智	副科长	2012.2.22—2012.9.1
	李　杰	副科长	2012.2.22—
	周德宏	副科长	2012.9.1—
建设用地股	阚爱民	股长	1992.5—1997.8
	赵三网	副股长	1991.3—1997.8
	尹　伟	副股长	1995.1.4—1997.8
建设用地科	阚爱民	科长	1997.8—2002.3
	尹　伟	副科长	1997.8—2000.12
	赵三网	副科长	2000.9.8—2005.4.5
土地利用科	孙　艺	科长	2005.3.15—2012.5.4
	吴宇驰	副科长	2005.3.15—2007.11.27
	管卫星	副科长	2007.11.27—2012.5.14
	吴宇驰	科长	2012.5.4—
法规监察股	殷宏才	股长	1995.1.4—1997.8
	张亚东	副股长	1995.12.11—1997.8
法规监察科（信访室）	殷宏才	科长	1997.8—1997.7.15
	张友兴	科长	1997.9—2000.9.8
	程文金	科长	2000.9.8—2005.4.5
	周　兴	科长	2005.3.15—2007.11.27
	何　伟	副科长 科长	2005.3.15—2011.3.15 2011.3.16—
	蒋　明	副科长	2007.11.27—2012.11.7
	严明成	副科长	2007.11.27—2011.3
	甘培政	科长	2007.11.27—2011.3
	邓　云	副科长	2008.8.22—
	方金根	副科长	2011.3.16—

续表12-2

内设机构名称	负责人姓名	所任职务	任职时间
土地监察中队	骆有智	副中队长 中队队长	1995.12.11—1997.7.14 1997.7.15—2002.7
	周　兴	中队副中队长	1999.7.12—2000.9.8
执法监察大队	骆有智	中队队长	2002.7—2004.12.29
	周　兴	副队长(主持工作)~ 队长	2004.12.29—2005.3.14 2005.3.15—2007.11.27
	甘培政	大队队长	2007.11.27—2011.3.16
	何　伟	大队队长	2011.3.16—

【县直属机构】

2011年10月17日,县人力资源和社会保障局《关于溧水县国土局事业单位岗位设置方案的复函》,明确县国土资源局直属事业单位5个,分别为县地籍管理所、土地储备中心、矿产资源管理所、土地整理中心和开发区国土管理办公室,设置岗位总量31个,其中管理岗位7个,专业技术岗位22个,工勤技能岗位2个。

县地籍管理所(地价所、县行政服务中心国土资源中心)　1996年6月11日,县编委批准,成立溧水县地价所,为股级全民事业单位,与县地籍管理所合署办公。2005年3月,县地籍管理所更名为地籍科(信息中心、测绘事务所),成为县国土资源局内设机构。2011年6月3日,县"三定方案"撤销地籍科,重新设立地籍管理所,职责是制定全县地籍管理实施办法,开展土地资源调查、地籍调查测绘、土地统计和动态监测,组织土地确权、登记、发证和分等定级工作。经费自收自支。同年7月,县国土资源局在县行政服务中心设立土地利用、土地登记、收缴规费3个窗口,实行一站式服务。服务内容有:用地报批、用地预审、挂牌出让、转让、抵押、登记制图、登记制证、登记收件、收缴规费、政策咨询。由县地籍管理所代管。

县土地储备中心(县土地交易中心)　2000年7月31日,县政府成立溧水县土地储备中心,为股级全民事业单位,核定事业编制6名,经费自收自支,由县国土管理局代管,具有独立法人资格,人员由县国土管理局内部调剂。其职责是:根据县政府批准的储备计划,适时收回、收购、置换或征用企事业单位盘活和调整的存量土地及其他增量土地,并纳入土地储备范围;做好储备土地前期开发工作;做好储备土地资金测算平衡;招商洽谈及投入市场前期准备;做好土地出让以及与土地储备有关的其他工作。运作资金通过储备土地抵押贷款方式,向有关金融机构取得相应贷款,初期启动资金由县国土管理局注入50万元。县土地储备中心运作过程中有关税费,按国家有关规定执行。专户结算土地收储和出让运作过程中的资金。

2002年5月20日,县政府制定《关于印发溧水县土地交易市场管理暂行规定的通知》,设立土地交易中心,为全民事业单位,与县土地储备中心合署办公,负责全县土地交易。同时,设立交易中心理事会,由县政府常务副县长任理事长,分管土地、建设的副县长任副理事长,国土、计划、建设、财政、物价、监察等部门代表和交易中心有关专业技术人员为理事。理事会决策交易中心重大问题。县国土资源局是交易中心主管部门。其主要职责:贯彻执行国家土地管理的政策、法律、法规和规章,制定内部管理制度,具体实施土地交易市场的建设计划和目标;接受主管部门和其他单位、个人委托,组织实施土地使用权出让、转让、租赁的招标、拍卖和公开挂牌交易工作,为举办土地使用权招标、拍卖会提供场所和服务;受理土地使用权转让申请,负责转让条件核验、成交确认;收集、汇总、储存、上报、发布土地交易信息行情,提供有关法律和其他信息咨询服务;发布土地使用权出让和转让供求信息,提供土地使用权交易、洽谈、招商、展销场所,为土地交易代理、地价评估、信息咨询等中介机构提供服务场所;县政府交办、主管部门委托的其他事项。至2013年3月,全县土地交易中心仍在继续运行。

县矿产资源管理所 县矿产资源管理所前身是县矿产资源开发管理办公室,隶属县计经委管辖。2002年3月5日,县政府机构改革,县矿产资源开发管理办公室划归县国土资源局管理。2003年4月21日,县编制委员会下发《关于县矿产资源开发管理办公室更名的通知》,县矿产资源开发管理办公室更名为"溧水县矿产资源管理所",为全民直属事业单位,编制、人员性质、经费等均不变。其主要职能:宣传、实施《矿产资源法》及配套法规监督检查;管理矿产资源,维护矿产资源国家所有权,编制全县矿产资源规划,拟定矿产资源开发和保护措施,依法合理分配矿产资源、全县采矿权管理工作;依法征收管理矿产资源补偿费、全县矿产资源登记、统计、评估、发证,协调处理采矿权纠纷,查处违法开采,打击刑事犯罪。在全县环境保护规划指导下，监督管理全县地质环境及开发利用，编制地质环境保护、监督及地质灾害防治规划、计划，实施县内重大地质灾害防治工作；组织协调地矿外事工作，参与审批中外合资、组织开展地矿向外科技交流和合作事宜。承办县委、县政府及县国土资源局交办的其他事宜。至2013年3月，县矿产资源所为全民事业股组建制核定事业编制人5名。

县土地整理中心 2008年3月10日，编委同意成立溧水县土地整理中心，全民事业单位，股级，隶属县国土资源局领导，核定事业编制2名，股级职数1名，经费自收自支。其主要职责是：负责全县土地开发复垦整理和管理；编制土地复垦开发规划、计划，负责土地复垦开发项目审核、审查、审批、验收、考核、评估和资金监督管理至2013年未变。

开发区国土管理办公室 2007年8月14日，县编委批准县国土资源局设立溧水县国土资源局县经济开发区国土管理办公室，全民事业单位，股级建制，隶属县国土资源局管理，核定事业编制4名，经费渠道全额拨款，职数(股级)1名。主要职责：规范县经济技术开发区国土资源管理工作，促进土地节约集约利用，为进区企业提供土地预征及流转、办证服务。

1996年至2013年3月局直属机构负责人更迭表

表12-3

直属机构名称	负责人姓名	所任职务	任职时间
地籍管理所	冯传进	所长	1995.1.4—2005.3.15
	张存千	副所长	1999.7.12—2000.9.8
	栾兆亮	副所长	2000.9.8—2005.4.5
	孙玮玉	所长	2011.6—
	范菊华	副所长	2011.1—
	傅义忠	副所长	2011.6—
地籍科(信息中心)	孙玮玉	科长兼信息中心主任	2005.3.15—2011.6
	范菊华	副科长兼信息中心副主任	2005.3.15—2011.6
	朱霁霆	副科长兼信息中心副主任	2005.3.15—2007.11.27
	傅义忠	副科长	2007.11.27—2011.6

续表12-3

直属机构名称	负责人姓名	所任职务	任职时间
土地储备中心(土地交易中心)	吕维喜	主任	2000.9.8—2004.9
	周　兴	副主任	2000.9.8—2004.12.29
	孙　艺	副主任	2000.9.8—2005.3.15
	蒋　明	副主任	2004.12.29—2006.2.27
	尹昭根	主任	2005.3.15—2006.2
	孙　艺	土地交易中心主任	2005.3.15—
	吴源平	副主任 主任	2005.3.15—2006.2.26 2006.2.27—2007.6.21
	骆有智	副主任	2006.1.25—2007.6.21
	张存千	副主任	2006.2.27—2007.6.21
	章　庆	副主任	2006.2.27—2007.6.21
	邱祖坤	主任	2007.5—2009.12
	石明生	主任	2009.12—2012.11
	黄忠山	主任	2012.12—
土地储备中心办公室	吴源平	主任	2007.6.21—2007.8
	章　庆	副主任 主任	2007.6.21—2007.11.26 2007.11.27—2013.1
	骆有智	副主任	2007.6.21—2012.2.22
	张存千	副主任	2007.6.21—2007.11.27
	李　杰	副主任	2007.11.27—2011.3.16
	王　昱	副主任	2007.11.27—
	董静声	副主任	2012.2.22—
	李　雪	副主任	2012.9.1—
	吴荣琴	主任	2013.1.22—
矿产管理所	蒋　明	副所长(主持工作)	2003.5.8—2004.12.29
	周晓明	副所长 所长	2004.12.29—2005.3.14 2005.3.15—2012.2.22
	张存千	副所长	2007.11.27—2012.2.22
	田福红	所长	2012.2.22—

续表12-3

直属机构名称	负责人姓名	所任职务	任职时间
土地整理中心	严明成	兼副主任	2005.3.15—2007.10
	王日明	兼副主任	2007.11.27—
	张　军	兼主任	2008.3—
开发区国土管理办公室	张存千	副主任	2004.12—2006.2.27
	蒋　明	副主任(主持工作)	2006.2.27—2007.11.27
	严令国	主任	2007.11.27—2011.3.16
	葛和平	主任	2011.3.16—2013.3

【乡镇机构】

1988年3月，县土地管理局成立后，全县17个乡(镇)相继成立土地管理所，隶属于县土地管理局垂直管理。1994年5月26日，县撤销原城郊乡并入在城镇，全县17个乡镇土地管理所变为16个。每所编制为2~3人，计53人，全民事业性质，其中所长或副所长1人；人员经费开支由县土地管理局全额拨款。工作上属县、乡(镇)双重领导。1996年始，全县乡(镇)在编土地管理人员纳入招聘干部管理行列，16个乡(镇)土地管理所符合招聘干部条件人员参加全市招聘干部统一考试，正式录用国家招聘干部38名。

1997年7月15日，乡(镇)土地管理所人员定编定岗。全县16个乡(镇)土管所所长16人、土管员33人，定编49人。1998年1月1日起，乡(镇)土地管理所实行由乡(镇)政府主管、县国土管理局协管体制，人财物及工作由乡(镇)政府负责，负责人考核、任免、奖惩征求县国土管理局意见。全县16个乡(镇)土地管理所在编在册工作人员53人(其中大多数乡镇土地管理所编制3人，人员最少的共和乡编制2人，最多在城镇编制8人)。县国土管理局负责协管，制定“百分考核办法”，考核内容为规划管理、用地管理、执法监察、地籍管理、制度建设、财务管理和协调服务等，签订目标责任状。

2001年12月10日，全县8个镇国土管理所实行镇和县主管部门双重领导，以县国土管理局为主管理体制，性质为全民事业单位，除永阳镇国土管理所核定8名事业编制外，其他各镇国土管理所事业编制3名，经费自收自支。2002年1月，县政府决定8个镇土地管理所由县国土管理局垂直领导。

2002年4月26日，全县8个镇国土管理所分别更名为“永阳镇国土资源所”“东屏镇国土资源所”“白马镇国土资源所”“柘塘镇国土资源所”“洪蓝镇国土资源所”“石湫镇国土资源所”“晶桥镇国土资源所”“和凤镇国土资源所”，理顺科室、所之间职能，避免行政管理交叉重叠，职责不清。同年5月16日，县国土管理局制定《关于加强国土资源所长效管理的实施意见》，政务公开，主要职责、制度、业务程序、收费标准及依据、监督举报电话等内容上墙公示；分期分批选送业务骨干参加省市县国土系统业务培训，加强镇国土所规范化建设。2005年7月—2007年9月，县国土资源局投入830余万元，陆续装修东屏、石湫、晶桥、永阳、柘塘、白马6个国土资源所办公楼，新建洪蓝、和凤镇国土资源所办公楼。在全市率先完成“四个一”工程（一幢办公楼、一辆执法车、每人一台电脑、一个标准档案室）。2006年5月，全市在溧水县召开现场会。2007年3月26日，永阳、白马、柘塘、晶桥、石湫、东屏、和凤、洪蓝8个镇国土资源所被市国土局授予“南京市国土资源基层所规范化建设合格单位”。

2006年3月，全县8个镇国土资源所和县局土地执法监察大队54人参加全市组织的《中华人民共和国公务员法》《公务员职业道德规范》《公务员公文写作》等知识考试，纳入县参公管理行列（其中8个镇51名，局土地执法监察大队3名）。同年9月19日，东屏镇国土资源所被省国土厅评为“全省优秀国土资源所”。2009年3月5日，洪蓝镇国土资源所被市国土局命名为“市级优秀国土资源所”。2011年5月25日，柘塘镇国土资源所被市国土局命名为“市级优秀国土资源所”。

1996—2000年溧水县乡（镇）国土管理所负责人更迭表（乡镇区划调整前）

表12-4

所属乡镇名称	负责人姓名	任职时间	所任职务	备　　注
在城镇	甘培政	1995.4.18—2000.2.29	所长	2000.2.29 并入永阳
东庐乡	陈忠海	1993.2.4—1998.5.10	所长	1998.5 土地建设合署办公；2000.2.29 并入永阳
	陈忠海	1998.5.10—2000.2.29	所长	—

续表12—4

所属乡镇名称	负责人姓名	任职时间	所任职务	备　注
柘塘镇	陶家友	1994.12.19—1996.4.2	所长	1999.12.22 乌山、柘塘合并
	范荣生	1996.4.2—1997.7.15	副所长(主持工作)	—
	张才有	1997.7.15—1999.12.22	所长	—
乌山乡	张才有	1993.2.4—1997.7.15	所长	1999.12 .22 乌山并入柘塘
	范荣生	1997.7.15—1999.12.22	所长	—
群力乡	李志明	1995.4.18—1996.9.26	所长	2000.2.29 群力并入东屏
	杨志锁	1996.9.26—1997.1.9	所长	—
	严令国	1997.1.9—2000.2.29	所长	—
东屏乡	陈维国	1993.2.4—1997.4.24	所长	2000.2.29 群力、东屏合并
	王　阳	1997.7.15—1997.12.29	副所长	—
	薛　宝	1997.12.29—2000.2.29	副所长	—
共和乡	张齐明	1993.2.4—2000.2.29	所长	2000.2.29 并入白马
白马乡	陈帮荣	1993.2.4—1998.3.16	所长	2000.2.29 共和、白马合并
	杨　杰	1998.3.16—2000.2.29	副所长	—
洪蓝乡	邓可行	1993.2.4—1998.8.10	所长	—
	石年生	1998.8.27—2001.3.4	办公室主任	建设、土地合并成立镇村建设土地管理办公室
	葛和平	1999.4.6—2001.3.4	办公室副主任	—
	余洪明	1999.4.6—2001.3.4	办公室副主任	—
渔歌乡	陈德树	1993.2.4—2000.2.29	所长	2000.2.29 并入洪蓝
云鹤乡	戴晓宏	1993.2.4—1997.7.23	所长	2000.2.29 并入晶桥
	李　杰	1997.7.23—2000.2.29	所长	—

续表12-4

所属乡镇名称	负责人姓名	任职时间	所任职务	备　　注
晶桥乡	张泉水	1996.4.2—1997.12.24 1997.12.25—1998.6.14	副所长 所长	2000.2.29 云鹤、晶桥合并
	陈敬九	1998.6.14—2000.2.29	所长	—
	徐白根	1998.6.14—2000.2.29	副所长	—
石湫乡	王　明	1995.7.24—1999.12.22	所长	1999.12.22 明觉、石湫合并
	管卫星	1997.12.25—1999.12.22	副所长	—
明觉乡	黄守都	1993.2.4—1998.9.23	所长	1999.12.22 并入石湫
	张　锋	1998.9.23—1999.10.10	所长	—
孔镇乡	严明成	1996.4.2—1997.12.24 1997.12.25—2000.2.29	副所长(主持工作) 所长	2000.2.29 并入和凤
和凤乡	徐太平	1993.2.4—1998.8.10	所长	2000 年孔镇和凤合并
	邓可行	1998.8.10—2000.2.29	所长	

说明:1998年1月1日—2001年12月10日,各乡(镇)国土所下放乡(镇)管辖后,部分乡(镇)国土所与村建办合署办公,名称为××乡(镇)村建土地管理所或××乡(镇)村建土地管理中心等

2000—2012年溧水县各镇国土资源所负责人更迭表(乡镇区划调整后)

表12-5

所属乡镇名称	负责人姓名	任职时间	管理工作(员数)	备　注
永阳镇	甘培政	2000.3.1—2007.11.27	所长	
	陈忠海	2000.3.1—2002.1.14	副所长	
	朱霁霆	2007.11.27—2010.9.26	所长	
	吴荣琴	2007.11.27—2011.3.16	副所长	
	李岭辉	2011.3.16—	所长	
	陈　龙	2012.2.22—	副所长	

续表12—5

柘塘镇	范荣生	1999.12.22—2007.11.27	所长	
	葛和平	2007.11.27—	所长	
	周祥华	2011.3.16—2012.2.22	副所长	
	周德宏	2012.2.22—2012.9.1	副所长	
东屏镇	严令国	2000.2.29—2007.11.27	所长	
	范荣生	2007.11.27—	所长	
	张应昌	2012.2.22—	副所长	
白马镇	方金根	2000.2.29—2006.2.27	所长	
	韩明忠	2006.2.27—2011.3.16	所长	
	周　兴	2011.3.16—	所长	
洪蓝镇	葛和平	2001.3.4—2002.1.13 2002.1.14—2007.11.27	副所长(主持工作) 所长	
	周　兴	2007.11.27—2011.3.16	所长	
	吴荣琴	2011.3.16—2013.1.22	所长	
	朱志斌	2012.2.22—	副所长(主持工作)	
石湫镇	李岭辉	1999.10.10—2002.1.13 2002.1.14—2011.3.16	副所长(主持工作) 所长	
	管卫星	1999.12.22—2005.3.15	副所长	
	王日明	2011.3.16—	所长	
晶桥镇	李　杰	2000.2.29—2007.3.1	所长	
	田福红	2007.3.1—2012.2.22	所长	
	张存千	2012.2.22—	所长	
和凤镇	邓可行	2000.3.12—2007.11.27	所长	2000.11—2002.1 土地、建设两所合并
	陆正华	2000.11.21—2002.1.1	副所长	
	吴宇驰	2007.11.27—2012.5.4	所长	
	邓　云	2007.12.10—2008.8.22	副所长	
	管卫星	2012.5.14—	所长	

说明:2002年1月,县国土管理局实行各镇所垂直管理

2013年3月溧水县各镇国土资源所基本情况一览表

表12-6

所(办)名称	地址	占地面积(平方米)	建筑面积(平方米)	固定资产(万元)	管理干部(人)	所　长
永阳镇国土资源所	县城	320	987.21	213.27	9	李岭辉
柘塘镇国土资源所	柘塘集镇	340	750	92.68	6	葛和平
东屏镇国土资源所	东屏集镇	1200	860	226.09	6	范荣生
白马镇国土资源所	白马集镇	6667	1100	346.01	6	周　兴
洪蓝镇国土资源所	洪蓝集镇	2500	975.9	219.68	6	朱志斌
石湫镇国土资源所	石湫集镇	2400	572.9	134.68	6	王日明
晶桥镇国土资源所	晶桥集镇	3000	1046	369.82	6	张存千
和凤镇国土资源所	双牌石集镇	2401	848	184.49	6	管卫星

第二节　党群组织

【党组织】

局党组　2005年3月19日，县委批准建立中共溧水县国土资源局党组。3月25日，市国土资源局党组任命邱祖坤为县国土资源局党组书记，褚海明、尹昭根为党组成员。2006年3月3日，市国土资源局党组任命唐祥春为县国土资源局党组成员。2009年11月2日，市国土资源局党组任命石明生为县国土资源局党组书记。2012年5月3日，市国土资源局党组任命韩明忠、章庆为县国土资源局党组成员。5月18日，县国土资源局党组制定《关于在全局党员干部中开展“保持党性纯洁，永葆先进本色”主题教育活动的实施方案》，并在全局开展相关教育活动。12月31日，市国土资源局党组任命黄忠山为县国土资源局党组书记。

2005—2012年中共溧水县国土资源局党组成员、书记更迭表

表12-7

姓　名	任命机关	职务	任职时间	备　注
邱祖坤	市国土资源局党组	书记	2005.3.25—2009.10.26	
褚海明	市国土资源局党组	党组成员	2005.3.25—2011.5.11	
尹昭根	市国土资源局党组	党组成员	2005.3.25—	
唐祥春	市国土资源局党组	党组成员	2006.3.3—	
石明生	市国土资源局党组	书记	2009.11.2—2012.12.31	
韩明忠	市国土资源局党组	党组成员	2012.5.3—	
章　庆	市国土资源局党组	党组成员	2012.5.3—	
黄忠山	市国土资源局党组	书记	2012.7—	2012年7月到任，12月下文

局党总支　1995年5月25日，县土地管理局成立中共溧水县土地管理局总支部委员会，隶属于县级机关党委管理。党总支部委员会由魏宏猷、王春兰、卞维贤、魏忠仁、王大全5人组成。魏宏猷为党总支书记，王春兰为党总支副书记。至1997年8月，局总支有党员26名。1998年9月7日，局党总支换届，总支部委员会由邱祖坤、魏忠仁、王大全、冯传进、吕维喜5人组成，邱祖坤任总支书记。党总支更名为中共溧水县国土管理局总支部委员会。2002年3月，更名为中共溧水县国土资源局党总支部委员会。2006年7月1日，党总支被县委授予“溧水县先进基层党组织”。2008年7月1日，党总支被县委授予“溧水县先进基层党组织”。至2010年，党总支党员有48名。2011年3月18日，党总支换届，党总支部委员会由许丰、周晓明、章庆、范菊华、张友兴5人组成，许丰为党总支书记。4月12日，县国土资源局党总支制定《2011年党建工作计划》，就开展学习型党组织建设、加强反腐倡廉建设、加强机关作风建设、加强活力党组织建设等方面作出部署。至2013年3月，党总支有党员69名。2013年5月20日，局党总支换届，新一届党总支部委员会由周晓明、焦湘凌、范菊华、吴荣琴、王日明5人组成，周晓明为总支书记。

1995—2013年中共溧水县国土资源局党总支委员会委员、书记更迭表

表12-8

姓　名	职　　务			任职时间
魏宏猷	书记			1995.5—1998.1
王春兰		副书记		1995.5—1996.4
卞维贤			委员	1995.5.25—1998.9.7
魏忠仁			委员	1995.5.25—2002.3.4
王大全			委员	1995.5.25—2004.9.29
邱祖坤			书记	1998.9—2009.10
冯传进			委员	1998.9.7—2005.4.5
吕维喜			委员	1998.9.7—2006.3.2
褚海明		副书记		2005.4.5—2011.3.18
尹昭根			委员	2005.4.5—2011.3.18
许　丰			委员	2005.4.5—2011.3.17
	书记			2011.3.18—2013.5
周晓明			委员	2011.3.18—2013.5
	书记			2013.5—
章　庆			委员	2011.3—2013.5
范菊华			委员	2011.3.18—
张友兴			委员	2011.3.18—2013.5
焦湘凌			委员	2013.5—
吴荣琴			委员	2013.5—
王日明			委员	2013.5—

党支部　1995年6月—2008年5月，县国土资源局党总支设有3个支部委员会。1995年6月1日，建立地籍管理所党支部、县地产开发公司党支部。6月20日，局党总支任命冯传进为地籍管理所党支部委员、书记，尹伟为支部委员；王大全为县地产开发公司党支部委员书记，薛宝、王昌政为支部委员。同年7月17日，建立县土地管理局机关党支部，任命王春兰为支委会委员、书记，张友兴、许丰为支部委员。2008年6月，局党总支下设4个党支部，即第一党支部、第二党支部、第三党支部和第四党支部。并经换届选举，分别产生4个党支部委员会。局党总支任命焦湘凌为第一党支部书记，范菊华

为第二党支部书记，吴荣琴为第三党支部书记，王日明为第四党支部书记。4个党支部下设11个党小组，其中第一党支部设2个党小组，第一党小组党员9名，李玉兰为组长。第二党小组党员8名，吴小格为组长；第二党支部设3个党小组，第一党小组党员5名，管卫星为组长。第二党小组党员5名，范菊华为组长。第三党小组党员5名，高拥军为组长；第三党支部设3个党小组，第一党小组党员6名，吴荣琴为组长。第二党小组党员6名，殷玲娟为组长。第三党小组党员6名，史娟莉为组长；第四党支部设党小组3个，第一党小组党员6名，葛承东为组长。第二党小组党员6名，高建华为组长。第三党小组党员6名，刘峰为组长。2010年7月1日，局党总支第三党支部被县级机关工委授予“2008—2009年度先进基层党组织”；董静声、许丰、范菊华被授予“2008—2009年度优秀共产党员”；方述宝被授予“2008—2009年度优秀党务工作者”。至2013年3月，县国土资源局系统党员总数101名，其中局机关69名(正式党员68名，预备党员1名)，8镇1区党员32名(正式党员28名，预备党员4名)。

1995—2012年溧水县国土资源局党总支所属支部委员、书记更迭表

表12-9

支部名称	姓　名	职　务	任职时间
地籍管理所党支部	冯传进	书记	1995.6—2005.4
	尹　伟	委员	1995.6—2005.4
地产开发公司党支部	王大全	书记	1995.6—2002.4
	薛　宝	委员	1995.6—2002.4
	王昌政	委员	1995.6—1996.5
机关党支部	王春兰	书记	1995.7—1996.4
	张友兴	委员	1995.7—2005.4
	许　丰	委员	1995.7—2005.4
第一党支部	张友兴	书记	2005.4.5—
第二党支部	冯传进	书记	2005.4—2008.5
	范菊华	书记	2008.6—

续表12-9

支部名称	姓　名	职　务	任职时间
第三党支部	周晓明	书记	2005.4.5—
第四党支部	甘培政	书记	2008.5—2011.3
	章　庆	书记	2011.3—

2012年溧水县国土资源局系统中共党员统计表

表12-10

所属支部	姓　名	性别	籍　贯	学历	入党时间	备　注
第一党支部	黄忠山	男	江苏溧水	大专	1991.11	
	许　丰	男	江苏溧水	本科	1978.10	
	张友兴	男	江苏溧水	大专	1977.4	
	方述宝	男	江苏溧水	大专	1978.9	
	严令国	男	江苏溧水	本科	1986.1	
	杨秋月	女	江苏溧水	大专	2001.2	
	孔德星	男	江苏溧水	高中	1973.8	
	严克利	男	江苏溧水	大专	1969.12	
	经启银	男	江苏溧水	中专	1992.10	
	杨小花	女	江苏溧水	高中	2002.8	
	武银林	男	江苏溧水	高中	1985.5	
	王　佳	女	江苏溧水	大专	2011.5	
	李玉兰	女	内蒙	硕士	2006.12	
	张远庭	男	江苏溧水	高中	1989.12	
	吴小格	女	江苏建湖	硕士	2001.6	
	焦湘凌	男	湖南	硕士	2008.12	
	蒋　明	男	江苏武进	大专	1999.7	
	任兴元	男	江苏溧水	高中	1999.7	
第二党支部	唐祥春	男	江苏高淳	本科	1999.5	
	邱祖坤	男	江苏溧水	大专	1984.1	
	冯传进	男	江苏溧水	中专	1977.3	
	高拥军	女	江苏溧水	大专	1997.6	
	武虎林	男	江苏溧水	中专	1985.3	

续表12-10

所属支部	姓　名	性别	籍　贯	学历	入党时间	备　注
第二党支部	王天福	男	江苏溧水	中专	1994.8	
	范菊华	女	江苏溧水	本科	2006.7	
	殷宏才	男	江苏溧水	大专	1969.11	
	张应昌	男	安徽滁州	本科	2012.8	预备党员
	李　燕	女	江苏射阳	本科	2010.6	
	诸　靖	男	江苏溧水	本科	2001.3	
	管卫星	男	江苏溧水	本科	1992.5	
	吴宇驰	男	江苏溧水	本科	2005.5	
	魏忠仁	男	江苏溧水	大专	1966.7	
	赵三网	男	江苏溧水	大专	1978.4	
第三党支部	韩明忠	男	江苏溧水	本科	1997.12	
	褚海明	男	江苏常熟	大专	1981.7	
	王春兰	女	江苏溧水	大专	1963.3	
	王大全	男	江苏溧水	本科	1971.11	
	李岭辉	男	江苏溧水	本科	2001.3	
	魏　波	男	江苏溧水	硕士	2005.11	
	甘晓辉	男	江苏溧水	本科	2001.6	
	范荣生	男	江苏溧水	本科	1986.10	
	吴荣琴	女	江苏溧水	本科	2000.11	
	孙玮玉	女	江苏丹阳	本科	2004.6	
	冯　斌	男	江苏溧水	本科	2012.8	预备党员
	陈晓萍	女	江苏溧水	大专	2008.9	
	殷玲娟	女	江苏盐城	本科	2010.11	
	史娟莉	女	江苏溧水	本科	2010.6	
	韦梦颖	女	江苏溧水	本科	2007.12	
	吴贤顺	男	江苏溧水	本科	2007.1	
	张亚东	男	江苏溧水	大专	2001.4	
	章祥军	男	江苏溧水	高中	1990.10	

续表12-10

所属支部	姓　名	性别	籍　贯	学历	入党时间	备　注
第四党支部	尹昭根	男	江苏溧水	本科	1989.8	
	魏宏猷	男	江苏溧水	初中		
	严明成	男	江苏溧水	大专	1978.1	
	史燕青	男	江苏溧水	大专	1996.7	
	方金根	男	江苏溧水	大专	2000.1	
	章百花	女	江苏溧水	大专	1998.10	
第四党支部	张顺民	男	江苏溧水	高中	1989.10	
	甘培政	男	江苏溧水	大专	1986.4	
	王日明	男	江苏溧水	大专	1984.8	
	葛承东	男	江苏溧水	大专	1993.7	
	刘　峰	男	江苏溧水	本科	2011.10	
	周晓明	男	江苏宜兴	本科	1998.4	
	陈　龙	男	江苏溧水	本科	1999.7	
	黄　瑛	女	江苏溧水	本科	2005.12	
	高建华	女	江苏溧水	本科	2007.7	
	王天明	男	江苏溧水	初中	—	
	骆有智	男	江苏溧水	大专	1984.9	
	邓　云	男	江苏溧水	硕士	1996.10	
永阳所	李　杰	男	江苏溧水	本科	2007.3	
	尹　伟	男	江苏溧水	大专	1986.8	
	薛　宝	男	江苏溧水	大专	1978.10	
	陈忠海	男	江苏溧水	大专	1977.8	
	胡　杰	男	江苏溧水	本科	2012.11	预备党员
开发区	杨　树	男	山东招远	本科	2009.7	
	濮文军	男	江苏溧水	本科	2004.10	
东屏所	朱志斌	男	江苏溧水	本科	1995.11	
	陈维国	男	江苏溧水	大专	1988.9	
	褚芸芸	女	江苏溧水	大专	2010.9	

续表12-10

所属支部	姓　名	性别	籍　贯	学历	入党时间	备　注
白马所	王　阳	男	江苏溧水	大学	1993.8	
	张齐明	男	江苏溧水	大专	1979.7	
	戴　强	男	江苏溧水	大学	2012.7	预备党员
	陈邦荣	男	江苏溧水	初中	1969.9	
洪蓝所	田福红	女	江苏溧水	大专	2011.1	
	李　雪	女	江苏溧水	本科	2006.12	
	徐同银	男	江苏溧水	大专	2012.6	预备党员
	陈德树	男	江苏溧水	初中	1978.11	
石湫所	何　伟	男	江苏溧水	本科	2005.6	
	邢晓青	男	江苏溧水	大专	1985.3	
	王　明	男	江苏溧水	高中	1979.10	
	殷六金	男	江苏溧水	大专	2004.9	
和凤所	周祥华	男	江苏溧水	硕士	1996.5	
	董静声	男	江苏溧水	本科	2002.9	
	殷晓夏	男	江苏溧水	中专	2000.7	
	徐太平	男	江苏溧水	大专	1995.12	
	戴晓红	男	江苏溧水	大专	1983.9	
晶桥所	张存千	男	江苏溧水	大学	2012.12	预备党员
	陈　明	男	江苏溧水	本科	1998.9	
	吕顺清	男	江苏溧水	高中	2000.7	
	赵红斌	男	江苏溧水	大专	2001.1	

【群团组织】

工会　1989年10月，成立县土地管理局工会委员会。工会会员由局机关工作人员和基层17个乡(镇)土地管理所所长及专职土管员等组成。第一届工会主席由土地管理股股长程文金担任。是年起，每年春节前工会召开一次会员及配偶参加的迎新春座谈会，局领导通报年度工作情况和新年工作任务，并向会员配偶提出要求，发放慰问金。2000—2012年，局工会每年举办一次全局工会会员迎新春歌咏、文艺戏曲、体育类拔河、猜灯谜、抽奖等活动。1994年5月，工会创办县土地管理局西苑酒家，主要负责系统内外接待工作。1996年10月，西苑酒家改为民营。2000年起，西苑酒家改为局机关办公用房。2005年，工会创办局机关食堂，主要负责局机关工作人员早、中午就餐和省、市、县外来人员工作餐。2000年9月8日，局工会换届，选举沈玉珍为县国土管理局工会副主席（主持工作）。2003年1月10日，局工会更名为"溧水县国土资源局工会委员会"，同时，县级机关工委批准，沈玉珍为县国土资源局工会主席（副科级）。2007年12月，局工会委员会换届，新一届委员会由褚海明、沈玉珍、张友兴、张丽、栾兆亮5人组成，褚海明任工会主席，沈玉珍任工会副主席。2009年1月4日，局工会被县总工会授予"2008年度先进工会"。2010年和2011年，局工会连续2年分别被县总工会授予"工会工作先进单位"和"工会工作优胜单位"。2012年12月28日，局工会召开第四届职工大会，选举产生由尹昭根、沈玉珍、张丽、张英姿、蒋明5人组成局工会委员会，尹昭根当选为工会主席，沈玉珍当选为工会副主席。是年，局工会被县总工会授予"2012年度工会工作优胜单位"。至2013年3月，局工会会员人数156人。

2012年12月31日，县国土资源局工会第四次会员大会

（杨树　摄）

共青团　1996—2003年，县国土资源局未设立团组织。2004年起，陆续在社会招纳优秀本科学历以上青年进入国土资源管理队伍。是年，成立中国共产主义青年团溧水县国土资源局支部委员会。首届团支部书记由周兴担任。第二届团支部书记由吴宇驰担任。2008年8月18日，县国土资源局团支部换届，焦湘凌当选为第三届团支部书记，直至2013年3月。

妇联　2008年，建立县国土资源局女工委员会，负责妇女日常工作，每年“3·8妇女节”组织女工参观学习，参加社会体育、歌咏、舞蹈比赛，开展妇女维权和法律知识学习，组织各种培训。1996—2012年，局先后任用23名中层干部中，女干部占总数55%；全系统101名党员中，妇女党员占总数22.8%。

第三节　企业单位

【县经纬测绘中心】

2010—2012年，测绘中心添置全站仪2台、RTK6台，价值46万元

（傅俊　摄）

1988年9月，县地籍管理所成立后，县土地管理局批准地籍所设立测量队，抽调县建设局4名技术人员，人员性质为全民大集体职工。至1992年，人员扩大到8人，由地籍所代管。1992—1993年，测量队完成县城规划区域内土地详查、补充调查测量。1994年起，建立县土地初始调查统计台账。1995—1996年，完成境内土地利用现状变更、县城(在城镇)5.38平方公里权属调查、地籍测量，建立数字化地籍管理系统，设立县级地籍管理微机站。1997—2000年，测量队先后完成县城区国有土地西苑小区、机场小区、在城新区、开发区、乡镇等987宗出让地块测量和宁高高速公路征地测量，面积1420公顷。2001年11月20日，县国土管理局成立“溧水县测绘事务所”，企业性质，独立核算，由地籍所代管。主要从事地籍、地形、工程测绘、数字化成图及制图、咨询服务；按建设用地调查勘丈工作程序提供全面服务；查阅有关文件及图件；现场踏勘，实地放样，划定土地使用范围，测定界桩位置，标定用地界线，测绘土地利用现状；计算用地面积；绘制1:500或1:1000数字化地籍图；提供用地委托单位所需地籍成果资料。2012年10月，县测绘事务所更名为“溧水县经纬测绘中心”。

【西苑酒楼】

1994年5月，县土地管理局工会创办西苑酒楼，主要负责内外接待工作。5月3日，局长办公会研究决定，抽调石湫乡土地管理所所长薛宝担任西苑酒楼经理，厨师、服务员从社会招聘，企业性质，人员工资、奖金、福利由酒楼自负盈亏，由局工会代管。1996年11月，因酒楼管理混乱、经营不善，改为民营承包经营。2000年3月，酒楼改为局机关办公用房。

【县土地开发复垦公司】

1992年9月10，县土地管理局成立溧水县地产开发公司，企业性质，独立核算，人员来自局机关干部家属及子女，少数社会招聘，有职工21名，由局办公室代管。1998年12月，县地产开发公司更名为溧水县土地开发复垦公司。2003年5月13日，县土地开发复垦公司改制，公开竞价转让产权，组建新的民营企业。原公司债权债务以及人员安置等遗留问题，由县国土资源局参照县属工业企业改制规定，依法清理和处置。

2008年5月21日，县国土资源局成立溧水县三农土地复垦发展有限公司，企业性质，负责辖区内土地开发、复垦、整理工作，人员皆为兼职。2010年5月27日，县政府批准溧水县三农土地发展有限公司为县政府相关高标准农田建设和土地整理复垦开发项目建设以及土地资源利用融资平台，并批准该公司行使土地储备职能，并授权为土地收储二级平台。

【地价所】

1995年5月18日，县土地管理局成立地价所，与地籍管理所合署办公，人员皆为兼职。2005年4月起，地价所职能划分至地籍管理所和土地利用科管理。

1996—2012年溧水县国土资源局属企业负责人更迭表

表12-11

企业名称	负责人姓名	任职时间	所任职务	备注
测绘事务所(经纬测绘中心)	朱霁霆	2001.11—2010.12	所长	
	孙玮玉	2010.12—	所长	

续表12-11

企业名称	负责人姓名	任职时间	所任职务	备注
土地复垦公司	王大全	1991.12.30—1998.5.22	土地复垦公司经理	实体脱钩
	王昌政	1992.9—1996.11	土地复垦公司副经理	
	武虎林	1996.12—1997.9	土地复垦公司副经理	
	严明成	1999.7.12—2003.5.13	土地复垦公司经理	2003.5.13 改制
	张　军	2008.5—2012.5.2	三农复垦公司总经理	
	章　庆	2012.5.2—	三农复垦公司总经理	
地价所	冯传进	1995.4.18—2005.3.15	所长	
	张　军	1995.4.18—1999.7.12	副所长	
	孙玮玉	1999.7.12—2005.3.15	副所长	

说明:从2005年4月起,地价所职能划分至地籍管理所和土地利用科管理

第四节　队伍建设

1996年始,县土地管理局把系统队伍建设管理摆在重要位置。2000—2012年,县局在干部任用上坚持任用条件,实行竞争上岗与轮岗交流;在思想作风建设上,坚持制度管人,加强行风、廉政制度建设;在队伍培训上,以思想品德教育为主,政治引导为重点,业务能力培养为抓手,逐步形成忠于职守、通晓业务、秉公执法、热情服务的干部职工队伍。1996—2012年,受到国土部表彰单位2个(次),受到省厅级表彰单位24个(次),受到市国土局表彰单位82个(次);受到国土部表彰个人1人次,受到省厅级表彰个人30人次,受到市局级表彰个人93人次。

【竞争上岗与轮岗交流】

2000年8月22日,县国土管理局制定《中层干部竞争上岗实施办法》,局机关和下属事业单位所有中层干部岗位实行竞争上岗。通过宣传发动、公开报名、资格审查、理论考试、竞选演讲、组织考察等环节,20人符合条件报名竞聘9个部门,16个中层岗位,其中8个正职、8个副职,录用16人。2005年2月16日,局制订《溧水县国土资源局中层干部竞争上岗实施方案》,竞聘职

位为局机关和直属事业单位所有中层干部岗位，即办公室、财务科、规划耕保科、土地利用科、地籍科、法规监察科、矿产管理所和储备中心，19个岗位竞聘8个正职、11个副职。参与竞聘范围为系统内在编在岗行政、事业单位干部、职工。经过宣传动员、自荐推荐、资格审查、理论考试、大会演讲、民主测评等，参加竞聘40人，有24人获得竞聘上岗资格，竞聘工作领导小组从德、能、勤、绩4个方面综合评定，无记名票决产生17人进行任前公示，一批年轻有为骨干走上中层领导干部岗位。2007年，局制定国土系统干部职工轮岗交流制度，并在三季度实施，机关科室之间、科室与乡镇所之间集中轮岗交流中层干部19人、一般职工14人。2009年3月16日，局制定《溧水县国土资源局后备干部选拔任用暂行办法》，规范化管理后备干部选拔工作。

2000年8月23日，县国土局中层干部竞争上岗动员大会　（局档案室提供）

【制度建设】

1996—1998年，县国土管理局相继制定《学习制度》《会议制度》《督办制度》《公车管理制度》《来人接待制度》《考勤制度》《驾驶员岗位制度》《公物管理制度》《门卫制度》《卫生制度》《廉政建设和作风建设制度》11项制度，做到制度明确、领导带头、奖罚分明。在财务管理上坚持"一支笔"审批制度，严格审核各项开支，服从县收费统一管理，做到"收入进账户，支出有预算"。2000年1月1日，制定《日常管理制度》，包括接待、学习例会、廉政、考勤、车辆管理、财务管理、卫生劳动等制度。是年，重点加强财务管理：财务内部管理实行电算化，并脱离手工记账；各项收费标准及财务管理制度公示上墙；通过县财政、审计等部门年终财务收支情况检查；清理部分镇农居民建房收费，印发统一标准；清理登记各镇国土管理所固定资产。此后，每年年初修订完善日常管理制度。在2005年制定的《日常管理制度》中，增加会议制度。在2010年制定的《日常管理制度》中又增加职工疗休养暂行规定、物品采购管理实施办法和月度工作计划报告3项工作制度。

2001年4月16日,县国土管理局制定《一次申告查实待岗制暂行办法》《关于首问负责(接待)制的规定》《关于追究重大违纪连带责任的暂行规定》3项制度。是年,全面推行土地管理行政执法责任制和错案追究制,尤其出让土地价格确认、征地补偿方案及补偿标准、企业土地资产处置方案、违法用地处罚等,原则上集体会办,做到相互配合、相互监督,减少和防止腐败行为发生。在财务管理上,坚持"一支笔"审批制度和收费标准公示制度。开展自查自纠,经县财务审计小组审计建局以来财务情况显示,未发现财务违纪违规现象。2003年,接受省、市、县三级财务审计检查,包括宁杭高速公路溧水段专项资金收支情况审计、1999年至2003年2月土地复垦专项资金收支情况检查、各镇国土所涉农收费收支情况检查、审计和2003年度物价年检工作,催缴欠款1000多万元。

2006年6月9日,县国土资源局制定《溧水县国土资源局实施首问(接待)负责制暂行办法》《溧水县国土资源局实施一次申告查实待岗制暂行办法》《溧水县国土资源局关于发生重大违纪事件追究领导责任的暂行办法》。局建立财务核算分中心,强化局机关、地籍、矿产、储备中心、交易中心和8个镇国土资源所及土地开发整理专项资金会计核算;土地开发复垦整理项目资金单独建账核算,征收用地出让金4.5亿元,征收欠缴和新上报用地项目规费3322万元,收缴采矿权价款190万元,收缴矿山恢复治理保证金47.76万元,征收、追缴矿产资源补偿费100万元;实现各项收入1033.88万元,预算执行率99.22%。支出1039.19万元,预算执行率99.92%。2009年4月20日,制定《溧水县国土资源重大政策、项目稳定风险评估制度》,通过科学预测评估,解决政策制定、重大项目实施等涉及群众切身利益的突出矛盾和问题,以维护群众利益和社会稳定。

【行风建设】

1998年始,县国土管理局开展以团结、务实、廉洁、高效为一体的行风创建活动。1999—2001年,先后开展以政治思想好、部门团结好、勤政服务好、廉洁建设好、完成任务好、内部管理好"六好"竞赛活动。2000年12月,开展争创"文明服务科室"、执法中队争创"文明执法中队""文明示范服务窗口""文明服务土管所"等竞赛。制定《关于创建文明行业的实施意见》,从减少行政审批、推行政务公开、开展行风评议入手，全系统开展“内强素质服务人民，外树形象奉献社会”为主题的文明创建活动。2001年4月9日，制定《关于加强行风建设，开展行风评议工作的实施意见》。4月26日，从县人大、县政协等相关部门聘请19人为2001—2003年度县国土管理系统行风监督员。是年，行风监督员查出国土管理方面突出问题7项，县国土资源局制定整改措施。2002年5月，县人大常委会组织省、市、县三级部分人大代表，评议县国土管理局工作，得到好评。2003年，制定《关于在全县国土资源系统开展作风教育活动的实施意见》，重点在思想、作风、纪律3方面开展教育活动，树立服务意识、奉献意识，做到克己奉公、勤政为民。同年8月28日，制定《关于建设学习型国土资源局的实施意见》，培养和造就一支高素质、职业化、专业化的国土资源管理人才队伍，全局干部职工一手抓年度目标任务，一手抓学习，开展调查研究，撰写调查报告。同年9月1日，有7篇调查报告获得一、二、三等奖。其中，由储备中心撰写的《关于我县目前征地补偿安置模式及对策的研究》获得一等奖；由地籍所撰写的《关于新一轮解放思想大讨论的调研报告》和由矿产资源管理所撰写的《溧水县废弃矿山治理与土地利用的探讨》获二等奖；由财务科撰写的《关于解放思想大讨论活动的调研报告》、洪蓝镇国土资源所撰写的《国土资源系统信访情况的调研报告》、柘塘镇国土资源所撰写的《柘塘镇国土资源所解放思想大讨论调研报告》和由和凤镇国土资源所撰写的《对我县闲置土地的认定与处置的思考》获三等奖。2009年7月，制订《溧水县国土资源局2009—2010年民主评议政风行风工作实施方案》，围绕“五服务”(服务企业、群众、基层、项目和人才)和“三帮”(帮企业渡难关、帮基层解难题、帮群众办实事)要求，开展国土资源管理行业政

2011年7月18日，永阳镇国土资源所“文明示范窗口”
(永阳国土所提供)

风行风评议活动。根据企业和群众反映的热点难点问题、影响经济发展和社会稳定的突出问题，发动全局干部职工献计献策，寻找解决办法。永阳镇国土资源所针对农民生计养老、医疗保障问题，提出“征地进保同步进行”建议，得到县国土资源局高度重视。随后县国土资源局会同县人社、建设、公安、审计局和永阳镇政府等相关部门调查研究协商，并将调查情况报告县委、县政府。2011年9月5日，县政府发布新的征地补偿安置进保文件，明确征地、补偿、进保“三同步”，有效推进全县各类项目建设，维护社会稳定。2009年2月9日，县国土资源局被县委、县政府评为“法制溧水建设为民办实事先进单位”。3月16日，县土地储备中心和县矿产资源管理所被市国土局授予“2008年度全市国土资源系统‘文明窗口’”。2012年2月，县国土资源局被县委、县政府授予“2010—2011年度文明单位”和“2011年度县级文明机关创建工作先进单位”；被县全面推进依法行政工作领导小组授予“溧水县2011年度依法行政示范单位”。2012年8月1日，县国土资源局制定《2012年民主评议政风行风“回头看”工作实施意见》，突出办事提速、服务提质、效能提升，建设人民满意的服务型机关。聘请黄宙国等10位社会知名人士为政风行风“回头看”工作监督员。

2013年2月18日，县国土资源局制定《关于开展“三亮三比三争”活动的实施方案》。“三亮三比三争”即亮身份、亮承诺、亮形象，比奉献、比亮点、比服务，争创满意岗位、争创服务标兵、争创一流业绩，着力在“三亮”中提升标杆树形象，在“三比”中主动服务提效能，在“三争”中破解难题保发展，增强服务意识，改进工作作风，提升保障能力，为推进溧水科学发展提供服务和支撑。

【廉政建设】

1996年，按照干部廉洁自律十六条规定，县土地管理局系统规定“六不准”，即不准擅自建造私房；不准利用双休日到基层钓鱼打牌；不准违反规定乱批人情地；不准公款大吃大喝铺张浪费；不准迟到、早退及乱议论别人；不准到基层伸手要好处。2004年2月2日，向社会公布《国土资源系统工作人员禁令》(简称“五条禁令”)。同年2月18日，局制定《关于严格执行“五条禁令”加强作风建设的意见》，从认清形势、强化学习、严明纪律、规范程序、依法行政、强化管理、接受社会监督、增强责任意识、更新观念、健全组织领导10个方面全面部署作风建设意见。同年12月27日，制定《关于元旦、春节期间拒收“红包”“礼金”和有价证券的通知》，系统党员干部，特别是领导干部严禁收受任何单位和个人的“红包”“礼金”和有价证券。一经发现，先免职，再查处。严禁接受被管理、服务对象的吃请，一经发现，先通报批评，再查处。是年，局与机关科室、各镇国土资源所签订《2004年度党风廉政建设责任书》。

2005年10月20日，县国土资源局制定《溧水县国土资源局廉政保证公积金制度实施办法（试行）》，就在编国家公职人员（包括事业单位、各镇国土资源所在编在岗干部职工）中实施廉政保证公积金制度。即由本人自愿并书面申请向单位每月交纳350元（局长、副局长）、300元（局中层干部）、250元（一般干部职工）个人廉政保证金，单位按比例提取廉洁公积金存入专门账户，以5年为一个周期。周期内年末未发生违法违纪案件或严重负面影响的廉洁自律问题，第一年个人和单位比例1:1，后4年个人交纳比例逐年减少，单位提取比例逐年增加，即第二年比例0.9:1.1，第三年比例0.8:1.2，第四年比例0.7:1.3，第五年比例0.6:1.4。五年期满后，个人廉政保证公积金（含利息）和单位提取部分全额返还。反之，视问题严重程度逐年提高个人交纳比例，减少单位提取比例，同时扣除5年个人保证金部分及单位提取部分。因职务犯罪受到刑事处罚或因违纪受到开除公职和开除党籍处分的，扣除当事人至处分时的全部廉政保证公积金（含利息）。

2006年6月5日，县国土资源局制定《关于开展治理商业贿赂专项工作的实施方案》，重点治理土地出让、采矿权出让、土地和采矿权评估、项目发包、工作人员利用手中权力谋取非法利益5个方面，时间从2004年“五条禁令”发布实施以来，属于商业贿赂案件的，按照法定追溯时限规定处理。此项工作于9月25日结束，局系统内未发生违法案件。

2008年3月28日，制定《关于严格法纪、严禁酒后驾车的通知》，所有驾车人员做到驾车不喝酒、酒后不驾车，自觉维护好自身形象和单位形象。凡酒后驾驶被交管部门查处的，系统内通报批评；凡酒后驾驶被交管部门查处通报并损害系统形象或发生交通事故的，除通报批评外，年度考评当事人不予评优，所在单位不予评先，并按有关规定处罚当事人。酒后驾车发生上述情况后隐瞒不报的，按照党风廉政责任制规定，追究责任；党员干部尤其是领导干部带头执行“禁酒令”，带头廉洁自律。

2009年9月27日，县国土资源局收到县纪委信访室“信访摘录通知书”，反映系统内有的单位车辆经常在上班时间停在饭店、桑拿、舞厅等场所，下

2012年10月19日，县国土资源局党风廉政建设暨廉政风险点防控(试点)工作推进会　　(杨树　摄)

班后一直被各部门“小头头”当私家车用；个别部门“小头头”逢年过节招待亲朋好友及家人聚会费用，统统纳入单位招待费用报销。局及时开展全系统排查梳理。各单位、各科室查存在问题，制定整改措施。未查出问题的，制定防范措施，防止类似问题发生，并制定《关于加强车辆、严格招待费用管理的通知》，落实党风廉政建设责任制，从源头抓起，从领导做起，杜绝此类现象发生。

2013年2月18日，县国土资源局制定《关于争创“党风廉政建设示范单位”的实施方案》，按照“制度预防、过程监督、结果评价”总体要求，加强教育和监督，增强党员干部廉洁自律意识；强化党员干部作风建设，推进部门廉洁从政；深入推进“两整治一改革”工作，惩治腐败行为，深化廉政风险防控，促进党风廉政建设工作。落实防控措施，真正做到廉政风险“找得准、防得住、控得牢”；完善经营性用地招拍挂制度，在土地招拍挂过程中，邀请县纪委全程参与和监督，增强透明度；严肃查处在工作实施、服务过程和执法监察等活动中违反规定或吃、拿、卡、要等不良行为；切实解决不履行征地审批手续、征地补偿不到位、侵犯农民权益等问题；加强廉政文化建设，营造反腐倡廉良好氛围。

【培训】

1996年起，县土地管理局每年举办1~2期乡镇土地管理员业务培训，受训人员120余人次。各乡镇举办村委兼职土地管理员和重点区域村民小组组长培训2~3期，全县受训人数1800余人次。

1998—1999年，重点开展土地系统干部职工社会主义市场经济理论和土地管理法律法规的教育培训，主要教材是《社会主义法律知识》《土地管理法律知识》，选学内容有《农业法》《水法》《规划法》等专业法规，形式以理论辅导、培训班、讲座、研讨会和座谈会为主，业余时间自学为辅，利用大众媒体，采取讲座、送宣传材料、张贴标语、文艺演出等群众喜闻乐见形式，宣传“十分珍惜和合理利用每寸土地，切实保护耕地”基本国策，宣传加强土地管理，建立土地市场对保护国民经济健康发展重要意义，提高全社会依法用地的自觉性。1999年，结合新《土地管理法》学习、宣传，举办一期60余人参加的土地管理业务培训。同年5月21日，开展以“三讲”(讲学习、讲政治、讲正气)为主要内容党性党风教育活动。2000年，全县乡镇机构改革区划调整后，及时召开全县土地管理工作会议，以会代训，有关县部门主要领导、各镇镇长和分管镇长、144个村委会主要负责人、各镇砖瓦厂厂长、专职土管员等380余人参会。会议期间学习《土地管理法》和国土部、省、市政府有关文件精神，明确土地管理和矿产资源管理工作意义，学习具体业务操作方法。

2004年，县国土资源局先后送出60人次参加省市组织的各类业务培训；组织开展行政许可证培训考试，参考人数25人，合格率100%。2005年，组织全系统51名干部参加县行政执法人员换证培训。2006年，结合不同岗位和业务特点，开展规划、耕保、利用、地籍、矿产、依法行政等10个专题培训；与县委党校联合开展系统工作人员计算机技术培训，培训结果与本人奖金挂钩，当年36名参训人员全部拿到计算机操作合格证书。

2007年，举办由县四套班子领导、各镇(区)党政一把手和分管工业、国土工作的镇长以及县国土资源局中层干部参加的工业用地招拍挂工作培训班，规范工业用地招拍挂程序，讲解遗留工业项目用地处理方法，参训120多人。2008—2011年，系统组织法律法规、业务培训19次，培训300多人。自2009年起，凡到任的正副局长，都经过部、省、市人事厅局、国土资源厅局联合举办的岗位培训。先后选派6人进市、县党校接受短期土地管理政策培训，17人参加省国土厅举办的岗位培训，82人参加市人事局、国土局举办的岗位培训。全县土地管理人员中有96人获得土地基本知识合格证书，其中部级67人。

2012年，选派业务骨干到省、市跟班学习，组织系统干部职工赴先进地区考察交流，参与上级主管部门举办的业务培训，人数50余人次。2013年3月23日，县国土资源局制定《关于学历提升、职称晋级奖励办法》，鼓励在职干部职工利用业余时间参加学习，凡取得与国土资源管理或现从事工作相关学历(学位)、晋级中高级职称的,除报销学费、考试报名费用外,单位给予一次性奖励(学习用品),并就奖励标准、奖励兑现和其他激励政策作出规定。

【结对帮扶】

2004年,全县开展县级机关与村结对帮扶工作。是年,县国土资源局结对帮扶晶桥镇仙坛村。3月,局成立结对帮扶工作组,深入村组调查研究,帮助制订发展规划和具体工作计划,并专门抽出人力、物力和财力,扶持村农业结构调整、小流域治理、农村道路建设以及特困户脱贫致富等工作。赠送科技书籍300余册,帮扶15个种养大户(贴息贷款)发展经济林6.67公顷,养殖畜禽15.3万头(只),劳务输出80人,开挖当家塘坝24个、整理当家坝塘35个、修建水库1座、小型水力发电站1个,修建提水站灌溉渠1.5公里,修建乡村道路17.4公里,添置制茶机械1台,帮助该村实现电话进村、有线电视入户,并解决村民医疗统筹,联系民营资本到该村承租山地发展经济林果等。局机关100多名干部职工捐资1.26万元为农民购买化肥、苗猪、苗鹅,扶持19个贫困户发展生产脱贫。2004—2006年,连续3年,县国土资源局获县委、县政府"全县结对帮扶'双联双带'工作先进单位"。

2007年2月6日,县国土资源局制定《关于组织干部职工开展与困难群众结对帮扶活动的意见》。2007—2009年,帮扶石湫镇明觉村10户困难群众、石湫村15户困难群众和县开发区荷花村15户困难群众。局机关人员每人每年捐助钱、物不少于400元,解决帮扶对象生产生活方面困难;有劳动能力的帮扶对象,县国土资源局帮助其就业和自谋职业,或给予信息、技术、销售等方面的支持、服务,使其尽快脱贫致富。2008—2012年,县国土资源局获县委、县政府"全县结对帮促工作先进集体"。

第五节 信息化建设与档案管理

1995年始,县土地管理局重视土地管理信息化基础设施投入。当年4~11月,投资30多万元购置测量精微仪,完成县城驻地在城镇5.38平方公里权属调查、地籍测量,12月,建立数字化地籍管理系统,设立县级地籍管理微机站。1996—2001年,利用数字化地籍管理成果,先后两次采用高新技术对县城8平方公里土地进行分等定级估价。2002年起，从拓展地籍业务角度出发，不断更新和完善系统软件配置，到2005年，全县上万宗土地位置、权属关系、用途(地类)、面积、土地等级和土地价格等方面信息，均录入电脑数据库，在全省率先实现地籍管理现代化，后逐步推广到全局系统。

1996年始，县土地管理局着手抓土地档案管理，选派人员到县档案馆业务培训，并配备两名专职人员管理档案。1997年，局建立综合档案室，开展档案管理工作星级创建。2001年12月，局综合档案室达省三星级标准；2011年12月，局综合档案室创建成为全市县(区)首家国土资源系统五星级标准档案室。白马、晶桥镇国土资源所档案工作通过省四星级测评验收，成为全市国土资源系统首批档案工作通过省四星级测评的镇国土资源所。

【信息化建设】

1995年12月，县土地管理局设立县级地籍管理微机站后，1996—1998年，局利用土地定级估价成果开展县、镇企业改制清产核资土地清查调查，完成县属国营企业195宗地测量、定级估价工作。2002年，全县8镇1区权属调查、地类调查、地形调绘完成，并通过部、省、市验收。在此基础上，形成县城1067.4平方公里数字化信息成果，建立数据信息库，基本达到“在内以图管地，在外以证管地”目标。2004年，完成局机关内部计算机网络建设，实现与市局局域网联网。2005年，GPS单基准站投入正常使用。2006年1月，“溧水国土资源局网”网站建成，开通至各科室和各基层所。同年，局启用省国土厅配备的“用友”财务软件进行会计核算，建立征地缴费、土地出让和采矿权出让3个台账。2007年3月13日起，局机关办公室、财务科、规划耕保科、土地利用科、地籍科、法规监察科、土地储备中心、矿管所等部门实行办公自动化，机关办事效率和行政效能提高。是年，县局各科室和基层国土所配齐电脑、开通内网和门户网站，试运行网上发布通知，并启用临时用地网上审批系统，率先在驻县行政服务中心国土窗口推行，简化审批程序，缩短审批时间，提高办事效率。2008年，局采取内外网物理隔离、安装防火墙、杀毒软件等措施，保证网络安全运行，并明确专人负责网站维护。

2010年，局门户网站更新升级，实现农用地转用批文、土地招拍挂公告、地籍登记发证等各项业务流程“阳光”操作；建立国土资源管理综合信息平台，土地权属确定和基础数据采集功能加强；个人商品房、二手房发证立等可取；土地登记发证程序更加规范，权属、界址、面积各个环节把关更加严密。

2013年1月4日，局成立信息中心，为局下属全民事业单位，核定编制5名，设置主任1名，副主任1名，经费来源由财政全额拨款。信息中心职责：负责全县建设用地勘测定界、国有土地变更登记、来案受理、变更地籍调查、局办证大厅土地登记、县局国土资源信息化建设和信息系统管理工作；负责全县年度变更调查实施、地籍信息成果咨询服务、局系统国土资源信息系统应用培训工作；参与地籍业务技术设计、指导和培训、国土资源信息成果现势性维护和应用工作；承办局领导交办的其他工作。

【档案管理】

1996年始，县土地管理局着手集中、统一、规范管理土地档案。1997年，建立综合档案室，立卷归档各类综合性档案954卷、建设用地632卷、地籍类892卷，计2478卷。是年3月5日，县土地管理局下发《关于做好1996年度档案材料立卷归档工作的通知》，就立卷归档范围、要求和时间作出具体规定。4月16日制订《溧水县土地管理档案升级达标实施计划》，由办公室牵头实施，并列入各股室、有关责任人年度考核内容。局调整档案用房，落实"八防"设施，购置档案柜、空调、去湿机等硬件设备，配备微机、复印机等软件设备；编制机关组织沿革、大事记、全宗介绍、文件汇集和文号索引、专题索引等多种编研材料和检索工具。全县16个乡(镇)土管所档案升级达标工作同时部署，编制《溧水县乡(镇)土地管理所档案分类方案》和《文件材料归档与不归档范围》。5月23日，举办各乡(镇)土管所所长和档案员培训班。选择在城镇土管所试点。局邀请县档案局专业人员多次到每个乡(镇)土管所现场办公督促指导，保证档案案卷质量。是年，全县16个乡(镇)土管所档案工作经过初审，其中3个乡镇为优秀，其余13个合格。12月30日，经省档案局和省国土管理局评审，局综合档案室由省一级标准升级为省二级标准。

2000年12月25日，县国土管理局修订《溧水县土地管理档案分类方案》，在集中、统一管理基础上，突出土地管理专业科学体系和专业特性，采取从总到分、从一般到具体的逻辑体系，力求科学性和可操作性。此分类方案设置8个大类，即A、综合类；B、计划财务类；C、地籍管理类；D、土地利用规划类；E、建设用地类；F、土地监察类；G、土地宣教、科技类；H、土地管理声像材料类。在每1个大类下，视需要设若干属类，一般只设三级类目(地籍、土地利用规划类除外)，如A、B、C、D……H为一级类目；A1、A2、

A3……为二级类目;A11、A12、A13……为三级类目。确保微机联网,在案卷目录中既有顺序号,又标明分类号。农村地籍档案按乡镇、村、组、使用者组成保管单位、排列;城镇地籍档案按城区、街道、街坊、使用者组成保管单位、排列。

2001年6月28日,县国土管理局制定《关于档案管理升省一级标准具体实施计划》,由局办公室牵头实施,各科、室、队、所、中心按其职责要求提供相关业务档案资料,有关责任人按时保质完成所承担任务,并列入年度考核;完善档案管理各项制度;调整兼职档案员并举办档案员培训班;落实档案室"八防"设施,将档案柜换成密集架,购置空调、去湿机、温湿度计、微机等专用设备;各镇国土管理所落实专人负责档案管理升级达标工作,做好档案材料立卷归档。11月6—9日,县国土管理局和档案局联合考核初审,各镇国土管理所档案管理工作,白马、永阳等5个镇为优秀,东屏等3个镇为合格。12月,经省国土厅、档案局和市国土局、档案局评审验收,局综合档案室达省三星级标准。2002年始,局综合档案室在达省三星级标准基础上,按省四星级标准进行收集整理,推行部门立卷,规范档案资料收集、整理、立卷、编目、上架等工作程序。2004年,局综合档案室档案立卷4850卷,查阅档案282人次,2800余卷。2006年9月,市国土局组织江宁、六合、浦口、高淳、溧水5区县进行各自区县地籍档案自查和互查。其中溧水地籍档案管理存在4个方面问题,即收件资料多余,与土地利用科收件有重复,有些资料放入档案不利于土地取得方式解释,会导致不必要麻烦;在收件过程中缺少收件单,用户查找文件资料可用收件单解释,反之解释不清;契税发票没有收取原件;地调表、申请表填写缺漏,地调表中邻宗签字不符合要求等。随后全系统进行整改,提高地籍调查成果质量。当年,按规范要求归档地籍档案3200余本,商品房档案总表装订530余册,近10年商品房、房改房发证资料整理2万余本。2009年,县国土全系统建立档案质量验收考核机制,以建立质量验收考评小组,分别考核机关科室(直属事业单位)和镇(区)国土资源所(办公室),分别设置一等奖一名、二等奖一名、三等奖二名,档案质量验收考评结果与年度考核挂钩,作为各部门和单位年度考核重要依据。

2011年5月,制订档案工作创省五星级实施计划,由县局办公室牵头,任务分解到各职能科室和责任人,明确完成时间。同年6月起,局综合档案室结合档案分类归档,全文扫描库藏重要和利用频繁的综合类、地籍管理类、国土资源利用规划类、建设用地类、监察类、矿产类和照片档案,建立全文数据库。其它门类档案也全部录入计算机建立文件级目录数据库(特殊类型档案录入案卷级目录),可在内部局域网上查阅档案目录和全文,加快档案查阅速度,解决档案资料共享、人为损毁档案原件等问题。在实施信息化管理过程中,重视档案系统和信息数据库安全,采取防火墙、杀毒软件、权限设定、操作日志、身份识别、加密等安全措施,率先引用档案电子标签,提高档案借阅、统计速度和准确率,编制9大类案卷目录62本、综合类文件级全引目录6本。按照《全宗指南编制规范》编制全宗指南,建立档案借阅登记和利用效果登记,汇编档案利用效果典型事例59个。按五星级测评要求编写大事记汇编、组织机构沿革、发文汇集等8种编研材料,并在局办公楼6楼专门设立85平方米陈列室, 反映国土资源系统历史沿革和发展历程,展示其重大活动、重大事件、重要成果和主要荣誉。至2012年,局综合档案管理室有专职档案员2人,兼职档案员8人;档案库房面积96平方米,阅档用房面积18.5平方米,办公用房面积18.5平方米,陈列室面积85平方米;档案设施设备,密集架2组18列,排架长度335米,空调3台,除湿机3台,吸尘器1台,防磁柜1个、计算机2台、复印机1台,扫描仪1台,数码相机1台,数码摄像机1台,温湿度仪2个;文书档案296卷、710件,会计档案5249卷,照片档案11册、428张,录音、录像档案18盒,光盘9张,档案总数38326卷。其中地籍类25979卷、利用规划类1025卷、建设用地类4393卷、监察类532卷。2012年12月20日,县国土资源局档案管理工作通过省五星级测评验收,全市县(区)国土资源系统首家档案管理工作达省五星级标准。

附　　录

荣　　誉

集体荣誉

《先进集体表》收录1996年至2013年3月，县国土资源局系统受国家、省、市表彰情况。受到国土资源部表彰集体2个(次),受到省国土资源厅表彰集体24个(次),受到市国土资源局表彰集体82个(次)。

1996—2012年溧水县国土资源管理工作获国家、省表彰先进集体统计表

获奖集体名称	荣誉称号	授予单位	时　间
县土地管理局	土地调查优秀成果奖	国家土地局	1996.11
县国土管理局	1996—1998 年度建设用地管理先进单位	省国土局	1999.1.20
县国土管理局	实施《迈向二十一世纪的江苏地籍工作任务》先进单位	省国土局	1999.4.22
县国土管理局	土地管理财务工作先进单位	省国土局	1999.6.25
县国土管理局	土地利用总体规划优秀成果二等奖	省国土局	1999.12.29
县国土管理局	1999 年度土地利用规划和土地复垦开发工作先进单位	省国土局	2000.4
县国土管理局	大型公益广告牌,2002 年全省“土地日”宣传好项目	省国土厅	2002.9.9

续表

获奖集体名称	荣誉称号	授予单位	时 间
县国土资源局	2001—2002 年度国土资源档案管理工作先进单位	省国土厅、省档案局	2003.4.29
县国土资源局	2002 年度全省农业重点开发建设资金征收工作先进单位	省国土厅	2003.9.18
东屏镇国土资源所	全省优秀国土资源所	省国土厅	2006.9.19
县国土资源局	全省开发区清理整顿工作先进集体	省国土厅	2007.1
县国土资源局	2006 年度全省地籍管理“双强单位”	省国土厅	2007.3.8
县国土资源局	全省矿产资源补偿费征收管理工作先进单位	省国土厅	2007.12.14
县国土资源局	2007 年度全省地籍管理“双强单位”	省国土厅	2008.4
白马镇国土所	省级人民满意国土所	省国土厅	2009
晶桥镇国土所	省级人民满意国土所	省国土厅	2010.5
晶桥镇国土所	2011 年度创建群众满意基层站所示范单位	省纠风办	2011
溧水县	2010 年度江苏省土地执法模范县创建工作先进县	省国土厅	2011.1.5
溧水县	第三批地质灾害群测群防“十有县”	国土资源部	2011.12.31
石湫镇国土所	省级青年文明号	共青团江苏省委	2011.12
溧水县	2011 年度江苏省土地执法模范县创建工作先进县	省国土厅	2012.1.9
县国土资源局	国土资源信访工作先进单位	省国土厅	2012.3
县国土资源局	政务信息工作单位进步奖	省国土厅	2012.3
柘塘镇国土所	2011 年度优秀国土资源所	省国土厅	2012.4
县国土资源局	全省土地利用管理工作先进集体	省国土厅	2012.4.19
县国土资源局	依法行政先进单位	省国土厅	2012.6

1996年至2013年3月溧水县国土资源管理工作获市表彰先进集体统计表

获奖集体名称	荣誉称号	授予单位	时　间
县土地管理局	“保护耕地、造福子孙”小黄帽活动，第六个“土地日”活动好项目	市国土局	1996.8.9
县国土管理局	《1996年土地管理目标责任制》考核一等奖	市国土局	1997.1.16
溧水县在城镇	连续两年达到“三无”乡(镇)标准	市国土局	1997.4.8
溧水县晶桥乡	土地管理“三无”乡(镇)先进单位	市国土局	1997.4.8
县国土管理局、孔镇乡土地管理所、洪蓝镇土地管理所	1997年度土地开发复垦等项工作先进单位	市国土局	1998.1.12
县国土管理局、群力乡土地管理所、石湫乡土地管理所	“四荒”土地使用权招标拍卖先进单位	市国土局	1998.1.12
晶桥乡	创建“三无”乡镇先进单位	市国土局	1998.3.2
县国土管理局	1998年度全市国土管理系统优秀单位	市国土局	1999.1.4
县国土管理局	1998年度土地管理“三无”乡镇活动组织优秀单位	市国土局	1999.4.22
县群力乡、共和乡	1998年度创建土地管理“三无”乡镇先进单位	市国土局	1999.4.22
县国土管理局	1999年度土地管理工作达标先进单位	市国土局	2000.1.20
县国土管理局	2000年度土地管理工作达标三等奖	市国土局	2001.1.16
县国土管理局	2000年度国土管理政务信息先进单位	市国土局	2001.2.14
县国土管理局	2001年“6·25”征文活动组织奖	市国土局	2001.11.22
柘塘镇国土管理所	2001年“6·25”征文活动二等奖	市国土局	2001.11.22
县国土管理局	2000—2001年南京市档案工作先进集体	市人事局、市档案局	2002.1.21
县国土管理局	2001年度耕地占补平衡优秀项目	市国土局	2002.2.2
白马镇	2000—2002年全市土地执法模范乡镇	市国土局	2002.9.24
县国土资源局	2002年度区、县国土资源工作考评达标单位	市国土局	2003.2.14

续表

获奖集体名称	荣誉称号	授予单位	时　间
县国土资源局	宁杭高速公路建功立业劳动竞赛活动先进单位	市交通局、市总工会	2003.9
县国土资源局	2003 年度国土资源工作达标单位	市国土局	2004.1.6
县国土资源局	2004 年度国土资源工作达标单位	市国土局	2005.1.7
县国土资源局	南京市基本农田保护检查工作达标单位	市国土局、市农林局	2005.1.18
柘塘镇政府、石湫镇企业服务中心、洪蓝镇企业服务中心	2004 年度化工、矿山专项治理和安全生产管理先进集体	市中小企业局、市乡镇企业局	2005.1.25
县国土资源局执法监察科	2004 年全市国土资源信访工作先进集体	市国土局	2005.3.28
永阳镇企业服务中心、石湫镇企业服务中心、洪蓝镇企业服务中心	2005 年度小化工、小矿山专项治理和安全生产管理先进集体	市中小企业局、市乡镇企业局	2006.1.9
县国土资源局	南京市限制开山采石工作先进集体	市政府	2006.1.16
县国土资源局	2005 年度分(县)局国土资源工作目标考评达标单位	市国土局	2006.2.7
县国土资源局	2005 年度全市国土资源信访工作先进集体	市国土局	2006.3.13
县国土资源局	“四五”普法先进集体	市国土局	2006.3.15
县国土资源局	全市开发区清理整顿工作先进集体	市国土局	2006.12.25
县国土资源局	2006 年度建设新南京先进单位	市委、市政府	2007
县国土资源局	2006 年度矿产资源补偿费征收管理工作先进单位	市国土局	2007.1.9
永阳镇国土资源所、白马镇国土资源所、柘塘镇国土资源所、晶桥镇国土资源所、石湫镇国土资源所、东屏镇国土资源所、和凤镇国土资源所、洪蓝镇国土资源所	南京市国土资源基层所规范化建设合格单位	市国土局	2007.3.26

续表

获奖集体名称	荣誉称号	授予单位	时　间
县国土资源局信访室	南京市信访文明接待室	市信访工作领导小组	2007.5
县国土资源局	迎局庆二十周年文艺汇演表演奖	市国土局	2007.9
县国土资源局	2006—2007年度南京市档案工作先进集体	市档案局	2007.12.9
县国土资源局	2007年度分(县)局国土资源工作目标考评达标单位	市国土局	2008.1.21
县局土地利用科土地交易中心	全市国土资源系统首批“文明窗口”	市国土局	2008.1.22
石湫镇国土资源所、东屏镇国土资源所、白马镇国土资源所	市级优秀国土资源所	市国土局	2008.3.5
县国土资源局	全市地质环境工作先进单位	市地质灾害防治指挥部	2008.5.26
晶桥镇国土资源所	全市基本农田长效保护工作先进集体	市国土局	2008.10.22
县国土资源局	南京市矿业权年检工作先进集体	市国土局	2008.8.18
县国土资源局	2008年度矿产资源补偿费征收管理工作先进单位	市国土局	2008.12.31
县国土资源局	2008年度国土资源工作目标考核优秀单位	市国土局	2009.2
县国土资源局	溧水县城乡建设用地增减挂钩项目方案,2008年度全市国土资源系统管理创新奖	市国土局	2009.3.25
洪蓝镇国土资源所	市级优秀国土资源所	市国土局	2009.3.5
县土地储备中心、溧水县矿产资源管理所	2008年度全市国土资源系统“文明窗口”	市国土局	2009.3.16
县国土资源局	2009年度矿产资源补偿费征收管理工作先进单位	市国土局	2010.1.13
晶桥镇国土资源所、和凤镇国土资源所	市级优秀国土资源所	市国土局	2010.2.9
白马镇国土资源所、溧水县矿产资源管理所	2009年度全市国土资源系统“文明窗口”	市国土局	2010.2.22

续表

获奖集体名称	荣誉称号	授予单位	时　间
县国土资源局	南京市2010年度地质灾害防治工作先进集体	市国土局	2010.11.22
县国土资源局	2010年度矿产资源补偿费征管工作先进单位	市国土局	2011.1.12
白马镇国土资源所、联系矿产资源管理所	2010年度全市国土资源系统“文明窗口”	市国土局	2011.4.8
柘塘国土资源所	市级优秀国土资源所	市国土局	2011.5.25
县国土资源局	2011年度全市矿产资源补偿费征管工作先进单位	市国土局	2011.12.20
县国土资源局	全市经济政治文化社会建设(“五五”普法)先进单位	市委、市政府	2011.9.15
县国土资源局	先进基层党总支	市委、市政府	2012.1
县国土资源局	2012年度南京市集体土地房屋拆迁工作先进单位	市国土局	2013.3.5

个人荣誉

《先进个人表》收录1996年至2013年3月,县国土资源局系统受到国土资源部、省、市表彰个人总数124人次,其中国土资源部1人次,省厅级30人次,市局级93人次。

1996—2012年溧水县国土资源管理工作获国家、省表彰的先进个人统计表

获奖个人	荣誉称号	授予单位	时　间
张　军	全省土地管理宣传工作先进个人	省国土局	1996.11.29
严克利	省科技先进个人	省科委	1997
邱祖坤	科普先进个人	省科委	1997.12
张友兴	土管档案先进工作者	省国土局、省档案局	1998.2

续表

获奖个人	荣誉称号	授予单位	时　间
程文金	全省土地复垦开发工作先进个人	省国土局	1998.3.26
章百花	1997年度土地管理财务先进工作者	省国土局	1998.7.6
陈德树(渔歌乡土管所)	十佳土管员	省国土局	1998.6.22
王大全、冯传进、张军、傅义忠	地籍管理先进工作者	省国土局	1999.4.22
张存千、孙玮玉	1999年度地籍管理先进工作者	省国土局	2000.4.13
张　军	地籍管理先进工作者	省国土局	2000.4
邱祖坤	全省土地批租专项治理工作先进个人	省政府	2003.3.27
王建华	2001—2002年度国土资源档案管理工作先进个人	省国土厅、省档案局	2003.4.29
冯传进	全省国土资源系统先进工作者	省人事厅、省国土厅	2003.6.20
傅义忠	参加的南京市土地利用更新调查项目工程获北京市第八届工程勘察项目一等奖	北京市第八届工程勘察项目	2003.12
张友兴	全省优秀档案工作者	省档案局	2003.12.29
姚　民	2006年度全省国土资源财务管理先进个人	省国土厅	2007.2.16
朱霁霆、范菊华	2006年度全省地籍管理“双优个人”	省国土厅	2007.3.8
傅义忠	2007年度全省地籍管理双优个人	省国土厅	2008.4
张　军	全省基本农田保护争先达标活动先进个人	省国土厅	2008.6.2
高建华	省矿业权年检先进个人	省国土厅	2008.8.18
周晓明	2009年度全省矿产资源补偿费征管工作先进个人	省国土厅	2009.12
田福红	省国土系统先进工作者	省国土厅	2010.3

续表

获奖个人	荣誉称号	授予单位	时 间
周晓明	全省矿业权实地核查工作先进个人	省国土厅	2010.5.28
孙玮玉	地籍工作先进个人	省国土厅	2012.1
张应昌	地籍工作先进个人	省国土厅	2012.1
黄 瑛	全国地质灾害防治优秀群测群防检测员	国土资源部	2012.12

1996—2012年溧水县国土资源管理工作获市表彰的先进个人统计表

获奖个人	荣誉称号	授予单位	时 间
严克利	小城镇建设先进个人	市政府	1997
严克利	优秀党务工作者	市委	1997
严克利	市勤政廉政好干部	市委、市政府	1998
张友兴	市档案先进个人	市档案局、市人事局	1998.1
张 军	市国土管理系统青年优秀论文评选三等奖	市国土局	1998.7.8
魏忠仁	宁高公路先进个人	市政府	1998.10
傅义忠	1990~1999 年地籍管理先进工作者	市国土局	2000.1.20
张友兴	“三五”普法先进个人	市国土局	2000.12.22
方金根、周祥华	2001 年“6·25”征文活动三等奖	市国土局	2001.11.22
方金根	宁杭高速公路建功立业劳动竞赛活动建设功臣	市交通局、市总工会	2003.9
吴源平	宁杭高速公路建功立业劳动竞赛活动先进个人	市交通局、市总工会	2003.9
傅义忠	土地利用更新调查工作先进个人	市政府	2004.3
栾兆亮、傅义忠、范菊华	市土地利用现状更新调查先进个人	市国土局	2004.3.10
栾兆亮、傅义忠、范菊华	土地利用现状更新调查先进个人	市政府	2005.1.7

续表

获奖个人	荣誉称号	授予单位	时　间
张　军、王日明	南京市基本农田保护检查工作先进个人	市国土局、市农林局	2005.1.18
周晓明	2004 年度化工、矿山专项治理和安全生产管理先进个人	市中小企业局、市乡镇企业局	2005.1.25
周晓明	2005 年度小化工、小矿山专项治理和安全生产管理先进个人	市中小企业局、市乡镇企业局	2006.1.9
褚海明、周晓明、黄　瑛、张旭青	南京市限制开山采石工作先进个人	市政府	2006.1.16
邱祖坤、孙　艺、张　军、周　兴、朱霁霆、管卫星、严令国、范荣生、葛和平	2005 年度干部职工考核局系统先进工作者	市国土局	2006.1.27
邓　云	2005 年度全市国土资源信访工作先进个人	市国土局	2006.3.13
周　兴	“四五”普法先进个人	市国土局	2006.3.15
张　军、孙玮玉、范菊华	全市开发区清理整顿工作先进个人	市国土局	2006.12.25
赵鹏霞	2006 年度矿产资源补偿费征收管理工作先进个人	市国土局	2007.1.9
韩明忠、李岭辉、范荣生、孙　艺、邓　云、方述宝、吴源平、周晓明	2006 年度市局系统先进工作者	市国土局	2007.1.22
黄　瑛、赵鹏霞	2007 年度矿产资源补偿费征收管理工作先进个人	市国土局	2008.1.9
孙　艺、周晓明、孔德星、甘培政、高拥军、朱霁霆、甘晓辉、方金根	2007 年度先进个人	市国土局	2008.1.22
何　伟	2007 年度全市国土资源信访工作先进个人	市国土局	2008.3.27

续表

获奖个人	荣誉称号	授予单位	时　间
顾文勤	全市国土资源系统首批“服务之星”	市国土局	2008.1.22
周晓明、黄　瑛	全市地质环境工作先进个人	市地质灾害防治指挥部	2008.5.26
周晓明	南京市矿业权年检工作先进个人	市国土局	2008.8.18
张　军	全市基本农田长效保护工作先进个人	市国土局	2008.10.22
黄　瑛、赵鹏霞	2008 年度矿产资源补偿费征收管理工作先进个人	市国土局	2008.12.31
周德红	2008 年度先进个人	市国土局	2009.2.6
焦湘凌、李　燕	2008 年度全市国土资源系统“服务之星”	市国土局	2009.3.16
邱祖坤	南京市劳动模范	市政府	2009.4
黄　瑛、赵鹏霞	2009 年度矿产资源补偿费征收管理工作先进个人	市国土局	2010.1.13
褚海明	优秀公务员	市国土局	2010.1.25
何　伟、孙　艺、姚　民、章　庆、杨　树、田福红、周晓明、韩明忠、李　雪、王日明	2009 年度先进个人	市国土局	2010.1.25
管卫星、田福红	2009 年度全市国土资源系统“服务之星”	市国土局	2010.2.22
张存千、周　兴	南京市 2010 年度地质灾害防治工作先进工作者	市国土局	2010.11.22
赵亲兰、吴荣琴、方金根	2010 年度全市国土资源系统“服务之星”	市国土局	2011.4.8
赵鹏霞	2011 年度全市矿产资源补偿费征管工作先进个人	市国土局	2011.12.20
周德红	2011 年度创建文明行业“服务之星”	市国土局	2012.6

文件选辑

关于开展创建土地管理“三无”乡(镇)活动的意见

溧政办发〔1996〕56号转发

为了进一步推进土地管理法制化进程,切实加强土地管理工作,根据省、市国土管理局关于开展土地管理“三无”乡(镇)活动的要求,在全县全面开展创建土地管理“三无”乡(镇)活动。为了认真组织好我县创建活动的开展,特提出如下意见:

一、“三无”乡(镇)的标准

1.无违法批地行为:

(1)建设用地按规定报批,无越权批地行为;

(2)乡(镇)、村干部无点头默许、口头应允未批先用土地行为;

(3)建设用地中无化整为零、弄虚作假批地行为;

(4)无多批、错批和私自改变地类行为;

(5)无擅自批准在农田保护区搞建设的行为。

2.无违法管地行为:

(1)在建设用地审批和管理中无以地谋私和索贿受贿行为;

(2)在执行公务中无乱收费、乱罚款的渎职行为;

(3)无违反法定程序和法律规定的行政行为。

3.无违法用地行为:

(1)无超标多占面积行为;

(2)无未经批准占用土地(包括建设用地不办报批而以复垦土地冲抵的)行为;

(3)无买卖和非法转让土地(包括不办理土地权属变更手续的)行为;

(4)无擅自改变土地用途行为;

(5)无破坏土地资源和荒芜土地行为;

(6)无不履行复垦义务行为;

(7)无不按期归还临时用地行为;

(8)无骗取批准用地行为。

二、组织领导

县政府成立由卞金林、魏宏猷、鲍定远、魏忠仁、邱祖坤等同志组成的创建“三无”乡(镇)活动领导小组,卞金林任组长,魏宏猷任副组长,日常具体工作由县土地管理局负责。各乡(镇)政府也要成立相应的领导小组,加强对此项工作的组织领导。

三、考评验收

1.考评时间和程序:每年12月进行考评。凡自查达标的乡(镇)需向县提出考评验收申请,由县组织考评小组,进行考评验收,然后向市申请复验,省进行抽查。

2.考评范围:每个达标乡(镇)抽查2~3个村和1~2个乡(镇)企事业用地单位,每村抽查5~10%的村民建房户。

3.考评方法:听取各乡(镇)负责人汇报开展“三无”乡(镇)活动的情况(要有书面材料);召开有关方面人员参加的座谈会;查看有关文件、规章制度和建设用地审批台账、地籍档案材料以及用地施工现场。

4.考核评分:考评小组对照《江苏省土地管理“三无”乡(镇)达标考核评分表》进行评分,累计分值在90分以上者为达标。

四、奖励办法

1.对达标的乡(镇),由市或县发给土地管理“三无”乡(镇)达标奖匾。第二年未达标的则收回奖匾,并对有关负责人给予必要的经济处罚。

2.经省考核验收并连续两年实现达标的乡(镇),由省发给土地管理“三无”乡(镇)奖匾。

3.对在开展创建“三无”乡(镇)活动中工作突出,成绩显著的个人,省、市或县将给予表彰奖励。

溧水县土地管理局

一九九六年四月二十日

溧水县破产企业土地使用权处理暂行办法

溧土字〔1997〕5号

第一条 为加强破产企业土地使用权管理,保护土地所有者、使用者和债权人的权益,根据《中华人民共和国企业破产法(试行)》《中华人民共和国城市房地产管理法》《江苏省城镇国有土地使用权出让和转让实施办法》《南京市破产企业国有土地使用权处理办法》和国家其他有关法律、行政法规的规定,结合本县实际,制定本暂行办法。

第二条 凡由人民法院宣告破产的企业,其在本县行政区域内使用的国有土地使用权、集体土地建设用地使用权,均适用本暂行办法。

第三条 县土地管理局自接到法院立案通知之日起,统一组织派员参与法院受理的破产企业土地使用权清算工作。

第四条 清算破产企业的土地使用权,处理前应查清土地权属情况、获取方式、使用状况以及有关欠缴的土地费用等。

第五条 破产企业的职工住房、学校、托儿所(园)、医院等福利性占地,原则上不计入破产财产,但是,没有必要续办并能整体出让的,可以计入破产财产。

第六条 以出让方式取得的国有土地使用权可以作为破产企业财产,其土地价格必须经过县地价所评估确认。其中设定抵押权的必须在清偿或处理完所担保的债务以后,方可作为破产企业的财产。

第七条 以划拨方式取得的国有土地使用权,由县人民政府收回,并依法采取拍卖、招标等方式进行国有土地使用权出让,出让所得可优先用于破产企业职工安置。

第八条 依法取得的集体土地建设用地使用权,由县或乡(镇)人民政府收回,并交还原集体经济组织。

第九条 下列土地使用权不得作为破产财产处理:

(一)权属有争议的土地使用权;

(二)无合法权源的土地使用权;

(三)共有土地使用权;

(四)依法取得的临时用地。

第十条 对不能作为破产企业财产的土地使用权,分别按下列情况处理。

(一)权属有争议的土地使用权,应向土地管理部门申请调处,处理妥善后按规定办理;

(二)无合法权源的土地使用权,到土地管理部门补办手续后,按有关规定办理;

(三)共有土地使用权,应当征得共有使用权人的书面同意;

(四)依法取得的临时用地,由土地管理部门收回。

第十一条 获得破产企业原国有土地使用权或集体土地建设用地使用权的单位,应按规定办理土地变更登记。

第十二条 办理土地变更登记,分宗测绘,地价评估等所需费用,按规定标准从破产费用中列支,由破产清算组缴纳。

第十三条 土地管理部门自接到法院立案通知之日起,不予办理破产企业的土地使用权转让、出租、抵押等手续。

第十四条 本暂行办法由溧水县土地管理局负责解释。

第十五条 本办法自即日起施行。

溧水县土地管理局

一九九七年二月三日

关于我县改制企业土地使用权处置管理意见

溧政指〔1998〕5号批转

为了认真贯彻落实县委、县政府《关于进一步深化企业产权制度改革的意见》(溧委发〔1998〕1号文件)精神,根据国家有关法律、法规和省、市土地管理政策规定,结合我县实际,对企业改制中土地使用权的处置管理,提出如下意见:

一、改制企业土地使用权处置的原则

改制企业土地使用权处置必须遵循以下原则:依法入市的原则;优化

土地资源配置，提高土地利用率的原则；维护社会主义土地公有制，确保土地资产保值增值的原则；统筹兼顾，正确处理土地权利者权益关系的原则；有利于企业资产重组，推进产权制度改革的原则。

二、改制企业土地使用权的界定及地价评估确认

(一)土地使用权的界定

企业在改制过程中，须将原企业合法持有的国有(集体)土地使用权变更为改制后企业持有。

原企业未合法取得土地使用权的，改制后企业应先补办用地手续，然后进行土地使用权登记。补办用地手续的有关规费按苏政办发〔1997〕139号文件参照用地年代当时的有关规定执行。确有困难的企业，经县改制工作指挥部批准后，可以与县国土管理部门签订缓交补办用地手续规费的协议。

(二)土地使用权价格评估和确认

改制企业土地使用权价格评估，由改制企业或其主管部门持土地价格评估委托书、原企业土地使用权证书，委托具有土地评估资格的评估机构，按国家土地管理局颁布的《城镇土地估价规程》要求进行。已进行房改的住宅用地及福利性设施等用地不作为改制企业用地范围。

改制企业的土地评估价格，经县国土管理部门、县物价部门确认。

三、企业改制中国有土地使用权的处置

改制企业国有土地使用权(生产经营用地)的处置，主要采用土地使用权出让、租赁、作价入股和保留划拨方式处置，并对照企业经营用地情况及改制企业资产评估情况选择适合本企业的用地方式进行处置。

(一)土地使用权出让

改制企业以出让方式取得土地使用权的，应由国土管理部门对企业土地使用权属进

行界定，评估确认土地使用权价格，与企业签订土地使用权出让合同，并由企业按确认地价的40%补缴出让金，企业获得在合同约定年限内的土地使用权。

(二)土地使用权租赁

改制企业对土地使用权采用租赁方式的，应当与县国土管理部门签订土地租赁合同，每年缴纳土地租金。租赁方式下的土地使用权，租期不得超过国家规定的土地出让最高年限(土地出让最高年限为：工业用地50年，商业、娱乐业、旅游业为40年，住宅为70年)。租期届满，原土地使用权者可优

先继续租用或申请选择其他处置方式。

土地年租金(不含土地使用税、土地使用费)的标准按土地的不同地区和用途确定为:

县城:商服业、娱乐用地为确认地价的1%~2%;工业、仓储用地为确认地价的0.5%~1%。

乡镇(含在城镇农村):商服业、娱乐用地为确认地价的2%~3%;工业、仓储用地为确认地价的1%~2%。

国有土地年租金由县人民政府委托县国土管理部门收取并缴纳县财政,专户储存,专项使用。

县属企业改制后的土地有偿使用收入(年租金),经县人民政府批准,可用于抵补零价转让并实行股份合作制改制企业的负资产。在一到三年内,最多不超过五年内抵补。

土地年租金由县国土管理部门会同县物价部门根据土地市场价格每两年调整一次。土地年租金每个使用年度分两次缴纳:前半个使用年度之前缴50%,后半个使用年度之前缴50%,逾期的按每日1‰的标准支付滞纳金。

特困企业或改制后其经营状况还未完全改善的企业,经县政府批准,土地年租金可缓缴,部分免缴或全部免缴。缓、免缴时间不得超过三年。

(三)土地使用权保留划拨方式处置

通过划拨方式取得土地使用权的县属企业,在改制后仍由国家(集体)控股的,在不改变土地用途的前提下,经县人民政府批准,保留划拨方式处置,期限不超过五年。

通过划拨方式取得土地使用权的企业被兼并时,如兼并企业是国有或国有控股企业,在不改变土地用途的情况下,可以将被兼并企业使用的土地划拨给兼并企业使用;如兼并企业为非国有或非国有控股企业的,则需采取补办出让或租赁的方式进行处置。

(四)土地使用权作价入股

以作价入股方式处置国有划拨土地使用权的,按有关规定报批。

(五)国有土地使用权作价冲减负资产

改制过程中,对净资产负数较大且实行零价转让和实行股份合作制改制的县属企业,由企业申请,经国土管理部门和财政部门审核,并签署意见后,报县人民政府批准,可将土地资产按评估确认的地价,作为政府对改制后企业的国有资产注入，冲减负资产。冲减后的土地使用权属于改制后企业，企业凭土地使用权作价冲减负资产批复，向县国土管理部门申请办理土地使用权出让手续。

（六）对“退二进三”土地使用权的处置

对地处县城或乡（镇）集镇商业地段的工业、建筑业企业的国有土地，可采取“退二进三”的办法，将土地使用权出让给改制后企业，利用土地级差收益，创办第三产业。

改制后企业受让土地使用权，必须向县国土管理部门缴纳不少于补缴出让金的14%，其余补缴出让金的26%部分采用“挂账转移”的方式，由受让企业向县财政部门开具土地出让金借款凭证后，向国土部门申请办理土地使用权出让手续，企业取得出让方式下的国有土地使用权。

企业土地使用权如出让给其他单位或个人，可将土地出让金的60%返还给原企业，用于企业搬迁、改造。其余部分上缴省、市、县。经县人民政府批准，也可将土地出让金县留成部分，作为政府投入，借给原企业，用于生产经营。

（七）对破产企业土地使用权的处置

企业破产，其划拨土地使用权由政府收回后出让或重新出租给新的土地使用者，也可作价入股。土地出让收益的10%上交县财政，90%主要用于破产企业职工的安置。不列入破产的土地使用权（如职工住房、福利性设施等地），由接收方按县政府有关土地资产处置的批文，直接到县国土部门办理变更登记。

四、乡镇企业改制土地使用权的处置

乡镇集体企业改制为股份合作制企业或出售的，集体土地使用权应采用租赁方式，由改制后企业或购买者与集体土地所有者（一般为乡镇经济实业总公司或村经济合作社）签订土地租赁合同，并报县国土管理部门批准。

乡镇集体企业改组为股份制企业，可由集体经济组织将土地使用权租赁给改制后的股份制企业或作为土地资产入股。如要出让的，必须先将土地征为国有，按规定办理出让手续，收取出让金。

在乡镇集体经济组织内部，因企业兼并造成土地使用权属（或实际使用者）变更的，可通过办理土地权属变更登记手续获得集体土地使用权。除此而外的其他乡镇集体企业被兼并，均应由集体经济组织将被兼并企业原使用的土地租赁给兼并企业使用。

乡镇企业土地使用权租赁，在年租金确定和调整上按国有土地使用权租赁的方式处理，并由乡镇经济实业总公司或村集体经济合作社收取。

五、土地使用权不同处置方式下企业拥有的权利和业务

按本《意见》规定的方式取得土地使用权的，在其规定的时效内，允许在不改变合同规定内容的前提下，享有以下权利和业务：

(一)以出让方式取得的国有划拨土地使用权，允许转让、出租、抵押等。采用出让金“挂账转移”方式取得的土地使用权，在不改变土地用途的前提下，允许出租、抵押，若企业需要依法转让，必须与县国土部门签订土地使用权出让补充合同。出让金标准按照当时的基准地价和市场情况重新评估确定。土地出让金按规定缴纳有关税费后，注销第一次挂账的土地资产，注销部分经县人民政府批准后，作为国有土地资产注入企业，用于企业发展再生产。注入企业的土地资产资金运作情况，由县国有资产管理部门按有关规定进行考核。

(二)改制企业对其租赁的生产经营用地，不得随意改变土地用途，不得私自转租、转让和抵押。企业需发生使用权流转的，必须按土地使用权出让的有关规定处理。

(三)以保留划拨方式处置的土地使用权，不得转让、出租、抵押；若需发生使用权流转的或改变原规定的土地用途，必须按土地使用权出让的有关规定处理。

(四)以作价入股方式取得的国有划拨土地使用权，允许出租、抵押。国有划拨土地使用权折成国家股转让，必须经县人民政府批准。

六、附则

(一)我县企业改制中土地使用权的处置，应当按照本《意见》规定执行。已实行改制的企业，必须按本《意见》规定加以完善。

(二)本《意见》由县国土管理部门负责解释。

溧水县国土管理局

一九九八年三月二十三日

中共溧水县委　溧水县人民政府
关于进一步加强全县土地统一管理的意见

溧委发〔2000〕32号

各镇党委、人民政府，县各部委办局，县各直属单位：

为进一步加强全县土地统一管理，合理、节约利用土地，保护耕地，维护农民利益和土地使用者的合法权益，保障全县经济和社会事业可持续发展，根据《中华人民共和国土地管理法》和国务院及省市有关文件精神，结合我县实际，提出如下意见：

一、加强土地利用规划管理，切实保护好耕地。

坚持耕地总量动态平衡的原则，努力提高耕地质量。各镇党委、人民政府要以保护耕地为重点，认真执行好全县土地利用总体规划，全县各类建设用地都必须符合土地利用总体规划，确需调整的需报有批准权的上级人民政府批准。

严格控制非农建设占用耕地、林地，充分利用存量土地、闲置土地和废弃地等。确需占用耕地的，必须认真落实占补挂钩政策，鼓励镇村以及单位、个人复垦耕地、土地整理和开发"四荒"土地。县有关部门要按照谁开发耕地谁收益的原则，制订和落实好各项开发复垦优惠政策。

二、加强建设用地管理，进一步深化土地使用制度改革。

各项建设用地必须严格按照法定权限和程序报批，在建设项目可行性研究报告评审阶段，县土地管理部门要对项目用地进行预审。凡不符合土地利用总体规划、城镇建设规划，未纳入年度土地利用计划的，不予批准用地，项目不准开工建设。

非农建设用地除法律规定可以实行划拨方式供地外，其他各类建设用地一律以出让、租赁、作价入股等形式，纳入有偿使用轨道。原国有划拨土地和存量土地改为经营性用地或土地使用权转让，必须到县土地管理部门办理或补办出让手续，补交出让金和契税；经营性商业、金融、旅游、娱乐、服务等第三产业用地应通过招拍卖和租赁方式供地；闲置土地以及因企业破产、"退二进三"和旧城改造中再次开发利用的土地(包括集镇改造),凡转为经营性用途的,必须补办出让手续后实行公开招标、拍卖或办理租赁手续。

积极筹备组建县土地储备中心,有条件地储备可供建设、开发的用地,盘活存量土地,帮助部分特困企业发展再生产,扩大再就业。逐步推行土地租赁制度,确保地方财政有稳定的土地收益来源。

三、规范土地出让、转让行为,加强土地收益的监督管理。

全县国有土地使用权出让、转让,由县土地管理部门代表县人民政府扎口统一管理、统一程序、统一地价、统一审批、统一收取出让金、统一登记发证。

县人民政府垄断全县土地一级市场。划拨土地经县人民政府批准,实行有偿使用后,方可入市交易;以有偿使用方式取得的国有土地使用权,应缴清全部地价款,完成前期开发,符合有偿使用约定条件的方可转让、出租、抵押;国有土地使用权转让、出租、抵押,当事人应在规定的时间内到县国土管理部门办理土地登记及有关手续。

国有土地出让、转让、租赁、作价入股、抵押等必须实行统一地价、统一期限。全县各类地价由县人民政府定期公布,实行最低限价。作价入股、抵押、招标出让等地价确定应有资质的评估机构评估。

全县国有土地有偿使用合同由县国土局代表县人民政府与受让方签订,任何单位、个人无权签订有关土地出让转让、出租、抵押、作价入股等合同文书。

土地出让转让金属县政府预算收入,统一由县国土局收取。土地出让金专项用于开发复垦、土地整理、城镇基础设施建设等。集镇建设中收取的国有土地出让金,按照省政府〔2000〕36号文件,80%返还给镇,用于集镇基础设施建设。县经济开发区、在城新区、花园小区、无想寺旅游区等出让土地收益暂按县政府有关文件规定的比例返还和实施封闭管理。有关部门应加强对土地收益使用的监督管理,以保证专款专用。

单位和个人依法使用的国有土地,由县国土局代表县政府登记造册,核发证书,确认使用权。依法改变土地权属和用途的,应办理变更登记手续。依法登记的土地使用权受法律保护,任何单位和个人不得侵犯。

对以往年度城镇居民尚未领取国有土地使用证、房屋所有权证的住户,有关部门应本着"尊重历史、面对现实、规范管理、杜绝今后"的原则,尽快补办登记发证手续。

四、加强农村集体土地管理，切实保护农民利益。

农村集体土地属于农民集体所有。农民集体土地使用权不得出让、转让或出租用于非农建设。

非农建设占用集体土地，应由县国土局代表县人民政府统一办理征用手续，并按照县政府确定的标准给予农民补偿、安置。建设用地征用农民集体土地，要依法、公开，确保标准到位、补偿到位。要进一步加强对征用农民集体土地补偿、安置费发放的监督检查，严禁损农、坑农或变相侵占农民利益的现象发生。严禁贪污、挪用农民的补偿、安置费用，一经发现，依法查处。

要进一步加强农村宅基地管理，严格农民建房审批手续。城镇居民不得占用农民集体土地建造住宅；禁止农民将自建住宅向城镇居民出售。对上述违法购买、建造的住宅，有关部门不予发放土地使用证、房屋所有权证，已经发放的一律无效。

五、加强组织领导，确保土地统一管理落到实处。

各级党委、政府应高度重视土地统一管理的重要性和必要性，党政主要领导要在土地征用、使用、批租、出让等方面，严格依法办事。要尽快制定全县土地统一管理实施办法，进一步深化现行土地管理机制、体制的改革，以适应土地统一管理的要求。县纪检、监察、财政、审计等部门应加大检查监察力度，防止土地收益使用、土地批租过程中滥用职权、腐败现象的产生。县司法、宣传舆论部门应强化土地法律、法规的宣传、教育，并列入普法先进县的重要内容。县国土管理部门应加强队伍建设，改进工作作风，提高办事效率，确保全县经济和社会事业的持续发展有一个良好、有序、法制、公正的环境。

中共溧水县委员会

溧水县人民政府

2000年5月16日

溧水县土地交易市场管理暂行规定

溧政发〔2002〕57号

第一章 总 则

第一条 为深化土地制度改革,加强廉政建设,进一步规范土地使用权交易行为,建立公开、公平、公正的土地市场,根据《中华人民共和国土地管理法》《中华人民共和国土地管理法实施条例》《江苏省土地管理条例》等法律、法规,结合我县实际,制定本规定。

第二条 本县范围内的土地交易,适用本规定。

土地交易包括土地使用权出让、转让和租赁。

本规定所称的土地使用权转让包括地上建筑物、构筑物和附着物的转让,应当适用《中华人民共和国城市房地产管理法》的房地产交易除外。

第三条 溧水县人民政府设立土地交易中心(简称交易中心),为全民事业单位,与溧水县土地储备中心合署办公,发展全县范围内土地交易,凡本县范围内的土地交易必须在建议中心进行。

交易中心是溧水县土地交易市场的承办机构,按规定的职责和程序运作,并接受主管部门和监察部门的指导、监督和检查。

县政府设立交易中心理事会, 理事会对交易中心的重大问题进行决策,理事会由县政府常务副县长任理事长,分管土地、建设的副县长任副理事长,理事由国土、计划、建设、财政、物价、监察等部门代表和交易中心及有关专业技术人员组成。

溧水县国土资源管理局是交易中心的主管部门(以下简称主管部门)。

第四条 土地交易应当遵循公开、公平、公正的原则,任何单位和个人不得非法干预。

第五条 下列土地交易(包括分割转让)应当在交易中心通过招标、拍卖和挂牌交易方式公开进行:

(一)经营性项目用地(包括县政府收回闲置的行政划拨用地、企业破

产用地等)的土地使用权出让;

(二)以协议出让方式取得土地使用权,申请改变用途,转让土地使用权的;

(三)以出让方式取得土地使用权,已签订出让合同,交清市场地价后进行的土地使用权转让;

(四)减免地价或交纳协议地价的土地使用权转让;

(五)列入县政府旧城改造中已建建筑物的出让用地、行政划拨用地;

(六)为实现抵押权进行的土地使用权及地上建筑物、构筑物、附着物转让;

(七)人民法院、执法机关裁定、决定处分的土地使用权及地上建筑物、构筑物、附着物转让;

(八)法律、法规允许的集体所有的建设用地使用权交易。

其他任何单位和个人包括中介机构不得进行上述交易。

第二章　功能与职责

第六条　交易中心主要职责:

(一)贯彻执行国家土地管理的政策、法律、法规和规章,制定内部管理制度,具体实施土地交易市场的建设计划和目标;

(二)接受主管部门和其他单位、个人委托,组织实施土地使用权出让、转让、租赁的招标、拍卖和公开挂牌交易工作,为举办土地使用权招标、拍卖会提供场所和服务;

(三)受理土地使用权转让申请,负责转让条件的核验、成交确认;

(四)收集、汇总、储存、上报、发布土地交易信息行情,提供有关法律和其他信息咨询服务;

(五)发布土地使用权出让和转让供求信息,提供土地使用权交易、洽谈、招商、展销场所,为土地交易代理、地价评估、信息咨询等中介机构提供服务场所;

(六)县政府交办、主管部门委托的其他事项。

第七条　交易中心应建立以下工作制度和管理制度:

(一)土地交易规则;

(二)土地交易运作程序;

(三)土地交易服务承诺;

(四)财务管理制度；

(五)工作人员守则；

(六)工作人员违纪违规行为的监督查处办法等。

第八条 交易中心应配备一定数量的专业人员和必要的设施，逐步建立健全较完备、规范、专业的土地市场。

第九条 交易中心从事土地交易市场业务的工作人员，必须参加有关部门统一组织的培训，并逐步取得经考试合格的上岗资格。

第三章 土地交易方式

第十条 土地交易采取以下方式进行：

(一)招标，即通过发布招标公告，进行公开招标，由投标人进行投标，经评标后确定中标人的行为。

(二)拍卖，即通过发布拍卖公告，由竞买人在指定时间、地点进行公开竞价，由出价最高者获得土地使用权的行为。

(三)挂牌交易，即在一定期限内将土地交易条件在土地交易机构进行公告，并接受交易申请、办理交易鉴证的行为。

第十一条 除按法律、法规规定的情形外，经营性项目土地使用权出让，应采用招标或拍卖方式。其他须公开交易的土地使用权交易，可根据需要选择招标、拍卖或挂牌交易中的一种方式。

第十二条 以招标、拍卖方式出让或转让土地使用权的，在招标、拍卖前应制定招标、拍卖文件和投标、竞买规则，并在招标、拍卖会30日前发布招标、拍卖公告，申请参与竞投或竞买的人数应达到2人或2人以上。如申请参与竞投或竞买人数只有一人，由主管部门报县政府审核确定，是否可以协议出让。公告由交易中心通过有关媒体发布。

第十三条 土地使用权出让和转让，应设立最低保护价。土地使用权以招标、拍卖方式交易时，未达到规定人数和最低保护价的，重新作出交易安排。

最低保护价，包括招标底价及保留价。

第十四条 以招标方式出让、转让土地使用权的，应由交易中心理事会审定招标底价，审查投标人资格，主持开标、评标和定标工作，确认中标人并发出中标确认书。

在确认中标七日内，应当与受让人签订土地使用权出让、转让合同。

第十五条　以拍卖方式出让、转让土地使用权，应由土地交易中心理事会审定保留价、审查竞买人资格、指定拍卖主持人。

拍卖主持人确认竞得人后，由土地交易中心与竞得人签订拍卖成交确认书。

第十六条　土地使用权公开挂牌交易的，应公告最低交易价和其他交易条件。公告期限不少于30日。

公告期限届满，按照以下规定确定能否成效。

(一)若在规定期限内只有一个申请人，且报价不低于交易价，并符合其他条件的，则此次交易成功。

(二)在规定期限内有二个以上申请人的，允许多次报价，土地使用权在没有其他限制或附加条件情况下，一般应由出价高者获得。报价相同的，如无其他附加比较条件的则由先报价者获得。

(三)若在规定期限内没有申请人，或者只有一个申请人且报价低于交易价或不符合其他交易条件的，可视交易流标，亦可由委托人调整最低交易价，重新委托交易中心交易。

报价以报价单为准。成交后，由委托人与买方签订土地使用权转让合同，并由交易中心鉴证。

申请人挂牌交易所公告的最低交易价由委托人决定，但该最低交易价不得低于补交地价、应缴纳税费及应付交易服务费用之和。

第四章　监督查处

第十七条　监察部门和主管部门应在交易中心设立检举或投诉信箱，接受群众对土地使用权交易违纪违规行为的检举、投诉。

第十八条　交易中心应将土地使用权出让和转让规则、运作程序、服务承诺、工作人员守则等在显要位置张挂显示、陈设，接受群众监督。

第十九条　凡有下列情形之一的，不予办理产权手续：

(一)违反本规定，须公开交易的土地使用权不实行公开交易的；

(二) 须公开交易的土地使用权不按本规定的规范要求和方式进行公开交易的；

(三)违反本规定越权交易的；

(四)投标人或竞买人互相串通压价的；

(五)法律、法规规定属于交易无效的其他情形。

属于前款第(一)、(二)、(三)项情形的,有监察部门依法对有关单位负责人和责任人给予行政处分。构成犯罪的,由司法部门依法追究刑事责任。

第二十条 土地交易确认后,出让方(委托方)、受让方违规按土地交易规则承担违约责任。

第二十一条 政府机关工作人员和土地交易中心工作人员,违反有关规定,在土地交易过程中接受贿赂、徇私舞弊、泄露秘密、玩忽职守的,由其所在单位或监察机关给予充分。构成犯罪的,由司法机关依法追究刑事责任。造成当事人损失的,依法承担赔偿责任。

第五章 附 则

第二十二条 县政府及主管部门过去颁布的有关规定与本规定不一致的,以本规定为准。

第二十三条 本规定自发布之日起施行。

溧水县人民政府

二〇〇二年五月二十日

溧水县采矿权出让管理暂行办法

溧政发〔2003〕74号

第一条 为了维护矿产资源国家所有权, 培育和规范矿业权市场,实现矿产资源优化配置,根据《中华人民共和国矿产资源法》《江苏省矿产资源管理条例》和《江苏省采矿权招标拍卖挂牌出让管理暂行办法》等法律、法规和规章的规定,结合本县实际,制定本办法。

第二条 本办法所称采矿权出让,是指在县国土资源局管理权限范围内以招标、拍卖、挂牌出让等方式向采矿权申请人有偿授予采矿权的行为。

第三条 县国土资源局是本县采矿权出让管理机关,负责本办法的实施。

县纪检、财政、公安、工商、环保、计经、农林、体改办、各镇人民政府、县经济开发区等部门协同做好采矿权的出让工作。

第四条 本县行政区内矿产资源采矿权应采用招标、拍卖或挂牌等方式出让,不再以行政审批方式无偿授予采矿权。

采矿权招标是指出让人通过招标方式使中标人有偿获得采矿权的行为。

采矿权拍卖是指出让人以公开竞价的形式,向竞价最高者出让采矿权的行为。

采矿权挂牌出让是指出让人发布挂牌公告，按照公告规定的期限将拟出让采矿权的交易条件在指定交易场所挂牌公布，接受竞买人的报价申请并更新挂牌价格，根据挂牌期限截止时的出让价格结果确定受让人的行为。

已开办的矿山企业的采矿许可证有效期届满后，采矿权由县政府收回,符合规划条件、可继续开采或者扩大开采的,其采矿权由县国土资源部门公开有偿出让。

第五条 通过招标、拍卖和挂牌出让获得采矿权的单位或个人为采矿权受让人。采矿权受让人应遵循国家关于采矿权权限的管理规定,不得超越权限开采。

第六条 采矿权受让人应具备法律、法规规定的资质条件,并经县采矿权市场建设领导小组办公室审查确认。

第七条 拟出让的采矿权矿区,应经具有资质的评估机构进行储量认定,其结果作为采矿权出让的依据。

第八条 采矿权出让遵循公开、公平、公正和诚信的原则。

第九条 采矿权出让可以是未设置采矿区的空白地,也可以是采矿权到期后依法收归国有的矿产地。

出让的采矿权应无权属争议，并妥善处理附属物的所有权和使用权，禁止将采矿权作为其他资产的附属物一并出让。

第十条 国家出资勘探的采矿权出让底价、保留价、报价,以评估确认价作为确定依据。

非国家出资勘探的采矿权出让底价、保留价、报价,要依据评估确认价确定;参照本地区同类矿种的评估确认价确定;按简易收益法计算的确认价确定。

所出让采矿权的储量规模与矿山的建设规模不一致时,应根据矿产资源统一规划,分块段评估,分期出让、分期收取采矿权价款的原则办理,不得人为分割矿产地。

第十一条 新开办的矿山需符合本县矿产资源总体规划要求,经本镇政府和县国土资源部门同意后,采矿权仍按本办法规定有偿取得。

第十二条 采矿权投标、竞买人必须承诺接受国土资源部门对矿产资源开发利用、矿山环境整治、水土保持的要求后,才能参加投标、竞买。

第十三条 国土资源部门组织评标,依法组建评标委员会,采取择优原则确定中标人。

第十四条 评标委员会由招标人代表及具有相关专业专家组成。

第十五条 出让人在招标、拍卖、挂牌公告前应当根据矿产资源规划要求编制采矿权出让方案,报上一级国土资源行政主管部门审查。

以招标、拍卖、挂牌出让方式出让采矿权的程序按有关规定执行。

第十六条 以招标、拍卖、挂牌出让方式出让采矿权的,国土资源部门应当依据评估确认的结果确定招标、拍卖的底价或保留价,成交后由国土资源部门按照实际交易额收取采矿权出让收入。

以协议出让方式出让采矿权的,国土资源部门应当按评估确认后的结果收取采矿权出让收入。

第十七条 采用指标方式出让采矿权,国土资源部门可经作为招标人依法直接组织招标,也可以委托中介机构代理招标。

国土资源部门、受委托招标的中介机构、采矿权评估机构应当对确认的采矿权评估结果、招标标底严格保密。

第十八条 采用拍卖方式出让采矿权,国土资源部门应当遵照国家法律、法规规定的原则和程序,委托拍卖人以公开竞价的形式,向申请采矿权竞价最高者出让采矿权。

第十九条 以招标、拍卖、挂牌确定中标人、竞买人后,出让人应当与中标人、竞买人签订成交确认书。并在出让机关规定的时限内签订采矿权出让合同,按采矿登记的要求提交登记资料,成为采矿权人。

第二十条 采矿权招标、拍卖、挂牌交易成交后,投标人、竞买人缴纳的投标、竞买保证金可抵冲采矿权出让的价款。中标人、竞买人不按规定期限付清采矿权出让价款、有关费用和签订采矿权出让合同的,已缴纳的保证金不予退还,该采矿权由出让机关重新组织出让。

第二十一条 中标人、竞得人有下列行为之一的,中标、竞得结果无效。造成损失的,中标人、竞得人应当依法承担赔偿责任。

(一)投标人、竞买人提供虚假文件隐瞒事实的;

(二)中标人、竞得人采取行贿、恶意串通等非法手段中标或竞得的。

第二十二条 采矿权受让人应当缴纳的采矿权价款原则上应一次付清,并预交一年矿产资源补偿费。采矿权受让人一次性缴纳采矿权价款确有困难的,经国土资源部门批准,与国土资源部门签订协议后,方可分期缴纳,但首期不得少于总价款的50%。

第二十三条 采矿权出让成本包括矿产地勘查、储量认定费用;采矿权评估、确认、公告、矿产资源开发利用方案编制费;咨询费、中介机构佣金、场地租金等成本费用。其它勘查投资主体的投资和合理的投资回报也纳入出让成本。

第二十四条 采矿权出让的价款中不包括采矿权附属物的处置费用。采矿权出让价款扣除采矿权出让的成本后,余款15%上缴省财政;10%上缴市财政;25%作为县矿产资源研究、开发、环境治理和管理费用;50%返还镇、村财政(其中:矿产地土地权属属于行政村的,行政村占总额的70%,镇政府占30%,土地权属属于镇政府的,则反之;矿产地土地权属属于国营林场的,则国营林场占70%,矿区所在镇占30%)。

第二十五条 出让采矿权的矿山,其采矿许可证有效期为3~5年。

第二十六条 凡有偿取得采矿权的矿山,年生产规模必须达到:新开宕口年产石料20万吨以上,现有宕口年产石料10万吨以上,砖瓦企业年产砖瓦1000万块以上,全县采石企业总量控制在15家左右。

第二十七条 采矿权受让人从事采矿活动,应当加强生态环境保护。在领取采矿许可证之前,须按有关法律规定,与国土资源部门签订矿山生态环境治理承诺书,并依法缴纳矿山环境恢复治理保证金。保证金的缴纳标准及管理使用按省、市、县有关规定执行。

第二十八条 通过出让方式取得的采矿权受法律保护。采矿权人如将该采矿权出让的,按国务院《探矿权、采矿权转让管理办法》规定执行。否则,由县国土资源部门依法查处,直至吊销采矿许可证,收回采矿权。

第二十九条 采矿权受让人应按照国家有关规定申领采矿许可证,并依法办理其它相关手续。

第三十条 对无证采矿、越界开采和在禁采矿区开采等违法行为,由县国土资源部门依法实行处罚。

第三十一条 在采矿权出让过程中,出让人、竞买人有违反国家招投标、拍卖等法律、法规规定的,按照有关法律、法规规定予以处罚。

第三十二条 当事人对行政机关作出的行政处罚决定不服的,可依法申请行政复议或提起行政诉讼。

第三十三条 本办法由县国土资源局负责解释。

第三十四条 本办法自印发之日起施行。

溧水县人民政府
二〇〇三年七月六日

溧水县人民政府
关于进一步加强土地管理规范土地市场秩序的意见

溧政发〔2003〕108号

各镇人民政府,县各局办,县各直属单位:

为进一步加强土地管理,规范用地行为,促进经济社会可持续发展,根据国家、省、市有关规定,结合我县实际,现就进一步加强土地管理,规范土地市场秩序提出如下意见:

一、切实加强土地资源管理,正确处理保护耕地与促进发展的关系。我县人多地少,土地后备资源严重不足,而城市和经济社会的发展对建设用地的需求量却不断增大,各级政府要从经济社会可持续发展的高度,正确处理保护耕地与促进发展的关系,一方面要用足用好资源,最大限度地满足建设对用地的需求,全力保障经济和社会发展;另一方面要形成集约用地的共识,树立正确的发展观和依法用地观。严格按照中央提出的国土资源保护和管理必须严而又严的总要求,全面落实基本国策,切实加强土地资源管理,八保障供地与集约用地、保障供地与强化政府宏观调控有机统一起来,在内涵挖潜、集约利用上下功夫。

二、进一步强化政府对土地集中统一管理。实行“五统一”,即:统一规划、统一征地、统一开发、统一出让、统一管理。要尽快建立由政府宏观调控,市场配置土地资源的新机制,逐步实现从粗放利用向集约利用的根本性转变,妥善解决土地利用中存在的圈多用少,圈而不用,盲目供地,低价供地,农民补偿不到位等问题,优化土地资源配置,实现最大的社会效益、经济效益和生态效益,促进经济发展,维护社会稳定。

三、切实维护土地利用总体规划的严肃性和权威性，加强建设用地计划管理。任何单位、任何个人都不得违反土地利用总体规划，擅自扩大用地规模；要加强建设项目的预审管理，建设项目选址必须严格执行土地利用总体规划，杜绝规划跟着项目走的现象；强化年度土地利用计划对建设用地供应的调控作用，严格执行农用地转用规定；切实搞好土地开发复垦整理，确保耕地占补平衡，加强专项资金的管理。

四、加强对各类园区的管理。各类园区开发建设要在城市总体规划和土地利用总体规划的指导下合理布局，有序开发；各镇工业项目选址要相对集中，凡是不符合土地利用总体规划和不适合设立工业企业的地方要逐步调整，向园区集中；对照规定认真清理各类园区，园区扩大范围要经过批准后方可实施。

五、控制用地总量，集约用地。切实加强项目用地管理，对规模小、有污染的工业项目实行限制用地，对已经签约的休闲度假项目要根据是否符合用地规划、国家有关法律和政策规定等进行清理调整，对未签约的旅游休闲度假项目从现在开始暂停签约，不得供地；对房地产项目要有计划、有步骤地供地；对项目投资规模作出相应规定，工业项目每亩投入不得少于市政府规定的最低标准；对拿地步建、超过规定期限的一律依法收回；严禁非法转让，一经发现予以收回国有土地使用权或没收非法所得；全县所有建设用地需经县政府讨论审定，报有权机关批准。

六、加快项目报批进度。对项目用地要抓紧组装，报市国土局、省国土厅批准。用地单位必须交足规费，规范报批手续，按照规定的程序和要求上报材料，争取用地指标，推进项目实施。

七、规范供地行为、严格依法用地。一是不得低价出让，不得随意干预地价的确定，不得竞相压价和出让金明征暗返；二是任何单位和个人未经县政府同意，不得给予土地上的任何承诺和优惠减免；三是除国土资源管理部门外，任何单位不得与用地单位签订用地协议，已签订用地协议的一律无效；四是用地未经有权机关批准，原则上一律不予开工建设，已开工建设的进行清理；五是经营性项目一律实行招、拍、挂，工业项目用地尽可能采取招、拍、挂，也可采取协议方式出让，但需经县政府同意，并按《协议出让国有土地使用权规定》执行；六是出让金统一进“土地出让金财政专户”，不得拖欠，不准挪作他用，不准体外循环。

八、做好征地拆迁工作。一是补偿标准严格按规定一次性补偿到位，不得拖欠;二是补偿资金做到不克扣、不截留、不侵占、不挪作他用;三是做好工作,化解矛盾。避免群访;四是鼓励失地农民参加养老保险,保障农民生活。

九、加大执法力度。一是对违法违规用地发现一起查处一起,并按规定追究有关责任人的责任;二是严禁使用集体土地用于商品房开发,对未经依法批准利用集体土地进行房地产开发或以“农民公寓”、“中心村”为名在集体土地上建房的,必须严肃查处;三是加大巡回监察的力度,坚决杜绝一切违反土地管理法律、法规行为的发生。

十、加强组织领导。要切实增强依法用地、集约用地的意识,严格实行土地的集中统一管理。县计经局、国土局、建设局、监察局等部门要加强配合,形成合力,齐抓共管,对项目规划、用地规模、土地价格、征用补偿等相关情况进行严格监督检查。县国土资源管理部门要认真履行职责,充分发挥职能作用,依法行政,切实加大土地管理和土地执法力度,做到保护耕地、保障发展、保护农民利益。

溧水县人民政府
2003年9月29日

溧水县人民政府办公室
关于全县砖瓦窑业整治与规划建设的意见

溧政办发〔2004〕27号

各镇人民政府:

省政府办公厅和市政府先后下发了《关于进一步整治砖瓦窑业加快发展新型墙体材料的意见》(苏政办发〔2002〕42号)和南京市人民政府《关于限制生产和禁止使用粘土实心砖的通告》,要求对18门以下的简易轮窑,高速公路、机场、国道、省道两侧可视范围内(1000米),自然保护区、风景区、基本农田保护区、沿江河湖渠等砖窑企业于2002年12月前一律关闭。为了进一步贯彻落实文件精神,县政府召开了砖窑业整治现场办公会和县长办公会,专题研究了砖窑整治意见和规划调整方案,要求在不破坏景观、不破坏生态、不破坏环境、不占用耕地的前提下,结合我县县情,对全县砖窑业实施合理布局，总量控制，用两年时间，妥善处理好老砖窑企业的债权、债务等遗留问题，逐步达到上级文件的规定要求。为了切实做好我县砖瓦窑业整治规划建设工作，现提出以下意见。

一、砖瓦窑业的整治工作

县政府办公室于2002年下发了《关于对我县砖窑业实行专项整治工作的通知》(溧政办发〔2002〕118号)，要求实施第一轮砖瓦业整治工作，对确定关闭的砖瓦厂明确了关闭期限。但由于部分砖瓦厂债权、债务问题暂没有彻底解决，为保护群众利益，维护社会稳定，对县政府办公室118号文件确定2003年关闭的砖瓦厂延长关闭期限，对暂保留的砖瓦厂至2005年底前实施迁建工作。

各镇和各有关单位要充分认识整治砖瓦窑业和加快发展应用新型墙体材料对解决我县人多地少矛盾、合理利用土地资源和保护有限耕地的重要意义，进一步增强工作的责任感和紧迫感，加快整治速度，要妥善处理关闭的砖瓦窑企业遗留问题，企业关闭后要及时上报土地复垦计划。对保留的砖瓦窑企业要积极引导并鼓励进行技术改造，提高生产能力，发展新型材料，逐步实现单窑年生产能力3000万块以上。保留、迁建、新建的砖瓦窑企业一律不得占用基本农田和耕地，并要根据规划建设需要核定其取土量和经营年限。对保留的砖瓦窑业由县国土局按照国家和省市的有关规定进行协议出让。

二、砖瓦窑业的规划布局

砖瓦窑企业的规划布局要充分考虑全县的建设、用地规划和经济社会发展要求，合理布局、总量控制，逐步实现供需平衡。

全县砖瓦窑业规划布局总体要求是：县城周边的镇设1~2家窑厂，偏远地区的镇设2~3家，县经济开发区内不设砖瓦厂。到2005年以后，全县砖瓦窑业保持在18~20家，年生产能力达到5亿块。

三、新建、迁建砖瓦厂的条件和办理程序

(一)新建、迁建砖瓦厂的条件：各镇辖区内新建、迁建砖瓦厂除必须符合上述规划布局建设要求外，必须先期拆除限期关闭的砖瓦厂，新建、迁建的砖瓦厂项目只能是生产空心砖且年生产能力要达到3000万块以上。

(二)办理程序：1.所在镇(开发区)新建、迁建砖瓦厂的可行性报告报计经局(墙改办)核准，由国土、建设、所在镇共同选址，确定后由项目单位向县计经局(墙改办)申请立项。2.项目批复后，县建设部门划红线。3.所在地土管所及县国土局办理用地手续,并签订用地计划和开采土地年限合同。4.委托有资质的单位办理相关资料(县国土局)。5.项目竣工后由县计经局(墙改办)会同建设、国土、工商、供电、安监局等单位验收后方可正式投产。

四、相关部门的责任

(一)县计经局、国土局、工商局、安监局、环保局、供电等部门要各负其责、相互配合、相互监督,每年实行年审制度。1.县计经局对保留的砖瓦厂核发核准证书。2.国土局核发采矿许可证。3.工商局核发营业执照和年审。4.环保局核发批准证书。5.安监局核发安全生产许可证。6.供电公司凭项目批文方可供电,对到期关闭和无任何手续的砖瓦厂停止供电。

(二)各镇政府(开发区)要按照以上整治和布局的要求,高度重视砖瓦窑业整治工作,对确定限期关闭的砖瓦厂要向县计经局(墙改办)做出书面承诺,不得违法违规批准新建砖瓦厂,严格依法行事。凡未经程序申报擅自违法违规新建砖瓦厂,依照《土地法》和《江苏省发展新型墙体材料与推广节能建筑管理规定》(省政府100号令)进行处罚,情节严重的将追究相关人员的责任。

附:溧水县砖瓦窑业整治与规划建设表

注:以前文件与本文件有抵触的,以本文件为准。

溧水县人民政府办公室

二〇〇四年三月三十一日

溧水县砖瓦窑业整治与规划建设表

镇名	窑厂单位	第一轮限期整治、关闭时间	目前状况	第二轮整治、关闭时间	备注
永阳镇	东庐砖瓦厂(省道边)	暂保留		2005年底前关闭	设2家企业可新建2座砖瓦厂
	石巷砖瓦厂(风景区)	保留		2005年底前关闭	
	鲁家砖瓦厂(禁采区)	保留		2005年底前关闭	

镇名	窑厂单位	第一轮限期整治、关闭时间	目前状况	第二轮整治、关闭时间	备注
柘塘镇	石林建材厂(省道边)	关闭 2003 年底前关闭	已拆除		设 1 家企业保留东璜轮窑厂
	江海砖瓦厂(省道边)	关闭 2003 年底前关闭	已拆除		
	红星砖瓦厂(省道边)	关闭 2003 年底前关闭	未拆除，在生产	2004 年底前关闭	
	东璜砖瓦厂	保留			
洪蓝镇	渔歌砖瓦厂(省道边)	暂保留		2005 年底前关闭	设 2 家企业规划新建 2 家企业
	凤凰井砖瓦厂(镇园区内)	保留		2005 年底前关闭	
	西旺砖瓦厂(无想寺风景区)	关闭 2003 年底前关闭		2004 年底前关闭	
	力盛建材厂(省道边)	关闭 2003 年底前关闭		2004 年底前关闭	
东屏镇	群力砖瓦厂	保留		2005 年底前关闭	设 2~3 家企业保留上旺砖瓦厂规划新建 1~2 家企业
	上店铺砖瓦厂(土窑)	关闭(无证) 2003 年底前关闭	已关闭		
	东屏砖瓦厂(省道,风景区)	关闭	已拆除		
	凉蓬砖瓦厂(土窑)	关闭 2003 年底前关闭	已关闭		
	西塘砖瓦厂(土窑)	关闭 2003 年底前关闭	已关闭		
	航联砖瓦厂(土窑)	关闭 2003 年底前关闭	已关闭		
	上旺砖瓦厂	保留			
	徐溪砖瓦厂	保留	2004 年违规新建,已停工		

镇名	窑厂单位	第一轮限期整治、关闭时间	目前状况	第二轮整治、关闭时间	备注
晶桥镇	晶桥新墙材厂	保留			设3家企业保留3家企业
	云鹤砖瓦厂	保留			
	常胜建材厂	保留(上空心砖技改)			
和凤镇	和凤砖瓦厂(省道边)	暂保留		2005年底前关闭	设3家企业规划新建3家企业
	大沟圩窑厂(省道、高速公路边)	暂保留		2005年底前关闭	
	刘家轮窑厂(省道、高速公路边)	关闭(无证)	老窑已拆除,2003年违规迁建		
	孔镇砖瓦厂(省道、圩区)	关闭	已关闭		
石湫镇	石湫砖瓦厂	保留			设2~3家企业。保留2家企业,可规划新建1企业
	明觉砖瓦厂	保留			
白马镇	共和第二窑厂	保留			设3家企业。保留2家企业,规划新建1家企业
	业金砖瓦厂	保留			
	白马村窑厂	暂保留	未上空心砖技改	2004年底前关闭	
开发区	薛岗砖瓦厂(开发区内)	关闭(无证)2003年底前关闭	未关闭		不设砖瓦企业
	缘东砖瓦厂(开发区内)	关闭	老窑已拆除,2003年违规迁建		

溧水县人民政府
关于进一步加强全县土地管理工作的意见

溧政发〔2005〕44号

各镇人民政府，县各局办，县各直属单位：

为认真贯彻落实《关于深化改革，严格土地管理的决定》，根据国土资源部和省、市有关土地管理的文件精神，结合我县实际，现就进一步加强全县土地管理工作提出如下意见：

一、重视规定保护，促进可持续发展

严格土地利用总体规划的管理。积极做好土地利用总体规划的修编工作，在土地利用总体规划修编中，按上级下达的控制指标，科学、合理落实基本农田、耕地保有量、建设预留地等，严禁非农建设占用基本农田。

建立健全基本农田保护责任制。按照“生态立县”的战略要求，全县在耕地保护上要建立健全基本农田保护责任制，确保省、市下达的保护目标落到实处；要逐年加大对基本农田改造的投入，不断提高基本农田的质量；要加强基本农田信息员队伍建设，严格执行基本农田“五不准”。

加强土地用途管制，实现全县“占补平衡”。加大土地开发复垦整理力度，严格开发复垦的工程管理、资金管理，确保完成市下达的年度新增耕地目标。

二、强化计划管理，协调经济与社会事业发展

严格执行上级指令性计划，加强农用地转用计划管理。农用地转用指标首先用于全县重点产业发展，保证制造业基地建设及其配套项目用地；同时要兼顾溧水新城、重点镇建设以及消化矛盾、提高城镇化水平项目用地。农用地转用申报要与供地挂钩，与盘活存量土地挂钩，与农民补偿到位挂钩，与土地利用规划挂钩。凡达不到上述要求的，国土部门原则上不受理新的农用地转用申报。

经营性土地要有计划、按程序进行“招拍挂”，做到适度调控、适度开发。每年初由县发改局、建设局、国土局共同拟定经营性用地开发计划，并落实到具体地块。无特殊原因,不随意调整计划和序时进度。确需调整的,需报请县人民政府县长办公会集体研究。

三、加强供地管理,提高集约用地水平

各相关部门要严格对照国家的产业政策、土地投资强度、用地指标体系和容积率等,对批后供地实行监督管理。在土地使用合同或《划拨用地决定书》等供地文件中明确约定投资强度、容积率等控制性指标要求及违约责任,不能履行约定条件的用地者,应承担违约责任。省级开发区、各镇工业集中区的投资强度不得低于省、市规定,原则上500万元人民币以下的项目不单独供地。

鼓励建设工业楼宇。在用地计划、土地价格等方面给予优先、优惠,并制定相关的激励政策,吸纳民营资本、社会资本和外资等参与工业楼宇的建设和招商。

推进项目向园区集中。按照工业向园区集中的要求, 全县要形成县、镇、村三级招商引资的互动机制。除利用闲置厂房、校舍外,村一级一律不得新增用地办企业,村办企业统一安排进镇工业集中区;项目较大、对基础设施要求较高由各镇自主招商的项目可安排进县开发区。

加强闲置土地管理。土地使用者依法取得土地使用权后,未经原批准的人民政府同意,超过规定期限未动工建设的闲置土地,按有关规定,一年未动工的要征收土地闲置费;两年未动工的依法收回土地使用权。

四、严格地价管理,促进工业集中区健康发展

现阶段工业用地仍以协议出让为主,出让底价(合同价)不得低于省最低保护价。有条件的镇区可进行工业用地“招拍挂”出让试点。

各地招商引资项目用地价不得低于成本价,不得相互压价,确属重大项目、带动力大的项目可一事一议。

各镇区要建立工业用地出让金专户, 出让金主要用于集中区征地补偿、拆迁、安置、报批规费和基础设施建设,县、镇两级财政应适时监管。

五、落实补偿政策,保持社会稳定

加强《溧水县征地拆迁补偿安置办法》宣传和培训,使广大干部群众对征地拆迁补偿安置政策有全面深入的了解,依法解决矛盾和问题。

按照“谁收益、谁负担”的原则,建立失地农民养老补助办法。对1992年至2003年底之前征地撤组后未安置就业且无生活来源的男年满60周岁、女年满55周岁的失地农民实行养老补助。同时要不断完善失地农民培训制度、被征地农民一户安排一人就近就业等制度。

自2004年起，农用地转用执行新的补偿办法和标准。建立农用地申报规费、补偿专户，经费不落实的，各镇、区不得申报用地计划。县每年安排各镇区一定的经营性用地指标，通过“招拍挂”，取得土地收益，用于农民的补偿安置。

六、加大执法力度，提高依法行政水平

认真把关，严格执行法律规定的审批权限和程序。从项目洽谈开始，注重跟踪项目的选址和项目的质量，立项、红线、环评、用地申报等环节的工作要相互协调、相互配合，严禁手续不全就盲目开工和建设，避免违法用地行为发生。

对符合国家产业政策，符合土地利用总体规划，且资金有足够保证的好的工业项目，镇区与相关部门要协调通气，争取上级支持，优先安排用地指标，及时申报农用地转用，加快项目建设进度。

国土部门要积极推行政务公开，严格执行公开巡查、公开处罚、公开追究等制度。要进一步加强国土执法队伍建设，加大法制宣传教育和责任追究力度，努力营造依法行政的群众基础和良好的社会环境。

溧水县人民政府

二〇〇五年四月十三日

溧水县人民政府
关于全面整顿和规范矿产资源开发秩序的通知

溧政发〔2006〕37号

各镇人民政府，县各局办，县各直属单位：

根据《国务院关于全面整顿和规范矿产资源开发秩序的通知》（国发〔2005〕28号）、《省政府关于全面整顿和规范矿产资源开发秩序的实施意见》（苏政发〔2005〕101号）及《市政府关于全面整顿和规范矿产资源开发秩序的通知》（宁政发〔2006〕7号），结合我县实际，现就开展全面整顿和规范矿产资源开发秩序工作通知如下。

一、充分认识整顿和规范矿产资源开发秩序的重要性和必要性

矿产资源是国民经济和社会发展的重要物质基础。近年来,我县各级政府和有关部门在矿业秩序治理整顿方面做了大量工作,取得了积极成效。但矿产资源开发中依然存在着矿产资源规划执行不力,经营粗放,浪费资源,毁坏耕地,破坏环境等突出问题,一定程度上影响了矿产资源对经济社会可持续发展的保障能力,必须引起高度重视。

我县矿产资源相对较少,全面整顿和规范矿产资源开发秩序,对于充分利用有限的资源、实现矿产资源科学规划、合理开发、确保安全具有特殊重要的意义。各级政府及有关部门要以"三个代表"重要思想为指导,坚持以科学发展观为统领,统一思想,提高认识,正确处理好当前利益与长远利益、局部利益与整体利益、资源开发与环境保护的关系,按照新型工业化的要求,加快推进机构调整和经济增长方式的转变,切实将整顿和规范矿产资源开发秩序工作抓紧抓好。

二、整顿矿产资源开发秩序的主要任务

(一)严厉打击无证开采等违法行为。

县政府将组织国土资源、发改、公安、电力、工商、安全生产监督等有关部门,对本地区所有矿山企业进行一次全面清理。凡持过期采矿许可证采矿或开采矿种与采矿许可证不符的,均为无证开采,国土资源部门将依据有关规定责令其停止违法行为,没收采出的矿产品和违法所得,并处以罚款;公安部门不得批准购买、使用民用爆破器材;电力部门不得供电;工商部门不予发放营业执照;安全生产监督部门不得发放安全生产许可证。对拒不停止违法开采的,有关部门将依法吊销其采矿许可证和其他证照。情节严重、造成矿产资源严重破坏、构成犯罪的,司法机关要依法追究有关人员刑事责任。为防止无证开采现象的反弹,县政府将组织有关部门拆除违法工程的地面设施、查封设备、充填井筒。各有关部门要高度重视并有效制止各类群发性无证开采行为的发生,做到及时发现、及时查处。

(二)全面查处越界开采、非法转让矿业权等违法行为。

各地要组织力量,对辖区内越层越界开采、非法转让探矿权采矿权等违法行为进行全面排查。凡越层越界开采的,要责令其退回本矿区范围,并依法进行处罚;对拒不退回本矿区范围开采的,依法吊销其采矿许可证和其他证照。县国土资源、工商、安全监督等部门,对辖区内探矿区和采矿区主体、生产经营主体要进行逐一核实,凡未经相关部门批准擅自变更探矿权、采矿权主体，非法转让探矿权、采矿权的，要没收其违法所得，处以罚款，并责令其限期改正；逾期仍不改正的，依法上报省国土资源厅吊销其勘查许可证、采矿许可证和其他证照。对没有开发利用方案或矿山环境整治方案进行开采、整治的，要限期停产整改；整改后仍达不到要求的，当地政府要坚决予以关闭。

（三）坚决关闭破坏环境、污染严重、不具备安全生产条件的矿山。

环保、安全生产监督部门要加大对矿产资源开发环境保护和矿山安全生产监管力度，按照部门职责分工做好工作。对严重污染环境、未进行环境影响评价的矿山企业，对不符合安全生产要求、未采取防突措施、未经“三同时”验收的矿山企业，环保、安全生产监督部门要依法责令限期整改或停产整顿，有关部门要及时收回证照；对拒不停产和整改后仍达不到要求的，要坚决予以关闭，有关部门要依法吊销相关证照。

（四）全面清查和纠正矿产资源开发管理中的各种违法违规行为。

各镇政府及国土资源、发展改革、经贸、安全生产监督、环保、公安、工商等部门，要严格依照相关法律法规，对矿产资源开发管理中的采矿权审批、项目核准、企业设立、生产许可、环保审查、证照颁发等行政行为进行一次全面清查，对违法违规审批、滥用职权、失职渎职行为以及国家工作人员参与办矿、徇私舞弊等腐败现象依法进行查处。

（五）组织开展砖瓦黏土资源开发利用专项整治。

砖瓦窑业的整治是我县矿山整治的重点。要以禁用黏土实心砖为重点，进一步开展对开采砖瓦黏土资源的专项整治，加快淘汰黏土实心砖和推广应用新型墙体材料步伐。要坚决关闭毁田、毁堤、毁林的砖瓦企业，坚决淘汰不符合国家产业政策和环保要求的小土窑、小立窑；对城市规划区、自然保护区、风景名胜区、文物古迹和地质遗迹保护区、基本农田保护区等特殊保护区域范围内的砖瓦企业，要根据县政府的关闭、迁建计划，尽快实施关闭、迁建。要加大平窑复垦土地的力度，大力发展环保、节土、利废的新型墙体材料。要加强对砖瓦企业用地的监督管理，依照当地土地利用总体规划和矿产资源总体规划，严格控制砖瓦企业取土范围和规模，严禁占用耕地建窑或擅自在耕地上取土。对违反规定的，国土资源部门不予办理用地和采矿登记手续，并依法予以查处。

三、规范矿产资源开发秩序的主要任务

（一）严格实施矿产资源总体规划，实现资源开发集约化、规模化。

要依据矿产资源总体规划，严格按照规划准入条件和原则设置探矿权、采矿权。

按照禁采区内全面禁止、限采区内总量控制、可采区内科学规划的总体要求，严格控制开山采石矿山总数和开采总量，调整优化矿业结构和布局。通过关闭、淘汰、联合、改造等方式，对小型矿山进行整合，建立开采资源优化配置新机制，提高资源利用效率，促进矿山企业开发规模化、集约化。对不符合矿产资源总体规划的项目，不得批准立项、划定矿区范围、颁发采矿许可证。对违反矿产资源总体规划审批和颁发采矿许可证的，上级国土资源管理部门要及时予以纠正。对在禁采区内未经省政府批准而颁发采矿许可证的，要依法追究有关人员的责任。

(二)严格采矿权管理。

要严格依照《中华人民共和国行政许可法》《中华人民共和国矿产资源法》等法律法规规定，对采矿权设置、审批管理权限和程序进行清理，凡不符合国家法律法规的，要一律废止。要严格按照国家产业政策和矿产资源总体规划设置采矿权。要依据法律法规规定，严格采矿权审批权限，规范审批程序，完善采矿权的申请、延续、变更、注销等管理制度。

(三)完善矿产资源有偿使用制度，规范矿业权市场。

要按照矿产资源分类分级管理的要求，进一步推进矿产资源有偿使用制度改革。

全面实行采矿权有偿取得制度，严格执行采矿权招标、拍卖和挂牌出让规定，充分发挥市场在资源配置中的基础性作用。以建筑砂石等非金属矿产为重点，全面推进采矿权市场化建设。积极探索矿产资源税费征收与储量消耗挂钩的政策措施，理顺矿产资源利益分配关系，改善矿业投资环境，维护采矿权人的合法权益。

(四)健全矿产资源开发的监督管理机制。

各镇政府要把整顿和规范矿产资源开发秩序工作纳入议事日程，建立落实工作目标责任制，确保责任到位、措施到位。各有关部门要切实履行职责，完善矿产资源开发项目审核、企业设立、矿业权审批、生产许可、环境评价等各项管理制度。要严格矿产资源开发利用方案审查以及执行情况的检查，加强对编制开发利用方案或设计的监管。试行全县开山采石矿山监理制度，建立开山采石矿山现场监理模式，为露采矿山开发利用动态化监督管理提供有效手段。积极探索对储量进行动态化监管的有效办法，完善年度报告制度，切实提高矿产资源开发利用水平。

（五）建立完善矿山生态环境补偿制度和整治投入机制。

必须加强对我县矿山生态环境进行监督管理，按照“谁破坏、谁恢复”的原则，明确治理责任，保证治理措施落实到位。新建和已投产开山采石企业必须认真落实《江苏省矿山环境恢复治理保证金收缴及使用管理暂行办法》（苏政发〔2002〕146号），足额缴纳矿山环境恢复治理保证金。新建开山采石企业未缴纳保证金的，国土资源部门不得批准办理采矿登记手续，不得颁发采矿许可证；已投产的采石企业拒绝缴纳保证金的，注销其采矿许可证。各镇政府要加大对废弃露采矿山环境整治的财政支持力度，全面推进以开山采石禁采区内关闭矿山为重点的废弃露采矿山环境整治。要建立整治工作责任制，积极落实各项优惠政策措施，加快整治进程。国土资源部门要认真履行职责，抓好废弃露采矿山环境整治规划和项目组织实施，加强对露采矿山环境整治项目实施的指导、检查、验收等监督管理。

四、整顿和规范矿产资源开发秩序的时间安排

根据国家和省、市的统一部署，按照依法推进、突出重点、分步实施的原则，我县整顿和规范矿产资源开发秩序工作分为四个阶段：

第一阶段：排查清查阶段（2005年11月—2005年12月底）。

对全县所有生产矿山进行全面排查，及时查处各种违法开采行为；对矿产资源开发管理中的行政执法人员违法违规行为进行一次全面清查，依法查处各类违法违规行为。

第二阶段：集中整顿阶段（2006年1月—2006年12月底）。

基本完成整顿任务，开展相关规范工作。严厉打击无证采矿等违法行为，全面查处越层越界开采、非法转让等违法行为，关闭破坏环境、污染严重、不具备安全生产条件的矿山企业，纠正矿产开发管理中的各种违法违规行为，深入开展专项整治工作。

第三阶段：规范完善阶段（2007年1月—2007年9月）。

全面完成整顿规范任务。严格采矿权管理，规范矿业权市场，严格矿产资源开采准入，建立开采资源开发监督管理责任制。

第四阶段：检查验收阶段（2007年10月—2007年12月底）。

在完成整顿规范任务、进行自查总结的基础上，县政府组织有关部门进行检查验收，并向市政府作出报告。

2007年底前，我县全面完成整顿和规范的各项任务，使无证开采、乱采滥挖、浪费破坏开采资源、严重污染环境等违法行为得到全面遏制;越界开采、非法转让探矿权和采矿权等违法行为得到全面清理,违法案件得到及时查处;矿山安全事故及破坏生态环境现象明显减少;矿山布局不合理的状况得到明显改善,矿产资源开发利用规模化、集约化程度明显提高;基层监管到位,投资环境改善,矿产资源管理加强,基本建立规范的矿产资源开发秩序。各有关镇人民政府对本辖区各阶段任务完成情况要进行检查验收,分阶段向县政府作出报告。在各阶段工作中,县政府将组织督查组,对各地整顿规范工作进行检查指导。

一、加强对整顿和规范矿产资源开发秩序工作的组织领导

整顿和规范矿产资源开发秩序，是国务院整顿和规范经济秩序的重要组成部分,任务艰巨,涉及部门多,时间紧,难度大。各镇政府、各有关部门要高度重视,采取切实有效措施,精心组织,有序推进。各有关镇政府要落实工作责任制，制定切实可行的工作方案。各有关部门要加强协调配合,形成工作合力,确保我县按期完成整顿和规范矿产资源开发秩序的各项任务。

溧水县人民政府

二〇〇六年三月十七日

溧水县国有土地使用权出让管理办法

溧政发〔2006〕69号

第一条 为规范国有土地使用权出让行为,建立公开、公平、公正的土地使用制度。

根据《中华人民共和国土地管理法》《中华人民共和国城市房地产管理法》《招标拍卖挂牌出让国有土地使用权规定》《江苏省土地管理条例》等法律、法规的规定,结合本县实际,制定本办法。

第二条 县国土资源局(出让人)负责本行政区域内土地出让的组织实施。

第三条 商业、旅游、娱乐、金融、房地产开发等经营性用地必须以招

标、拍卖、挂牌(以下简称招拍挂)的方式出让国有土地使用权。

工业项目用地以协议出让的方式为主。以协议方式出让国有土地使用权实行价格评审制度，出让价格不得低于省政府所确定的最低保护价。

第四条 协议出让国有土地使用权的基本程序：

(一)受让人申请并提交项目批文、用地范围红线图及建设用地规划许可证、土地权属证明材料、有关资格身份证明文件、企业注册证明等。

(二)出让人根据用地范围红线图现场测量土地面积。

(三)受让人依据测量面积交纳土地出让金及相关税费。

(四)出让人与受让人签订《国有土地使用权出让合同》。

(五)受让人持《国有土地使用权出让合同》及相关材料办理国有土地使用权证。

第五条 土地招拍挂要有计划、有步骤地进行,由县国土资源局会同有关部门根据社会经济发展计划、产业政策、市场需求状况、城市规划要求及上级下达的年度经营性用地计划制订全县国有土地使用权招拍挂出让计划,经县人民政府批准并报市国土资源局备案。

第六条 溧水县国有土地使用权招拍挂领导小组统一领导和管理本县范围内招拍挂工作。

具体地块的招拍挂出让,由县国土资源局会同有关部门作好对拟招拍挂地块的勘测定界、权属调查、规划用途、确定规划设计要点、成本测算、底价的评估评审,编制地块位置图、竞买须知、土地使用权招拍挂文件等前期准备工作,拟定招拍挂方案,经县招拍挂领导小组讨论审定后,报县人民政府批准后实施。

宗地成本核算在报县招拍挂领导小组讨论之前,由县国土资源局牵头合同财政、建设、物价、审计、水务、供电、交通、农林等部门共同审核,实行成员单位责任制。

第七条 土地招拍挂出让原则上以净地为主。征用集体土地作出让土地的征地拆迁、前期开发工作由县土地储备中心统一组织实施。

第八条 土地招拍挂活动应遵循公平、公正、公开的原则,依法进行公证,并接受社会和上级土地行政主管部门及纪检、监察部门的监督。

第九条 出让人至少在招拍挂开始日前20日在江苏土地市场网及市级以上新闻媒体上发布招拍挂公告,公布招拍挂出让宗地的基本情况和招拍挂的时间、地点。

第十条 招拍挂公告包括下列内容:

(一)出让人的名称和地址;

(二)出让宗地的位置、现状、面积、使用年期、用途、规划设计要求;

(三)投标人、竞买人的资格要求及申请取得投标、竞买资格的办法;

(四)索取招拍挂出让文件的时间、地点及方式;

(五)招拍挂时间、地点、投标挂牌期限、投标和竞价方式等;

(六)确定中标人、竞得人的标准和方法;

(七)投标、竞买保证金;

(八)其他需要公告的事项。

第十一条 县国土资源局根据土地估价结果和土地成本测算综合确定标底或者底价。

确定招标标底,拍卖和挂牌的起叫价、起始价、底价,投标、竞买保证金,由县招拍挂领导小组集体决策。

招标标底和拍卖挂牌的底价,在招拍挂出让活动结束之前保密。

第十二条 出让人对投标申请人、竞买申请人进行资格审查,对符合招拍挂公告规定条件的,通知其参加招拍挂活动。

第十三条 县国土资源局为投标人、竞买人查询拟出让土地的有关情况提供便利。

第十四条 投标、开标依照下列程序进行:

(一)投标人在投标截止时间前将标书投入标箱。招标公告允许邮寄标书的,投标人可以邮寄,但出让人在投标截止时间前收到的方为有效;

标书投入标箱后,不可撤回。投标人应对标书和有关书面承诺承担责任。

(二)出让人按照招标公告规定的时间、地点开标,邀请所有投标人参加。由投标人或者其推选的代表检查标箱的密封情况,当众开启标箱,宣布投标人名称、投标价格和投标文件的主要内容。投标人少于三人的,出让人依照本规定重新招标。

(三)评标小组进行评标。评标小组由出让人代表、有关专家组成,成员人数为五人以上的单数。

评标小组可以要求投标人对投标文件作出必要的澄清或者说明,但是澄清或者说明不得超出投标文件的范围或者改变投标文件的实质性内容。

评标小组按照招标文件确定的评标标准和方法，对投标文件进行评审。招标人根据评标结果，确定中标人。

第十五条 对能够最大限度地满足招标文件中规定的各项综合评价标准，或者能够

满足招标文件的实质性要求且价格最高的投标人，确定为中标人。

第十六条 拍卖会依照下列程序进行：

（一）主持人点算竞买人；

（二）主持人介绍拍卖宗地的位置、面积、用途、使用年期、规划要求和其他有关事项；

（三）主持人宣布起叫价和增价规则及增价幅度。没有底价的，明确提示；

（四）主持人报出起叫价；

（五）竞买人举牌应价或者报价；

（六）主持人确认该应价后继续竞价；

（七）主持人连续三次宣布同一应价而没有再应价的，主持人落槌表示拍卖成交；

（八）主持人宣布最高应价者为竞得人。

第十七条 竞买人不足三人，或者竞买人的最高应价未达到底价时，主持人终止拍卖。

第十八条 挂牌依照以下程序进行：

（一）在挂牌公告规定的挂牌起始日，出让人将挂牌宗地位置、面积、用途、使用年期、规划要求、起始日、增价规则及增价幅度等，在挂牌公告规定的土地交易场所挂牌公布；

（二）符合条件的竞买人填写报价单报价；

（三）出让人确认该报价后，更新显示挂牌价格；

（四）出让人继续接受新的报价；

（五）出让人在挂牌公告规定的挂牌截止时间确定竞得人。

第十九条 挂牌时间不得少于10个工作日。挂牌期间可根据竞买人竞价情况调整增价幅度。

第二十条 挂牌期限届满，按照下列规定确定是否成交：

（一）在挂牌期限内只有一个竞买人报价，且报价高于底价，并符合其他条件的，挂牌成交；

(二)在挂牌期限内有两个或者两个以上的竞买人报价的,出价最高者为竞得人;报价相同的,先提交报价单者为竞得人,但报价低于底价者除外。

(三) 在挂牌期限内无应价者或者竞买人的报价均低于底价或均不符合其他条件的,挂牌不成交。

在挂牌期限截止时仍有两个或者两个以上的竞买人要求报价的,出让人对挂牌宗地进行现场竞价,出价最高者为竞得人。

第二十一条 以招拍挂方式确定中标人、竞得人后,出让人与中标人、竞得人签订成交确认书。

成交确认书包括出让人和中标人、竞得人的名称、地址,出让标的,成交时间、地点、价款,以及签订《国有土地使用权出让合同》的时间、地点等内容。

成交确认书对出让人和中标人、竞得人具有合同效力。签订成交确认书后,出让人改变竞得结果,或者中标人、竞得人放弃中标宗地、竞得宗地的,依法承担责任。

第二十二条 中标人、竞得人按照成交确认书约定的时间,与出让人签订《国有土地使用权出让合同》。

中标人、竞得人支付的投标、竞买保证金,抵作国有土地使用权出让金。其他投标人、竞买人支付的投标、竞买保证金,出让人必须在招标拍卖挂牌活动结束后5个工作日内予以退还,不计利息。

第二十三条 招拍挂活动结束后,出让人在10个工作日内将招拍挂出让结果在土地有形市场或者指定的场所、媒介公布。

出让人公布出让结果,不得向受让人收取费用。

第二十四条 应当以招拍挂方式出让国有土地使用权而擅自采用协议方式出让的,对直接负责的主管人员和其他直接责任人员依法给予行政处分。

第二十五条 中标人、竞得人有下列行为之一的,中标、竞得结果无效;造成损失的,中标人、竞得人依法承担赔偿责任:

(一)投标人、竞买人提供虚假文件隐瞒事实的;

(二)中标人、竞得人采取行贿、恶意串通等非法手段中标或者竞得的。

第二十六条 土地行政主管部门工作人员以及招拍挂领导小组成员在招拍挂出让活动中玩忽职守、滥用职权、徇私舞弊的,依法给予行政处分；构成犯罪的，依法追究刑事责任。

第二十七条 本办法由县国土资源局负责解释。

溧水县人民政府

二〇〇六年五月三十一日

溧水县国有土地储备办法

溧政发〔2006〕70号

第一章 总 则

第一条 为加强国有土地资产管理，提高政府对土地市场的宏观调控能力，促进土地资源优化配置，根据《中华人民共和国土地管理法》、《中华人民共和国城市房地产管理法》、《江苏省土地管理条例》、《江苏省国有土地储备办法》等法律、法规的规定，结合本县实际，制定本办法

第二条 溧水县范围内国有土地储备工作，适用本办法。

第三条 本办法所称土地储备，是指溧水县土地储备中心代表县政府依法采用征用、收回和收购等方式取得国有土地使用权的土地予以储备，以备向社会供应以经营性用地为主的各类用地行为。

第四条 县土地储备中心受县政府委托在溧水县国有土地储备管理委员会指导和监管下，具体实施土地收购、储备和出让的前期准备等各项工作。

受县土地储备中心委托实施土地收购的单位，其收购方案经县土地储备中心审查通过后，具体实施收购补偿。收购补偿结束后，该地块由县土地储备中心纳入土地储备。

第五条 县土地储备中心应当根据土地利用总体规划、城市规划和土地市场是实际情况合同县建设局制定土地储备年度计划，并报县国有土地储备管理委员会批准。县发改、建设、财政、国土等管理部门和企业主管部门应按各自职责，做好土地储备的相关工作。

第六条 土地储备实行预报制度。县区域范围内凡符合本办法规定的

储备条件的国有土地使用权,用地单位或其主管部门应提前报告县土地储备中心。

集体所有的土地需要储备的,必须依法办理土地征用手续。

土地储备应依法办理土地权属变更登记手续。

第七条 对拟纳入储备的土地,县建设局应当根据城市总体规划和控制性详细规划,提出具体地块的规划条件;对经营性用地原则上先行储备,尔后出让。

第八条 县土地储备中心应将储备土地的信息向社会公布并抄报县国有土地储备管理委员会各成员单位。

第九条 县土地储备中心应对拟出让的储备土地的收购、前期开发成本进行测算,拟定储备土地的出让方案。

第二章 土地储备

第十条 下列国有土地可以通过依法无偿收回或者依法补偿收回后纳入储备:

(一)土地出让等有偿使用合同约定的使用期限届满,土地使用者未申请续期或者申请续期未获批准的土地;

(二)因单位撤销、迁移等原因停止使用原划拨的国有土地;

(三)经核准报废的公路、铁路、机场、矿场等用地;

(四)依法收回的闲置土地;

(五)土地违法行为被查处后依法收回的土地;

(六)为公共利益需要使用的土地;

(七)为实施城市规划进行旧城区改建,需要调整使用的土地;

(八)征地撤组剩余土地;

(九)符合规划且可开发利用的矿产资源;

(十)其他依法收回的土地。

第十一条 下列国有土地可以通过收购纳入储备:

(一)土地使用权转让申报价比标定地价低20%以上,由政府优先购买的土地;

(二)以出让方式取得土地使用权后,在法定期限内未按照出让合同约定开发的土地;

(三)土地使用权人申请政府收购的土地;

(四)政府为实施城市规划指令收购的土地；

(五)其他依法收购的土地。

第十二条 土地收购补偿标准按以下原则确定：

(一)对以出让方式取得土地使用权的补偿费，由有资质的房地产评估机构依据

县政府确定的县土地基准地价和国家有关规定，根据土地剩余剩余年限和土地使用者对土地的实际投入进行评估，经县国土局依法确定。

(二)对以划拨方式取得土地使用权的补偿费，按现行征地成本核算确定。

(三)政府行使优先购买权购买的土地，按照土地转让申报价格给予补偿。

(四)按收购合同约定的土地拍卖、招标、挂牌所得的比例确定。

(五)以土地置换方式进行储备的，按前款规定的方式分别确定置换土地收购补偿费，由县土地储备中心与原土地使用权人结算差价。

第十三条 土地收购的一般程序：

(一)申请收购。县行政区域范围内凡符合本办法规定的土地收购条件的国有土地，其土地使用权人应持有关资料申请县土地储备中心进行收购。

(二)权属核查。县土地储备中心对申请人提供的土地和地上物权属、土地面积、地上物面积、四至范围、土地用途等情况进行实地调查和审核。

(三)征询意见。县土地储备中心根据申请人提出的申请和实际调查的情况，向县建设局征求意见。

(四)费用测算。县土地储备中心根据调查和征询意见结果，合同有关部门进行土地及地上附属物收购补偿费用的测算评估；实行土地置换的，要进行相应的土地费用测算。

(五)方案报批。县土地储备中心根据土地权属调查、收购费用测算的结果，提出土地收购的具体方案，报县国有土地储备管理委员会批准。

(六)签订合同。收购方案经批准后，由县土地储备中心与原土地使用权人签订《国有土地使用权收购合同》。

(七)收购补偿。县土地储备中心根据《国有土地使用权收购合同》约定的金额、期限和方式，向原土地使用权人支付土地收购补偿费用；实行土地置换的，进行土地置换的差价结算。

(八)权属变更。县土地储备中心根据《国有土地使用权收购合同》约定支付收购定金后，原土地使用权人与县土地储备中心共同向县国土局、建设局申请办理权属变更登记手续。

(九)交付土地。根据合同约定的期限和方式,原土地使用权人向县土地储备中心交付被收购的土地和地上建筑物;被收购的土地使用权一经交付,即纳入土地储备。

第十四条 土地使用权人申请土地收购必须提供下列资料:

(一)土地收购申请书;

(二)法人资格证明书;

(三)授权委托书;

(四)营业执照;

(五)土地使用权合法凭证;

(六)房屋所有权合法凭证;

(七)土地平面图;

(八)主管部门意见;

(九)其他需要提交的资料。

第十五条 《国有土地使用权收购合同》应包括以下内容:

(一)收购土地的位置、面积、用途及权属依据;

(二)土地收购补偿费用及其支付方式和期限;

(三)交付土地的期限和方式;

(四)双方约定的其他权利义务;

(五)违约责任;

(六)纠纷的处理。

第十六条 《国有土地使用权收购合同》一经签订,即产生法律效力,双方当事人必须全面履行合同约定的各项义务。

第十七条 实施收购的土地为以出让方式取得土地使用权的,原《国有土地使用权出让合同》自《国有土地使用权收购合同》生效之日起予以解除。

第三章 土地整理利用

第十八条 本章所称的土地整理，是指县土地储备中心依照法律、法规及本办法的规定,开展储备土地前期开发和工程配套建设,变生地为熟地,促进国有土地资产的保值增值行为。

第十九条 县土地储备中心可以对储备土地通过以下方式进行土地整理:

(一)前期开发。县土地储备中心在储备土地出让前,完成储备土地上建筑物及附属物的拆迁、土地平整、基础设施配套等前期开发工作。

(二)土地利用。原土地使用权人交付土地后,储备土地出让前,县土地储备中心可以依法将储备土地使用权单独或连同地上建筑物出租、抵押、临时改变用途。

第二十条 储备土地地上建(构)筑物及其他设施需实施拆迁的,由县土地储备中心作为拆迁人,依法向有关部门申请办理房屋拆迁许可证,统一实施拆迁安置。

第二十一条 县土地储备中心需要委托他人拆迁的,应报县政府批准,委托有资质的单位实施拆迁。

第二十二条 储备土地前期开发利用中涉及土地使用权单独或连同地上建筑物出租、抵押、临时改变用途的,县土地储备中心持有关用地批准文件及《国有土地使用权收购合同》,依法到有关部门办理相关审批或登记手续。

第二十三条 储备土地前期开发利用活动应当遵守国家法律、法规、规章和县政府的有关规定,不得损害公众利用。

第四章 储备资金管理

第二十四条 储备土地资金运作受县财政局的指导与监督。

第二十五条 储备土地出让后,其有偿使用收益应当全额上缴财政。

储备土地开发成本应当经县国土局和县财政局审查清算,报县人民政府批准后,由县财政局及时支付给县土地储备中心。

县土地储备中心的工作经费在土地出让业务费中安排,经县财政局核定后拨付。

第二十六条 土地储备资金可以通过财政拨款、银行贷款、储备土地收益或者其他方式筹措。

县财政局每年应当将不少于10%的储备土地有偿使用收益充作土地储备资金。

土地储备资金实行封闭运作,专户存储,独立核算,专项用于土地储备。

第五章 法律责任

第二十七条 土地使用权符合收购条件、土地使用权人未申请进行土地储备而擅自转让土地使用权及其地上建筑物、附属物的,有关部门不得为其办理审批和登记手续。

第二十八条 县土地储备中心未按本办法规定支付土地收购补偿费的,原土地使用权人有权解除收购合同,县土地储备中心已支付给原土地使用权人的定金不予返还。

第二十九条 原土地使用权人未按本办法规定交付土地及地上建筑物的,或者在交付土地的同时,擅自处理其地上建筑物的,县土地储备中心有权要求原土地使用权人改正并继续履行合同。原土地使用权人逾期不履行的,由县国土局报有关部门批准后强制执行,并可要求原土地使用权人赔偿相应的经济损失。

第三十条 有关土地储备、前期开发利用中的其他纠纷,争议双方可在合同(或协议)中约定向仲裁机构申请仲裁或者依法向人民法院提起诉讼。

第三十一条 国家工作人员在土地储备活动中玩忽职守、滥用职权、徇私舞弊的,依法给予行政处分;构成犯罪的,依法追究刑事责任。

第六章 附 则

第三十二条 本办法由溧水县国土资源局负责解释。

第三十三条 本办法自发布之日起施行。

溧水县人民政府

二〇〇六年五月三十一日

溧水县突发性地质灾害应急预案

溧政发〔2007〕150号

一、总　则

为了防治地质灾害的危害，规范地质灾害事故的应急处置工作，避免和减轻地质灾害造成的损失，维护人民群众的生命和财产安全，促进经济和社会的可持续发展，根据《地质灾害防治条例》（国务院394号令）、《江苏省办公厅关于加强地质灾害防治工作的通知》（江苏省办公厅苏政办发〔2002〕66号）和《南京市突发性地质灾害应急预案》，结合我县情况，制定本预案。

二、地质灾害等级划分

地质灾害按照因灾人员伤亡、经济损失的大小，分为四个等级：

（一）特大型：因灾死亡30人以上或者直接经济损失1000万元以上的；

（二）大型：因灾死亡10人以上、30人以下或者直接经济损失500万元以上、1000万元以下的；

（三）中型：因灾死亡3人以上、10人以下或者直接经济损失100万元以上、500万元以下的；

（四）小型：因灾死亡3人以下或者直接经济损失100万元以下的。

本预案适用于以上四个等级的地质灾害，同时对减轻一般性地质灾害的行动具有指导作用。

三、应急机构和职责

（一）溧水县突发性地质灾害防治应急指挥部

县人民政府成立溧水县突发性地质灾害防治应急指挥部（以下简称指挥部），统一领导全县地质灾害防治应急和抢险救灾工作。

1.指挥部组成：

指挥长：县人民政府分管副县长

副指挥长：县人民政府办公室分管副主任

县国土资源局局长

成员:国土资源局、财政局、发改局、建设局、公安局、水务局、民政局、卫生局、

交通局、安监局、科技局、气象局、旅游局等有关部门和单位负责同志。

2.指挥部职责:

(1)统一领导和指挥全县地质灾害抢险救灾工作;

(2)调动、整合全县救灾力量,决定并组织制定抢险救灾对策和措施;

(3)根据抢险救灾工作需要,启动《溧水县突发性地质灾害应急预案》。

(二)指挥部办公室

指挥部下设办公室。办公室设在县国土资源局,具体负责指挥部的日常工作。

1.办公室组成:

指挥部办公室主任由县国土资源局分管副局长兼任。成员由县国土资源局矿管办及有关科室的负责同志组成。

2.办公室职责:

(1)迅速了解、收集、汇总及分析灾情,及时向指挥部报告;

(2)传达指挥部的工作指令并监督落实;

(3)负责与上级地质灾害应急机构保持联系,协调县市政府的应急救灾工作;

(4)组织有关部门和专家会商灾害发展趋势,对灾害损失及影响进行评估,为指挥部决策提供依据;

(5)负责灾情和抢险救灾工作的信息发布,统一向新闻单位提供信息,做好宣传、报导等工作;

(6)负责处理指挥部日常事务,办理指挥部交办的其他事项。

(三)有关部门的职责

国土资源局:承担溧水县突发性地质灾害防治应急指挥部的日常工作;组织汛前地质灾害调查,建立健全地质灾害预警体系、汛期值班制度、汛情巡查检查制度和灾情速报制度,构筑群测群防网络;组织应急调查、灾情核查和灾害监测工作并对灾害的发展趋势进行预测;会同有关部门做好抢险、救助的部署、监督和技术指导工作;会同有关部门进行灾害评估,确定地质灾害应急治理项目。

发改局:负责重大救灾项目和应急治理项目计划的协调安排和监督管理。

建设局:组织发生或可能发生地质灾害地区的行业主管部门进行危房检查,指导群众安全转移;组织灾区供水、供气、城市道路、排水等有关设施的防护、巡查、抢修和排险,保障灾区供水、供气;组织行业主管部门抢修因灾受损的市政公用设施,帮助灾区制定和实施重建规划。

财政局:负责筹集救灾应急资金及其下拨、管理和监督检查工作;为救灾应急工作提供资金保障。

公安局:负责应急工作的治安管理,维护抢险救灾秩序和灾区社会治安,协助组织灾区群众安全撤离或转移,打击各种违法犯罪活动,防止因地质灾害引发的群体性治安事件的发生。

水务局:组织和督促主管部门开展库周、水利设施沿线地质灾害的监测、抢险、救助工作;负责被毁水利工程的修复。

民政局:及时掌握灾民安置动态,组织调运救灾物资,协助灾区政府及时设置避险场所和救济物资供应点;制定应急救灾款物的使用、分配方案以及应急救灾款物的管理工作;负责组织开展应急救灾捐赠款物的接受、下拨和管理工作;妥善安置和救济灾民,安排好灾民生活并及时向地质灾害应急指挥部报告灾民救助和安置情况。

卫生局:负责组织医疗急救和卫生防疫队伍,调集必要的卫生器械、药品等,及时赶赴灾区投入抢救治病和防疫工作;保证灾区饮水和食品卫生安全;负责灾区疫情监测和信息收集报告工作。

交通局:负责组织恢复被毁坏的干线公路、水路等基础设施,保障交通干线和抢险救灾重要路线的畅通;在危险路段设立醒目标志,警示过往车辆和行人;负责组织车辆运送救灾应急物资,做好抢险救灾人员、物资以及需转移灾民的紧急运输工作。

安监局:负责灾区企业的生产安全,并指导、监督灾区迅速恢复生产;负责尾矿库、尾矿坝、尾沙池、地下矿井等安全检查、监督,并向地质灾害应急指挥部报告。

旅游局:负责组织恢复被毁的旅游基础设施;负责旅游区旅游资源的保护和排险。

气象局:负责提供灾害预警所需的气象资料信息,对灾区的气象条件进行监测预报。

其他有关部门:通信部门负责组织和协调灾区受损通信设施的抢修,保证应急指挥的通信畅通;电力部门负责帮助灾区抢修和恢复电力设施,保证灾区电力供应;视灾情需要,武警部队在县政府指挥下,负责迅速调集部队赶赴灾区,抢救被压埋人员,并协助有关部门进行工程抢险、转移灾民、维护灾区社会治安;其他有关部门在县政府的统一领导下,按照职责分工,参与抢险、救助工作。

四、监测和预报

(一)县政府和国土资源部门要尽快地质灾害预警体系建设,完善地质灾害群测群防网络,组建群专结合的监测队伍,形成覆盖全县的地质灾害监测网络。

(二)国土资源部门要严格执行汛期24小时值班制度,健全灾情速报制度,保障紧急情况信息报送渠道畅通。接到地质灾害险情报告后,要立即摸清情况,并向县人民政府和上一级国土资源部门报告,对属于特大型、大型地质灾害的,在向县政府和上级国土资源部门报告的同时,还应直接报告省人民政府和国土资源部。

(三)建立地质灾害险情巡查制度。国土资源部门要充分发挥地质灾害群测群防网络的作用,进行定期和不定期的检查,加强对地质灾害重点地区的监测和防范,发现险情时,应及时向县政府报告,组织群众转移避让或采取排险防治措施,并在危险区域设置警示牌。

(四)国土资源部门要及时将气象、地震等部门发布的信息和防灾要求通知到镇(街)村及重要地质灾害危险点的防灾责任人、监测人和危险区内的群众;各单位和当地群众要对照“防灾明白卡”和“避险明白卡”,做好防灾的各项准备工作。

(五)发现地质灾害险情或灾情的单位和个人,应当立即向当地人民政府或国土资源部门报告。接到地质灾害险情报告的当地人民政府、基层群众自治组织应当根据实际情况,及时动员受到地质灾害威胁的群众以及其他人员转移到安全地带;情况紧急时,可以强行组织避险疏散。

(六)地质灾害预报由国土资源部门会同气象部门发布,任何单位和个人不得擅自向社会发布地质灾害预报。禁止隐瞒、谎报或者授意他人隐瞒、谎报地质灾害灾情。

五、备灾工作

地质灾害特别是突发性地质灾害的应急防治是一项长期的、持续的、跟踪式的、深层次的和各阶段相互联系的工作,是有组织的科学与社会行为,而不是随每次灾害的发生而开始和结束的活动。因此,做好备灾工作是非常重要的。

(一)指挥部办公室及各成员单位,应按照职责分工,制定具体的抢险救灾应急行动方案,进一步明确、细化工作任务,逐项落实具体职责,保证抢险救灾应急行动有序进行。各成员单位所制定的抢险救灾应急行动方案需报指挥部办公室备案。

县政府及各镇政府要组织建立突发性地质灾害应急抢险救灾队伍,负责地质灾害的应急调查、灾情勘测和应急治理工作。应急抢险救灾队伍要针对性开展应急抢险救灾演练,确保发灾后应急救助手段及时到位。

(二)建立救治物资储备制度。县政府要组织有关部门、单位储备用于灾民安置、医疗卫生、生活必需品等必要的抢险救灾专用物资,保证抢险救灾物资的供应。

(三)筹集救灾资金。财政部门应根据近三年地质灾害防治工作所需经费情况,将本年度地质灾害应急抢险救灾经费纳入年度预算,安排必要的资金,专项用于应急工作的组织、抢险救助、避让搬迁、应急治理和灾后恢复与重建的经费补助,以确保抢险救灾工作的顺利进行。

(四)加强救灾能力建设。有关部门和单位,应根据各自的职责,组织相关专业的抢险队伍,加强岗位业务技术培训,组织相关的实战演练,提高抢险救灾人员的业务素质。

(五)加强防灾知识的宣传教育。要加强公众防灾、减灾知识的宣传普及,增强公众的防灾意识和自救互救能力。

六、应急防治反应

(一)特大型地质灾害应急

特大型地质灾害发生后, 灾害所在镇人民政府应在2小时内速报县人民政府、县国土资源局,县国土资源局应在6小时内将灾情速报市、县人民政府和市国土资源局,同时直接上报国土资源部和省国土资源厅,在应急处置过程中,应及时报告处置工作进展情况,直至应急处置工作结束。

县政府接到灾情报告后,要立即向省、市人民政府和国土资源部报告,在省、市人民政府和国土资源部的领导下,组织并调集有关部门和抢险救灾力量赶赴现场,开展抢险救助工作,防止地质灾害进一步发展。特大型地质灾害发生后,县突发性地质灾害防治应急指挥部应在上级应急指挥部和县政府的统一指挥协调下,按照职责分工,分别负责现场抢险救灾、应急队伍保障、交通运输保障、医疗保障、物资保障、通讯保障、电力保障、治安保障、善后处置、信息报送等各项工作。

(二)大型地质灾害应急

大型地质灾害发生后，灾害所在镇人民政府应在2小时内速报县人民政府、县国土资源局,县国土资源局应在12小时内将灾情速报市人民政府和市国土资源局,同时直接上报国土资源部和省国土资源厅,在应急处置过程中,应及时报告处置工作进展情况,直至应急处置工作结束。

县政府接到灾情报告后,立即向省、市人民政府和国土资源部报告。在省、市人民政府和国土资源部的领导下,迅速组织力量赶赴现场开展施救工作,控制地质灾害进一步发展。

大型地质灾害发生后,县突发性地质灾害防治应急指挥部应在上级应急指挥部和县政府的统一指挥协调下,赶赴现场,按照职责分工,开展应急救灾各项工作。

(三)中型地质灾害应急

中型地质灾害发生后，灾害所在镇人民政府应于2小时内报县人民政府和国土资源局,同时上报省、市国土资源部门。在县人民政府的领导下,开展调查和作出应急处理,并将调查报告上报省、市国土资源部门。

(四)小型地质灾害应急

小型地质灾害发生后，灾害所在镇人民政府应立即向县人民政府报告，县人民政府要组织国土资源等有关部门和当地政府开展应急处置工作,并将调查报告上报市人民政府和市国土资源局。

七、善后处理工作

(一)地质灾害发生后,县、镇人民政府要做好灾区群众的思想工作,稳定群众情绪,组织灾区群众开展生产自救,尽快恢复生产,及时部署地质灾害治理工作,组织地质灾害危险区内的群众避让搬迁,协调处理善后工作。民政等相关部门要根据职责做好救灾物资调配和灾民安置工作。宣传部门要加强协调和指导,组织新闻单位及时、准确、客观地报道抢险救灾的工作情况。

(二)国土资源部门要按照有关规定,及时组织专业人员进行地质灾害调查，并将地质灾害调查处置结果上报同级人民政府和上级国土资源部门。

(三)因救灾需要,临时调用单位和个人的物资、设施、设备或者占用其房屋、土地的,应及时归还;无法归还或者造成损失的,应当给予相应的补偿。

(四)对在地质灾害防治工作中有突出贡献的单位和个人,根据有关法律、法规及有关规定给予表彰和奖励。

(五)对不及时按本预案报告地质灾害灾情信息,不服从指挥调度,玩忽职守造成严重后果和重大影响的,依法追究单位负责人和有关责任人的责任。

八、附　则

(一)本预案将根据地质灾害抢险救灾应急工作实际需要,由溧水县突发性地质灾害防治应急指挥部适时进行修订。

(二)地震和洪水引发的地质灾害依照相关的规定处置。

(三)各镇人民政府应参照本预案,从实际情况出发,制定应急预案。

(四)本预案解释权归溧水县突发性地质灾害防治应急指挥部办公室。

(五)本预案经县人民政府批准后实施。

溧水县人民政府

二〇〇七年十二月十七日

溧水县人民政府
关于扎实推进城乡建设用地增减挂钩工作的通知

溧政发〔2010〕39号

各镇人民政府,县开发区,县各局办,县各直属单位:

为进一步规范我县城乡建设用地增减挂钩工作,充分、合理、有序地利用土地资源,为全县经济社会发展提供用地保障,根据国土资源部《城乡建设用地增减挂钩试点管理办法》(国土资发〔2008〕138号)、省国土厅《关于加强城镇建设用地增加与农村建设用地减少相挂钩试点工作管理有关事项的通知》(苏国土资发〔2006〕231号)、省国土厅《关于启动实施2007年度城乡增减相挂钩试点实施规划的通知》(苏国土资发〔2008〕23号)等文件精神和具体要求,结合我县工作开展的实际,现就推进全县城乡建设用地增减挂钩工作的有关事项通知如下:

一、提高认识,高度重视做好城乡建设用地增减挂钩工作

城乡建设用地增减挂钩工作,是依据土地利用总体规划,将若干拟整理复垦为耕地的农村建设用地地块(即拆旧地块)和拟用于城镇建设的地块(即建新地块)等面积共同组成建新拆旧项目区,通过建新拆旧和土地整理复垦等措施,在保证项目区内各类土地面积平衡的基础上,最终实现增加耕地有效面积,提高耕地质量,节约集约利用建设用地,城乡用地布局更加合理的目标。

开展城乡建设用地增减挂钩工作, 通过对全县农村建设用地整理,提高农村土地集约化利用水平,改善农民居住条件,增加有效农用地(耕地)面积,盘出建设用地指标,对有效缓解当前及今后我县建设用地矛盾,促进全县经济、社会可持续发展有着极其重要的意义。

各镇、开发区、县各部门要高度重视,全面增强对城乡建设用地增减挂钩工作的使命感和责任感,要以落实科学发展观为统领,从统筹城乡发展、推进新农村建设的高度出发,着眼于保护耕地、保障农民土地权益,改善农村生产生活条件,优化用地结构和节约集约用地,进一步加大工作力度,创新工作举措,通过实施城乡建设用地增减挂钩,提升土地集约利用水平和农村生产力发展水平,为推动农业发展和农村“三集中”打下基础,达到切实转变农村发展方式的目的。

二、精心组织,切实把握好城乡建设用地增减挂钩工作的各个关键环节

科学规划是实施城乡建设用地增减挂钩项目工程的前提,各镇、开发区要组织专门力量,按照整体性、前瞻性、科学性和可操作性相结合的工作思路,结合本辖区土地利用总体规划、土地开发整理专项规划、城镇建设规划等,认真对照土地利用现状和“二次调查”成果,科学合理编制规划,建立全县城乡建设用地增减挂钩项目备选库和年度项目实施库,并充分做好项目拆旧区、建新安置区规划与相关规划的衔接。要避免安置后重新拆迁情况发生。对列入年度实施的城乡建设用地增减挂钩项目要统一编制项目实施规划,并确保按实施规划当年实施完毕。规划方案要进行公示,要充分听取群众意见,征得农户认可。

城乡建设用地增减挂钩工作是一项系统工程,必须合理选址,逐步实施,稳妥推进。各镇、开发区在选择增减挂钩项目拆旧区域时,要遵循“因地制宜,先易后难;方案具体,有序推进”的原则,在选择建新区域时,要遵循“集中布局,合理利用”的原则。要组织相关人员对有复垦潜力的村庄进行调查摸底，依据复垦立项的要求和我县土地二次调查成果数据确定拆旧区；要选择基层村委会积极性高、农村居民点零散、拆旧区能和边缘区域组成连片农田的区域实施，确保建设工程实施后，在增加有效耕地面积的基础上，实现土地规模经营。

挂钩项目拆旧区选址确定实施区域后，各镇、开发区要组织人员编写项目实施方案，向县国土局提出立项申请，由县国土局牵头，组织县财政、建设、农林、水务等相关部门对申请立项的项目进行现场踏勘和论证，对符合立项条件的，报县人民政府，并以县政府的名义上报市国土局立项。

要切实做好建设用地增减挂钩拆旧区农户拆迁工作。农村居民点拆迁要依法合理补偿，维护被拆迁农户的合法权益。拆迁过程要实行“三公开”，即公开拆迁丈量面积、公开补偿标准、公开补偿资金。拆迁补偿标准参照《溧水县征地拆迁补偿标准》(溧政发〔2005〕46号)文件规定，结合当地实际，实行统一定价予以补偿，维护被拆迁农民权益。

农村居民点拆迁后，要妥善解决被拆迁农民的安置，要确保农民眼前生活有着落，长远生计有保障。

在安置上采取四种模式：

零拆统建，集中安置。对具体条件集中到集镇居住的农户，按农民公寓房价安置的方式安置；

统一规划，自拆自建。对不具备条件集中到集镇居住的农户，利用不具备复垦条件的闲置建设用地，统一规划，由农户自拆自建进行安置。

调换产权，空关填实。对仍需居住且有承包土地的农户采用与中心村中的空关房产权调换安置的方式安置；

不占不建，货币安置。对无人居住的空关户且不再在农村建房的农户采用货币补偿的方式安置。

要加强项目拆迁区施工的监督和管理。项目拆旧区复垦要做到地块平整，水利设施配套齐全，田间道路布局合理，保证农业机械作业条件，确保新增耕地的质量。

三、明确职责，充分调动实施城乡建设用地增减挂钩工作各方面的积极性

我县城乡建设用地增减挂钩项目的规划编制、立项选址、组织实施，实行县政府统一管理，各镇、开发区负责组织实施(党政主要负责人为“挂钩”工作第一责任人)，县国土部门负责指导、监督，相关部门协调配合的工作机制。

各镇、开发区要把城乡建设用地增减挂钩工作作为当前以及今后一件大事来抓,县政府将把各镇、开发区年度挂钩指标的完成情况纳入千分制考核内容,给予重点考核。

年度城乡建设用地增减挂钩拆旧项目指标由县政府统一下达(2010年度指标分解情况附后)。项目完成并经验收合格后,对照政策给予奖励;不能完成下达指标的,按比例扣减下一个年度的土地利用计划。

建立城乡建设用地增减挂钩资金使用的良性循环机制。增减挂钩项目的启动资金由县国土部门筹集。启动资金的偿还在城乡建设用地增减挂钩落实的建新地块(不含建新安置地块)的土地出让收益中予以平衡。

建立增减挂钩指标的市场机制。增减挂钩拆旧区形成的指标要与城镇经营性用地的增加指标相挂钩, 并按挂钩指标的储备价格实行有偿使用。挂钩指标的储备价格的确定,以年度实施增减挂钩的总成本(包括规划设计费、拆迁费及建新安置费、附着物补偿费、必要的社会保障支出、工程施工投入、竣工验收支出、财务成本等相关费用)为依据,以实施增减挂钩后形成的挂钩指标为基础, 测算出该年度新增建设用地挂钩指标的均价,作为挂钩指标的储备价格,在建新区使用挂钩指标时予以平衡消化。同时,对完成挂钩指标的镇、开发区按30%的比例进行提留,并按挂钩指标的储备价格进行货币支付,确保最大限度地调动实施增减挂钩工作的积极性。挂钩指标由县政府在县域内实行统筹。

各镇、开发区自行实施城乡建设用地增减挂钩项目的,统一报县国土局备案,涉及的资金落实、项目实施等,由各镇、开发区自行解决。项目经验收合格后形成的挂钩指标留给本镇、开发区使用。

四、齐抓共管,确保全县城乡建设用地增减挂钩工作有序推进

城乡建设用地增减挂钩工作涉及面广、政策性强、工作要求高,各镇、开发区、县各部门要加强领导,认真组织,确保这项工作全面、有序推进。

成立城乡建设用地增减挂钩工作专门领导小组。各镇、开发区要成立城乡建设用地增减挂钩领导小组,全面负责"挂钩"工作的组织实施、协调推进。各镇、开发区作为"挂钩"项目的实施主体,要切实加强领导,积极创新,采取综合措施,调动各方面积极性,统筹推进本辖区范围内"挂钩"项目的组织实施。

建立增减挂钩资金专项使用制度。城乡建设用地增减挂钩资金的使用，要以增减挂钩项目实施规划为依据，实行资金的财政预(决)算管理。要加强增减挂钩项目资金的管理和监督，并以项目为单位实行专项审计，对项目资金使用过程中出现的违法违纪等行为，将对当事人依法处理，情节严重的，移送司法机关处理。

控制农村居民点新增建设用地规模。加强对农村居民点建设用地日常管理，各镇、开发区要严格农民建房审查、审批制度，对列入土地利用总体规划和城乡建设用地增减挂钩规划拆除范围的村庄，一律不得审批农民新建或翻建住房。要在土地利用总体规划的指导下，引导和鼓励农村居民建房向增减挂钩规划的建新安置区集中；对新建的农民住宅占地，在原有宅基地拆除并归还村集体的前提下，按照不超过150平方米/户的标准审批。对违反上述规定的，一律按违章建房拆除。

城乡建设用地增减挂钩实施细则，由县国土、财政部门按本通知规定另行制定。

溧水县人民政府

二〇一〇年四月二十九日

溧水县征地补偿安置办法

溧政发〔2011〕64号

第一章　总　则

第一条　为加强征地补偿安置管理。保障被征地农民长远生计，维护被征地农民合法权益，根据《中华人民共和国物权法》、《中国人民共和国土地管理法》、《中国人民共和国土地管理法实施条例》、《江苏省土地管理条例》、《国务院关于深化改革严格土地管理的决定》(国发〔2004〕28号)、《关于切实做好被征地农民社会保障工作有关问题的通知》(劳社部发〔2007〕14号)、《国务院办公厅关于进一步严格征地拆迁管理工作切实维护群众合法权益的通知》(宁政发〔2010〕264号)等有关法律法规和规定，结合本县实际，制定本办法。

第二条 凡在本县范围内的征地补偿安置,适用本办法。

第三条 本办法所称征地补偿安置,系指国家为了公共利益及实施规划的需要,依据法律规定的程序和批准权限,将农民集体所有土地征收为国有土地,并依法给予被征地的所有权人、使用权人及其他权利人补偿安置的行为。

第四条 溧水县国土资源局(以下简称“县国土局”)负责统一管理全县征地补偿安置工作。

县人力资源和社会保障、财政、物价、农村集体资产管理、公安、民政、住房与城乡建设、发展改革、监察、司法等部门及各镇人民政府、开发区管委会按照各自职责共同做好相关工作。

第五条 建设项目征收集体土地的,由征地主体单位按规定支付征地补偿安置费用(包括征地区片价补偿费和青苗及附着物补偿费,房屋拆迁补偿另行规定,下同);征地补偿安置费用必须按时足额支付,专款专用,不得挪作他用,不得克扣拖延;由农村集体经济组织掌握使用的征地补偿安置费用,应当实行财务公开,向本集体经济组织成员公布收支状况。

第六条 县政府建立被征地农业人员社会保障制度,按规定将被征地农业人员纳入城镇企业职工基本养老保险、失业保险等社会保障体系(以下简称“社会保障”),具体办法另行制定。

第二章 征地补偿安置程序

第七条 县国土局在收到征收土地省批文件的10个工作日内,代表县政府在被征收土地所在地的村、组予以公告,征收镇(区)集体所有土地的,在镇(区)所在地予以公告。

被征收土地的所有权人、使用权人及其他权利人(指被征收土地的所有权人、青苗和附着物所有权人、集体非农建设用地使用权人、农村土地承包经营权人等)应当在公告规定期限内,持有关证明材料,到公告指定的部门或单位办理征地补偿安置登记。

县国土局会同有关部门在征收土地方案公告之日起45日内以被征收土地的所有权人为单位拟定征地补偿安置方案并予以公告。

被征地农村集体经济组织、农村村民或者其他权利人对征地补偿安置方案有不同意见的,或者要求举行听证的,应当在征地补偿安置方案公告之日起10个工作日内向县国土局提出。对当事人提出正当听证要求的,在受理听证申请截止日起5个工作日内,县国土局依法举行听证。听证内容涉及被征地农业人员进入社会保障方案的,县人力资源和社会保障部门同时参与听证。

县国土局将征地补偿安置方案报县政府审批,县政府批准后加盖“溧水县人民政府征地补偿安置方案审批专用章”,由县国土局具体组织开展补偿安置工作。经批准征收集体土地的,由县国土局(或其征地事务机构)与征地主体单位签订征地事务协议。

第八条 征地工作依法履行征地报批前听证告知确认程序。征地告知后,集体经济组织和农户在拟征收土地上抢栽抢种的青苗、抢建的地上附着物,征地时一律不予补偿。

第九条 被征地的农村集体经济组织及其成员和其他有利害关系的单位或者个人对经县政府批准的征地补偿安置方案中确定的征地补偿区片价、青苗与附着物标准有争议的,可以依法向县政府申请协调,协调不成的,可依法向上一级人民政府申请裁决。

征地补偿安置争议不影响征地补偿安置方案的实施。被征地的所有权人、使用权人及其他权利人必须服从建设需要,在规定的期限内搬迁腾地,不得阻挠。

第十条 县国土局要会同征地有关单位将征收土地的各项费用自征地补偿安置方案批准之日起三个月内全额支付完毕。人力资源和社会保障部门要配合国土部门、农村集体经济组织等做好被征地农业人员进入社会保障工作的组织和政策宣传。

征地补偿安置费用没有足额到位前,被征地农村集体经济组织及其成员有权拒绝交地(集体经济组织或其成员无正当理由拒绝领钱的除外);征地补偿安置费用足额到位后,被征地农村集体经济组织及其成员不得拖延交地。

第三章　征地补偿安置费用

第十一条 征地补偿安置费用由征地区片价补偿费、青苗和附着物补偿费两项费用组成。

征地区片价补偿费是指在城镇行政区土地利用总体规划确定的建设用地范围内,依据地类、产值、土地区位、农用地等级、人均耕地数量、土地供求关系、当地经济发展水平和城镇居民最低生活保障水平等因素,划分征地区片,并采取多种方法测算出的区片征地综合补偿费标准。它的构成包括“被征地农业人员安置补助费”和“土地补偿费”。县国土部门会同物价、人力资源和社会保障等部门依据社会经济发展水平、社会保障水平等变动情况,及时对全县征地区片价补偿费标准等进行调整和测算,报县政府批准后公布实施。

第十二条 青苗和附着物补偿费归青苗和附着物所有者所有。

青苗和附着物补偿费,按县政府公布的指导价标准给予补偿。县物价部门会同县国土部门依据经济社会发展水平,适时制定青苗和附着物补偿指导价标准,报请县政府批准后公布实施。

征收土地涉及使用撤组剩余国有土地的,参照县政府公布的青苗和附着物补偿指导价标准向青苗和附着物所有权人补偿。

若附着物出现县政府指导价中未涵盖种类的,或附着物所有权人对特种种植、特种养殖补偿标准有异议的,由双方协商确定补偿价格;协商不成的,由县物价认证中心作出价格认证,认证结果作为补偿标准;对县物价认证中心认证结果持有异议的,由县政府复核后按其标准进行补偿。

第十三条 县政府实行预存征地补偿款制度。建设项目征收全县范围内集体土地的,在征地报批前,征地主体单位按被征收土地所属的征地区片价补偿标准、青苗和附着物补偿指导价标准及其相应的征收土地面积,向国土部门专户预存征地补偿款。

第十四条 征收全县范围内集体土地的,征地区片价补偿费用按以下公式计算:

征地区片价补偿费用=被征收土地所属的征地区片价补偿标准×区片内被征收集体土地面积

征收土地范围涉及多个征地区片的,按照相应的区片价补偿标准及其对应的征收土地面积分别计算。

第十五条 征地补偿安置方案批准后,国土部门从征地区片价补偿费用中列支被征地农业人员进入社会保障费用和征地补偿调剂金后,将剩余资金支付给被征地集体经济组织。

第十六条 经批准占用国有农场、林场、果牧场等农用地,导致原使用单位受到损失的,应参照征收集体土地标准,由征地主体单位支付征地区片价补偿费、青苗和附着物补偿费,其人员不列入被征地农业人员社会保障范围。

第十七条 经批准临时使用农民集体所有土地的,土地使用者应当根据土地权属,与农村集体经济组织签订临时使用土地合同,并按合同约定支付临时使用土地补偿费;涉及青苗和附着物补偿的,双方在政府指导价基础上协商确定补偿价格。

临时用地占用农用地(耕地)的,需向国土部门缴纳复垦保证金。临时用地使用期满后,用地单位在一年内完成土地复垦,经验收合格的,退还复垦保证金;用地单位未按期完成复垦或复垦不合格的,由国土部门组织土地复垦,复垦保证金不予退还。

临时用地的使用者应当按照临时使用土地合同约定的用途使用土地,不得修建永久性建筑物。临时使用土地期限届满,由临时用地的使用者负责恢复土地的原使用状况;无法恢复而造成损失的,应当承担相应的经济补偿责任。

临时使用土地期限,一般不得超过二年。

第十八条 取土及堆土用地, 建设单位应当支付临时使用土地补偿费,交纳复垦保证金,并和农村集体经济组织签订补偿协议;涉及青苗和附着物补偿的,双方在政府指导价基础上协商确定补偿价格。施工完毕后由建设单位组织复垦,复垦完成后退还复垦保证金。

取土用地深度超过三米的,应办理征收土地手续。

因施工需要使用鱼塘部分面积,涉及青苗和附着物补偿的,建设单位在政府指导价基础上与青苗和附着物所有权人协商确定补偿价格,对整个鱼塘面积进行补偿。

第四章 被征地农业人员社会保障

第十九条 被征地村民小组集体经济组织以县政府批准征地补偿安置方案之日为年龄划分基准时点,从年满16周岁的本村民小组集体经济组织成员中,按规定产生应纳入社会保障体系的被征地农业人员名单。

第二十条 县政府批准征地补偿安置方案时,户口所在地及现居住地位于被征地村民小组集体经济组织、依法享有土地承包经营权、依法拥有宅基地并按《中华人民共和国村民委员会组织法》规定的议事规则讨论通过、年满16周岁的村民小组集体经济组织成员,列入符合纳入社会保障体系条件的被征地农业人员。

县政府批准征地补偿安置方案时年满16周岁的全日制在校大中专学

生、现役义务士兵、服刑或劳教在押人员，如入学、入伍、入狱、劳教前户口所在地在被征地村民小组集体经济组织，在该组织内依法享有土地承包经营权、依法拥有宅基地，按《中华人民共和国村民委员会组织法》规定的议事规则讨论通过，列入符合纳入社会保障体系条件的被征地农业人员。

经有关部门批准退职、退休回乡(含给子女顶职回乡)，且领取退休工资的人员；党政机关、事业单位在编人员、现役军官，以及本办法颁布前历次征地中已安置和保养的人员(含征地时仅农转非人员)，不得列入符合纳入社会保障体系条件的被征地农业人员。

本办法所称依法享有土地承包经营权，不包括以转包、转租方式获得他人承包地的土地经营权人。

符合本条第一款规定、承包地被征收或居住房屋被拆迁的农业人员，优先列入本次征地应纳入社会保障体系的被征地农业人员名单。

第二十一条 县政府建立征地补偿调剂金制度。征地补偿调剂金专款用于全县被征地农业人员征地补偿费用的统筹调剂，在县国土局设立专户管理。征地补偿调剂金不足支付被征地农业人员社会保障费用的，不足部分从县财政社会统筹账户列支。

第二十二条 征地后应纳入社会保障体系的被征地农业人员人数，以村民小组为单位，按以下公式计算：

应纳入社会保障体系的被征地农业人员人数=该组被征收集体土地数量÷该组所在征地区片的基准人均土地

上述公式中应纳入社会保障体系的被征地农业人员人数按计算得出的数据舍尾取整，被舍小数所对应的人员进入社会保障的费用纳入征地补偿调剂金。被征地集体经济组织按前述规定人数产生进入社会保障体系人员名单后，县国土局从征地区片价补偿费用中列支相应的被征地农业人员进入社会保障费用，资金有剩余的支付给被征地集体经济组织。

被征地村民小组集体经济组织内无符合条件的被征地农业人员进入社会保障或征地集体经济组织无农业人员的，县国土局按照县政府公布的无农业人员征地综合补偿标准向被征地集体经济组织支付征地补偿费，剩余的征地区片价补偿费纳入征地补偿调剂金。

被征地集体经济组织内符合进入社会保障条件的全部农业人员少于前款公式测算人数的，根据所缺人数和本条公式中基准人均土地测算对应的土地面积，该部分土地按照县政府公布的无农业人员征地综合补偿标准向被征地村民小组集体经济组织支付征地补偿费，其相应剩余的征地区片价补偿费纳入征地补偿调剂金。

被征地村民小组集体经济组织实际人均土地少于所在征地区片价的基准人均土地时，征地时按本条公式确定进入社会保障体系的被征地农业人员人数，待被征地村民小组集体经济组织因征地撤销村民小组建制时，将符合本办法第二十条规定的全部剩余农业人员纳入社会保障体系，若征地区片价补偿费用不足以支付被征地农业人员社会保障费用的，不足部分从征地补偿调剂金中列支。

第二十三条 征地后应纳入社会保障体系的被征地农业人员的具体名单，由被征地村民小组集体经济组织依据本办法规定的人数组织产生，并按《中华人民共和国村民委员会组织法》规定的议事规则讨论通过，在被征地村民小组公示10天无异议后，经村委会审核报镇人民政府(开发区管委会)确认。镇人民政府(开发区管委会)和村委会对被征地村民小组产生的纳入社会保障体系的被征地农业人员程序有效性和名单真实性负责。镇人民政府(开发区管委会)将确认的名单报送县国土部门，县国土部门经审核后联合人社部门为其办理社会保障手续。

第二十四条 镇人民政府(开发区管委会)负责督促被征地村民小组集体经济组织在征地补偿安置方案批准后的两个月内，依法产生征地后应纳入社会保障体系的全部被征地农业人员的具体名单。原则上在应纳入社会保障体系的被征地农业人员的具体名单全部产生后，国土部门方可进行青苗和附着物补偿费、征地区片价剩余款的支付和补偿。

征地补偿安置方案批准后超过三个月，被征地集体经济组织产生的进入社会保障农业人员名单人数仍不足第二十二条规定人数的，根据所缺人数和其区片价基准人均土地测算对应的土地面积，该部分土地所对应的全部征地区片价补偿费纳入征地补偿调剂金。

第二十五条 支付给被征地集体经济组织的征地区片价补偿费，由被征地集体经济组织依法提出征地区片价补偿费使用方案，经集体经济组织讨论通过，报农村集体资产管理部门备案后实施，使用方案不得违反有关规定。

第二十六条 被征地集体经济组织在征地后应适时对土地承包经营权依法进行重新分配，确保集体经济组织内未纳入社会保障体系的剩余农业人员拥有必要的生产生活资料。

第五章 征地补偿安置管理

第二十七条 县国土局会同县公安局加快建立全县范围内集体土地权属、面积与集体经济组织农业人员数据库,实行动态管理。各镇(区)国土所会同各镇(区)所在公安派出机构做好各村民小组农业人员和土地数量增减的统计工作,及时进行数据更新与核减。

第二十八条 征地后村民小组集体土地被全部征收的,可向县政府申请撤销村民小组建制。

县政府批准征地补偿安置方案时未满16周岁的被征地集体经济组织成员,所在村民小组如因本次征地而撤销村民小组建制,应对其发放一次性生活补助费,由征地主体单位另行支付。

第二十九条 征地后因河流水系被破坏、道路受阻等原因造成耕种困难的,建设单位要采取工程措施满足农业生产和农民生活条件;国家、省重点铁路、公路、河道、基础设施等工程有相关规定的,从其规定。

第三十条 县国土局要依法实行征地政府信息公开,主动公开征地及其补偿相关政府信息,规范依法申请公开政府信息行为。

第三十一条 县政府建立征地补偿安置工作考核制度。县国土局按年度以镇(区)为单位对征地补偿安置工作进行综合考核,对工作业绩突出的镇(区)给予适当奖励。

第六章 部门职责及法律责任

第三十二条 各镇人民政府、开发区管委会是其辖区内征地补偿安置工作的责任主体,履行辖区内征地补偿安置工作的属地管理职责,对辖区内征地补偿安置社会稳定工作负责。要切实加强辖区内被征地农民的青苗和附着物价格协商、征地补偿安置费使用的监管,督促被征地集体经济组织按时产生进入社会保障人员名单,及时审核确认并报送名单,对辖区内征地补偿安置社会稳定工作负具体工作责任。

人力资源和社会保障部门要及时为被征地农业人员办理社会保障手续,按时发放社会保障待遇,落实被征地农业人员就业培训并积极促进再就业;财政部门要加强被征地农业人员社会保障资金管理,并按规定及时从政府土地出让金中列支被征地农业人员社会保障统筹资金;农村集体资产管理部门要加强对征地补偿安置费用的使用和分配监管,督促集体经济组织严格落实村务公开、专款专用;公安部门要加强对被征地单位的户籍管理,配合完成征地补偿安置过程中的户籍查询、户口迁移、数据库建设等工作;物价部门要会同国土部门做好征地补偿标准的测算和动态调整工作;其它各部门要按照各自职责做好相应工作。

第三十三条 违反征地补偿有关规定,擅自降低征地补偿标准,或者征地补偿不落实,侵占、截留、挪用征地补偿款,或者先保后征、即征即保工作不到位,社会保障费用不落实,影响社会稳定的,对党政主要领导及负有责任的领导干部要实行责任追究;构成犯罪的,依法追究刑事责任。

第三十四条 被征地村民小组集体经济组织要严格遵守国家法律法规要求,依据村民自治原则,按规定程序和时间产生符合本办法要求进入社会保障人员的名单,组织土地承包经营权重新调整分配,负责协调解决集体经济组织内因产生纳入社会保障体系人员名单而引发的矛盾纠纷,维护社会稳定。

镇人民政府(开发区管委会)应及时督促被征地村民小组按时产生进入社会保障的全部农业人员名单,对因组织或督促不力而超过规定期限未产生名单、造成征地补偿费用未及时拨付的,视为征地补偿不到位,依法追究相关责任。

第三十五条 被征地单位或有关部门谎报有关数据,在征地过程中弄虚作假、冒名顶替、冒领征地补偿费用,以及截留征地补偿费用的,由土地行政主管部门责令改正,并依法追究主管人员和其他直接责任人员的行政责任;构成犯罪的,依法追究刑事责任。

第三十六条 国家工作人员在实施征地补偿工作中玩忽职守、滥用职权、徇私舞弊的,依法给予行政处分;构成犯罪的,依法追究刑事责任。

第三十七条 建设用地单位和个人擅自进行征地补偿安置的,由土地行政主管部门责令改正,对当事人依法给予行政处分;构成犯罪的,依法追究刑事责任。

第三十八条 阻挠和破坏征地工作,妨碍国土管理人员依法执行公务的,由执法机关依照国家有关法律、法规予以处罚;构成犯罪的,依法追究刑事责任。

第七章 附 则

第三十九条 本办法涉及的征地区片价补偿费、青苗及附着物补偿费、一次性生活补助费、临时用地土地补偿费等标准,由物价局、县国土局、县人力资源和社会保障局适时调整,制订并报请县政府批准后发布。

第四十条 征收集体土地涉及房屋拆迁的,按县政府另行制订的有关征地房屋拆迁补偿安置办法执行。

第四十一条 县级及以上建设项目征收农民集体土地的,按本办法规定的征地补偿标准执行。

第四十二条 本办法颁布前已获得征地批准的项目,国土部门已与被征地集体经济组织签订征地补偿安置协议的,仍按原协议规定执行;国土部门未与被征地集体经济组织签订征地补偿安置协议的,按照本办法规定执行。

第四十三条 本办法自发布之日起施行。溧水县人民政府2005年4月13日印发的《溧水县征地拆迁补偿安置办法》(溧政发〔2005〕46号)及其相关补充配套文件同时废止。

溧水县人民政府
二〇一一年九月五日

溧水县人民政府
关于公布征地区片范围及补偿标准的通知

溧政发〔2011〕65号

各镇人民政府,县各局办,县各直属单位:

为进一步做好我县征地补偿安置工作,切实维护被征地农民和农村集体经济组织的合法权益,根据《溧水县征地补偿安置办法》(溧政发〔2011〕64号)规定,现将我县征地区片范围及补偿标准公布如下:

一、本标准适用于《溧水县征地补偿安置办法》规定的全县范围内的征地补偿安置。

二、征地区片价补偿标准

本标准指《溧水县征地补偿安置办法》第十一条规定的征地区片价补偿标准。征地区片具体范围和标准见附表一(表1-1、表1-2)。

三、被征地农业人员一次性生活补助费标准

本标准指《溧水县征地补偿安置办法》第二十八条规定的一次性生活补助费标准。具体标准见附表二。

四、上述补偿标准自《溧水县征地补偿安置办法》执行之日起同步执行。

附件：1.溧水县征地区片范围及补偿标准

2.被征地农业人员一次性生活补助费标准

附表一：溧水县征地区片范围及补偿标准

表1–1

溧水县征地区片范围及区片价补偿标准

区片名称	区片范围	征地区片价补偿标准(万元/亩)	基准人均土地(亩/人)
一级区片	永阳镇、溧水经济开发区行政区域(含柘塘)范围	3.3	1.16
二级区片	县域范围内除一级区片外的其它区域	3.0	1.27

表1–2

无农业人员征地综合补偿标准

类别	标准(万元/亩)
无农业人员征地综合补偿标准	1.8
备注：1.此标准指《溧水县征地补偿安置办法》第二十二条规定的，被征地集体经济组织内无被征地农业人员进入社会保障体系，或被征地集体经济组织产生进入社会保障体系人员数少于公式测算人数时，向被征地集体经济组织支付的征地补偿标准。 2.在该标准中，拥有土地使用权的农民集体经济组织须按每亩0.4万元标准。将其对应的补偿费由村集体经济组织纳入集体资产管理，用于发展生产和公益性事业，不得挪作他用	

附表二:被征地农业人员一次性生活补助费标准

单位:万元/人

类　别	标　　准
未满16周岁人员	1.0
备　　注	本表所称被征地农业人员,是指《溧水县征地补偿安置办法》第二十八条所规定的人员

溧水县被征地人员社会保障办法

溧政发〔2011〕66号

第一章　总　则

第一条　为完善被征地人员社会保障制度,保障被征地人员的合法权益,提高被征地人员的社会保障水平,促进社会和谐稳定,根据《南京市被征地人员保障办法》(宁政发〔2010〕254号),结合我县实际,制定本办法。

第二条　被征地人员社会保障制度遵循“制度衔接、保障基本、适时调整”的原则,将劳动年龄段人员纳入城镇企业职工社会保险(以下简称社会保险),养老年龄段人员纳入被征地人员基本生活保障(以下简称基本生活保障)、被征地人员老年生活困难补助(以下简称老年生活困难补助)和新型农村合作医疗,实现被征地人员老有所养、病有所医、失有所助。

第三条　本办法适用于本县范围内,按照《溧水县征地补偿安置办法》(溧政发〔2011〕64号)土地被依法征用的被征地人员。

第四条　被征地人员社会保障工作由县政府统一领导。国土资源管理部门负责征地补偿工作和被征地人员社会保障费的解缴;财政部门负责被征地人员社会保障资金的管理监督;人力资源和社会保障部门负责被征地人员社会保障政策的拟定、组织实施;公安、民政、农村经济等部门以及征地所在镇人民政府,按照各自职责做好相关工作。

第五条　本办法所称“被征地人员”是指依据法律规定,农村集体所有土地被依法征收为国有土地后,应当获得征地补偿安置的被征地农业人员。

本办法所称“未成年年龄段人员”是指不满16周岁的被征地人员。

本办法所称“劳动年龄段人员”是指女性年满16周岁不满55周岁、男性年满16周岁不满60周岁的被征地人员。

本办法所称“养老年龄段人员”是指女性年满55周岁、男性年满60周岁的被征地人员。

第二章　社会保障资金的筹集与管理

第六条　劳动年龄段人员参加社会保险的资金,养老年龄段人员纳入基本生活保障、老年生活困难补助、新型农村合作医疗的资金,分别由以下几部分组成:

(一)从征地区片价补偿费中列支的社会保障费;

(二)政府从土地出让金等土地有偿使用收益中提取的部分;

(三)按《溧水县被征地农民基本生活保障试行办法》(溧政发〔2006〕21号)(以下简称《试行办法》)规定建立的被征地农民基本生活保障基金;

(四)《试行办法》实施前,一次性领取自谋职业费或劳动力安置补助费的被征地劳动年龄段人员,按规定补缴的企业职工基本养老保险(以下简称基本养老保险)和失业保险费中个人承担部分;

(五)《试行办法》实施后至本办法实施前被征地劳动年龄段人员,按规定补缴的基本养老保险和失业保险费中个人承担部分;

(六)建立老年生活困难补助资金,专项用于《试行办法》实施前,已办理一次性领取自谋职业费或劳动力安置补助费的被征地人员老年生活困难补助。

第七条　被征地人员社会保障资金纳入财政社会保障资金专户,实行收支两条线管理。

建立基本生活保障基金,专项用于养老年龄段人员领取基本生活保障待遇和缴纳新型农村合作医疗费、劳动年龄段人员缴纳基本养老保险和失业保险等社会保险费。基本生活保障基本支付发生困难时,由县财政解决。

第八条　基本生活保障基金由个人账户和社会统筹账户组成。

(一) 征地区片价补偿费中列支的养老年龄段人员社会保障费70%部分, 征地区片价补偿费中列支的劳动年龄段人员在支付应缴纳基本养老保险和失业保险费后剩余社会保障费70%部分,按《试行办法》规定建立的被征地农民基本生活保障个人账户资金，利息及其他增值收入划入个人账户。

（二）征地区片价补偿费中列支的养老年龄段人员社会保障费30%部分，征地区片价补偿费中列支的劳动年龄段人员在支付应缴纳基本养老保险和失业保险费后剩余社会保险费30%部分，政府从土地出让有偿使用收益中提取的部分，按《试行办法》规定建立的被征地农民基本生活保障社会统筹账户资金，利息及其他增值收入划入社会统筹账户。

（三）基本生活保障个人账户资金每年按人民银行公布的同期城乡居民1年期定期存款利率计息。

第九条 被征地人员社会保障资金按以下方式划拨：

（一）从征地区片价补偿费中列支的社会保障费由国土资源管理部门在被征地人员参保登记结束后的10个工作日内一次性划入财政社会保障资金专户。

（二）政府从土地出让收益中提取的部分由财政部门负责按期转入财政社会保障资金专户。

（三）县、镇两级政府承担的被征地人员社会保障资金，县、镇两级财政应在规定期限内及时足额拨付到位。

第十条 未成年年龄段人员不在本办法保障范围，其一次性生活补助费由国土资源管理部门按规定支付。

第三章 劳动年龄段人员的相关规定

第十一条 从2011年1月1日起，新增加的被征地劳动年龄段人员，以县政府批准征地补偿安置方案之日为划分年龄段的基准时点，按以下规定参加基本养老保险和失业保险：

（一）按县政府批准征地补偿安置方案时我县灵活就业人员参加职工基本养老保险的有关规定，往前补缴不超过15年且不早于16周岁的基本养老保险费；按照失业保险缴费标准，补缴不超过12年且不早于16周岁的失业保险费。

（二）按上述规定缴纳基本养老保险和失业保险费后，征地区片价补偿费中列支的社会保障费仍有剩余的，在灵活就业期间，可申请用剩余资金缴纳社会保险费。缴纳的社会保险费，先从基本生活保障个人账户中支付。未达法定退休年龄缴纳基本养老保险满15年或者达到法定退休年龄时，基本生活保障个人账户资金仍有剩余的,一次性退还本人,终止基本生活保障关系。

(三) 未达法定退休年龄死亡且基本生活保障个人账户资金仍有剩余的,基本生活保障个人账户本息余额一次性结清给其法定继承人或指定受益人。

第十二条 《试行办法》实施前以及按《试行办法》规定纳入被征地农民基本生活保障,到2011年1月1日仍在劳动年龄段的被征地人员,可按前款规定参加基本养老保险和失业保险,同时停发生活补助费。

(一)应补缴的社会保险费,由个人先申请用基本生活保障个人账户资金补缴,从2010年12月起往前补缴保险费。基本生活保障个人账户资金不足支付的,由本人先自行用本人征地时按规定领取的安置补助费和土地补偿费予以补足,但基本生活保障个人账户资金加个人补足的资金最高不超过33000元;仍然不足的,由政府用基本生活保障社会统筹账户资金予以补足。

(二)按上述规定补缴后,基本生活保障个人账户资金有剩余的,在灵活就业期间,可申请用基本生活保障个人账户剩余资金缴纳社会保险费,基本生活保障个人账户资金不足支付时,由本人按规定继续缴纳。未达法定退休年龄缴纳基本养老保险满15年或者达到法定退休年龄时,基本生活保障个人账户资金仍有剩余的,一次性退休本人,终止基本生活保障关系。

(三) 未达法定退休年龄死亡且基本生活保障个人账户资金仍有剩余的,基本生活保障个人账户本息余额一次性结清给其法定继承人或指定受益人。

属于本条规定的劳动年龄段人员,未按本条规定参加基本养老保险和失业保险的,仍按本人征地时划分的年龄段领取生活补助费待遇(发放标准见附表1)。生活补助费从基本生活保障个人账户中支付。

(四)《试行办法》实施前,一次性领取自谋职业费或劳动力安置补助费,到2011年1月1日仍在劳动年龄段的被征地人员,未参加社会保险或养老保险缴费年限不足15年的,可按上述规定参加基本养老保险和失业保险。应补缴的社会保险费,由本人先按国土资源管理部门核定的、原一次性领取的自谋职业费或劳动力安置补助费补缴,补缴后的不足部分由政府承担。

本办法实施前,已按我县有关规定参加基本养老保险和失业保险的被征地人员，在参保时按我县社会保险的有关规定办理补缴且未享受到政府或单位补贴的，由政府给予补缴养老保险部分20%的补贴。

第十三条 在县政府批准征地补偿安置方案之日已参加社会保险的被征地人员，其基本养老保险缴费年限未达15年的、失业保险缴费年限未达12年的，可由个人先申请用基本生活保障个人账户资金按本办法第十一条第一款规定补足缴费年限；其基本养老保险缴费年限已达15年的、失业保险缴费年限已达12年的，不再补缴社会保险；未达法定退休年龄缴纳基本养老保险满15年或者到达法定退休年龄时，基本生活保障个人账户资金仍有剩余的，一次性退还本人，终止基本生活保障关系。

第十四条 劳动年龄段人员按本办法规定参加社会保险后，享受以下社会保险待遇：

(一)未实现就业的，按我县实施失业保险的有关文件享受失业保险待遇。

(二)实现就业后，按规定继续缴纳基本养老保险费的，基本养老保险缴费年限累

计计算。

(三)到达法定退休年龄时，按照基本养老保险规定享受基本养老保险待遇。

(四)补缴的基本养老保险缴费年限视同参加基本医疗保险缴费年限。

(五)就业后参加职工基本医疗、工伤、生育保险的，按基本医疗、工伤、生育保险规定享受基本医疗、工伤、生育保险相关待遇。

第十五条 按本办法第十二条规定参加社会保险的劳动年龄段人员，应在规定期限内提出参保申请并按规定缴费。

第四章 养老年龄段人员的相关规定

第十六条 从2011年1月1日起，新增加的被征地养老年龄段人员，以县政府批准征地补偿安置方案之日为划分年龄段的基准时点，按以下规定纳入基本生活保障和新型农村合作医疗，享受基本生活保障和新型农村合作医疗待遇：

(一)从县政府批准征地补偿安置方案之日次月起，按县人力资源和社会保障部门公布的当年度被征地人员基本生活保障金标准，按月领取基本生活保障金。基本生活保障金先从基本生活保障个人账户中支付，基本生活保障个人账户资金不足支付时，从基本生活保障统筹账户中列支。

(二) 本人可申请用基本生活保障个人账户资金缴纳新型农村合作医疗费,个人账户资金不足支付时,由基本生活保障社会统筹账户列支。

(三)本人死亡时,基本生活保障个人账户本息余额一次性结清给其法定继承人或指定受益人。

第十七条 按《试行办法》规定纳入被征地农民基本生活保障,到2010年12月31日已达到养老年龄段的被征地人员,按以下规定纳入基本生活保障和新型农村合作医疗保险, 享受基本生活保障和新型农村合作医疗待遇:

(一)按本办法规定从2011年1月1日起享受基本生活保障金,基本生活保障金先从基本生活保障个人账户中支付,基本生活保障个人账户资金不足支付的,从基本生活保障统筹账户中列支。

(二) 本人可申请用基本生活保障个人账户资金缴纳新型农村合作医疗费,个人账户资金不足支付时,由基本生活保障社会统筹账户列支。

(三)本人死亡时,基本生活保障个人账户本息余额一次性结清给其法定继承人或指定受益人。

属于本办法第十二条规定的劳动年龄段人员,未按本办法第十二条规定参加社会保险的,达到养老年龄时,享受被征地农民基本生活保障待遇(发放标准见附表2)。

第十八条 《试行办法》实施前的被征地人员,从2011年1月1日起,按以下规定直接纳入老年生活困难补助,享受老年生活困难补助待遇:

(一)符合下列条件者,从本人申请之日起按月领取老年生活困难补助待遇(发放标准见附表3):

1.男年满60周岁、女年满55周岁及以上,其安置时间、安置方式及补偿标准等征地信息经县国土资源管理部门核定的;

2.一次性领取保养金、自谋职业费、劳动力安置补助费以及被征地安置就业后、未与安置单位中断过劳动关系、至法定退休年龄时因缴费不满规定年限而一次性领取养老保险待遇的;

3.未按月领取机关事业单位养老、基本养老保险、供养直系亲属定期救济等待遇的。

(二)符合领取条件,但存在下列情形之一的,停发老年生活困难补助待遇;

1.户口迁出本县行政区域的;

2.在被判处拘役、有期徒刑及以上刑罚或劳动教养期间的；

3.失踪、死亡的。

第五章　附　则

第十九条　被征地人员基本生活保障和老年生活困难补助待遇标准依据我县经济社会发展水平，由县人力资源和社会保障部门会同县财政部门提出调整方案，报县政府批准后实施。

第二十条　从征地区片价补偿费中列支的社会保障费标准由县人力资源和社会保障部门、县财政部门和县国土资源管理部门定期公布。本办法规定的灵活就业人员基本养老保险缴费基数的具体标准由县人力资源和社会保障部门另行公布。

第二十一条　按本办法规定补缴的基本养老保险和失业保险费不加收利息和滞纳金。

第二十二条　劳动年龄段人员，有劳动能力和就业愿望且办理失业登记的，可申领《就业失业登记证》；符合就业困难人员条件的，按我县促进就业扶持政策规定，纳入我县就业困难人员范围，享受相关就业扶持政策。

第二十三条　县人力资源和社会保障部门、县财政部门和县国土资源管理部门可根据本办法制定实施细则。

第二十四条　本办法自2011年1月1日起执行。原《溧水县被征地农民基本生活保障试行办法》(溧政发〔2006〕21号)、原《溧水县被征地农民基本生活保障试行办法补充意见》(溧政发〔2006〕92号)、《溧水县人民政府印发关于对1992年以来征地农转非人员养老生活实行补助的若干意见的通知》(溧政发〔2005〕45号)以及原县劳动和社会保障局、县国土资源局、县财政局联合下发的《溧水县被征地农民基本生活保障工作业务操作流程》(溧劳社〔2006〕53号)同时废止。

溧水县人民政府

二〇一一年九月五日

溧水县征地房屋拆迁补偿安置办法

溧政发〔2011〕76号

第一章　总　则

第一条　为加强征地房屋拆迁管理，保障建设顺利进行，保护当事人合法权益，根据《中华人民共和国土地管理法》、《中华人民共和国土地管理法实施条例》、《江苏省土地管理条例》、《南京市征地房屋拆迁补偿安置办法》（宁政发〔2007〕61号）、《宁政府关于调整规范征地房屋拆迁补偿有关政策标准的通知》（宁政发〔2010〕263号）等有关法律法规和规定，结合《溧水县征地拆迁补偿安置办法》（溧政发〔2005〕46号）执行情况，制定本办法。

第二条　凡在本县范围内的征地房屋拆迁补偿安置，适用本办法。

临时使用土地涉及农民房屋拆迁的，按本办法规定实施拆迁。

第三条　本办法所称征地房屋拆迁补偿安置，系指国家为了公共利益及实施规划的需要，依据法律规定程序和批准权限，将农民集体所有土地转为国有土地，需实施征地房屋拆迁，并依法给予被拆迁人合理补偿安置的行为。

第四条　本办法所称征地房屋拆迁，包括住宅房屋拆迁和非住宅房屋拆迁。住宅房屋拆迁包括居住房屋拆迁及其附房和披房拆迁。非住宅房屋拆迁包括营业用房拆迁和非营业用房拆迁及其附房和披房拆迁。

第五条　征地房屋拆迁补偿安置方式，分为货币补偿、自拆自建两种。住宅房屋拆迁实行货币补偿的，被拆迁人可以申购拆迁安置房，实施产权调换，被拆迁人放弃申购拆迁安置房并经公证的，可以领取货币补偿款；住宅房屋拆迁不具备实行货币补偿条件的，实行自拆自建。

第六条　拆迁安置房原则上由拆迁人在本辖区内按照“相对就近”的原则，根据城市总体规划、土地利用规划和城镇建设规划，负责建设、供应和管理；确因规划、土地等原因需跨辖区建设的，必须报县政府批准。拆迁安置房享受经济适用住房政策。拆迁安置房建设、供应和管理的具体办法，由县住建部门另行制定。

第七条 拆迁安置房实行基准价格区间制度。基准价格区间由县物价局合同县国土资源局,参照经济适用住房定价体系,根据不同区域实际情况,适时制定并公布。

具体拆迁安置房项目供应的基准价格,由项目所在镇政府(开发区)在前款公布的拆迁安置房基准价格区间内确定,报县物价局和县国土资源局备案;确需超出前款公布的拆迁安置房基准价格区间的,须经县物价局和县国土资源局初审后报县政府审定。

具体拆迁项目实施前,由拆迁人及时向被拆迁人公告供应该项目的拆迁安置房基准价格。

第八条 溧水县国土资源局(下设溧水县集体土地房屋拆迁管理办公室)是本县征地房屋拆迁补偿安置工作的行政主管部门,对本县征地房屋拆迁补偿安置工作实施监督管理。

溧水县集体土地房屋拆迁管理办公室具体负责本县征地房屋拆迁补偿安置日常管理工作,承办拆迁方案审核、业务培训指导、政策咨询服务、拆迁纠纷协调等事务。

第九条 县委宣传部、农工委,县发改(物价)、住建、公安、教育、监察、民政、司法、财政、人社、审计、城管、水务、商务、卫生、信访、邮政、工商、税务、电信、供电等部门和单位,以及县开发区、各镇人民政府应当按照各自职责,共同做好相关工作。

第十条 征地房屋拆迁补偿安置工作实行属地负责制。县开发区、各镇人民政府是本辖区征地房屋拆迁补偿安置责任单位,负责本辖区内征地房屋拆迁补偿安置工作,落实具体部门作为拆迁实施单位,承办本辖区征地房屋拆迁补偿安置事务。

第十一条 建立征地房屋拆迁补偿安置工作绩效考核制度。县政府对县开发区和各镇人民政府征地房屋拆迁补偿安置工作实行综合目标考核,具体考核工作由县集体土地房屋拆迁管理办公室承包。

第二章 拆迁管理

第十二条 征地公告后,有关部门、单位和个人应在征(用)地范围内暂停办理下列事项:

(一)新批宅基地和其他建设用地;

（二）审批新建、改建、扩建房屋；

（三）办理入户或分户，但因婚姻、出生、回国、士兵退伍，经批准由外省市投靠直系亲属以及刑满释放、解除劳动教养等情况必须入户或分户的除外；

（四）核发工商营业执照；

（五）批准房屋、土地流转；

（六）变更房屋、土地用途。

征地公告后，擅自办理本条所列事项的，征地房屋拆迁时不予认定。

第十三条 因建设征收土地，需实施征地房屋拆迁的，拆迁实施单位应当依据本办法对拆迁总费用进行测算，并在征求拆迁人意见、报县集体土地房屋拆迁管理办公室审核后，与拆迁人签订《拆迁事务办理协议》，按协议约定履行拆迁责任。

第十四条 征地房屋拆迁实施前，拆迁实施单位应将征地房屋拆迁方案报县集体土地房屋拆迁管理办公室审核，经批准的应将《溧水县征地房屋拆迁方案批准通知书》在被拆迁房屋所在镇（开发区）、村进行公告，公告期不得少于7条，并按经批准的方案实施拆迁。

第十五条 拆迁实施单位申请审核征地房屋拆迁方案时，应提供以下材料：

（一）征（用）地批准文件及经核准的用地范围内；

（二）征地房屋拆迁方案申请表及附表；

（三）由办理存款业务的金融机构出具的已专项收存拆迁实施单位不少于拆迁补偿款总额80%的资金证明；

（四）与拆迁人签订的《拆迁事务办理协议》及县集体土地房屋拆迁管理办公室对拆迁总费用的审核意见书；

（五）拆迁安置房落实材料；

（六）其它需要提交的材料。

第十六条 《溧水县征地房屋拆迁方案批准通知书》有效期为4个月。超过规定时间仍未完成拆迁的，拆迁实施单位应在期满10日前向县集体土地房屋拆迁管理办公室申请续期，一次续期不得超过3个月。拆迁项目结束后，拆迁实施单位应当向县集体土地房屋拆迁管理办公室报结。任何单位和个人不得伪造、涂改、转让《溧水县征地房屋拆迁方案批准通知书》。

第十七条 拆迁实施单位在领取《溧水县征地房屋拆迁方案批准通知

书》后7个工作日内，应当将不低于拆迁费用总额30%的资金先行支付给拆迁安置房建设方，作为拆迁安置房建设的启动资金，并与拆迁安置房建设方签订相关协议。

第十八条 拆迁实施单位应当与被拆迁人依照本办法规定就补偿、搬迁等事项签订《拆迁补偿安置协议》。

第十九条 征地房屋拆迁工作人员须经业务培训，经考核合格后，由县集体土地房屋拆迁管理办公室核发《溧水县征地房屋拆迁上岗资格证书》，取得资格后方可上岗从事征地房屋拆迁工作。

第三章 拆迁补偿

第二十条 被拆迁人持有宅基地集体土地使用证和房屋产权证(含建房许可证，下同)的，按本办法给予补偿。拆迁补偿以前述两证所载的合法房屋建筑面积为测算依据。

宅基地集体土地使用证和房屋产权证均不具备的，属于违法建筑，不予补偿。

征地公告后，突击建设的建(构)筑物，不予补偿。

第二十一条 住宅房屋实行货币补偿的，其拆迁补偿款由原房补偿款、购房补偿款和区位补偿款三部分组成。拆迁住宅房屋的附房、披房只支付原房补偿款。

第二十二条 被拆迁人仅有一处住房(一处住房的认定，以一个土地使用证为准；没有土地使用证的，以一个房屋产权证为准；土地使用证和房屋产权证均不具备的，按有关规定处理)，且获得的货币补偿款低于供应该项目最小套型拆迁安置房总价的，拆迁实施单位应按照以基准价格测算的供应该项目的最小户型拆迁安置房总价对被拆迁人进行货币补偿。

第二十三条 住宅房屋实行自拆自建的，其拆迁补偿款由原房补偿款和建房补助款两部分组成。拆迁人在此基础上，应当增加拆迁补偿款总额的25%作为公用设施配套费，由所在镇(开发区)包干使用，专项用于公用设施配套建设。

自拆自建的新宅基地使用农用地的，拆迁人还应当支付办理农用地转用手续等有关费用。

自拆自建的新宅基地面积，原则上每户不得超过135平方米，由各镇(开发区)统一规划、统一安排，宅基地用地手续须按规定程序报批。

第二十四条 非住宅房屋拆迁,对用地与建设手续合法、具备工商营业执照的产权人,按下列规定进行货币补偿:

(一)拆迁非住宅房屋,拆迁补偿款由原房补偿款、区位补偿款两部分组成;拆除非住宅房屋中的附房、披房只支付原房补偿款。

(二)拆迁具有区域功能性的学校、医院、敬老院,按非住宅房屋拆迁补偿费标准1.5倍计算,拆迁人不承担另行复建责任。

(三)拆迁营业用房,其设施搬迁费用,由拆迁实施单位按照不超过拆迁补偿款2%给予补偿;拆迁非营业用房中的生产用房,其设备的拆除、安装和搬迁费用,由拆迁实施单位按照不超过拆迁补偿款8%给予补偿;拆迁其他非营业房屋的设施搬运费用,由拆迁实施单位按照不超过拆迁补偿款4%给予补偿。

(四)拆迁非住宅房屋造成停业的,属于营业用房的,拆迁实施单位应当给予不超过拆迁补偿款8%的补偿;属于非营业用房的,应当给予不超过货币补偿金额5%的补偿。

(五)拆迁非住宅房屋,对拆除后无法进行搬迁和再次安装使用的设备的补偿,由拆迁实施单位按照重置价结合成新测算,征求拆迁人意见后,报县集体土地房屋拆迁管理办公室审定。

(六)被拆迁人将房屋出租的,拆迁实施单位仅对被拆迁人进行补偿,其中对承租人因停业、设备拆除、安装和搬迁造成的损失补偿,由被拆迁人支付给承租人。

被拆迁人与承租人的出租协议对前款所述的损失补偿有约定的,由双方按协议约定处理;双方没有出租协议或出租协议对之未约定的,由被拆迁人与承租人根据实际情况自行协商解决。

第二十五条 拆迁个体工商户自有营业用房及连家店的,被拆迁人必须提供土地使用证、房屋产权证、工商营业执照,按以下规定补偿:

(一)货币拆迁的,如其土地使用证上所载明的土地用途为宅基地的,按住宅房屋货币补偿标准支付拆迁补偿款,但其原房补偿款部分按1.2倍计算,不再另行安置和支付停业损失等其他补偿;如其土地使用证上所载明的为其它用途的,按非住宅房屋实行拆迁。

(二)自拆自建的,按住宅房屋自拆自建标准支付拆迁补偿款,但其原房补偿款部分按1.2倍计算,不再另行安置和支付停业损失等其它补偿。

第二十六条 住宅房屋实行货币拆迁或自拆自建的,拆迁实施单位应当向被拆迁人支付搬家费、过渡费,原房电话、空调、有线电视等设备拆移补偿费,拆除管道煤气补助费和电增容工料费等费用;被拆迁人的原房有装修的,拆迁实施单位应当支付装修补偿费。

第二十七条 住宅房屋被拆迁人提前搬迁的,拆迁实施单位应当给予奖励费,其标准和期限参照同时期县政府公布的征地房屋拆迁补偿标准执行。

提前搬家奖励费以一个产权户为单位核计,一个产权户的认定,以一个土地使用证为准;没有土地使用证的,以一个房屋产权证为准;土地使用证和房屋产权证均不具备的,按有关规定处理。

被拆迁人申购拆迁安置房的,同一项目按搬迁先后顺序参加选房。

第四章 拆迁安置房申购

第二十八条 住宅房屋被拆迁人申购拆迁安置房,实施产权调换的,其可申购面积按以下规定执行:

(一)被拆迁人申购拆迁安置房时,购房款由被拆迁房屋合法建筑面积的原房补偿款、购房补偿款和区位补偿款三部分组成,且必须在购房款总额内申购拆迁安置房,不得使用其它补偿费用和被拆迁人其它自有资金。

(二)每产权户可申购拆迁安置房的最大面积不得超过220平方米。每产权户认定以一个土地使用证为准;没有土地使用证的,以一个房屋产权证为准;土地使用证和房屋产权证均不具备的,按有关规定处理。

(三)住宅房屋被拆迁人因同一户籍家庭人口较多、住房特别困难等原因,确需超过本条第(一)款规定的面积进行申购的,必须经拆迁实施单位审核同意,并报拆迁人批准。每产权户被拆迁人申购面积人均最多不能超过30平方米,总申购面积不得超过本条第(二)款规定的220平方米。

同一户籍家庭人口为征地公告前户口实际存续、实际居住并在他处无住房的人员。该部分人员由被拆迁人取得所在镇和村组证明后经拆迁实施单位审核产生,并在被拆迁人所在村组公示5天,无异议的,方可列入人口基数计算。

(四)被拆迁人必须同时满足前述第(一)、(二)、(三)款规定的条件,才能申购拆迁安置房。

第二十九条 住宅房屋被拆迁人申购拆迁安置房,实施产权调换的,其购房款支付按以下规定执行:

(一)被拆迁人按所购拆迁安置房基准价格为基础支付购房款,该款项由拆迁实施单位从被拆迁人的拆迁补偿款中直接支付给拆迁安置房建设方,被拆迁人的拆迁补偿款如有结余的,由拆迁实施单位支付给被拆迁人。

(二)因房屋楼层、朝向等原因产生的拆迁安置房价格差异,由被拆迁人在拆迁安置房选房时与拆迁安置房建设方结算,多退少补。

(三)因房屋结构、套型等原因,造成被拆迁人实际购买的拆迁安置房总面积超过其可申购面积的,或被拆迁人按照本办法第二十八条第(三)款规定经批准超面积申购的,被拆迁人按照下述标准支付超面积的购房款:

超出面积在10平方米(含)以内的,超面积部分按所购拆迁安置房基准价格计算购房款。超出面积大于10平方米的,超过部分在10平方米以内按所购拆迁安置房的建设成本价支付购房款,以外部分按市场价支付,超出面积最高不得超过原申购面积30平方米。

第三十条 住宅房屋被拆迁人申购拆迁安置房, 实施产权调换的,其申购的办法按以下规定执行:

(一)被拆迁人必须提供拆迁补偿安置协议、原土地使用证、房屋产权证和户籍证明材料,并如实填写《溧水县拆迁安置房申购表》,报拆迁实施单位审核。

(二)拆迁实施单位应对被拆迁人提供的申购材料进行严格审核,并签署审核意见,按项目汇总明细,附具相关材料,报拆迁人审查。

(三)拆迁审查后,符合条件的,发放《溧水县拆迁安置房购买通知书》,由拆迁实施单位交被拆迁人作为选房凭证,同时拆迁实施单位应按项目汇总明细,报县集体土地房屋拆迁管理办公室备案。

第五章 拆迁裁决

第三十一条 拆迁实施单位与被拆迁人达不成拆迁补偿安置协议的,经当事人申请,由县国土资源局裁决。裁决应当自收到申请之日起30日内作出。

第三十二条 裁决前,当事人均有调解意向的,裁决机关应当组织当事人进行调解。

经调解,申请人与被申请人达成拆迁补偿安置协议的,由裁决机关终结裁决;调解不成的,裁决机关应当及时作出裁决。当事人经书面通知拒不参加裁决审理的,裁决机关可以缺席裁决。

第三十三条 当事人对裁决不服的，可以依法向县人民政府申请复议，也可以向人民法院提起诉讼。

第三十四条 被拆迁人在法定期限内不申请行政复议或者不提起行政诉讼，在裁决规定的期限内又不搬迁的，由拆迁实施单位依法申请人民法院强制执行。

第六章 法律责任

第三十五条 有关部门和单位及其工作人员擅自办理第十二条所列事项的，由所在单位或上级主管部门依法给予行政处分；造成损失的，承担相应赔偿责任；构成犯罪的，依法追究刑事责任。

第三十六条 国家工作人员在实施征地房屋拆迁工作中玩忽职守、滥用职权、徇私舞弊的，依法给予行政处分；构成犯罪的，依法追究刑事责任。

第三十七条 征地房屋拆迁工作人员侵占、挪用、截留拆迁补偿款的，依法给予行政处分；构成犯罪的，依法追究刑事责任。

第三十八条 任何单位和个人不得阻碍或破坏征地房屋拆迁工作，妨碍征地房屋拆迁工作人员依法执行公务的，由执法机关依照国家有关法律、法规予以处罚；构成犯罪的，依法追究刑事责任。

第三十九条 拆迁实施单位未取得《溧水县征地房屋拆迁方案批准通知书》擅自实施拆迁的，擅自扩大批准范围实施拆迁的，擅自超过批准期限实施拆迁的，或未按规定公告实施拆迁的，由县土地行政主管部门责令停止拆迁行为；相关责任人由所在单位或上级主管部门依法给予行政处分；造成损失的，承担相应赔偿责任；构成犯罪的，依法追究刑事责任。

第四十条 拆迁实施单位未按规定及时支付拆迁安置房建设启动资金的，拆迁安置房建设方未按约定要求建设和交付拆迁安置房的，均应承担相应责任。

第四十一条 拆迁实施单位必须严格按照规定进行拆迁补偿安置，不得发生违规分户、虚报人数、克扣补偿、超标补偿等行为，否则追究相关单位和个人的责任；构成犯罪的，依法追究刑事责任。

第四十二条 被拆迁人不得伪造、涂改有关权属证明文件，不得谎报瞒报有关数据、冒领多领拆迁补偿款，一经查实，退回多领取的拆迁补偿款，取消超面积的拆迁安置房，并追究相关责任；构成犯罪的，依法追究刑事责任。

第七章　附　则

第四十三条　本办法所涉及征地房屋拆迁补偿费标准，除购房补偿款外，按照县政府《关于公布溧水县征地房屋拆迁补偿安置标准的通知》（溧政发〔2011〕77号）文件规定执行，县物价局会同县国土资源局根据经济社会发展水平，适时进行调整。

住宅房屋拆迁补偿款中的购房补偿款标准，按供应该项目拆迁安置房基准价格的70%确定。

自拆自建的房屋补偿费按县政府《关于公布溧水县征地房屋拆迁补偿安置标准的通知》（溧政发〔2011〕77号）文件中自拆自建房屋补偿费标准执行。

第四十四条　在职职工因征地房屋拆迁搬家，凭拆迁实施单位出具的证明，所在单位应当给予两天公假。

第四十五条　被拆迁人申购拆迁安置房的，购房款中拆迁补偿款部分可以免缴契税。

第四十六条　本办法涉及的术语，按下列规定解释：拆迁人，是指征（用）地单位。

拆迁实施单位，是指县开发区、各镇人民政府指定的实施征地房屋拆迁工作的具体部门。

被拆迁人，是指对被拆迁房屋拥有所有权的单位或个人。

营业用房，是指服务对象接受服务，直接用于商业活动的房屋，包括金融、娱乐、餐饮、服务等类型的房屋。

非营业用房，是指除营业用房以外的其他类型的房屋，包括工厂、站场码头、仓库堆栈、办公、学校、医院、福利院、公共设施用房等。

第四十七条　在本办法实施前已领取《溧水县征地房屋拆迁实施方案批准通知书》，拆迁实施单位与被拆迁人已开始签订房屋拆迁补偿协议，但尚未全部完成的项目，按原征地房屋拆迁补偿政策实施，直至完毕。

第四十八条　本办法自2011年12月1日起施行。《溧水县人民政府关于印发溧水县征地拆迁补偿安置办法补充意见的通知》（溧政发〔2009〕33号）中有关房屋拆迁的规定同时废止。

溧水县人民政府

二〇一一年十月十三日

溧水县征地房屋拆迁补偿安置标准

溧政发〔2011〕77号

为进一步做好我县征地房屋拆迁补偿安置工作，切实保护当事人权益,根据《溧水县人民政府关于印发溧水县征地房屋拆迁补偿安置办法的通知》(溧政发〔2011〕76号),以下简称《补偿安置办法》规定,现将我县征地房屋拆迁补偿安置标准公布如下：

一、准适用于《补偿安置办法》规定的本县范围内的征地房屋拆迁补偿安置。

二、住宅房屋拆迁补偿标准

本标准指《补偿安置办法》第二十一条、第二十三条规定的住宅房屋拆迁补偿标准(详见附件1)。

1.货币拆迁房屋补偿标准见表1–1。

2.自拆自建房屋拆迁补偿费标准见表1–2。

三、非住宅房屋拆迁补偿标准

本标准指《补偿安置办法》第二十四条规定的非住宅房屋拆迁补偿标准(详见附件2)。

四、住宅房屋拆迁搬家费、自行过渡费、搬家奖励费、房屋装修单项补偿费等补偿标准

本标准指《补偿安置办法》第二十六条、第二十七条规定的住宅房屋拆迁补偿标准(详见附件3)。

1.房屋装修单项补偿费用标准见表3–1。

2.搬家奖励标准见表3–2。

3.自行过渡费、搬家费标准见表3–3。

4.电话、有线电视、空调、管道煤气等拆移补偿费标准见表3–4。

5.围墙、地坪、道路补偿标准见表3–5。

以上没有涵盖的特殊类别补偿,由拆迁实施单位按照重置价结合成新确定。

五、上述补偿标准自《补偿安置办法》执行之日起同步执行。原《溧水县征地拆迁补偿安置标准》(溧价综〔2005〕16号、溧国土〔2005〕36号)及《〈溧

水县征地拆迁补偿安置标准〉补充和调整意见的通知》(溧价综〔2009〕13号、溧国土〔2009〕28号)中有关房屋拆迁补偿的标准同时废止。

附件:1.住宅房屋拆迁补偿标准(附表一)

2.迁补偿标准(附表二)

3.住宅房屋拆迁搬家费、自行过渡费、搬家奖励费、房屋装修单项补偿费等补偿标准(附表三)

溧水县人民政府

二〇一一年十月十三日

附表一:

住宅房屋拆迁补偿费标准

表1-1: 货币拆迁房屋补偿费标准

单位:元/平方米

<table>
<tr><td colspan="6">一</td><td>二</td><td colspan="2">三</td></tr>
<tr><td colspan="6">原房补偿款</td><td rowspan="3">购房补偿款</td><td colspan="2">区位补偿款</td></tr>
<tr><td rowspan="2">房屋结构</td><td colspan="2" rowspan="2">补偿费标准</td><td colspan="3">重新折算(年)</td><td rowspan="2">区位</td><td rowspan="2">补偿标准</td></tr>
<tr><td>≤5</td><td>>5
≤15</td><td>>15</td></tr>
<tr><td>钢筋砼</td><td></td><td>600</td><td rowspan="8">100%</td><td rowspan="8">90%</td><td rowspan="8">85%</td><td rowspan="8">按政府物价部门公布的安置房价格的70%确定</td><td rowspan="5">一级区片</td><td rowspan="5">100</td></tr>
<tr><td rowspan="3">砖混</td><td>一等</td><td>550</td></tr>
<tr><td>二等</td><td>475</td></tr>
<tr><td>三等</td><td>400</td></tr>
<tr><td rowspan="3">砖木</td><td>一等</td><td>440</td></tr>
<tr><td>二等</td><td>360</td><td rowspan="3">二级区片</td><td rowspan="3">50</td></tr>
<tr><td>三等</td><td>280</td></tr>
<tr><td>木结构</td><td></td><td>300</td></tr>
<tr><td rowspan="2">简易结构</td><td>一等</td><td>180</td><td colspan="3" rowspan="5">不结合成新</td><td rowspan="5"></td><td rowspan="5"></td><td rowspan="5"></td></tr>
<tr><td>二等</td><td>110</td></tr>
<tr><td rowspan="3">披房</td><td>一等</td><td>90</td></tr>
<tr><td>二等</td><td>75</td></tr>
<tr><td>三等</td><td>60</td></tr>
<tr><td>备注</td><td colspan="8">1.原房补偿款按被拆除的原合法房屋建筑面积结合成新后计算;2.附房、披房只支付原房补偿款;3.半地下室按原房补偿款的50%计算;4.本表中已含水电门窗等基本设施,基本设施外的另按表3-1《房屋装修单项补偿费标准》计算;5.安置房价格由县物价部门定期公布</td></tr>
</table>

表1-2: 自拆自建房屋拆迁补偿费标准

单位:元/平方米

<table>
<tr><td colspan="6">一</td><td>三</td></tr>
<tr><td colspan="6">原房补偿款</td><td>建房补偿款</td></tr>
<tr><td rowspan="2">房屋结构</td><td colspan="2" rowspan="2">补偿费标准</td><td colspan="3">重新折算(年)</td><td rowspan="2">补偿标准</td></tr>
<tr><td>≤5</td><td>>5
≤15</td><td>>15</td></tr>
<tr><td>钢筋砼</td><td></td><td>600</td><td rowspan="8">100%</td><td rowspan="8">90%</td><td rowspan="8">85%</td><td rowspan="8">300</td></tr>
<tr><td rowspan="3">砖混</td><td>一等</td><td>550</td></tr>
<tr><td>二等</td><td>475</td></tr>
<tr><td>三等</td><td>400</td></tr>
<tr><td rowspan="3">砖木</td><td>一等</td><td>440</td></tr>
<tr><td>二等</td><td>360</td></tr>
<tr><td>三等</td><td>280</td></tr>
<tr><td>木结构</td><td></td><td>300</td></tr>
<tr><td rowspan="2">简易结构</td><td>一等</td><td>180</td><td colspan="3" rowspan="5">不结构成新</td><td rowspan="2">60</td></tr>
<tr><td>二等</td><td>110</td></tr>
<tr><td rowspan="3">披房</td><td>一等</td><td>90</td><td rowspan="3">30</td></tr>
<tr><td>二等</td><td>75</td></tr>
<tr><td>三等</td><td>60</td></tr>
<tr><td>备注</td><td colspan="6">1.原房补偿款按被拆除的合法房屋建筑面积结合成新后计算;2.半地下室按原房补偿款的50%计算;3. 本表中已含房屋水电门窗等基本设施,基本设施外的另按表3-1《房屋装修单项补偿费标准》计算</td></tr>
</table>

附表二：

非住宅房屋拆迁补偿费标准

单位：元/平方米

<table>
<tr><td colspan="7">一</td><td colspan="3">二</td></tr>
<tr><td colspan="7">原房补偿款</td><td colspan="3">区位补偿款</td></tr>
<tr><td rowspan="2">房屋结构</td><td rowspan="2" colspan="2">补偿费标准</td><td rowspan="2">单层沿高加价(米)</td><td colspan="3">重新折算(年)</td><td rowspan="2">区位</td><td rowspan="2">营业用房</td><td rowspan="2">非营业用房</td></tr>
<tr><td>≤5</td><td>>5 ≤15</td><td>>15</td></tr>
<tr><td>钢筋砼</td><td></td><td>600</td><td rowspan="15">1. 单层沿高小于3米的，不计单层沿高加价；2.单层沿高等于3米的，单层沿高加价30%；3.单层沿高大于3米的，在30%的基础上每增高1米单层沿高加价上浮10个百分点，不足1米的按四舍五入处理；4.单层沿高等于6米的，按60%加价；5. 单层沿高大于6米的，在60%的基础上按每增高1米加价10元计算。</td><td rowspan="7">100%</td><td rowspan="7">90%</td><td rowspan="7">85%</td><td rowspan="4">一级区片</td><td rowspan="4">300</td><td rowspan="4">200</td></tr>
<tr><td rowspan="3">砖混</td><td>一等</td><td>550</td></tr>
<tr><td>二等</td><td>475</td></tr>
<tr><td>三等</td><td>400</td></tr>
<tr><td rowspan="3">砖木</td><td>一等</td><td>440</td><td rowspan="3">二级区片</td><td rowspan="3">250</td><td rowspan="3">150</td></tr>
<tr><td>二等</td><td>360</td></tr>
<tr><td>三等</td><td>280</td></tr>
<tr><td>木结构</td><td></td><td>300</td><td rowspan="8" colspan="3">不结构成新</td><td rowspan="8"></td><td rowspan="8"></td><td rowspan="8"></td></tr>
<tr><td rowspan="2">简易结构</td><td>一等</td><td>180</td></tr>
<tr><td>二等</td><td>110</td></tr>
<tr><td rowspan="3">披房</td><td>一等</td><td>90</td></tr>
<tr><td>二等</td><td>75</td></tr>
<tr><td>三等</td><td>60</td></tr>
<tr><td>备注</td><td colspan="9">1.非住宅房屋拆迁补偿款按原房补偿款和区位补偿款计算；2.生产性用房的室外地坪、围墙的补偿按表3-5标准计算；3.本表中含房屋水电门窗等基本设施，基本设施外的另按表3-1《房屋装修单项补偿费标准》计算；4.半地下室按原房补偿款的50%计算；5.带有区域功能性的学校、医院拆迁，在非住宅房屋拆迁补偿标准基础上上浮50%；6.多层非住宅房屋每层层高的加价参照单层沿高加价幅度</td></tr>
</table>

附表三：

房屋装修单项补偿费标准

表3-1

类　别	规　　格	补偿标准	备　　注
防盗门		150~500 元/扇	按材质
防盗网		55 元/平方米	
卷帘门		100~150 元/平方米	按材质
铁栅门		125 元/平方米	
钢门		60 元/平方米	
塑钢门、窗		180 元/平方米	
铝合金门、窗		75 元/平方米	
钢窗		40 元/平方米	
纱门窗		55 元/平方米	
木质门窗套		45~75 元/米	按材质
吊顶		30~75 元/平方米	按材质
石膏线条		10 元/米	
外墙面砖		20 元/平方米	
内墙瓷砖		15~40 元/平方米	按材质
木墙裙		90 元/平方米	
喷塑		10 元/平方米	
大理石、花岗岩楼地面		75~200 元/平方米	按材质
木地板		75~150 元/平方米	按材质
瓷砖地面		55 元/平方米	
水磨石地坪		15 元/平方米	
庭院绿化		18 元/平方米	
铝合金扶手	带玻璃栏板	75 元/平方米	
不锈钢扶手	带玻璃栏板	200 元/平方米	
瓷水池	90 元/个		水磨石水池
	40 元/个		浴缸
	270 元/个		坐便器

续表3-1

类　别	规　　格	补偿标准	备　　注
	200 元/个		琉璃瓦
	90 元/平方米		雨棚
	15 元/平方米		农户小下水道
	10 元/米		

搬家奖励标准

表3-2

标准	300 元/平方米
备注	自拆迁期限首日起至 30 日内完成搬家并按规定办理房屋交接手续的，按被拆迁的合法居住房屋建筑面积计算，每个产权户不足 30000 元的补足至 30000 元。 自第 31 日起至 45 日内完成搬家并按规定办理房屋交接手续的，奖励金额以第 30 日的搬家奖励费金额为基数逐日加减：第 31 日至第 40 日每日等额递减 5%，第 41 日至第 45 日每日等额递减 10%

自行过渡费、搬家费标准

表3-3

补助费名称	标　　准	备　　注
自行过渡费	6 元/月·平方米	按被拆迁的合法居住房屋建筑面积计算，每个产权户不足 600 元的补足至 600 元。过渡费超过两年的，超过两年部分按每月每平方米 8 元计算，每个产权户不足 800 元的补足至 800 元。住宅房屋实行货币补偿但不申购安置房的，一次性发放 12 个月的过渡补助费
搬家费	12 元/平方米	按被拆迁的合法居住房屋建筑面积计算，每个产权户不足 1000 元的补足至 1000 元

电话、有线电视、空调、管道煤气等拆移补偿费标准

表3-4

拆移补偿项目	标 准	备 注
固定电话	210 元/部	
有线电视	380 元/户	
宽带网	108 元/端口	
空调	200 元/台	
电增容	280 元/户	电增容超过 8 千瓦以上(含 8 千瓦)
管道煤气	2500 元/户	
沼气设备	400 元/套	
太阳能热水器	200 元/台	
水增容	500 元/户	

围墙、地坪、道路补偿标准

表3-5 单位:元/平方米

类 别		补偿标准
砖围墙	实砌(24 厘米)	52
	实砌(12 厘米)	30
	空斗(24 厘米)	40
土围墙		20
水泥场地		60
简易水泥地坪		30
转地坪		40
水泥路面		78
沥青路面		65
石子灌浆路面		52
土 路		13

关于淘汰落后产能关闭砖瓦窑企业实施方案

溧政办发〔2011〕107号转发

为进一步加快推进淘汰落后产能工作，促进资源节约集约利用，根据省市县有关文件精神，结合我县实际，现就淘汰落后产能关闭砖瓦窑企业工作制定如下实施方案：

一、指导思想

坚持以科学发展观为指导，加快淘汰落后产能，严格禁止占用耕地生产黏土实心砖，严格禁止生产使用黏土实心砖，限制使用黏土实心砖等黏土类墙体材料，实现保护耕地、改善生态和节约资源的有效统一，加快产业转型升级，促进全县经济可持续发展。

二、目标任务

（一）2011年底完成全县无证、在生产的6家砖瓦窑企业（名单附后）关闭工作；同时，完成全县砖瓦窑企业总体规划的编制，全县计划保留4~5家砖瓦窑企业。

（二）2012年起对全县有证砖瓦窑企业生产用黏土资源量实行公开出让，对24门以下的砖瓦窑企业逐步淘汰，确保建筑用砖瓦需求的平稳过渡。

（三）2013年底，全面关闭全县不符合总体规划的所有砖瓦窑企业。

三、工作步骤

2011年淘汰关闭工作分两个阶段进行。

（一）宣传发动，准备阶段（2011年6月25日至10月31日）

各有关镇、开发区应切实履行职责，加大政策宣传，大力宣传淘汰落后产能关闭砖瓦窑企业工作的必要性和严肃性，大力宣传淘汰关闭工作对节约土地资源、实现耕地保护、改善生态环境和促进经济发展的重要意义。加强沟通和协调，做好教育和疏导工作，鼓励引导各关闭砖瓦窑企业自行关闭。

（二）集中关闭，拆除阶段（2011年11月1日至12月31日）

各有关镇、开发区要根据整治工作要求，结合实际，做好砖瓦窑企业的关闭补偿工作,化解矛盾,确保社会稳定。督促关闭企业停止一切生产活动,主动拆除主供电线路及所有机械设备、房屋、窑体、烟囱等。县落后产能专项行动领导小组组织各相关部门进行督促检查,对未限期关闭企业进行联合执法,强制拆除。

四、主要措施

(一)加强领导,落实责任。

在县落后产能专项行动领导小组的统一领导下,由县国土资源局牵头负责全县砖瓦窑企业淘汰关闭工作。各有关镇、开发区作为责任主体,具体负责实施本辖区内砖瓦窑企业的关闭工作,对淘汰关闭工作负总责。主要领导为第一责任人,分管领导是直接责任人。各有关镇、开发区要详细排查关闭企业的资产、债权债务、职工情况,做好基础资料的登记造册工作;与企业签订关闭协议书,督促限期关停。县各职能部门要认真履行各自职责,全力配合关闭工作,做好注销营业执照,停止生产性供电、供水,抗法事件的处理和监察督查工作。

(二)健全机制,稳步推进。

建立健全机制,合力推进。一是建立激励机制,对主动淘汰关闭的砖瓦窑企业给予适当补助和奖励。二是建立约束机制,县各有关部门要严格执行节能降耗、资源保护等规定,严把项目准入关,防止新增落后产能。三是建立督导机制,县各相关部门组成督导组,负责对淘汰关闭工作进行督促和指导,稳步推进。四是建立考核机制,将砖瓦窑企业淘汰关闭工作纳入一区七镇的目标考核,由县国土部门会同相关部门对淘汰关闭工作组织检查验收,对关闭不力的,暂缓建设项目用地报批和农转用计划的安排,并通报结果。

(三)落实政策,确保稳定。

被淘汰关闭的砖瓦窑企业用地在二调成果上为建设用地且适宜增减挂钩的,统一纳入各有关镇、开发区的城乡建设用地增减挂钩项目库和农村综合土地整治规划,由县国土资源局实施增减挂钩工作,具体按溧政发〔2010〕39号文件执行。

鼓励符合保留条件、符合国家相关产业政策、有粘土资源量、矛盾少的砖瓦窑企业在现有基础上,经审核批准后,依法扩大生产规模,采用先进技术,实行优化整合和技术升级改造,转型生产新型墙体材料;鼓励采用55型及以上挤砖机、人工干燥隧道窑、配料自动计量工艺,年生产规模在6000万块标砖以上的烧结砖及烧结空心砖块的生产规模。各有关镇、开发区要做好政策宣传解释工作，并积极妥善处理好企业关闭后的各项后续工作，最大限度地减少矛盾和纠纷，确保社会稳定。

附件：全县拟淘汰关闭砖瓦窑企业基本情况汇总表

溧水县国土资源局

2011年10月

全县拟淘汰关闭砖瓦窑企业基本情况汇总表

序号	名称	所在镇	法人	承包人	生产经营状况	门数	现年产量(万块)	产值(万元)	占地面积(亩)	地类	备注
1	和平砖瓦厂	东屏镇	王红生	王红生	设备齐全，生产正常，个人租赁，个人投资约100多万元，租期10年(2007—2016年)，租金3万元/年交村，销售良好。	18	1800	450	73.98	采矿用地	无证 关闭适宜增减挂钩
2	渔歌轮窑厂	洪蓝镇	俞火金	俞火金	2001年从镇以106万元转让，投入30万元，交镇10万元/年，生产正常	20	1800	500	80.89	采矿用地66.77亩	无证 关闭适宜增减挂钩或工业
3	白龙马砖瓦厂	白马镇	陈海超	陈海超	2004年政府招商引资，投入430万元，其中交镇90万元，现欠镇38万元，土地租金6万元/年，生产正常	20	1000	350	91.86	采矿用地86.6亩	无证 关闭适宜增减挂钩
4	盛远砖瓦厂	和凤镇	施钰人	施钰人	2004年招商引资，设备齐全，生产正常，扩建约300万元，土地租金13.6万元/年，村2万元/年	24	1500	500	95.3	采矿用地	无证 关闭适宜增减挂钩
5	红星砖瓦厂	开发区	陈瑞春	陈瑞春	2006年260万元买断，生产销售正常，交村2万元/年，原债务较多。开发区主张关闭	22	1000	320	118.51	工业用地98.07亩	无证 关闭适宜增减挂钩或工业

序号	名称	所在镇	法人	承包人	生产经营状况	门数	现年产量(万块)	产值(万元)	占地面积(亩)	地类	备注
6	群力轮窑厂	开发区	丁雪明	李广和	转包混乱，不规范。现承包期5年，承包费30万元/年，交村5.2万元/年(其中2.7万元用于土地补偿)，生产不太正常	18	800	250	114.42	建设用地94.83亩	无证 关闭 适宜增减挂钩或工业
						122	7900	2370	574.96	515.55	

中共溧水县委 溧水县人民政府
关于进一步加强全县征地拆迁工作的意见

溧委发〔2012〕28号

为进一步加强和规范征地拆迁工作，切实加大全县重点项目(工程、片区)征地拆迁工作的推进力度，维护征地拆迁当事人的合法权益，经县委、县政府同意，现就进一步做好全县征地拆迁工作提出如下意见。

一、指导思想

坚持以科学发展观为统领，按照“领导挂帅、属地管理、条块联动、依法行政、
公开透明”的要求，不断创新工作机制，激发工作活力，强化协调配合，严格政策标准，规范操作行为，提高工作效率，为项目顺利推进、加快城乡建设和经济发展创造条件。

二、总体目标和基本原则

(一)总体目标

确保征地拆迁工作规范有序，确保征地拆迁任务按期完成，确保社会和谐稳定。

(二)基本原则

——依法规范。坚持依法依规,严格政策标准,严肃组织纪律,规范性征地拆迁程序和行为,高效有序推进征地拆迁工作。

——协同配合。坚持条块结合,落实属地责任,建立县、镇(开发区)、村(居委会)三级联动,部门协同配合的工作机制,形成强大工作合力。

——公开透明。坚持阳光操作,确保征地拆迁全过程公开、公平、公正,切实维护征地拆迁当事人合法权益。

三、实施步骤

征地拆迁工作分三个阶段推进。

第一阶段(5月中旬至5月下旬):召开动员大会,出台相关文件。

第二阶段(5月下旬至6月上旬):抽调人员搭建工作班子,组织征地拆迁人员进行政策业务培训。

第三阶段(6月上旬至12月底):征地拆迁人员进场工作,如期完成征地拆迁任务。

四、职责分工

县征地拆迁工作指挥部统筹全县征地拆迁的组织、协调和指导工作,各镇(开发区)作为征地拆迁工作的责任主体,负责本辖区内征地拆迁具体工作,各相关职能部门按照职责分工密切配合。

1.县纪委监察局:根据有关规定,督促党员干部特别是党员领导干部积极支持、配合征地拆迁工作;严查顶风违建和干扰、阻碍征地拆迁典型案例;督查考核有关工作人员在征地拆迁工作中履行职责情况,查处违法乱纪行为;对拆迁政策执行情况进行全过程督查,确保公开、公平、公正。

2.县委组织部:负责抽调得力干部参与征地拆迁工作,加大对一线征地拆迁干部的培养、锻炼和考核力度。

3.县委宣传部:负责宣传工作的统筹协调,制定征地拆迁工作宣传方案,把握宣传导向,为征地拆迁工作营造良好的舆论氛围。

4.县城管局:牵头负责控制全县范围内的违法建设,并组织协调违法建设拆除工作。

5.县国土局:负责集体土地上房屋拆迁政策宣传解释、培训指导及相关业务工作。

6.县住建局:负责国有土地上房屋拆迁政策宣传解释、培训指导及相关业务工作。负责拆迁安置房建设的规划和业务指导。

7.县公安局:负责拆迁现场的综合治安管理,制定维稳工作预案,加强突发事件应急处置,防止发生群体性事件,为拆迁工作提供良好的社会治安环境。

8.县法制办、司法局、信访局、维稳办:负责做好拆迁工作中的司法保障、法制教育、群众来信来访等工作,化解社会矛盾。

9.县人社局、民政局:及时做好被征地拆迁群众的社会保障和社会救助工作,妥善处理特困群体的实际困难。

10.县法院:抽调专门人员成立调解工作班子,加大调解工作力度,履行强制拆迁司法程序,依法组织强制拆迁。

其他各相关职能部门(单位)要按照部门职责和目标任务,细化方案、硬化指标、落实责任,积极配合全县征地拆迁工作,确保各项工作落实到位。

五、工作要求

(一)高度重视,严密组织。征地拆迁是保障项目实施的前提和基础。县四套班子领导、县各部门(单位)要牢固树立发展为民的理念,要站在讲政治、讲责任的高度,积极支持并全力参与征地拆迁工作。一区七镇要精心组织,真抓实干,抽调责任心强、能力水平高、擅长做群众工作的同志组建坚强有力的拆迁工作队伍。各部门(单位)党政主要领导要亲自挂帅,每个项目要明确专人负责,确保征地拆迁任务圆满完成。

(二)公开透明,规范操作。全面公开征地拆迁的政策、程序和补偿标准,实行标准化管理;严格执行评估、公示、信访接待、举报受理、监督检查、责任追究等规章制度,自觉接受群众和社会舆论的监督,确保征地拆迁工作依法、公开、透明、公正进行。

(三)协调配合,形成合力。征地拆迁涉及行政许可等手续办理的,各有关职能部门要提前介入,主动服务,开辟和完善“绿色通道”,实行限时办结制,形成镇村负责、部门联动、抽调干部、全力以赴的工作格局。

县住建、工商、卫生、公安、商务、旅游等部门要严格执行拟拆迁范围内暂停办理工程规划许可证、房屋析产、交易(买卖、交换、赠与、抵押、租赁等)、工商营业执照、卫生许可证、户口迁入等相关规定,加大巡查监管力度,禁止新建“农家乐”等餐饮店和废品收购点。

六、保障措施

(一)加强组织领导。为加强全县征地拆迁工作的统筹协调,县委、县政府成立溧水县征地拆迁工作指挥部，由县委、县政府主要领导担任总指挥，县政府分管领导任执行副总指挥，县相关部门(单位)和各镇(开发区)主要领导为成员。指挥部下设办公室和征地、拆迁等7个工作组(详见附件1)。各镇(开发区)和相关部门(单位)也要成立相应的组织领导机构，统筹协调本辖区、本部门(单位)的征地拆迁工作。

实行县领导负责指挥重点项目(工程、片区)和联系点征地拆迁工作(详见附件3、4)制度。县四套班子领导按任务分工负责指导、协调、推进征地拆迁工作，确保按期完成征地拆迁任务。

(二)加大宣传力度。各级各部门要采取多种方式，加强征地拆迁、控违拆违的政策、法规宣传，公开征地拆迁计划和征地拆迁程序，使群众了解政策规定和自身合法权益，理解和支持征地拆迁工作。新闻媒体要加强对征地拆迁工作的正面宣传引导，对典型案例跟踪报道，为全县征地拆迁工作营造良好的社会氛围。

(三)完善配套政策

1.做好房屋拆迁安置工作。各项目实施单位、项目所在镇(开发区)要加大拆迁安置房建设力度，拓宽安置房来源渠道，原则上按照“先安置、后拆迁”的要求，强化规划引导，在土地出让时，有计划、分步骤地统筹配建一定数量的产权调换房源。

2.切实解决被拆迁户生产生活困难。各相关单位要积极协调配合，拟订切实可行的政策或措施，从根本上解决拆迁户生活困难的问题。加强对失地农民的培训，提高就业技能，增强竞争意识，提高谋生能力。统筹考虑被征地拆迁对象的就业、生活、养老、医疗、教育等长远利益问题，确保其失地不失利、失地不失业、失地不失居、失地不失医、失地不失教。

3.妥善处理特困群体的实际困难。在严格执行拆迁政策的前提下，根据被征地拆迁对象中特困群体的实际情况，通过民政、慈善等渠道切实解决其实际困难。

(四)强化督查考核。县纪委监察局、县督察办、县委办、县政府办定期对征地拆迁工作效能、政策执行进行督查并通报。县征地拆迁工作指挥部适时邀请县人大代表、县政协委员和新闻媒体开展征地拆迁工作视察督办，针对存在的问题，督促有关部门整改。

县纪委监察局对在征地拆迁中有令不行、敷衍塞责、工作不力、效率低下的领导干部视情节轻重进行批评教育、行政问责；对拆迁工作人员因工作失职引发群体性事件,造成恶劣影响的,严肃追究责任;对恶意干扰阻碍征地拆迁工作的党员或机关事业单位工作人员,采取诫勉谈话等组织措施;对征地拆迁过程中,违规违纪、违反公正原则并造成严重后果的人员进行严肃查处,构成犯罪的,移送司法机关处理。

组织人事部门要将征地拆迁工作纳入年度绩效考核,将征地拆迁工作与单位和个人的年度考核挂钩,为征地拆迁工作有序、高效推进提供组织保障。

建立征地拆迁工作人员风险抵押金制度,强化考核奖惩,具体办法另行制定。

附件:1. 溧水县征地拆迁工作指挥部成员名单
2.征地拆迁项目组分组及人员构成情况表
3.2012年度各征地拆迁项目组征地拆迁任务分解表
4.2012年度一区七镇征地拆迁任务汇总表

2012年5月17日

附件1:

溧水县征地拆迁工作指挥部成员名单

一、指挥部成员名单:

总 指 挥: 县委书记、县人大常委会主任
谢 元 县委副书记、县政府县长
执行副总指挥:臧正满 县政府副县长
成 员:黄忠山 县政府办公室主任
花 毅 县委组织部副部长、县编办主任
管红玲 县纪委副书记、县监察局局长
吴永胜 县委宣传部副部长
赵亲才 县委农工委主任
沈 宏 县政府法制办主任
王先平 县住建局局长
傅了胜 县民政局局长
王荣英 县人社局局长
赵定海 县审计局局长
蒋 林 县城管局局长、县行政执法局局长

杨　兵　县交运局局长
朱　洪　县水务局局长
甘年保　县商务局局长
汤世春　县卫生局局长
曹松发　县信访局局长
苗景宏　县工商局局长
李怀保　县法院副院长
韦仁海　县财政局副局长
唐祥春　县国土局副局长
邓伟德　柘塘镇副镇长、县经济开发总公司副总经理
张德才　永阳镇镇长
刘人祥　白马镇党委书记、镇长
裴　敬　东屏镇党委书记、镇长
刘昌兵　洪蓝镇党委书记
徐友林　石湫镇党委书记
石年生　和凤镇党委书记、镇长
王进荣　晶桥镇党委书记、镇长

二、指挥部下设机构及职责

指挥部下设办公室和征地、拆迁等7个工作组，组成人员和具体职能如下：

1.办公室

办公室设在县政府办公室，臧正满兼任办公室主任，王先平、石开金、唐祥春

任副主任。花毅、沈宏、官爱萍、李怀宝、徐伏云、张伟华、魏仁富、涂国强、何春龙、毛永云、陈桂珍、唐凌和各镇(开发区)分管领导为成员。

主要职责：处理指挥部日常事务，制订具体工作方案，协调各组工作开展，做好上传下达、统计、文件起草、会务、资料收集整理，负责考核督办、通报等相关工作，依照指挥部领导要求协调处理各小组遇到的有关问题。

2.征地组

组长：唐祥春

主要职责：根据指挥部的统一部署，按照有关法规政策及上级文件落实具体征地工作，负责征地涉及的地类认定、补偿进保、土地纠纷处理以及

交地等工作。对征地过程中需要的文档、评估、勘测等资料进行整理,做好各片区阶段性征地汇总工作。

3.拆迁组

负责政策宣传、拆迁谈判、拆迁补偿协议签订、交接被拆房屋、矛盾调处和稳定等具体动迁工作,并下设8个项目组(人员安排及任务分工见附近2、3)。

4.监管审计组

组长:管红玲

成员:县纪委、监察局、审计局、财政局等单位相关人员

主要职责:对征地拆迁程序、政策和相关规章制度的执行情况进行全程监管,对拆迁专项资金使用的跟踪审计和对拆迁标准执行的督查。

5.信访稳定组

组长:尹照生

成员:县公安局、维稳办、信访局、司法局、人社局、民政局、永阳镇等单位相关人员

主要职责:负责拆迁现场的综合治安管理,制定维稳工作预案,积极参与突发事件应急处置,防止发生群体性事件,对上访群众反映的问题进行分类,采取逐人逐案有针对性地做好思想疏导和稳控工作。对越级上访人员要做到迅速分流疏导,全力维护稳定。

6.宣传教育组

组长:吴永胜

成员:县委宣传部、文广局等单位相关人员

主要职责:制定征地拆迁工作宣传方案,把握宣传导向,大力宣传征地拆迁政策、工作过程中涌现出的好人好事和先进典型,公开曝光一些工作开展不力的单位个人及不讲政策、漫天要价、无理取闹的被征地拆迁对象,积极营造良好的社会氛围,确保征地拆迁工作顺利推进。

7.政策法规组

组长:沈宏

成员:县住建局、国土局等单位相关人员

主要职责:审定相关合同文本,解释相关法规政策,负责相关行政复议、听证等工作。

8.督查考核组

组长：张全玉

成员：县委组织部、县纪委、监察局等单位相关人员

主要职责：加强对征地拆迁工作的监督检查，严肃查处征地拆迁中的违法违纪行为，督促各级各部门依法履行职责。对在征地拆迁中有令不行、有禁不止、敷衍塞责、工作拖拉等行政不作为、缓作为、乱作为的单位负责人实行行政问责。对不按规定程序进行征地拆迁的，责令及时整改；对因工作方法简单粗暴引发群体性事件，造成恶劣影响的，严肃追究责任；对恶意干扰阻碍征地拆迁，纵容支持家属、亲属不配合征地拆迁工作的机关事业单位工作人员，依法依纪追究相关责任。

附件2

征地拆迁项目组分组及人员构成情况表

项目组编号	组长	副组长		工作人员
	抽调的县管机关干部	项目实施单位领导	相关镇区领导	
1(3个小组)	1	1	1	组织部抽调人员3名，永阳镇镇村干部、副组长单位业务人员6~9人
2(5个小组：城区3个、东屏2个)	2(城区1、东屏1)	2(城区1、东屏1)	3(永阳1、东屏2)	组织部抽调人员5名，永阳镇、东屏镇镇村干部、副组长单位业务人员10~15人
3(3个小组)	1	1	1	组织部抽调人员3名，永阳镇镇村干部、副组长单位业务人员6~9人
4(5个小组)	3	1	1	组织部抽调人员5名，永阳镇镇村干部、副组长单位业务人员10~15人
5(3个小组)	1	1	1	组织部抽调人员3名，永阳镇镇村干部、副组长单位业务人员6~9人
6(3个小组)	1	1	1	组织部抽调人员3名，永阳镇镇村干部、副组长单位业务人员6~9人
7(7个小组)	4	2	1	组织部抽调人员7名，永阳镇、村、居委会干部、副组长单位业务人员包括昱达拆迁公司人员14~21人
8(3个小组)	1	1	1	组织部抽调人员3名，永阳镇镇村干部、副组长单位业务人员6~9人

项目组编号	组长	副组长		工作人员
	抽调的县管机关干部	项目实施单位领导	相关镇区领导	
小计 (32 个小组)	14 人	10 人	10 人	组织部抽调人员 32 名，相关镇镇村干部、副组长单位业务人员 64~96 人
注:除第 2 项目组加强领导力量外,其他各组组长、副组长各带 3~4 名工作人员组成 1 个小组入户工作				

附件3

2012年度各征地拆迁项目组征地拆迁任务分解表

项目组编号	项目实施单位	地块名称、面积及位置	涉迁户数	拆迁建筑面积(平方米)	小计(户,平方米)	完成时间	项目指挥
1 (已拆迁项目遗留问题)	土地储备中心	①石板桥自然村,40 亩 (常溧路以北、客运总站以东)	4	1600	16 户 11220 平方米	二季度	朱克成 于 刚
		②五里墩自然村,260 亩(龙山路以北、爱涛天逸园以西)	1	900		二季度	
	城投公司	③明辉公司开发项目 (省溧中以南、珍珠路以西)	1	220		三季度	
	土地储备中心	④陈家自然村,70 亩 (龙山路以南、阳光佳苑以西)	10	8500		四季度	
2 (城东片区)	土地储备中心	①山头自然村,30 亩 (省溧中以南、珍珠路以西)	30	10000	290 户 97890 平方米	二季度	于玛莉 夏树芳
		②鲍家自然村,80 亩 (秦淮路以东、中山东路以北)	60	17800		三季度	
		③高铁站前广场周边 (徐溪桥、南里)	200	70000		四季度	
3 (城南西片区)	城投公司	①丁家庄自然村,90 亩 (珍珠南路西、幸庄一号路南)	70	17500	111 户 31850 平方米	二季度	孙绿叶 简恩林
		②义郎头自然村	41	14350		四季度	

项目组编号	项目实施单位	地块名称、面积及位置	涉迁户数	拆迁建筑面积(平方米)	小计(户,平方米)	完成时间	项目指挥
4 (城南东片区)	城投公司	①小村自然村,95亩(秦淮路东、幸庄二号路南)	民房66 企业2	13500	338户, 3企业, 83800平方米	二季度	尹昭伦 经地生
		②李家自然村,197.8亩(秦淮路东、健康路南)	民房56 企业1	13900		三季度	
		③余家自然村,76.7亩(薛李路西、幸庄一号路北)	46	11400		二季度	
		④沟沿自然村(幸庄一号路南、S246西、3个居民点)	170	45000		四季度	
5 (城南中片区)	城投公司	①戴家岗自然村(幸庄一号路南、秦淮路西)	10	2600	69户, 17500平方米	二季度	董　浩 严忠琴
		②戴家桥自然村	19	5700		二季度	
		③汤家自然村	40	9200		三季度	
6 (城中片区)	交投公司	①琉璃桥自然村193.4亩	78	23500	152户,3企业, 47900平方米	二季度	徐　春 郜伦浩
		②大桥自然村490亩	民房74 企业3	24400		四季度	
77 (老城区)	昱达公司	原粮食局及小西门,200亩	600	70000	600户,70000平方米	四季度	洪礼来 吴国荣
8 (城西片区)	昱达公司	①农机市场,60亩(栖凤路西侧)	50	9000	80户,16000平方米	三季度	黄成文 汤义政
		②小五里村(栖凤路西侧)	30	7000			

附件4

2012年度一区七镇征地拆迁任务汇总表

<table>
<tr><th>序号</th><th>项目实施单位</th><th>项目名称</th><th>项目指挥</th><th>涉迁户数</th><th>拆迁建筑面积（平方米）</th><th>拆迁工作组组长</th><th>拆迁业务人员</th></tr>
<tr><td>1</td><td>开发区</td><td>机场路、宝塔路、淳溧路两侧地块、溧马高速等</td><td>杭韬</td><td>1055</td><td>272725</td><td rowspan="8">项目实施单位分管领导</td><td rowspan="8">由各项目实施单位安排</td></tr>
<tr><td>2</td><td>永阳镇</td><td>东庐观音寺、万顷良田等</td><td>朱信年</td><td>643</td><td>127000</td></tr>
<tr><td>3</td><td>白马镇</td><td>农业科技园、万顷良田等</td><td>陈小冬</td><td>363</td><td>60113</td></tr>
<tr><td>4</td><td>东屏镇</td><td>省道340长乐村先导段、增减挂钩等</td><td>沈银保</td><td>131</td><td>25449</td></tr>
<tr><td>5</td><td>洪蓝镇</td><td>原华电厂开发、金牛山公园、胭脂河整治等</td><td>尹昭伦</td><td>18</td><td>16820</td></tr>
<tr><td>6</td><td>石湫镇</td><td>宁高新通道、溧马高速公路、增减挂钩等</td><td>张　伟</td><td>154</td><td>44380</td></tr>
<tr><td>7</td><td>和凤镇</td><td>淳芜高速、宁高高速收费站等</td><td>朱克成</td><td>38</td><td>7980</td></tr>
<tr><td>8</td><td>晶桥镇</td><td>增减挂钩等</td><td>徐　春</td><td>89</td><td>20960</td></tr>
</table>

全县土地利用方式改革方案

溧委发〔2012〕33号

为全面贯彻县第十二次党代会精神，在更高水平上实施环境优先、工业立县、三产兴县、科教强县“四大战略”，为率先基本实现现代化、建设绿色美丽幸福新溧水打牢坚实基础，根据《南京国土资源管理转型创新总体方案》，现制定本方案。

一、指导思想

坚持以科学发展观为统领，以全面构建土地保供体系为目标，以加快经济发展方式转变为主线，按照“三争一创”的总体要求，坚持走创新驱动、内生增长、绿色发展道路，充分发挥国土资源的保障功能和保护功能，广开渠道扩大增量，挖掘潜力盘活存量，集约节约提高效率，保护耕地修复生态，着力打造“节地提效”、“土地综合整治”两个平台，以土地利用方式的转变，促进经济发展方式转型，为我县率先基本实现现代化提供坚强的资源支撑和保障。

二、总体目标

落实基本国策，保护资源改善生态环境。坚守耕地保护红线，推进矿山环境治理，确保耕地数量不减、质量提高，矿山环境得到修复和改善。

推进国土整治，深入挖掘存量用地潜力。推进农村土地综合整治，实施农地重整、村镇重建、要素重组，释放农村建设用地潜力，促进农业增效、农民增收、农村发展。优化资源配置，提高土地利用效率。完善土地市场资源配置机制，加大闲置土地处置力度，盘活存量土地资源，发挥土地价格、税收杠杆作用，建立土地资源约束倒逼机制。

三、改革内容

(一)拓宽用地保障渠道，提高服务发展能力

积极争取增量，充分挖掘存量，构建增量与存量双供互补机制。针对项目不同类型，在国家下达的年度用地计划之外，积极争取单独选址、点供计划、追加指标和奖励指标。结合产业总体布局，通过增减挂钩、万顷良田、土地综合整治、集体建设用地流转、农村宅基地整理、空闲土地处置等方式，盘活存量建设用地，保障项目用地需求。

积极拓宽省以上重点工程占补平衡新渠道，构建用地指标挂钩置换制度和补充耕地指标市场化配置机制，明确耕地占补平衡工作责任，落实耕地占补平衡责任主体，充分调动镇(区)耕地补充积极性，提高项目用地报批效率，强化用地保障能力。

(二)实行供需双向调节，确保重点项目用地

围绕经济转型发展，实行差别化供地政策，合理安排用地规模、结构和时序，科学配置增量和存量土地资源，每年初在国家和省下达的用地指标内专项划出科技创业特别社区用地计划，并优先保证特别社区内的由政府投资建设和管理的孵化器、加速器、中试用房和人才公寓用地需要，全力保

障科技创新创业、战略性新兴产业、现代服务业、基础设施、民生工程等重大项目建设用地。

通过扩大增量、挖掘存量形成的用地,优先向科技创业特别社区和县经济开发区、城市功能板块、服务业集聚区安排,确保孵化器、加速器等各类科技创新创业载体用地,大力扶持科技研发企业用地。

禁止向“三高两低”项目和不符合产业政策及规划布局的项目供地。传统产业项目原则上应通过盘活存量土地、入驻标准厂房方式解决。

(三)实施节地提效计划,提高土地利用效益

围绕实现基本现代化的指标体系,综合衡量项目的产业类型、科技含量、投入强度、产出水平、税收贡献,充分发挥地价、税收的调节作用,科学设定用地标准。鼓励工业用地提高容积率,除特殊行业外,工业用地容积率不低于1.0,原则上不得建设单层厂房。鼓励园区规划建设标准厂房,标准厂房用地可按最低保护价确定出让起始价,项目容积率不低于1.2。总投资低于6000万元人民币的工业项目,原则上不予单独供地,新增工业用地亩均投资强度不低于350万元,亩均年产值不低于400万元或亩均年税收不低于20万元。工业用地出让最低价标准提高至每亩16万元,经营性用地最低出让金标准不得低于每亩60万元。县政府确定的重大项目,实行“一事一议”制度。

对科技含量大、成长性高的项目,可适当降低标准。全力保障科技创业特别社区和各类科技创新创业载体用地,支持科技企业孵化器、加速器建设。科技创业特别社区内科技研发用地按基准地价的70%执行,科技企业孵化器、加速器项目土地价格可按基准地价的50%执行。

积极做好地块上市的前期工作,加大拆迁力度,坚持“净地”出让。进一步完善储备土地成本费用评估审核确认制度,规范操作程序、控制收储成本,提高土地储备收益率。各平台土地储备运作和各镇区征地拆迁的具体实施情况纳入县政府年度目标任务予以考核。

对经营性用地中商业、酒店类等三产用地,完善相关协议并严格执行。严格按照土地出让合同订立前相关协议执行,执行不到位的,报经县土地利用方式改革工作领导小组批准,停办其配套房地产项目的销售许可等相关手续。

(四)积极盘活闲置存量,不断挖掘用地潜力

加大闲置存量土地处置和调整盘活力度,加快推进城区工业用地调整

退出,鼓励企业利用存量工业用地建设科技研发项目,不断挖掘存量土地潜力。到每年年底前,前三年征收土地供地率不低于60%,达不到的镇区,将相应缩减其工业及经营性土地出让规模。

加大工业项目合同签订满一年未开工建设和开工建设面积不足三分之一、投资额不足25%的闲置土地处置和盘活力度。全县每年处置闲置土地300~500亩,到2015年,完成处置闲置土地2000亩。

将空闲、低效利用土地和存量、闲置土地盘活利用,纳入县政府年度目标任务考核,建立相关奖惩制度,对开展好的镇区给予奖励,达不到要求的,暂缓安排当年用地指标。

(五)推进土地综合整治,加快城乡统筹发展

坚持统筹为要,科学编制农村土地综合整治规划。通过实施土地综合整治规划,解决土地利用总体规划空间布局、指标控制与经济社会发展、城乡建设实际需求之间的矛盾,集约优化配置土地资源,加快城乡统筹发展,推进农业现代化建设,建设美丽乡村。

全面推进农村土地综合整治工程。加快盘活农村建设用地,力争2015年全县盘活1.75万亩。积极申报实施国家土地整治示范项目,大力实施土地开发复垦整理、占补平衡、城乡建设用地增减挂钩、万顷良田建设工程。积极开展农村宅基地及废弃低效利用的农村建设用地整治工作,促进建设用地流转,释放农村建设用地调整盘活空间。积极争取废弃工矿用地复垦调整使用试点,通过废弃工矿治理形成新增建设用地指标。

允许土地综合整治形成的建设用地指标有偿流转。各镇(区)通过土地综合整治形成的新增建设用地指标30%留存部分主要用于本辖区范围内经营性用地和镇村的农业农村发展及各类建设。各镇(区)完成的年度占补平衡指标,经省国土厅验收确认后,按照10:1的比例,折算为城乡建设用地增减挂钩指标。上述两类指标各镇区暂时不用的或结余的由县土地储备中心收购,全县调剂使用。

不断完善土地综合整治收益分配制度。以尊重和保护农民权益,及时足额补偿到位,对土地综合整治形成的新增农地,实行承包经营权流转,促进规模经营,确保新增农地和建设用地指标流转收益在专项用于农民搬迁补偿安置、农民社会保障、农村集体资产股份化改造和农村基础设施建设等,余额用于农业农村发展和土地综合整治。

(六)落实资源保护责任,促进生态环境建设

关停重点区域和重点线路两侧露采矿山,修复废弃露采矿山环境。到2012年底,溧水县白马镇廻峰山采石厂(杜巷矿区)、溧水县苏宜轧石厂(小茅山矿区整治性开采)和溧水县常驰采石厂(芳山矿区),高速公路外侧及旅游风景区全部停止开采。2013年底前,全县到期露采矿山基本停止开采,砖瓦粘土矿全部关停。2014年底前,集中完成东屏镇山口废弃宕口、晶桥镇小茅山废弃宕口、白马镇廻峰山废弃宕口、白马镇浮山废弃宕口的环境治理,整治立面面积约38.4万平方米。

四、保障机制

(一)加强组织领导。各级党委政府、各部门、各开发园区、各功能板块在土地利用方式改革上要各负其责,齐抓共管,形成合力。县政府成立土地利用方式改革工作领导小组,统筹负责全县土地利用方式改革工作的组织、领导、协调和督促检查。一区七镇主要负责人为本行政区域土地利用方式改革的第一责任人,各开发园区、功能板块作为土地利用方式改革的主体,并成立相应领导小组,把工作落实到位。各相关部门应围绕促进土地利用方式改革工作,制定政策。加强管理,共同把好用地关。土地利用方式改革工作纳入全县督察体系。

(二)创新工作制度。聚焦国内先进城市经验和做法,学习借鉴国内其他区县已有的成功改革方案,加强顶层设计,强化制度创新,突出前瞻性和可操作性,结合我县实际,就项目准入、考核验收、工业存量用地等研发用地制定可操作的实施细则。通过制度创新促进工作转型。

(三)实施评价考核。强化对一区七镇、开发园区土地和功能板块的土地利用方式改革目标考评。考核内容主要包括科技创新创业、战略性新兴产业、现代服务业用地的比重,新增工业用地建筑容积率和亩均投资强度、产出水平、税收贡献,已批土地供地率、闲置土地处置率、盘活空闲土地面积,年度耕地占补平衡、城乡建设用地增减挂钩、农村土地综合整治实施情况和完成量,露采矿山关停情况,废弃矿山环境治理面积等,要根据一区七镇、开发园区和功能板块土地资源禀赋情况及主体功能定位,科学设定考核内容和考核标准,实行分类考核,并纳入全县经济和社会发展目标考评体系。

附件:1.全县工业用地节地提效的实施意见
　　　2.农村土地综合整治实施方案

3.溧水县露采矿山环境治理实施方案

中共溧水县委
溧水县人民政府
2012年8月1日

附件1：

全县工业用地节地提效的实施意见

为进一步优化我县工业企业用地结构，提升节约集约用地水平，实现比较少的土地资源消耗支撑更大规模的经济增长，全面提高土地资源对经济社会发展的保障能力，实现以土地利用方式的转变促进经济发展方式转变和产业转型升级，根据《南京国土资源管理转型创新总体方案》要求，现就加强我县土地节约集约利用，推进工业用地节地提效提出以下意见：

一、科学布局建设用地规划空间

一区七镇要根据经济社会发展客观需要，结合社会发展、城乡建设、环境保护等专项规划，进一步优化工业用地布局，实现集中、集聚、集群发展，培育和壮大主导产业，科学配置增量和存量土地资源，合理控制传统型一般生产项目的用地，重点保障县委、县政府确定的重大项目用地，禁止向"三高两低" 项目和不符合产业政策及规划布局的项目供地。充分发挥地价、税收调节作用，综合运用法律、经济、行政等手段，促进原有工业用地项目的产业转型升级、提升土地资源利用效益。

二、提高工业用地项目准入门槛

1.提高工业用地开发利用强度。一区七镇新建工业项目的建筑容积率拟低于1.0(特殊行业除外)，标准厂房项目容积率不低于1.2，新出让的工业用地中企业不再自行配建职工宿舍、成套住宅及对外经营的宾馆、培训中心等设施，行政办公等配套设施建筑面积比例不超过7%。特殊情况，经县项目准入审查与考核领导小组审核报经县政府批准后，可适当放宽。

2.明确工业项目供地标准。工业项目低于6000万元人民币投资规模的原则上不予单独供地，一律进入标准厂房。一区七镇新增工业项目亩均投资强度必须达到350万元，项目建设投产达效后，亩均年产出不低于400万元或年税收不低于20万元。

3.调整工业用地出让最低价标准。工业用地出让最低价标准调整到16万元/亩,禁止以任何形式返还土地出让金。对重大工业项目,科技创新型产业项目经县土地利用方式改革工作领导小组审查报县政府批准后,可适当给予地价优惠。

三、建立项目准入综合审查制度

综合考虑产业政策导向,项目发展前景,环境及能耗评价、经济和社会效益等内容,对新增项目建立项目准入审查领导小组审查制度,由领导小组办公室召集各成员单位从产业布局、投资强度、规划指标、用地需求、产出效率、环境保护、节能降耗等环节进行审查,审查通过后作为项目准入的依据。各相应部门应加强管理,共同把关。

一区七镇是节约集约用地、工业用地节地提效的主体,应成立相应领导小组,把节地提效落实到每个具体项目。

四、建立产业项目综合验收制度

项目建成后,由县土地利用方式改革工作领导小组办公室组织成员单位进行综合验收。各类优惠政策一律按是否达投资强度、是否投产达效分步兑现。未通过验收的,应严格按投资协议和土地出让合同约定承担违约责任,不得办理转让、出租、抵押和房屋登记手续,不得享受投资协议中所有优惠政策。

五、加快盘活空闲、低效利用土地

一区七镇要对本辖区内的所有企业的投资强度、投资规模、亩均税收、容积率进行普查,对已建成未投产及关停类工业企业及亩均投资和亩均税收贡献较低的低效利用土地,由低效利用、闲置土地处置领导小组办公室组织发改局、工信局、国土局、国税局、地税局、工商局、法制办、环保局等部门对低效利用土地进行审核认定,分门别类做好台账。一区七镇、各部门要有计划有步骤地开展低效利用土地调整盘活工作。

1.对已建成未投产及投资不足的企业,要促使企业尽快追加投资或对外合作,尽快投入一批;对关停类企业,要有效进行处置,通过转让或回购方式尽快盘活、回购一批;对已建成投产、税收贡献较低的低效工业企业,要针对不同情况制订鼓励投资的相关措施,尽快转型升级一批;对与城市规划不相符或达不到节能减排目标要求的工业企业,要建立限期退出机制及退出的相关政策,尽快限期退出一批。

原则上对亩均投资和亩均税收贡献较低的工业企业,2012年底前投资不到位的，限期退出，按成本价由各镇区回购，特殊情况，可延期到2013年底。对该两类企业，2012年底前愿意转让的，新建受让的项目，符合现行的产业政策、投资规模及投资强度，经县低效利用、闲置土地处置领导小组审核后可以转让。

2.鼓励企业利用自有存量工业土地建设科技研发项目，在拟建项目符合园区规划、产业规划，经镇、开发区同意，县低效利用、闲置土地处置工作领导小组审核报县政府批准的情况下，可以通过协议出让方式补交地价，完善用地手续。科技研发项目不得以商业、住宅等名义对外销售。

3.科技、研发、设计、仓储类用地在不改变原用途的条件下增加容积率，可按取得土地时的楼面地价，以协议方式补交土地出让金，完善用地手续。科技创新特别社区内科技研发用地按基准地价的70%执行，科技企业孵化器、加速器项目土地价格可按基准地价的50%执行，园区和政府投资平台作为主体建设孵化器、加速器的可设置一定条件挂牌出让。

4.对纯生产性的工业用地在不改变工业用途的条件下，可不受原用地规划条件的限制，在符合城市规划建筑安全前提下通过厂房加层，老厂改造等增加建筑面积，提高土地利用率，增加部分不补交土地出让金及基础设施配套费。

5.因城市建设规划调整或者其他原因造成原批准地块不能使用，原地类状况未发生改变的，要尽快申请调整盘活。

6.一区七镇对投资协议签订后，原意向项目1年内未落实的，应及时调整给其他用地者。

7.对工业企业2012年年底前转让土地的，受让单位新上项目获得县低效利用、闲置土地处置工作领导小组审核报县政府批准的，首次转让的土地和房产契税，一区七镇留存的，由一区七镇予以奖励，转让交易费减半征收。

六、加大闲置土地处置力度

经依法认定的闲置土地，暂停土地转让、抵押、登记等手续办理。对闲置土地使用者及其控股股东，在全县范围内暂停其参与土地招拍挂出让和其所有项目的立项、规划、环评、资质审核、土地房产转让等行政审批与登记手续。

将低效、闲置土地盘活利用，纳入一区七镇年度目标任务考核，建立相关奖惩制度，对开展好的镇区给予指标奖励，达不到要求的，扣减当年用地指标。

七、严格规范土地管理秩序

对土地管理秩序混乱、年度内违法占用耕地占新增建设用地占用耕地的比例超过15%的镇区，根据《江苏省党政领导干部违反土地管理规定行为责任追究暂行办法》追究党政主要领导干部的党政责任，同时还要根据违法用地项目类型性质追究相关负有责任的分管领导的责任。构成犯罪的，依法追究刑事责任。

八、本意见自发布之日起施行。

附件2：

农村土地综合整治实施方案

一、目标定位

加快实施各类土地整治项目，推进实施农业“1115”工程，实现22.43万亩高标准良田建设目标。

推进农村土地综合整治和集体建设用地流转，力争到2015年，盘活1.75万亩农村建设用地。

二、总体思路

根据县委、县政府提出的实现土地利用方式改革工作的要求，扎实推进土地开发复垦整理、占补平衡、城乡建设用地增减挂钩和万顷良田建设工程，开展农村建设用地整治试点工作，从规划编制、项目立项、组织实施、综合验收、成果备案、数据变更和指标调剂等方面深入研究全县农村建设用地整治全流程管理办法，开展废弃工矿用地复垦调整使用，推进农村集体建设用地流转，显化农村集体资产价值，为盘活农村建设用地提供全新路径和政策支持，促进城乡统筹发展。

三、集体措施

(一)编制农村土地综合整治规划与年度实施计划

按照主导功能定位，以一区七镇为单位，编制农村土地综合整治规划和年度实施计划，充分衔接一区七镇土地利用总体规划、城乡规划和农业规划等，统一安排整治区域内的土地利用、村庄建设、基础设施、土地整理、产业发展和环境保护的规模、布局、时序和要求，并根据一区七镇统筹城乡发展规划和实施方案等相关成果以及经济社会发展实际情况，合理确定土地综合整治规模和时序,积极推进宅基地、农村集体建设用地整治,保障新市镇、新社区等城乡统筹建设项目用地。规划成果由县统筹办组织专家论证通过后,报县政府批准,作为申报年度项目、组织项目实施以及相关部门下达立项批复、组织考核验收、拨付专项资金的依据。

(二)统筹各类土地整治项目立项

依据土地综合整治规划与年度实施计划,一区七镇按年度申报土地整治项目,由县国土局牵头组织有关镇区和部门,统筹安排全县城乡建设用地增减挂钩、万顷良田建设工程、国家土地整治示范项目、废弃工矿地复垦调整使用项目以及农村建设用地整治项目等。

(三)规范土地整治项目实施

严格落实土地整治项目法人制、招投标制、工程监理制、公告制和合同制等制度,强化搬迁补偿安置合理化,提高工程实施质量,维护群众合法权益。

(四)综合验收各类土地整治项目

各类土地开发复垦整理、占补平衡、城乡建设用地增减挂钩和万顷良田建设工程等项目,由国土管理部门按有关规定办理审查、上报、验收确认。全县农村建设用地整治项目由县国土局组织初验,初验合格的,上报市国土局审查,并申请验收,各类项目注明验收土地的区位、地类、面积、质量等内容,经省国土厅确认后,作为土地变更登记的依据。

(五)加强土地综合整治成果备案确认

一区七镇土地综合整治规划与年度实施计划成果以及农村建设用地整治项目立项、验收成果、建新区用地调整方案,经县政府报市政府批准后,统一报省国土厅备案确认。

(六)完善年度土地利用变更

整治项目地块必须确保地类明确,权属无争议。县政府以土地综合整治成果备案确认为基础,以镇土地利用总体规划和土地综合整治规划为依据,按照验收确认的新增农用地和耕地控制总体规模,向县统筹办上报年度建新区用地调整方案。县统筹办组织有关部门审核年度建新区用地调整方案,报县政府批准后,实施拆旧与建新区年度土地利用变更。

(七)调整盘活废弃工矿用地

结合全县矿山环境治理,积极争取废弃工矿用地复垦调整使用试点,对符合土地利用总体规划的矿山环境治理项目,开展增减挂钩形成新增建设用地指标，并通过建设用地指标有偿调剂使用，为矿山环境治理整合资金，为建设项目提供用地保障，有效挖掘存量建设用地潜力。

(八)推进土地指标有偿调剂使用

通过农村建设用地整治形成的新增建设用地指标原则上用于保障本县经营性用地以及县城的建设，对完成挂钩任务的除了给30%的指标无偿留给项目实施的镇区外，对完不成挂钩目标任务的镇区，按照15万元/亩的处罚外并停止该镇区的所有涉土挂牌、报批等工作。同时追究镇区相关领导的责任。对通过城乡建设用地增减挂钩、万顷良田建设工程以及废弃工矿用地复垦形成建设用地指标的各镇区暂时不用的，由县土地储备中心进行收储。

(九)促进农村集体建设用地流转

根据城乡各项规划成果，以释放农村集体建设用地为目标，推动集体建设用地流转，加大农村建设用地盘活力度。加快农村建设用地确权登记，构建农村集体建设用地流转有形市场，在符合规划的前提下促进农村建设用地与国有土地享有平等权益，显化农村集体资产，统筹城乡土地利用。

(十)落实整治资金扶持与保障

县统筹办合同县财政局、国土局，对上级下达的各项土地整理整治专项资金补助，严格按照市级土地整治专项资金补助项目审核管理办法操作，确保各类项目资金及时足额拨付到位。

附件3：

溧水县露采矿山环境治理实施方案

为全面贯彻落实《南京国土资源管理转型创新总体方案》，保障和促进矿产资源可持续发展，全面推广精细化管理，坚定不移走绿色开采、环保开采的矿业发展道路，积极开展露采矿山和地质灾害隐患的消险治理工作，着力美化人居环境和生态建设，现制订本实施方案。

一、目标定位

2012年底，关停3家采石场，分别为溧水县白马镇廻峰山采石厂(杜巷矿区)、溧水县苏宜轧石厂(小茅山矿区整治性开采)和溧水县常驰采石厂(芳山矿区)。2013年底前，全县到期露采矿山基本停止开采，砖瓦粘土矿全部关停。2014年底前，集中完成东屏镇山口废弃宕口、晶桥镇小茅山废弃宕口、白马镇廻峰山废弃宕口、白马镇浮山废弃宕口的环境治理。根据《江苏省废弃矿井治理规划的通知》,2012年底前完成晶桥镇金驹山金矿1号和2号废弃矿井、观山铜矿2号和3号井的治理,2013年底前完成东屏镇爱景山黄岩竖井和明达斜井的治理。

二、总体思路

以改善环境、保护资源、修复生态、再造景观为目标,围绕“山体基本修复、地灾有效治理、宕底平整利用、坡面逐步绿化、环境显著改善”的总体要求,结合区位特点,遵循自然规律和经济规律,注重社会、环境与经济效益,统筹规划、突出重点,加快对重点区域、重点线路两侧的废弃矿山宕口进行复绿治理,消除地质灾害,复绿山体创面,减小视觉污染,改善生态环境,促进社会经济建设与资源环境协调发展。

三、具体措施

(一)建立治理工作机制

1.加强组织领导。废弃露采矿山环境治理领导小组,负责露采矿山环境治理计划制定、规划审查和监督管理工作。领导小组办公室设在县国土局,负责统筹安排、全程跟踪项目实施,并做好资金筹措、项目设计、工程实施、监督检查等工作。(责任单位:县发改局、公安局、监察局、财政局、国土局、环保局、安监局、农业局、水务局、工商局、供电公司、一区七镇配合)

2.明确职责分工。矿山所在镇和开发区政府为本辖区停止露天开采与矿山环境治理的第一责任人,按照“先关停后治理”的原则,组织开展露采矿山关停及治理工作。县领导小组成员单位根据职能分工,负责牵头做好露采矿山环境治理项目相应的审批和行政许可工作,对口协调解决项目实施中的矛盾。

县发改局负责将县露采矿山环境治理工作纳入地方经济社会发展规划和年度计划,视情列入一区七镇年度经济发展目标考核和为民办实事项目。对采矿和矿石加工固定资产投资项目的审批、管理和监管,引导产业结构的调整。

县财政局负责露采矿山环境治理项目专项资金的筹集、拨付、使用和日常监督管理。

县监察局负责督促、检查一区七镇和有关部门工作人员履职情况,查处不按规定履行职责的国家工作人员。

县环保局负责将露采矿山环境治理项目复绿面积列入年度环境保护

工作目标考核。依法查处矿产开采、加工中的环境污染问题。

县公安局负责加强民用爆炸物品的监督管理,依法注销关停矿山的爆炸物品使用许可证,维护社会秩序和治安,打击各类违法行为。

县安监局负责矿山企业的安全生产检查和监管,依法注销关停矿山的安全生产许可证,关闭不具备安全生产条件的矿山企业。

县工商局负责对撤销采矿许可证的矿山企业依法注销工商营业执照,不得就地许可矿产品加工,并查处、取缔非法生产和加工矿产品的经营行为。

县供电公司负责对关停的矿山企业及非法开采加工点,严格实施停止供电措施。

县国土局负责执行国家、省、市矿山环境治理法规、规章和政策;组织编制年度治理计划,报送县政府审批;加强治理工程的技术指导及行业监管,组织专家开展治理项目的方案评审、竣工验收等相关工作;开展治理工作检查、年度考核工作结果报县露采矿山环境治理领导小组;履行县领导小组办公室职责;

负责制订关停计划及治理配套方案,并组织实施;组织打击偷盗采行为;委托有资质的单位编制《露采矿山环境治理方案》,报市国土资源部门审查批准后组织实施;组织实施治理工作中涉及的土地流转及开发利用;督促治理总体完成辖区内的治理工作;

负责做好露采矿山环境治理项目涉及的规划行政许可工作,合同各镇人民政府、开发区管委会,结合城乡建设发展规划,适当调整规划用途并拟定治理后土地利用规划设计方案。对列入计划中的土地提出城乡规划意见,统一规划口径。对于可以作为平衡资金空缺的土地运作项目,按程序提出控制性详规、修建性详规意见和规划设计要点。

一区七镇负责组建成立项目指挥机构,组织实施宕口及附近建(构)筑物和生产设备拆迁,确保禁采区内不留设备、不留建筑、不留人员,协调所有相关矛盾工作。

3.强化监督考核。一区七镇将废弃矿山环境治理纳入区域经济社会发展规划,实行行政领导负责制。县政府将废弃矿山环境治理纳入政府环境目标考核体系。(责任单位:县发改局牵头,县财政局、监察局、国土局、环保局、一区七镇配合)

(二)明确扶持政策

1.显化矿山土地效益。充分挖掘存量用地潜力，优化规划，努力提高土地利用价值。一区七镇新上项目应当优先使用矿山废弃地治理后形成的可利用建设用地；将矿山废弃地治理复垦成生态林或设施农地的，根据项目的实际情况，经县领导小组批准后，可将治理总面积的3~5%用于休闲旅游开发。治理后可作为建设用地的国有矿山废弃地，优先规划为经营性用地，纳入土地储备挂牌出让，符合条件的可采取带治理方案挂牌的方式出让；对治理后不具备单独出让条件的，可以与周边地块统一规划、整体出让。

利用矿山废弃地获得的土地出让净收益在土地出让总收益中单列，主要用于项目所在镇和开发区露采矿山环境治理资金平衡。根据土地利用总体规划，结合城乡建设用地增减挂钩与废弃工矿用地复垦调整使用，对原矿山废弃地复垦为耕地的，按国家有关规定置换建设用地指标，并可按规定有偿调剂使用。筹措的资金专项用于宕口治理。（责任单位：县国土局牵头，县财政局、监察局、水务局、农业局配合）

2.加大财政扶持力度。县财政设立专项资金，对治理任务完成较快、较好的镇和开发区实行以奖代补。对资金平衡确有困难的，经县政府审核同意后，可以在县以奖代补专项资金安排上适当倾斜。采矿权使用费和价款应专款专用，主要用于露采矿山环境治理。（责任单位：县财政局牵头，县国土局、监察局配合）

3.争取其他配套资金。积极组织重大露采矿山环境治理项目立项申报，努力争取中央及省、市专项资金补助。对可以通过市场机制运作的露采矿山环境治理项目，可根据露采矿山区位、山体资源、废弃地利用方向，按照“谁治理、谁投资、谁得益”的原则，采取公开招投标方式，以自带资金为条件，选择有实力的企业投入治理；对符合土地收储条件的，可根据土地储备办法由其土地储备中心收储，预付一定数额的储备资金，专项用于治理；对建设用地较多的露采矿山环境治理项目。可先纳入增减挂钩项目库，优先通过增减挂钩的运作弥补治理资金的不足。（责任单位：县国土局牵头，县财政局、监察局配合）

索　　引

1.索引采用主题分析索引法,按索引词首字汉语拼音音序排列,首字音序相同按第二音序排列,依此类推。

2.凡章和节标题作索引词的均用黑体字标明。

3.索引词后标的阿拉伯数字表示内容所在页码。

4.“总述”“大事记”“附录”未作索引。

F

G

H

J

K

L

N

P

Q

S

T

W

X

Y

Z

编 后 记

《溧水县国土资源志(1996—2013)》(简称《续志》)编纂工作于2014年9月启动。至2017年12月定稿付梓,历经收集资料、编排纲目、编写初稿、初审、复审、终审、验收等工作阶段。期间,反复修改,数易其稿。全志主体12章,志首设序、编纂委员会及编纂机构人员、初稿撰写修改人员名单、凡例、总述、大事记,后缀附录。

2014年9月,市国土资源局溧水分局根据区政府统一部署,外聘1名退休人员着手《续志》收集资料工作。2015年12月底,在征求分局各科、室、所(办)及中心主要负责人意见和分局相关领导审阅修改,并报经区地方志办公室审核基础上,形成《续志》编纂纲目初稿。2016年6月,分局从永阳国土资源所选调1名业内资深人员专门负责《续志》编纂。局《续志》编辑部人员先后到区农业局、交通局、水务局、城建局、气象局、地税局、永阳街道和街道管辖社区等部门查找、收集相关资料。7月12日,分局成立《续志》编纂委员会机构。8月20日,形成《续志》初审稿,共9章32节180多个目,80多万字。8月23日,分局召开由领导班子成员、各科室所(办)中心负责人、前任局领导和编辑部人员参加的"志书初审稿内部征求意见工作会议",听取修改意见,并下发《关于〈溧水县土地管理志(1996—2013)〉初审稿内部征求意见的通知》,明确修改要求。同时,报送区地方志办公室审阅。9月,局编辑部收集、补拍基本农田保护区、土地整理项目区、"增减挂钩"项目区、"万顷良田"项目区、新农村安置房建设、城市和农村交通道路建设以及开发区、各镇工业、商品房建设新貌等照片150多张。10月中旬,在广泛征求各方面修改意见基础上,局编辑部修改《续志》主体部分513处,重新调整志书框架,内容由原来9章32节180目,改为11章40节111目;《续志》名称改为《溧水县国土资源志(1996—2013)》,志书字数由原来80万字消减到65万字。12月31日,形成《续志》复审稿。2017年1月16日,分局下发《关于做好〈溧水县国土资源志(1996—2013)〉复审稿修改工作的通知》,并把《续志》书复审稿发送本志书纂委员会成员、局机关各科室所(办)负责人和各镇(区)国土资源所办及编辑部人员修改。同时,报送区地方志办公室审阅。2月,局编辑部在收集修改意见和听取区地方志办公室修改意见后,3—4月, 放弃双休和节假日,加班加点,修改复审稿主体部分380多处。分管副局长尹昭根指导修改,重要章节亲自命题定目。5月20日,形成《续志》终审稿,报区地方志办公室申请终审。7月12日,区地方志办公室召开《续志》终审会,评审人员提出诸多修改意见,并一致同意通过终审。终审后,编辑部全面汇总5位专家终审意见,编纂人员精心打磨文字、核对数据、调整续志部分章节目结构,力求文字精炼、用语准确、朴素流畅。编辑部聘请1名小学语文老师为志书用语、用词、标点符号进行修整。9月22日,形成《续志》12章45节120目验收稿。11月30日,《续志》验收稿通过区地方志办公室验收定稿。

在《续志》编纂过程中,局编辑部始终坚持实事求是、质量第一原则,追求资料真实准确,文字简洁流畅,按照志书编纂体例,彰显国土资源特色。在内容上与前志(《溧水县土地管理志》)保持衔接。续志所记述时限横跨两个世纪,虽只有17年,但记述内容与首轮志书相比要复杂得多。根据综述史实把握事物发端、变化和现状要求,保证记事相对完整性,通过章、节无题序适当追溯事物发端,反映事物发生、发展和消亡全过程。

《续志》在编纂过程中,得到上级部门、区地方志办公室及市、区专家学者鼓励、指导和社会各界人士广泛支持。在此,谨向为这部《续志》作出贡献的、倾注心血的领导、专家、撰稿人员、热心人士表示诚挚的谢意!由于时间仓促和资料收集困难,以及编纂人员水平限制,《续志》错漏疏失之处在所难免,敬请读者批评指正。

编　者

2017年12月31日